权威·前沿·原创

皮书系列为
"十二五""十三五"国家重点图书出版规划项目

BLUE BOOK

智库成果出版与传播平台

北京市哲学社会科学研究基地智库报告系列丛书

企业海外发展蓝皮书
BLUE BOOK OF
OVERSEAS DEVELOPMENT OF CHINESE ENTERPRISES

中国企业海外发展报告（2020）

ANNUAL REPORT OF OVERSEAS DEVELOPMENT OF CHINESE ENTERPRISES(2020)

主　编／张新民　王分棉　陈汉文

社会科学文献出版社
SOCIAL SCIENCES ACADEMIC PRESS（CHINA）

图书在版编目(CIP)数据

中国企业海外发展报告.2020/张新民,王分棉,陈汉文主编.--北京:社会科学文献出版社,2020.12
(企业海外发展蓝皮书)
ISBN 978-7-5201-6922-6

Ⅰ.①中… Ⅱ.①张…②王…③陈… Ⅲ.①海外企业-企业发展-研究报告-中国-2020 Ⅳ.
①F279.247

中国版本图书馆 CIP 数据核字（2020）第 263831 号

企业海外发展蓝皮书
中国企业海外发展报告（2020）

主　　编 / 张新民　王分棉　陈汉文

出 版 人 / 王利民
责任编辑 / 恽　薇　孔庆梅
文稿编辑 / 李吉环　李　璐　李小琪

出　　版 / 社会科学文献出版社·经济与管理分社（010）59367226
　　　　　地址：北京市北三环中路甲 29 号院华龙大厦　邮编：100029
　　　　　网址：www.ssap.com.cn

发　　行 / 市场营销中心（010）59367081　59367083
印　　装 / 三河市东方印刷有限公司

规　　格 / 开　本：787mm×1092mm　1/16
　　　　　印　张：29　字　数：427 千字

版　　次 / 2020 年 12 月第 1 版　2020 年 12 月第 1 次印刷

书　　号 / ISBN 978-7-5201-6922-6
定　　价 / 189.00 元

本书如有印装质量问题，请与读者服务中心（010-59367028）联系

▲ 版权所有 翻印必究

为贯彻落实中共中央和北京市委关于繁荣发展哲学社会科学的指示精神，北京市社科规划办和北京市教委自2004年以来，依托首都高校、科研机构的优势学科和研究特色，建设了一批北京市哲学社会科学研究基地。研究基地在优化整合社科资源、资政育人、体制创新、服务首都改革发展等方面发挥了重要作用，为首都新型智库建设进行了积极探索，做出了突出贡献。

围绕新时期首都改革发展的重点热点难点问题，北京市社科联、北京市社科规划办、北京市教委与社会科学文献出版社联合推出"北京市哲学社会科学研究基地智库报告系列丛书"，旨在推动研究基地成果深度转化，打造首都新型智库拳头产品。

本发展报告系：

北京社会科学基金研究基地重点项目"中国企业海外发展报告2020"的研究成果（批准号：19JDGLA012）；

教育部哲学社会科学发展报告项目"中国企业海外发展报告"的研究成果（批准号：13JBGP002）；

对外经济贸易大学北京企业国际化经营研究基地的研究成果。

《中国企业海外发展报告（2020）》编委会名单

主　编　张新民　王分棉　陈汉文

编　委　张新民　王分棉　陈汉文　杨道广　刘思义
　　　　葛　超　陈　帅　卿　琛　金　瑛　赵文卓
　　　　韩紫轩　郭瞳瞳　喻博雍　孙佳欢　白雨石

主要编撰者简介

张新民 对外经济贸易大学原党委常委、副校长，北京企业国际化经营研究基地首席专家，教授，博士生导师，享受国务院政府特殊津贴专家，2014年入选财政部"中国会计名家"培养工程。中国报表分析第一人，引领了中国财务报表分析领域的理论和方法创新，创造性地提出了"张氏财务分析框架"，完成了从使用西方方法分析中国财务报表到中国人自己创立框架分析中国企业财务报告的跨越，并将其广泛运用于课堂教学和企业管理实践，是中国EMBA教育界最具影响力的专家之一。主持或完成国家自然科学基金重大项目1项、面上项目1项；国家社科基金重点项目2项、一般项目1项；北京市社科特别委托项目等省部级项目9项。获得北京市第十二届哲学社会科学优秀成果奖一等奖等省部级奖励近10项，入选国家第三批精品视频公开课和国家精品课程，为北京市教学名师。

王分棉 经济学博士，对外经济贸易大学国际商学院管理学系副主任，副教授，硕士生导师，中国影视产业研究中心副主任，北京企业国际化经营研究基地研究员，美国马里兰大学史密斯商学院访问学者。研究方向为战略管理、国际企业管理。

陈汉文 经济学博士，对外经济贸易大学国际商学院一级教授，博士生导师，博士后联系人。中国会计学会学刊CJAS（《中国会计评论》）联合主编，入选财政部"中国会计名家"培养工程。历任厦门大学学术委员会秘书长、研究生院副院长、管理学院副院长、会计系主任。2004年主持国家精品课程《审计学》，同年入选教育部首届"新世纪优秀人才支持计划"。

主要从事资本市场审计、内部控制与会计问题研究。主持国家自然科学基金重点项目等研究项目，在国际会计学刊 JAR、CAR 及国内学刊《经济研究》《管理世界》等发表论文，编著了从本科生、硕士生到博士生的审计学系列教材。

摘　要

　　中国企业的海外发展有着复杂而深刻的国际背景。一方面，全球经济增长的势头减弱，国际市场消费者的需求逐渐回落，欧美国家的贸易保护主义不断抬头和升温，"逆全球化"思潮暗流涌动，进一步加剧了全球市场的复杂多变和不确定性风险，给中国企业海外经营战略带来许多新的棘手问题；另一方面，随着新一轮科技和产业革命的孕育兴起，国际分工体系加速演变，全球价值链深度重塑，赋予经济全球化新的内涵，这些又给我国企业在全球范围内配置资源、促进企业"走出去"发展、推进国际区域经济合作提供了难得的战略机遇。在新的国际形势下，如何抓住机遇，趋利避害，占领国外新市场、新资源，更稳健和富有成效地实施中国企业海外发展战略，是实现国家经济结构调整和转型升级战略的重要组成部分。

　　2019年中国对外贸易实现逆势增长、质量呈现稳步提升；服务贸易稳中有升，贸易结构进一步优化；对外直接投资流量出现小幅下滑，投资结构继续优化，跨国并购出现大幅回落。2019年我国入围"世界500强"的企业在数量和营业收入方面均呈现了小幅增长；入围2019年"最具价值全球品牌100强"的中国企业数量也小幅增长，但品牌价值略有降低。从中国上市公司的海外投资来看，海外投资总量呈现微幅收缩趋势，以独立投资、并购和增资投资模式为主，投资地区仍以发达国家为主；互联网企业海外投资出现小幅下跌，以兼并与收购的方式为主，投资地区以美国、欧洲以及东南亚为主；影视业上市公司出口的影视产品出现小幅下跌，海外市场主要集中在亚洲地区。随着国际经济全球化的周期性调整，中美贸易摩擦不断加剧，除了影响中美双边贸易外，对中国企业海外投资也产生了巨大冲击；"第三方市场合作"则成为"一带一路"倡议的重要内容，而且重新审视我国企业在东南亚地区的投资布局具有重要意义。由于境外投资促进体系的不断演进，北京近年来在境外投资层面获得了较大的发展，境外投资方式、投资地区、投资目标、投资主体多元化的趋势明显，呈现增长迅速、区域广泛、领域多元的特点；在京央企在共建"一带一路"国家投资中发挥着重要的引领和示范作用，北京企业在共建"一带一路"国家投资中也取得了斐然成绩。通过系统梳理和分析中石化、中国中车、字节跳动和爱奇艺等北京典型企业在海外市场的成长及关键影响因素，对中国企业开拓海外市场具有重要的指导价值。

关键词： 中国企业海外发展　国际贸易　"一带一路"倡议

目 录

Ⅰ 总报告

B.1 2019年中国企业海外发展总体分析与评价
　　　　　　　　　　　　　　　　　　　　 张新民　王分棉 / 001
　　一　2019年中国企业对外贸易总体分析与评价 ………… / 002
　　二　2019年中国服务贸易企业总体分析与评价 ………… / 022
　　三　2019年中国对外投资企业的总体分析与评价 ……… / 026
　　四　展望与建议 …………………………………………… / 036

Ⅱ 分报告

B.2 入围2019年"世界500强"中国企业评价分析…… 葛　超　杨道广 / 042

B.3 入围2019年"最具价值全球品牌100强"中国企业评价分析
　　　　　　　　　　　　　　　　　　　　 葛　超　杨道广 / 076

B.4 2019年中国上市公司海外投资分析 …………… 陈　帅　杨道广 / 101

B.5 2019年中国互联网企业海外投资分析 ………… 卿　琛　杨道广 / 127

B.6 2019年中国影视企业"出海"分析 …………… 卿　琛　杨道广 / 152

Ⅲ 专题篇

B.7 中美贸易摩擦对中国企业海外投资的影响及应对研究
　　　　　　　　　　　　　　　　　　　　　　金　瑛　刘思义 / 174
B.8 "一带一路"倡议下的"第三方市场合作"国际合作新模式研究
　　　　　　　　　　　　　　　　　　　　　　陈　帅　杨道广 / 204
B.9 中国企业在东南亚的投资布局研究　　　　杨晴贺　刘思义 / 221

Ⅳ 区域篇

B.10 北京市促进企业境外投资政策分析
　　　　　　　　　　　　　　　　　　　　　　韩紫轩　杨道广 / 259
B.11 2019年在京央企在共建"一带一路"国家投资分析
　　　　　　　　　　　　　　　　　赵文卓　金　瑛　刘思义 / 280
B.12 2019年北京企业在共建"一带一路"国家投资分析
　　　　　　　　　　　　　　　　　　　　　　赵文卓　刘思义 / 314

Ⅴ 案例篇

B.13 "一带一路"倡议下的中石化国际化发展
　　　　　　　　　　　　　　　　　　　　　　郭瞳瞳　刘思义 / 342
B.14 中国中车的国际化发展　　　　　　　　　喻博雍　刘思义 / 368
B.15 字节跳动的国际化发展　　　　　　　　　孙佳欢　刘思义 / 388
B.16 爱奇艺的国际化发展　　　　　　　　　　白雨石　刘思义 / 409

Abstract　　　　　　　　　　　　　　　　　　　　　　　　 / 429
Contents　　　　　　　　　　　　　　　　　　　　　　　　 / 431

总 报 告
General Report

B.1

2019年中国企业海外发展总体分析与评价

张新民　王分棉*

摘　要： 2019年，全球经济增长的势头减弱，国际市场消费者的需求逐渐回落，欧美国家的贸易保护主义不断抬头和升温，进一步加剧了全球市场的复杂多变和不确定性风险。然而在充满诸多困难和挑战的大背景下，中国对外贸易仍然实现了逆势增长，不仅对外贸易规模创历史新高，而且对外贸易结构实现了优化，为巩固和提高对外贸易质量奠定了良好的基础。2019年，中国服务贸易发展整体上稳中有升，贸易逆差呈现显著下降态势，贸易结构进一步优化，

---

* 张新民，博士，对外经济贸易大学北京企业国际化经营研究基地首席专家，教授，主要研究方向为企业财务质量；王分棉，博士，对外经济贸易大学北京企业国际化经营研究基地研究员，副教授，主要研究方向为国际企业管理。

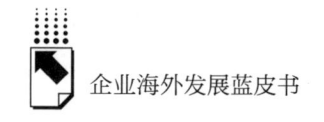

服务贸易逐步凸显高质量发展的成效。受到全球经济增长放缓、贸易摩擦加剧的影响，2019年全球对外直接投资仍然呈现停滞态势，中国对外直接投资流量出现小幅下滑，对外投资结构进一步优化，然而中国企业的跨国并购出现了大幅回落，跨国并购的行业主要集中在高技术水平和高附加值的新兴产业，亚太地区成为跨国并购活动最多的区域，此外，共建"一带一路"国家则成为中国企业FDI的重要市场。

关键词： 对外贸易 服务贸易 对外直接投资

一 2019年中国企业对外贸易总体分析与评价

2019年，全球经济增长的势头减弱，国际市场消费者的需求逐渐回落，欧美国家的贸易保护主义不断抬头和升温，进一步加剧了全球市场的复杂多变和不确定性风险。然而在面对世界经济增长低迷、全球外贸增长整体放缓、国际贸易摩擦加剧等诸多困难和挑战的大背景下，中国对外贸易仍然实现了逆势增长，不仅对外贸易规模创历史新高，而且对外贸易结构实现了优化，为巩固和提高对外贸易质量奠定了良好的基础，从而为促进我国国民经济的持续发展做出积极贡献，也推动了全球对外贸易的复苏。

2019年中国货物的进出口贸易总额比2018年下降了1%，贸易额为45761.30亿美元，如图1所示。其中，货物出口额相对于2018年增长了0.5%，为24990.30亿美元，占全球货物出口贸易总额的比重为13.2%，占比比2018年提高了0.4个百分点，货物出口额在国际市场中的占比稳中有升；货物进口的贸易额比2018年下降了2.7%，达20771.00亿美元，在全球货物进口贸易总额中的占比为10.8%，基本上与2018年持平。2019年中国贸易顺差比 2018 年增长了 701.66 亿美元，顺差为 4219.30 亿美元，具体如表 1 所示。

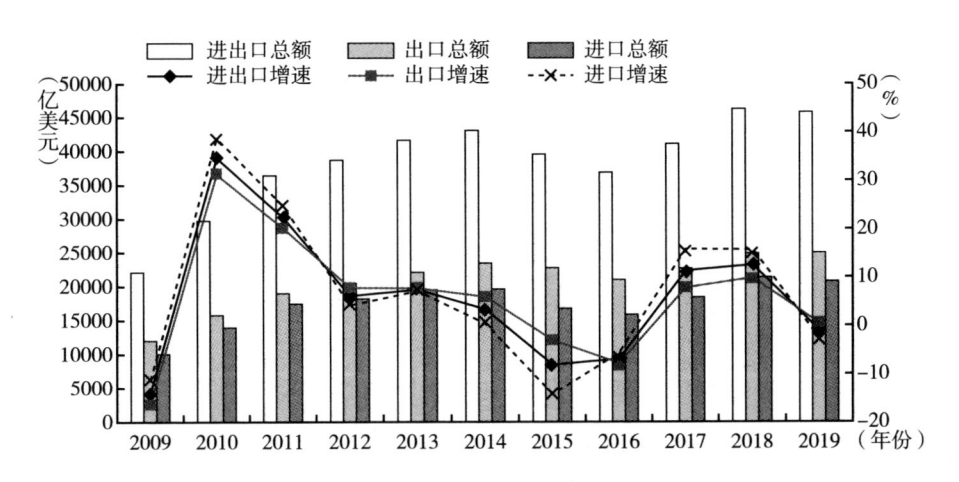

图 1　2009~2019 年中国对外贸易总体情况

资料来源：中国海关统计。

表 1　2009~2019 年中国货物进出口贸易的总体情况

单位：亿美元，%

年份	进出口情况 总额	进出口情况 增速	出口情况 总额	出口情况 增速	进口情况 总额	进口情况 增速	差额
2009	22075.35	-13.9	12016.12	-16.0	10059.23	-11.2	1956.89
2010	29740.01	34.7	15777.54	31.3	13962.47	38.8	1815.07
2011	36418.65	22.5	18983.81	20.3	17434.84	24.9	1548.97
2012	38671.19	6.2	20487.14	7.9	18184.05	4.3	2303.09
2013	41589.93	7.5	22090.04	7.8	19499.89	7.2	2597.30
2014	43015.28	3.4	23422.93	6.0	19592.35	0.4	3824.58
2015	39530.32	-8.0	22734.68	-2.9	16795.64	-14.1	5945.04
2016	36855.73	-6.8	20981.54	-7.7	15874.19	-5.5	5107.35
2017	41045.04	11.4	22635.22	7.9	18409.82	15.9	4225.40
2018	46230.38	12.6	24874.01	9.9	21356.37	15.8	3517.64
2019	45761.30	-1.0	24990.30	0.5	20771.00	-2.7	4219.30

资料来源：中国海关统计。

2019年,中国对共建"一带一路"国家的进出口贸易总额为92690亿元,贸易总体规模比2018年增长了10.8%。其中,出口贸易额为52585亿元,比上一年提高了13.2%;进口贸易额为40105亿元,比2018年提高了7.9%。此外,2019年,中国新设立了24个跨境电商试验区,通过跨境电商实现的出口贸易额占出口贸易总额的3.5%,跨境电商试验区有效促进了我国对外贸易创新能力的提升,形成了对外贸易新的竞争优势和驱动对外贸易增长的新动能。

(一)2019年中国对外贸易企业的贸易方式分析

2019年,一般贸易方式的贸易总额占中国贸易总额的59.01%,贸易额为27014.7亿美元,比2018年提高了2.11%。其中出口额较2018年高出了7.8%,贸易额为14439.5亿美元,如图2所示;进口同比增长率较2018年增加3.1个百分点,贸易额达12575.2亿美元,如图3所示。一般贸易方式下的贸易顺差为1864.3亿美元,同比增长了46.7%,具体如表2所示。

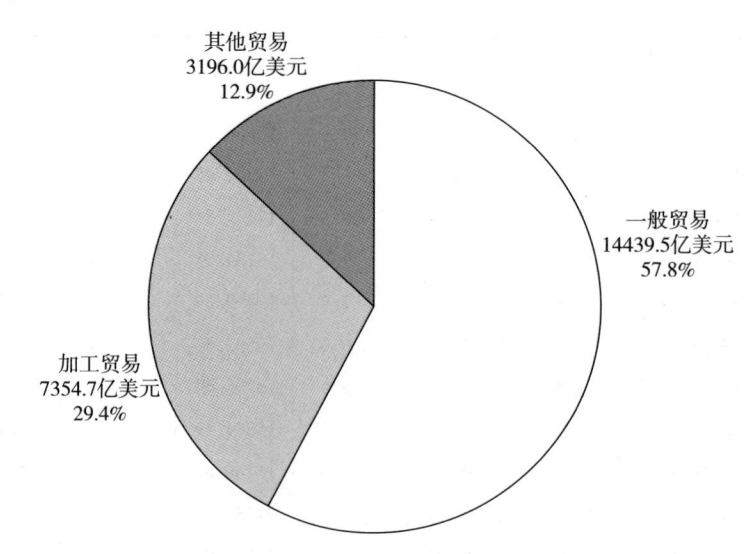

图2 2019年出口额的贸易方式情况

资料来源:中国海关统计。

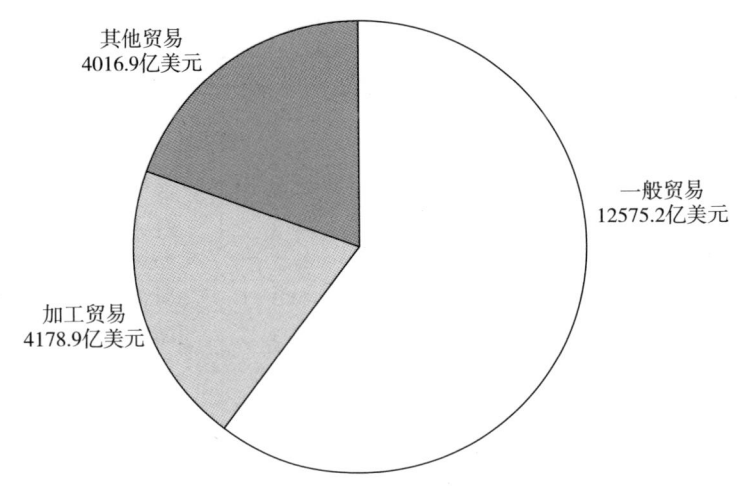

图3 2019年进口额的贸易方式情况

资料来源：中国海关统计。

2019年，加工贸易方式的贸易总额占中国贸易总额的比重为25.20%，较2018年降低了2.22个百分点，贸易额达11533.6亿美元。其中，出口额增长率比2018年下降了7.7个百分点，贸易额为7354.7亿美元；进口增长率也呈下降趋势，比2018年降低了11.2个百分点，贸易额为4178.9亿美元。此外，中国加工贸易方式的顺差为3175.8亿美元，同比降低了2.8%，如表2所示。

2019年，其他贸易方式的贸易总额占中国贸易的比重为15.76%，贸易额为7212.9亿美元。其中，出口额的增长率比2018年增加了10.5个百分点，出口额达3196.0亿美元；进口增长率比2018年增加了2.6个百分点，进口额为4016.9亿美元。

表2 2009~2019年中国对外贸易方式的情况

单位：亿美元，%

年份	项目	出口 金额	出口 同比	进口 金额	进口 同比
2009	总　额	12016.6	-16.0	10055.6	-11.2
	一般贸易	5298.3	-20.1	5338.7	-6.7
	加工贸易	5869.8	-13.1	3223.4	-14.8
	其他贸易	848.5	-7.9	1493.5	-18.0

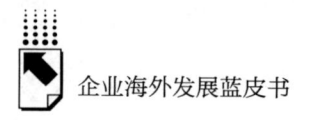

续表

年份	项目	出口 金额	出口 同比	进口 金额	进口 同比
2010	总　　额	15779.3	31.3	13948.3	38.7
	一般贸易	7207.3	36.0	7679.8	43.7
	加工贸易	7403.4	26.1	4174.3	29.5
	其他贸易	1168.6	37.7	2094.2	40.2
2011	总　　额	14986.2	20.3	17437.4	25.0
	一般贸易	9173.7	27.3	10077.1	31.2
	加工贸易	8352.2	12.8	4698.9	12.6
	其他贸易	1460.3	25.0	2661.4	27.1
2012	总　　额	20498.3	7.9	18178.5	4.3
	一般贸易	9880.1	7.7	10218.4	1.4
	加工贸易	8627.8	3.3	4811.7	2.4
	其他贸易	1990.4	36.3	3148.4	18.3
2013	总　　额	22100.2	7.9	19502.9	7.3
	一般贸易	10875.3	10.1	11097.2	8.5
	加工贸易	8608.2	-0.2	4969.9	3.3
	其他贸易	2616.7	32.2	3435.8	9.6
2014	总　　额	23427.5	6.1	19602.9	0.4
	一般贸易	12036.8	10.7	11095.1	0.0
	加工贸易	8843.6	2.7	5243.8	5.5
	其他贸易	2547.1	-2.7	3264.0	-5.0
2015	总　　额	22765.7	-2.8	16819.5	-14.1
	一般贸易	12157.0	1.0	9231.9	-16.8
	加工贸易	7977.9	-9.8	4470.0	-14.8
	其他贸易	2630.8	2.7	3117.6	-4.5
2016	总　　额	20981.5	-7.7	15874.2	-5.5
	一般贸易	11310.4	-6.9	8990.1	-2.5
	加工贸易	7156.0	-10.3	3966.9	-11.3
	其他贸易	2515.1	-4.4	2827.2	-9.3
2017	总　　额	22635.2	7.9	18409.8	15.9
	一般贸易	12300.9	8.8	10827.6	20.2
	加工贸易	7588.3	6.0	4312.2	8.7
	其他贸易	2746.0	9.2	3270.0	15.7

续表

年份	项目	出口 金额	出口 同比	进口 金额	进口 同比
2018	总额	24874.0	9.9	21356.4	15.8
	一般贸易	14009.9	13.9	12739.3	17.4
	加工贸易	7971.7	5.1	4703.8	9.1
	其他贸易	2892.4	5.3	3913.3	19.7
2019	总额	24990.2	0.5	20771.0	-2.7
	一般贸易	14439.5	7.8	12575.2	3.1
	加工贸易	7354.7	-7.7	4178.9	-11.2
	其他贸易	3196.0	10.5	4016.9	2.6

资料来源：中国海关统计。

（二）2019年中国对外贸易企业的企业性质分析

从2019年中国对外贸易的企业主体来看，中国民营企业成为最大的对外贸易主体，它的进出口贸易总额首次超过外资企业，如表3所示。2019年中国的外贸企业数量为49.9万家，数量比2018年增长了6.2%；其中，40.6万家民营企业，民营企业数量比2018年增长了8.7个百分点。

2019年，民营企业的对外贸易总额实现了逆势增长，国有企业和外资企业的对外贸易总额都出现了不同程度的回落，如表3所示。具体来看，民营企业进出口总额为19768.9亿美元，比2018年增长了6.8%，占进出口贸易总额的43.2%。其中，出口贸易额为12973.6亿美元，增长了8.6%，占出口总额的51.9%，民营企业已经连续5年位居出口主体的首位；进口贸易额为6795.3亿美元，增长了3.5%。外商投资企业的进出口贸易总额为18258.8亿美元，占对外贸易总额的39.9%，其中，出口额为9660.6亿美元，比2018年下降了6.8%；进口额为8598.2亿美元，比2018年回落了7.7%。2019年国有企业的进出口贸易总额为7733.7亿美元，占进出口贸易总额的16.9%，其中，出口额为2356.1亿美元，比2018年下降了8.4%；进口贸易额为5377.6亿美元，比2018年下降了1.8%。2019年不同性质企业的出口情况、进口情况分别见图4、图5。

表3 2009~2019年不同性质企业的对外贸易情况

单位：亿美元，%

年份	项目	出口 金额	出口 同比	进口 金额	进口 同比
2009	总　额	12016.6	-16.0	10055.6	-11.2
	国有企业	1909.9	-25.5	2884.7	-18.5
	外资企业	6722.3	-15.5	5452.1	-12.0
	民营企业	3384.4	-11.6	1718.8	7.9
2010	总　额	15779.3	31.3	13948.3	38.7
	国有企业	2343.6	22.7	3875.5	34.3
	外资企业	8623.1	28.3	7380.0	35.3
	民营企业	4812.7	42.2	2692.8	56.7
2011	总　额	18978.9	20.3	17432.4	25.0
	国有企业	2672.4	14.0	4939.5	27.5
	外资企业	9948.9	15.4	8643.4	17.1
	民营企业	6357.6	32.1	3849.4	43.0
2012	总　额	20489.4	7.9	18178.3	4.3
	国有企业	2562.8	-4.1	4954.3	0.3
	外资企业	10227.5	2.8	8712.6	0.8
	民营企业	7699.1	21.1	4511.5	17.2
2013	总　额	22100.2	7.9	19502.9	7.3
	国有企业	2489.9	-2.8	4989.9	0.6
	外资企业	10442.6	2.1	8748.2	0.4
	民营企业	9167.7	19.1	5764.8	27.8
2014	总　额	23427.5	6.1	19602.9	0.4
	国有企业	2564.9	3.1	4910.5	-1.9
	外资企业	10747.3	3.0	9093.1	3.9
	民营企业	10115.2	10.4	5599.3	-2.9
2015	总　额	22749.5	-2.9	16819.5	-14.2
	国有企业	2423.9	-5.5	4078.4	-16.9
	外资企业	10047.3	-6.5	8298.9	-8.7
	民营企业	10278.3	1.6	4442.2	-20.7

续表

年份	项目	出口 金额	出口 同比	进口 金额	进口 同比
2016	总　　额	20981.5	-7.7	15874.2	-5.5
	国有企业	2156.1	-11.0	3608.2	-11.4
	外资企业	9169.5	-8.7	7704.7	-7.0
	民营企业	9655.9	-6.1	4561.3	2.7
2017	总　　额	22635.2	7.9	18409.8	15.9
	国有企业	2312.3	7.3	4374.4	21.1
	外资企业	9775.6	6.6	8615.8	11.8
	民营企业	10547.3	9.2	5419.6	18.8
2018	总　　额	24874.0	9.9	21356.4	15.8
	国有企业	2572.6	11.1	5473.5	24.9
	外资企业	10360.1	6.0	9320.5	8.1
	民营企业	11941.3	13.2	6562.4	21.1
2019	总　　额	24990.3	0.5	20771.1	-2.7
	国有企业	2356.1	-8.4	5377.6	-1.8
	外资企业	9660.6	-6.8	8598.2	-7.7
	民营企业	12973.6	8.6	6795.3	3.5

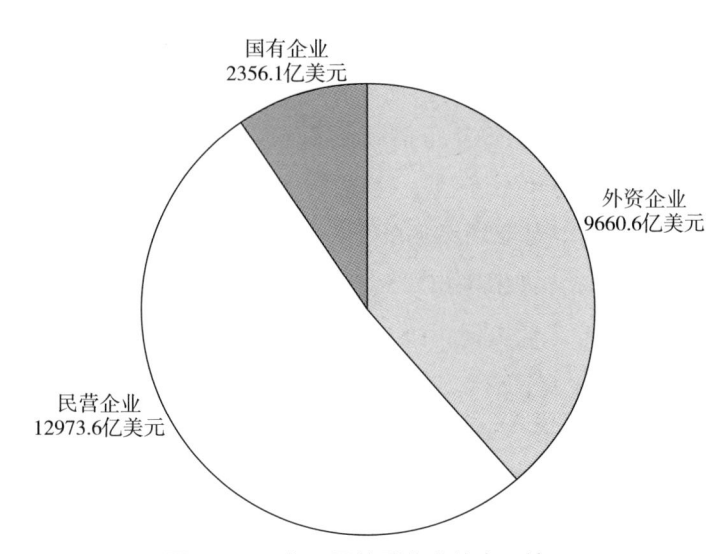

资料来源：中国海关统计。

图4　2019年不同性质企业的出口情况

资料来源：中国海关统计。

民营企业
6795.3亿美元

国有企业
5377.6亿美元

外资企业
8598.2亿美元

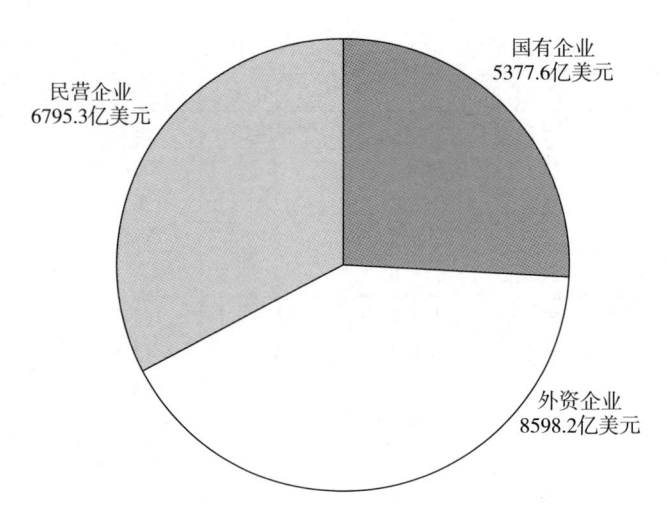

图5　2019年不同性质企业的进口情况

资料来源：中国海关统计。

（三）2019年中国对外贸易企业的地区分析

从整体上来看，2019年中国企业对外贸易依然分布在亚洲、北美洲和欧洲三大区域市场，但海外市场的多元化程度逐渐提高，其中欧盟、东盟、美国和日本是排在前四位的贸易伙伴。

从对外贸易的区域市场分布情况来看，2019年，中国在亚洲市场的对外贸易总额为23665.6亿美元，比2018年回落了0.61%，占对外贸易总额的51.72%；其中对亚洲市场的出口额为12203.9亿美元，出口额比2018年增长了2.7%，占中国出口贸易总额的49%（见图6）；对亚洲市场的进口额为11461.7亿美元，进口额比2018年下降了3.9%，占中国进口贸易总额的55%（见图7）。中国在欧洲市场的对外贸易总额为8765.3亿美元，比2018年增长了2.62%，占对外贸易总额的19.15%；其中对欧洲市场的出口额为4996.4亿美元，出口额同比增长了5.24%，占中国出口贸易总额的20%（见图6）；对欧洲市场的进口额为3768.9亿美元，进口额比2018年下降了0.67%，占中国进口贸易总额的18%（见图7）。

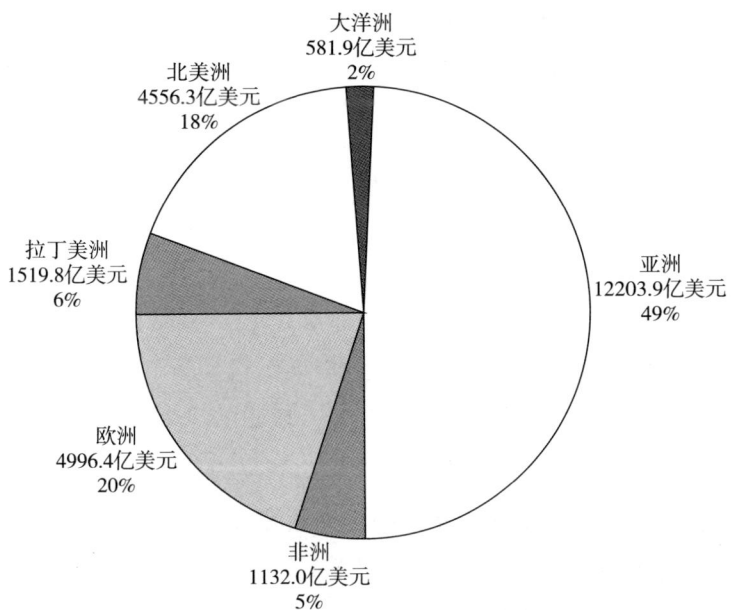

2019年中国企业海外发展总体分析与评价

大洋洲 581.9亿美元 2%
北美洲 4556.3亿美元 18%
拉丁美洲 1519.8亿美元 6%
欧洲 4996.4亿美元 20%
非洲 1132.0亿美元 5%
亚洲 12203.9亿美元 49%

图6　2019年中国企业出口的区域市场分布情况

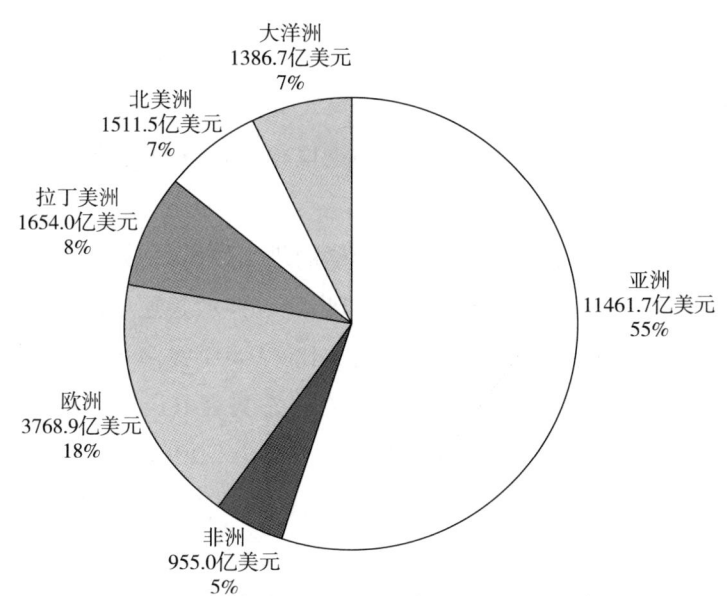

资料来源：中国海关统计。

大洋洲 1386.7亿美元 7%
北美洲 1511.5亿美元 7%
拉丁美洲 1654.0亿美元 8%
欧洲 3768.9亿美元 18%
非洲 955.0亿美元 5%
亚洲 11461.7亿美元 55%

图7　2019年中国企业进口的区域市场分布情况

资料来源：中国海关统计。

中国在北美市场的对外贸易总额为6067.8亿美元，比2018年降低了13%，占对外贸易总额的13.26%；其中对北美市场的出口额为4556.3亿美元，出口额同比下降了11.3%，占中国出口贸易总额的18%；对北美市场的进口额为1511.5亿美元，进口额比2018年下降了17.7%，占中国进口贸易总额的7%。

从对外贸易的国别（地区）分布情况来看，在2019年，欧盟仍是中国最大的贸易伙伴，对欧盟的进出口贸易总额为7053.0亿美元，比2018年增长了3.8%，其中对欧盟的出口额为4287.0亿美元，比2018年增长了4.9%；对欧盟的进口额为2766.0亿美元，比2018年增长了1.12%。东盟为中国的第二大贸易伙伴，对东盟的进出口贸易总额为6414.6亿美元，比2018年增长了9.12%，其中对东盟的出口额为3594.2亿美元，同比增长了12.58%；对东盟的进口额为2820.4亿美元，比2018年增长了4.99%；美国是中国的第三大贸易伙伴，对美国的进出口贸易总额为5413.8亿美元，比2018年下降了14.54%，其中对美国的出口额为4186.7亿美元，同比下降了12.49%；对美国的进口额为1227.1亿美元，比2018年下降了20.88%；中国的第四大贸易伙伴为日本，对日本的进出口贸易总额为3150.3亿美元，比2018年下降了3.86%，其中对日本的出口额为1432.7亿美元，同比下降了2.59%；对日本的进口额为1717.6亿美元，比2018年下降了4.88%。

此外，中国对共建"一带一路"国家的进出口贸易总额为92700亿元，比2018年增长了10.8%，增长速度比进出口总体增长速度高出了7.4个百分点，占进出口贸易总额的29.4%，占比比2018年提高了2个百分点。中国在共建"一带一路"国家的对外贸易发展态势良好，对外贸易规模逐年提升，正在成为拉动中国对外贸易发展的新动力。2019年中国对拉丁美洲和非洲的进出口贸易额分别增长了8%和6.8%，增长速度都分别高于进出口贸易总体增长速度的4.6%和3.4%，对拉美和非洲的对外贸易额分别占进出口贸易总额的6.9%和4.6%。

表4 2019年中国对外贸易的主要国别（地区）分布情况

单位：亿美元

国家/地区	进出口贸易总额	出口额	进口额
总值	45761.3	24990.3	20771.0
亚洲	23665.6	12203.9	11461.7
日本	3150.3	1432.7	1717.6
韩国	2845.7	1110.0	1735.7
中国香港	2880.4	2789.5	90.9
中国台湾	2280.8	550.8	1730.0
东盟	6414.6	3594.2	2820.4
新加坡	899.5	547.3	352.2
非洲	2087.0	1132.0	955.0
欧洲	8765.3	4996.4	3768.9
欧盟	7053.0	4287.0	2766.0
英国	863.1	624.1	239.0
德国	1848.8	797.7	1051.1
法国	655.7	329.9	325.8
意大利	549.1	335.0	214.1
荷兰	851.7	739.6	112.1
俄罗斯	1107.9	497.4	610.5
拉丁美洲	3173.8	1519.8	1654.0
北美洲	6067.8	4556.3	1511.5
加拿大	650.8	369.2	281.6
美国	5413.8	4186.7	1227.1
大洋洲	1968.6	581.9	1386.7
澳大利亚	1696.3	482.0	1214.3

注：东盟：包括文莱、印度尼西亚、马来西亚、菲律宾、新加坡、泰国，1996年后增加越南，1998年后增加老挝和缅甸，2000年后增加柬埔寨。欧盟：1994年前称欧共体，包括比利时、丹麦、英国、德国、法国、爱尔兰、意大利、卢森堡、荷兰、希腊、葡萄牙、西班牙，1995年后增加奥地利、芬兰、瑞典。自2004年5月起，统计范围增加塞浦路斯、匈牙利、马耳他、波兰、爱沙尼亚、拉脱维亚、立陶宛、斯洛文尼亚、捷克、斯洛伐克。自2007年1月起，增加罗马尼亚、保加利亚。自2013年7月起增加克罗地亚，2020年1月英国脱离欧盟。

资料来源：中国海关统计。

（四）2019年中国对外贸易企业的商品结构分析

从出口商品结构来看，2019年机电产品和高新技术产品出口都呈现了较好的增长态势，如表5所示。具体来看，机电产品的出口额为15206.1亿美元，占中国出口贸易总额的58.4%，比2018年的出口额增长了4.1%，其中，电器及电子产品出口额为9220.3亿美元，比2018年增长了2.6%；机械设备出口额为1813.8亿美元，比2018年增长了8.7%。高新技术产品的出口额为7628.5亿美元，比2018年增长了2.14%，其中太阳能电池、集成电路和半导体器件等产品的出口额都比2018年实现了较快的增长，分别增长了47.4%、26.8%和24.2%。2019年劳动密集型产品的出口也实现了增长，比2018年的出口额增长了6.1%，其中纺织纱线、织物及制品的出口额为1253.1亿美元，服装及衣着附件的出口额为1580.4亿美元，鞋类出口额为497.8亿美元，家具及其零件的出口额为564.3亿美元，分别比2018年增长了5.2%、0.3%、6.1%和5.1%。

表5 2015~2019年中国主要商品的出口情况

单位：亿美元

商品名称	2015年	2016年	2017年	2018年	2019年
纺织纱线、织物及制品	1095.0	1050.5	1097.7	1191.0	1253.1
服装及衣着附件	1742.8	1578.2	1572.0	1576.3	1580.4
鞋类	535.3	471.9	481.6	469.0	497.8
手持或车载无线电话机	1237.3	1155.4	1260.3	1406.4	1626.0
自动数据处理设备及其部件	1523.1	1373.8	1582.4	1719.8	1726.9
家具及其零件	528.0	477.8	499.2	536.9	564.3
机电产品	13017.2	12094.0	13214.6	14607.2	15206.1
高新技术产品	6552.1	6038.7	6674.4	7468.7	7628.5

注："高新技术产品"和"机电产品"包括部分本表中已列的相关商品。
资料来源：中国海关统计。

2019年,中国进口的原油、天然气、大豆、铁矿砂及其精矿等大宗商品的数量都比2018年实现了不同程度的增长,具体来看,进口了10.69亿吨铁矿砂及其精矿,比2018年略有增长,增幅为0.5%,进口额为1057.8亿美元,同比增长了40%;进口原油5.06亿吨,相比2018年增长了9.5%,进口额为2514.1亿美元,同比增长了4.6%;进口天然气9656万吨,比2018年增长了6.9%;进口大豆8851万吨,比2018年增长了0.5%,进口额为368.5亿美元,略低于2018年的进口额。此外,进口的机电产品和高新技术产品都出现了小幅回落,进口额分别为9464.9亿美元和6649.8亿美元,分别比2018年下降了2%和1%,如表6所示。

表6 2015~2019年中国重点商品的进口情况

单位:亿美元

商品名称	2015年	2016年	2017年	2018年	2019年
大豆	347.69	339.85	396.38	380.60	368.5
食用植物油	50.11	41.64	45.31	47.28	66.2
铁矿砂及其精矿	576.20	576.57	762.78	755.40	1057.8
原油	1344.51	1164.69	1623.28	2402.62	2514.1
成品油	143.03	111.41	144.86	201.80	177.7
初级形状的塑料	450.21	413.26	485.06	564.02	555.0
钢材	143.35	131.53	151.70	164.36	147.1
未锻轧铜及铜材	290.31	263.79	312.58	374.85	338.7
汽车和汽车底盘	446.66	446.66	506.58	505.14	504.9
机电产品	8061.39	7714.09	8544.96	9655.61	9464.9
高新技术产品	5480.58	5237.83	5840.34	6714.80	6649.8

注:"高新技术产品"和"机电产品"中包括本表中已列示的部分相关商品。
资料来源:中国海关统计。

(五)2019年中国对外贸易企业的区域分布分析

从中国东中西部地区和各省(自治区、直辖市)的对外贸易发展情况来看,东部地区的对外贸易在全国对外贸易总额的占比仍然超过了80%,但中部和西部地区的占比与2018年相比都有所提升,如表7所示。

表7 2013~2019年中国对外贸易发展的区域分布情况

单位:亿美元,%

年份及分项		全国 金额	东部地区 金额	占比	中部地区 金额	占比	西部地区 金额	占比
2013	进出口	41603.1	35977.4	86.5	2844.0	6.8	2781.5	6.7
	出 口	22100.2	18707.3	84.6	1610.7	7.3	1782.2	8.1
	进 口	19502.9	17270.2	88.6	1233.5	6.3	999.3	5.1
2014	进出口	43030.4	36559.5	85.0	3127.1	7.3	3343.8	7.8
	出 口	23427.5	19436.4	83.0	1816.4	7.8	2174.6	9.3
	进 口	19602.9	17123.0	87.3	1310.6	6.7	1169.2	6.0
2015	进出口	39569.0	34096.0	86.2	2881.4	7.3	2591.6	6.5
	出 口	22749.5	19645.7	86.4	1729.5	7.6	1374.4	6.0
	进 口	16819.5	14450.3	85.9	1151.9	6.9	1217.2	7.2
2016	进出口	36855.7	31556.0	85.6	2728.2	7.4	2571.5	7.0
	出 口	20981.5	17822.0	84.9	1639.3	7.8	1520.2	7.3
	进 口	15874.2	13734.0	86.5	1088.9	6.9	1051.3	6.6
2017	进出口	41045.0	34994.4	85.3	3023.3	7.4	3027.4	7.4
	出 口	22635.2	19337.9	85.4	1760.1	7.8	1537.2	6.8
	进 口	18409.8	15656.5	85.0	1263.2	6.9	1490.1	8.1
2018	进出口	46230.3	39019.7	84.4	3449.1	7.5	3761.5	8.1
	出 口	24874.0	20994.7	84.4	2009.0	8.1	1870.3	7.5
	进 口	21356.3	18025.0	84.4	1440.1	6.7	1891.2	8.9
2019	进出口	45761.3	37955.3	82.9	3891.6	8.5	3914.3	8.6
	出 口	24990.3	20428.3	81.7	2328.5	9.3	2233.3	8.9
	进 口	20771.0	17527.0	84.4	1563.1	7.5	1681.0	8.1

注:东部地区包括北京、上海、天津、河北、福建、辽宁、浙江、山东、江苏、广东和海南;中部地区包括河南、山西、吉林、湖南、江西、黑龙江、湖北和安徽;西部地区包括四川、内蒙古、云南、青海、广西、贵州、西藏、陕西、甘肃、重庆、新疆和宁夏。

资料来源:中国海关统计。

2019年，东部地区对外贸易总额为37955.3亿美元，同比下降了2.7%，占中国贸易总额的82.9%，占比比2018年下降了1.5个百分点。其中，出口贸易和进口贸易占中国贸易总额的比重分别为81.7%和84.4%，贸易规模分别是20428.3亿美元和17527.0亿美元，分别比2018年下降了2.7%和2.8%。

从中部地区的情况来看，中部地区对外贸易总额为3891.6亿美元，同比增长了12.8%，占中国贸易总额的8.5%，占比比2018年提高了1个百分点。其中，出口贸易和进口贸易占中国贸易总额的比重分别为9.3%和7.5%，占比分别比上一年提高了1.2个和0.8个百分点，出口规模和进口规模分别为2328.5亿美元和1563.1亿美元，分别比2018年增长了15.9%和8.5%。

从西部地区的情况来看，2019年西部地区对外贸易总额为3914.3亿美元，同比增长了4.1%，占中国贸易总额的8.6%，占比比2018年提高了0.5个百分点。其中，出口贸易和进口贸易占中国贸易总额的比重分别为8.9%和8.1%，贸易规模分别是2233.3亿美元和1681.0亿美元，其中，出口额比2018年增长了19.4%，进口额同比下降了11.1%。

随着中国对外开放的全方位推进，借助"一带一路"倡议和比较成本优势，中部和西部地区的对外贸易呈现快速增长态势，尤其是民营企业的增速更快。2019年，中部和西部地区的出口总额占全国出口总额的18.3%，其中加工贸易出口额在全国加工贸易出口总额中的比重为23%。此外，来自中部和西部地区的民营企业进出口额分别增长了28.3%和22.4%，增速分别高出东部地区19.5个和13.6个百分点。

从各省（自治区、直辖市）的情况来看，如图8所示，2019年广东省的出口额仍遥遥领先，远高于其他省（自治区、直辖市），出口额为6291.8亿美元，相比2018年的出口额有所回落，降低了2.7%；出口额排第二位的是江苏省，出口额为3948.3亿美元，同比下降2.3%；出口贸易额排第三、第四、第五的省（自治区、直辖市）分别是浙江省、上海市和山东省，年增长速度分别为4.2%、-3.9%、0.8%，出口贸易

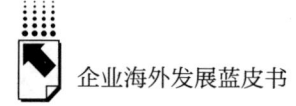

额分别为3345.9亿美元、1990.0亿美元、1614.5亿美元；此外，福建省、北京市、四川省、河南省和重庆市的出口额分别为1201.7亿美元、750亿美元、563.9亿美元、542.2亿美元和538.0亿美元，比2018年分别增长了3.9%、1.1%、11.9%、0.8%和4.7%，如表8所示。

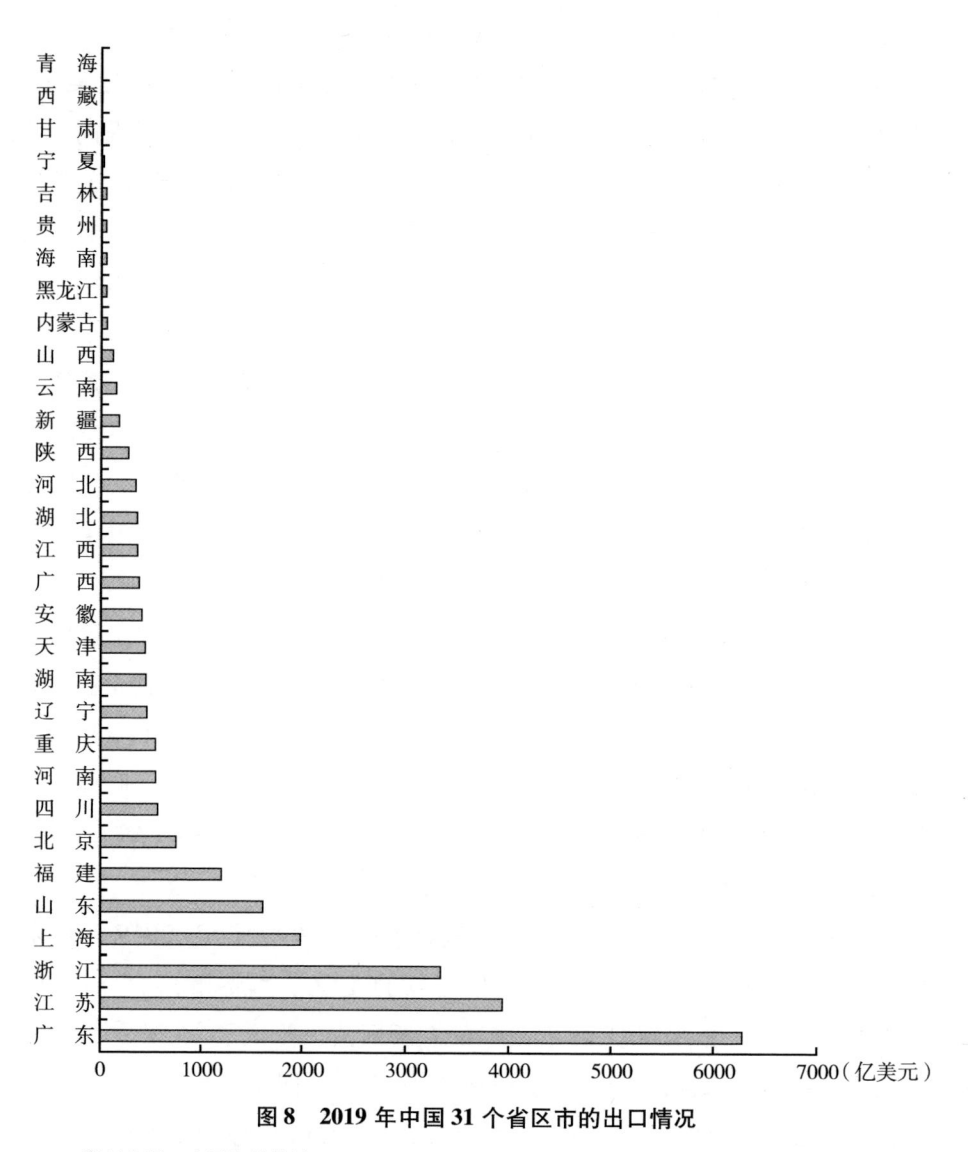

图8 2019年中国31个省区市的出口情况

资料来源：中国海关统计。

表8　2012~2019年31个省区市出口情况

单位：亿美元

地区	2012年	2013年	2014年	2015年	2016年	2017年	2018年	2019年
全国	20489.35	22100.19	23427.47	22749.5	20981.54	22635.22	24874.01	24990.3
北京	596.5	632.46	623.48	546.7	518.4	585	741.7	750
天津	483.14	490.25	525.97	511.8	442.9	435.6	488.1	437.9
河北	296.04	309.63	357.13	329.4	305.8	313.6	339.9	343.8
山西	70.16	79.97	89.42	84.2	99.3	102	122.7	116.9
内蒙古	39.71	40.95	63.94	56.5	43.7	49.4	57.5	54.7
辽宁	579.5	645.41	587.59	507.1	430.7	449	488	454.5
吉林	59.83	67.57	57.78	46.5	42.1	44.3	49.4	47
黑龙江	144.36	162.32	173.4	80.5	50.4	51.4	44.5	50.7
上海	2067.44	2041.97	2101.63	1959.4	1834.7	1936.8	2071.7	1990
江苏	3285.38	3288.57	3418.68	3386.7	3192.7	3633	4040.4	3948.3
浙江	2245.69	2487.92	2733.54	2766	2678.6	2868.9	3211.5	3345.9
安徽	267.52	282.56	314.93	322.8	284.4	304.8	362.1	404.1
福建	978.36	1065.04	1134.57	1130.2	1036.8	1049.3	1155.6	1201.7
江西	251.11	281.7	320.38	331.3	298.1	326.9	339.6	362.1
山东	1287.32	1344.99	1447.45	1440.6	1371.6	1471	1601.4	1614.5
河南	296.78	359.92	393.84	430.7	427.9	470.3	537.8	542.2
湖北	194.01	228.38	266.46	292.1	260.2	305	340.9	360
湖南	126	148.21	200.23	191.4	176.7	231.8	305.7	445.5
广东	5741.36	6364.04	6462.22	6435.1	5988.6	6227.8	6466.8	6291.8
广西	154.68	186.95	243.3	280.3	229.6	274.6	328	377.5
海南	31.43	37.06	44.17	37.4	21.2	43.7	44.9	49.9
重庆	385.7	467.97	634.09	551.9	406.9	426	513.8	538
四川	384.64	419.52	448.5	332.3	279.3	375.5	504	563.9
贵州	49.52	68.86	93.97	99.5	47.4	57.9	51.2	47.4
云南	100.18	159.59	188.02	166.2	114.5	115.4	128.1	150.2
西藏	33.55	32.69	21.01	5.9	4.7	4.4	4.3	5.4
陕西	86.52	102.24	139.29	147.9	158.3	245.6	316	272.2
甘肃	35.74	46.79	53.31	58.1	40.9	18.3	22.1	19.1
青海	7.3	8.47	11.28	16.4	13.7	4.2	4.7	2.9
宁夏	16.41	25.52	43.03	29.8	25	36.5	27.4	21.6
新疆	193.47	222.7	234.83	175.1	156.1	177.3	164.2	180.4

资料来源：中国海关统计。

从各省（自治区、直辖市）的进口情况来看，广东省的进口额也排在全国各省（自治区、直辖市）的首位，进口额为4070亿美元，但比2018年的进口额下降了7.1%（见图9）。北京市的进口额排在全国第二位，进口规模为3411.6亿美元，同比增长了0.9%。进口贸易额排第三、第四、第五的省（自治区、直辖市）分别是上海市、江苏省和山东省，进口贸易额分别为2948.9亿美元、2347.0亿美元和1348.5亿美元，其中上海市和江苏省

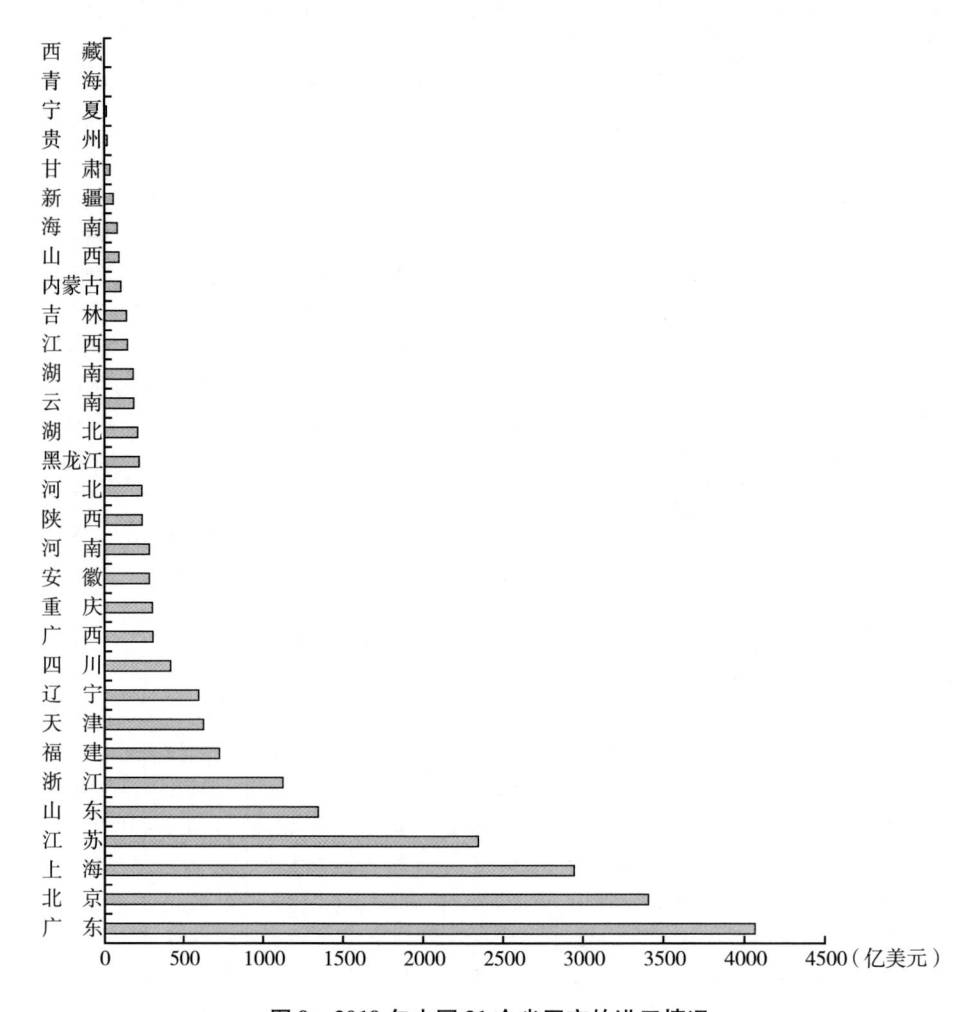

图9 2019年中国31个省区市的进口情况

资料来源：中国海关统计。

的进口规模都比2018年有所回落，分别降低了4.4%和9.7%，山东同比增长了1.97%；此外，浙江省、福建省、天津市、辽宁省和四川省进口额分别为1126.4亿美元、729.5亿美元、628.5亿美元、598.3亿美元和416.7亿美元，比2018年分别增长了1.2%、1.4%、-14.7%、-8.8%和5.4%，如表9所示。

表9 2012～2019年31个省区市的进口贸易情况

单位：亿美元

地区	2012年	2013年	2014年	2015年	2016年	2017年	2018年	2019年
全国	18178.26	19502.89	19602.9	16819.51	15874.19	18409.82	21356.33	20771
北京	3482.66	3658.57	3533.06	2649.5	2301.9	2652.2	3382.3	3411.6
天津	673.09	795.03	813.16	631.6	583.7	693.8	737.2	628.5
河北	209.44	239.2	241.69	185.4	160.5	184.5	198.9	236.6
山西	80.27	78.01	73.06	62.9	67.1	69.8	85	92.8
内蒙古	72.9	78.98	81.59	71	72.4	89.6	99.3	104.5
辽宁	460.41	497.44	552.01	452.5	434.6	545.5	656.3	598.3
吉林	185.89	190.96	206	142.8	142.4	141.1	157.3	142
黑龙江	233.85	226.46	215.6	129.6	114.9	136.7	219.6	220.3
上海	2297.95	2370.29	2562.45	2533	2503.7	2824.4	3084.7	2948.9
江苏	2195.55	2219.88	2218.93	2069.5	1902.6	2278.2	2600	2347
浙江	876.66	870.42	817.94	707.5	686.4	910	1113.2	1126.4
安徽	125.73	173.77	177.8	156.9	158.9	231.5	267.7	283.3
福建	580.91	628.48	640.42	563.4	531.7	661	719.7	729.5
江西	82.99	85.69	107.45	93.4	102.6	117.8	142.8	147.2
山东	1168.13	1326.49	1323.7	976.9	970.5	1159.5	1322.5	1348.5
河南	220.72	239.59	256.49	307.7	284	305.8	290.5	282.5
湖北	125.59	135.52	164.18	163.8	133.2	158.1	187.1	211.5
湖南	93.41	103.44	110.04	101.9	85.8	128.7	159.6	183.5
广东	4096.79	4551.66	4305.12	3793.6	3566.5	3836.9	4380.3	4070
广西	140.05	141.42	162.23	232.4	248.7	297.5	295.4	304.6
海南	111.87	112.72	114.57	102.2	92.1	60	82.6	81.7

续表

地区	2012年	2013年	2014年	2015年	2016年	2017年	2018年	2019年
重庆	146.33	219.07	320.41	192.9	220.8	240	276.6	301.7
四川	206.64	226.41	254.02	182.4	213.9	305.7	395.4	416.7
贵州	16.8	14.04	14.17	22.7	9.6	23.7	24.8	18.3
云南	109.87	98.7	108.2	79	84.1	119.7	170.8	186.7
西藏	0.69	0.5	1.54	3.3	3.1	4.3	2.9	1.6
陕西	61.47	99.03	134.79	157.2	140.9	155.9	217.2	238.3
甘肃	53.31	56	33.18	21.8	27.9	32.2	37.9	36.1
青海	4.3	5.55	5.91	2.9	1.6	2.3	2.3	2.5
宁夏	5.76	6.65	11.32	8.1	7.8	13.9	10.4	13.3
新疆	58.24	52.92	41.87	21.7	20.5	29.3	35.9	56.7

资料来源：中国海关统计。

二 2019年中国服务贸易企业总体分析与评价

随着全球经济服务化持续推进，全球产业分工不断加深、产业融合不断加速，尤其是随着大数据、物联网和云计算等数字化技术的蓬勃发展，服务贸易已成为推动世界经济持续增长的新动力，服务贸易在全球贸易总额中占据的份额已经连续多年增长，全球服务贸易额从2010年的78000亿美元增长到2019年的119000亿美元，年均增速为4.8%，服务贸易的年平均增速是货物贸易的2倍，服务贸易额在全球贸易总额中的份额也由2010年的20.3%提高到2019年的23.8%。随着服务贸易在全球贸易格局中的重要性日益凸显，全球国际贸易规则的焦点也开始由货物贸易转向"货物贸易+服务贸易+投资"。

近年来，服务贸易已经成为中国在新时代推进高水平开放的重要推动力量，是提升中国对外贸易质量的新引擎，也推动着中国企业不断优化和提升在全球产业链、价值链中的地位，从而加快了推进我国从贸易大国迈向贸易强国的步伐。2019年，中国服务贸易发展整体上稳中有升，贸易逆差呈现显著下降态势，贸易结构进一步优化，服务贸易逐步凸显高质量发展的成效。中国加入WTO以来，服务贸易呈现逐年增长趋势，尤其是近年来更是实现了快速成长，自2014年后，中国已经超过德国，仅次于美国，服务贸易进出口额已经连续6年位居世界第二。

（一）2019年中国服务贸易规模已经连续6年位居全球第二

2019年，中国服务贸易的进出口总额为8141亿美元，相比2018年增长了2.8%。其中，服务贸易出口总额为2905亿美元，比上一年增长了8.9%；服务贸易进口总额为5236亿美元，比2018年回落了0.3%；服务贸易的逆差为2331亿美元，比2018年下降了9.7%。

近年来，我国服务贸易呈现快速成长态势，由表10可知，服务贸易进出口总额从2012年的4829亿美元快速增长到2019年的8141亿美元，增长了0.69倍。其中，2019年服务贸易出口额相比2012年增长了44%，达到2905亿美元；服务贸易进口额相比2012年增长了86%，进口额提升到5236亿美元。自2014年开始，我国服务贸易总额位居全球第二，仅次于美国。此外，服务贸易在全国对外贸易总额中所占的份额也呈现快速增长态势，2019年比2012年提升了6.1个百分点，提高到了17.8%。

表10　2012~2019年中国服务贸易情况

单位：亿美元，%

年份	进出口总额	进口	出口	贸易逆差	占对外贸易比重
2012	4829	2813	2016	797	11.7
2013	5376	3306	2070	1236	12.0
2014	6520	4329	2191	2138	13.9
2015	6542	4355	2186	2169	15.0
2016	6616	4521	2095	2426	15.9
2017	6957	4676	2281	2395	15.0
2018	7919	5250	2668	2582	15.1
2019	8141	5236	2905	2331	17.8

资料来源：中国商务部。

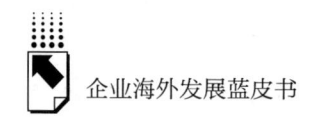

（二）2019年中国服务贸易结构持续优化

从中国服务贸易的行业结构来看，中国服务贸易主要分布在运输业、旅游业和建筑业等劳动密集型行业，但近年来传统劳动密集型行业的服务贸易总额占比呈现持续下降趋势。2019年来自传统行业的服务贸易总额为32685.3亿元，比2018年下降了1.6%；在服务贸易总额中的占比也比2018年下降了3个百分点，占比为60.4%。其中，出口额为7487.7亿元，比2018年增长了4.4%，在服务贸易出口总额中的占比为38.3%；进口总额为25197.6亿元，比2018年回落了3.3%，在服务贸易进口总额中的比重为72.8%。此外，旅游业的进出口总额为19702.6亿元，同比下降了5.9%，在服务贸易总额中的占比降低了3.5个百分点，占比为36.4%；运输业的进出口总额为10410.1亿元，同比增长了4.5%；建筑业的进出口总额为2572.6亿元，同比增长了10.5%（见表11）。

2019年，来自知识型密集行业的新兴服务业实现了快速发展，其贸易总额为18777.7亿元，同比增长了10.8%，在服务贸易总额中所占的比重提高了2.5个百分点，占比为34.7%。其中，出口额为9916.8亿元，比2018年增长了13.4%，在服务贸易出口总额中的占比为50.7%；进口额为8860.9亿元，比2018年增长了8%，在服务贸易进口总额中占比为25.6%。具体来看，随着全球数字经济的快速发展，电信、计算机和信息服务业，金融服务业，知识产权使用费，个人、文化和娱乐服务业等都实现了快速增长，进出口总额分别比2018年增长了18.9%、18.7%、3.9%和19.4%，如表11所示。

此外，2019年来自制造业领域的服务贸易也呈现迅猛增长态势，维护和维修服务业、加工服务业等的进出口总额为2325.6亿元，比2018年增长了28.2%，其中出口额和进口额分别比上一年增长了26%和47.9%。其中维护和维修服务业的进出口总额为954.8亿元，比2018年增长了48.5%，增长速度远高于其他行业，如表11所示。

表11 2019年中国服务贸易在不同行业的分布情况

单位：亿元，%

服务类别	进出口 金额	进出口 同比	出口 金额	出口 同比	进口 金额	进口 同比
总计	54152.9	2.8	19564.0	8.9	34588.9	-0.4
旅游	19702.6	-5.9	2380.5	-8.8	17322.1	-5.4
运输	10410.1	4.5	3175.5	13.4	7234.6	1
建筑	2572.6	10.5	1931.7	9.8	640.9	12.6
保险服务	1072.9	-3.5	329.6	1.2	743.3	-5.4
金融服务	440.0	18.7	269.7	17.1	170.3	21.3
电信、计算机和信息服务	5571.3	18.9	3715.7	19.3	1855.6	18.0
加工服务	1370.8	-6.8	1349.2	-7.2	21.6	23.5
知识产权使用费	2830.5	3.9	459.0	24.7	2371.5	0.7
个人、文化和娱乐服务	364.0	19.4	82.6	2.9	281.4	25.3
维护和维修服务	954.8	48.5	702.4	47.9	252.4	50.4
其他商业服务	8488.9	9.6	5050.2	9.4	3438.7	9.9
政府服务	363.0	-11.9	106.5	-8.3	256.5	-13.3

资料来源：中国商务部。

（三）2019年中国服务外包产业规模实现了稳步增长

2019年，中国服务外包产业规模与2018年相比实现了小幅增长。具体来看，我国承接了15699.1亿元的服务外包合同，同比增长了18.6%，其中合同的执行额为10695.7亿元，同比增长了11.5%，合同执行额第一次突破了万亿元。其中，我国承接离岸信息技术外包（ITO）的执行额为2894.3亿元，离岸业务流程外包（BPO）的执行额为1183.9亿元，离岸知识流程外包（KPO）的执行额为2477.6亿元，分别比2018年增长了9%、30.4%和7.6%。此外，高端生产性服务外包业务也实现了快速增长，其中医药和生物技术研发服务、检验检测服务、互联网营销推广服务、电子商务平台服务分别比上一年增长了15.3%、20.5%、37.1%和53.2%。

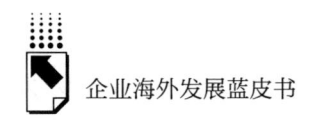

（四）服务贸易新政促进了服务贸易的快速增长

为了更好地推进服务贸易实现高质量发展，我国积极探索并建立了服务贸易创新发展的试验基地与创新试点地区，2016年，率先在上海、海南等15个地区创建了服务贸易创新发展试点。2018年，国家进一步深化试点发展，试点范围扩大到北京、雄安新区等17个地区，而且在创建服务贸易创新试点部分地区的服务贸易发展获得显著成效。自创新试点创建以来，所有的创新试点地区积极探索发展模式，在管理体制、促进机制、政策体系、监管模式和新业态新模式等方面进行了积极探索，形成了促进我国服务贸易高质量发展的新机制、新模式和新路径。

2019年，创新试点地区的服务贸易进出口额在全国服务贸易总额中的占比超过了70%，而且发展速度远高于全国平均水平。在创新试点地区服务贸易快速增长的驱动下，近5年来我国服务贸易的进出口总额年平均增长速度为4.7%，2019年的服务贸易额比2015年增长了1600亿美元，达到8141亿美元。总体而言，2019年在服务贸易创新发展试点地区服务贸易的快速增长带动了我国服务贸易的平稳增长，服务贸易逆差大幅降低，贸易结构进一步优化，创新发展试点政策的改革成效初步显现。

三 2019年中国对外投资企业的总体分析与评价

（一）2019年世界对外直接投资概况

根据联合国贸易和发展组织（UNCTAD）发布的《2020年世界投资报告》可知，从FDI流入量来看，2019年全球对外直接投资流入量呈现了小幅上涨，比2018年增长了3%，达到15400亿美元（见表12）。其中，流入发达经济体的FDI同比增长了5%，流入额为8000亿美元，流入欧洲的FDI为4290亿美元，比2018年增长了18%，流入欧洲的FDI出现大幅回升的主要原因是爱尔兰在2018年经历了负的流入量（-280亿美元），在2019年

FDI流入量呈现大幅反弹，流入量为780亿美元。美国的FDI流入量同比降低了3%，流入额为2462亿美元，此外，欧洲一些较大经济体的FDI有所减少，德国的流入量减少了一半，法国和英国的流入量也略有下降。

表12 2017~2019年世界各地区及主要经济体的FDI流量情况

单位：10亿美元

区域	FDI流入量			FDI流出量		
	2017年	2018年	2019年	2017年	2018年	2019年
世界	1700	1495	1540	1601	986	1314
发达经济体	950	761	800	1095	534	917
欧洲	570	364	429	539	419	475
北美	304	297	297	379	-41	202
发展中经济体	701	699	685	467	415	373
非洲	42	51	45	12	8	5
亚洲	502	499	474	417	407	328
拉丁美洲和加勒比海地区	156	149	164	38	0.1	42
转型经济体	50	35	55	38	38	24

资料来源：UNCTAD, World Investment 2020。

2019年北美的FDI流入量保持平稳，为2970亿美元。尽管流入美国的FDI比2018年下降3%，但美国仍然是FDI的最大目的国（见表13）。此外，澳大利亚的外国直接投资流量也有所下降，这主要是由于跨国并购交易额比上一年有所减少。

表13 FDI流入量排前10位的国家/地区

单位：10亿美元

2019年			2018年		
排名	国家/地区	FDI流入量	排名	国家/地区	FDI流入量
1	美国	246	1	美国	254
2	中国内地	141	2	中国内地	138
3	新加坡	92	3	荷兰	114
4	荷兰	84	4	中国香港	104

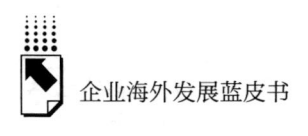

续表

2019 年			2018 年		
排名	国家/地区	FDI 流入量	排名	国家/地区	FDI 流入量
5	爱尔兰	78	5	新加坡	92
6	巴西	72	6	德国	74
7	中国香港	68	7	英国	65
8	英国	59	8	澳大利亚	68
9	印度	51	9	巴西	60
10	加拿大	50	10	加拿大	43

资料来源：UNCTAD, World Investment 2020。

2019年流入发展中经济体的FDI比2018年略有回落，下降了2%，流入额为6850亿美元。自2010年以来，流入发展中经济体的FDI与发达经济体相比，始终保持稳定，年均流入量为6750亿美元。

2019年流向非洲的FDI比上一年降低了12%，投资额为450亿美元，全球经济增长趋缓，国际市场需求减弱，导致了流入南非、摩洛哥和埃塞俄比亚等非洲国家的FDI减少。

2019年，流入亚洲的FDI下降了5%，降至4740亿美元。尽管FDI流入量出现了回落，但亚洲仍然是最大的外国直接投资接受地区，占全球外国直接投资流入量的30%以上。在亚洲FDI流入量下降的主要原因是流入中国香港的FDI下降了34%，其中最大五个FDI目的国（地区）分别是中国、中国香港、新加坡、印度和印度尼西亚。如表13所示，中国仍然是仅次于美国的第二大外国直接投资目的国。

2019年，流入拉丁美洲和加勒比海地区（不包括金融中心）的FDI增加了10%，投资额为1640亿美元。其中流入巴西、智利、哥伦比亚和秘鲁的FDI增加了，其中大部分FDI流向大宗商品，此外，在公用事业和服务业领域的投资也有所增加。2019年拉丁美洲和加勒比海地区成为可再生能源FDI的热点区域。

2019年，转型经济体的FDI流入量比2018年增加了57%，达到550亿美元，这是由于流入俄罗斯联邦、乌克兰和乌兹别克斯坦的FDI有所回升，流向乌克兰的FDI在过去连续两年下降后在2019年出现了增长。

从 FDI 的流出量来看，2019 年全球跨国公司在海外投资额为 13140 亿美元，比 2018 年增长了 33.27%。其中来自发达经济体的跨国公司在海外投资了 9170 亿美元，比上年增长 72%，但这些跨国公司的外国直接投资水平仍然相对较低，仅为 2007 年峰值水平的一半左右。来自发展中经济体和转型经济体的 FDI 流出量减少，从而导致发达经济体跨国公司在世界 FDI 流出量中的占比从 2018 年的 54% 大幅提升到 2019 年的 70%。

2019 年，来自欧洲的跨国公司的 FDI 流出量增长了 13%，这主要是由于荷兰和德国的跨国公司都增加了海外投资；然而法国和瑞士的跨国公司的海外投资在 2019 年分别下降了 63% 和 82%。在 2019 年，北美跨国公司的海外投资额达到 2020 亿美元，其中美国跨国公司的 FDI 投资额为 1250 亿美元，美国的 FDI 流出量排在全球第二位（见表 14）；加拿大跨国公司的海外投资增长了 54%，投资额为 770 亿美元，位居全球第六。

2019 年，日本仍然是世界上最大的投资国，日本跨国公司的 FDI 投资增长了 59%，达到历史最高水平，投资额高达 2270 亿美元，这主要是因为 2019 年一项高达 1040 亿美元的跨国并购推动了海外投资额的增长，具体来看，日本跨国公司在欧洲和北美地区的 FDI 投资比 2018 年增加了一倍。

2019 年，来自发展中经济体的跨国公司海外投资比 2018 年下降了 10%，降至 3730 亿美元。其中来自亚洲发展中国家的流出量下降了 19%，主要是因为中国 FDI 的流出量已经是连续第三年下降，中国的跨国并购交易额已经降到了过去十年的最低水平，跨国并购交易减少的原因是中国对外投资持续受到限制，地缘政治紧张局势以及充满挑战的全球贸易和投资政策环境。来自中国香港和韩国的 FDI 流出量也比 2018 年有所减少；但新加坡和马来西亚 FDI 流出量实现了增长。

2019 年，来自拉丁美洲跨国公司的 FDI 流出量大幅增加，投资额达到 420 亿美元，其中巴西、墨西哥和智利的跨国公司的 FDI 流出量增长最快。2019 年来自转型经济体的 FDI 流出量比 2018 年减少了 37%，投资额为 240 亿美元，在转型经济体的 FDI 中基本上是来自俄罗斯跨国公司的投资，但俄罗斯跨国公司的海外投资仍然保持谨慎，特别是在发达市场经济国家。

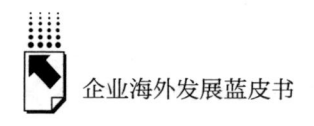

表 14　FDI 流出量排前 10 位的国家/地区

单位：10 亿美元

2019 年			2018 年		
排名	国家/地区	FDI 流出量	排名	国家/地区	FDI 流出量
1	日本	227	1	日本	143
2	美国	125	2	中国	117
3	荷兰	125	3	法国	106
4	中国	117	4	中国香港	82
5	德国	99	5	德国	79
6	加拿大	77	6	加拿大	50
7	中国香港	59	7	英国	41
8	法国	39	8	韩国	38
9	韩国	36	9	俄罗斯	36
10	新加坡	33	10	意大利	33

资料来源：UNCTAD，World Investment 2020。

（二）2019年中国企业对外直接投资总体分析

1. 2019年中国企业对外直接投资小幅回落

由商务部、国家统计局和国家外汇管理局联合发布的《2019 年度中国对外直接投资统计公报》可知，2019 年中国对外直接投资流量总额为1369.1 亿美元，比 2018 年下降了 4.3%，其中非金融类投资总额为 1169.6 亿美元，比 2018 年回落了 3.6%；金融类投资总额为 199.5 亿美元，同比下降了 8.1%，如表 15 所示。截至 2019 年底，中国对外直接投资存量总额为 21988.8 亿美元，占全球 FDI 存量的 10.4%，位居全球第三，美国和荷兰的 FDI 存量总额分别为 7.7 万亿美元和 2.6 万亿美元，位居全球第一和第二。

表 15　2019 年中国对外直接投资流量和存量情况

单位：亿美元，%

	FDI 流量			FDI 存量	
	金额	同比	占比	金额	占比
金融类	199.5	-8.1	14.6	2545.3	11.6
非金融类	1169.6	-3.6	85.4	19443.5	88.4
合计	1369.1	-4.3	100	21988.8	100

从对外直接投资的行业分布来看，2019年中国企业的对外直接投资主要投向了租赁和商务服务业、制造业、金融业、批发和零售业，投资额都超过了百亿美元，投资结构更加均衡。具体来看，中国企业在租赁和商务服务领域的投资金额为418.8亿美元，占2019年FDI投资的近30%，比2018年的投资减少了17.6%；投向制造业的资金为202.4亿美元，比上一年增长了6%，占当年FDI投资总额的14.8%；FDI投资额排第三位的是金融业，投资额近200亿美元，占FDI投资总额的14.6%，比上一年下降了8.1个百分点；投向批发和零售业的FDI投资额为194.7亿美元，相比2018年呈现了59.1%的增长，占FDI投资总额的14.2%；中国企业在采矿业和建筑业领域的FDI都比2018年出现了小幅增长，投资额分别为51.3亿美元和37.8亿美元；在软件和信息技术服务业、交通运输/仓储和邮政业、电力/热力/燃气及水的生产和供应业的FDI投资都比2018年的投资出现了不同程度的回落，投资额分别为54.8亿美元、38.8亿美元、38.7亿美元，分别比上一年下降了2.7%、24.8%和17.7%。

从在共建"一带一路"国家的投资来看，2019年，中国企业在56个共建"一带一路"国家投资了150.4亿美元，比2018年下降了3.8%，占对外直接投资总额的13.6%（见图10）。从国别分布的情况来看，中国企业主要在新加坡、越南、老挝、印度尼西亚、巴基斯坦、泰国、马来西亚、阿联酋、柬埔寨和哈萨克斯坦等国家开展了对外投资活动。

2. 2019年中国企业跨国并购分析

2019年中国企业跨国并购的交易金额和交易数量都出现了不同程度的下滑。从交易金额来看，并购交易总额为686亿美元，比2018年下降了31%，并购交易总额下降主要是因为上半年海外并购的降幅较大，比2018年上半年减少了55.9%，但下半年的海外并购交易活动比较活跃，并购金额仅比2018年下半年同比下降2.8%；并购交易数量为591宗，比2018年减少了23.5%，如图11所示。

从跨国并购的行业分布来看，中国企业在TMT，消费品，电力和公用事业，金融服务，房地产、酒店与建造业的跨国并购交易金额排在前五位，

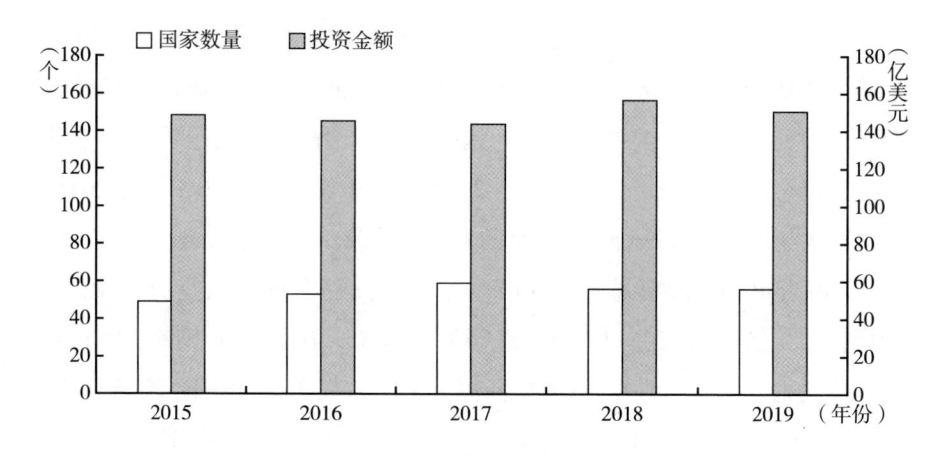

图 10 2015～2019 年中国在共建"一带一路"国家投资情况

资料来源：中国商务部。

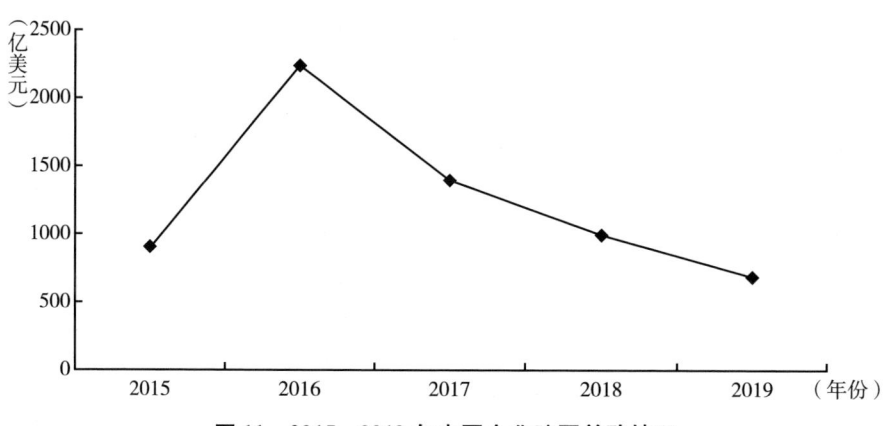

图 11 2015～2019 年中国企业跨国并购情况

资料来源：中国商务部。

如图 12 所示，并购交易额分别为 150.8 亿美元、130.7 亿美元、94.7 亿美元、86.2 亿美元和 83.7 亿美元。从并购交易数量来看，排在前五位的行业分别是 TMT、先进制造和运输、消费品、房地产、酒店与建造、金融服务业，并购交易的数量分别为 122 项、104 项、78 项、58 项和 50 项，如图 13 所示。

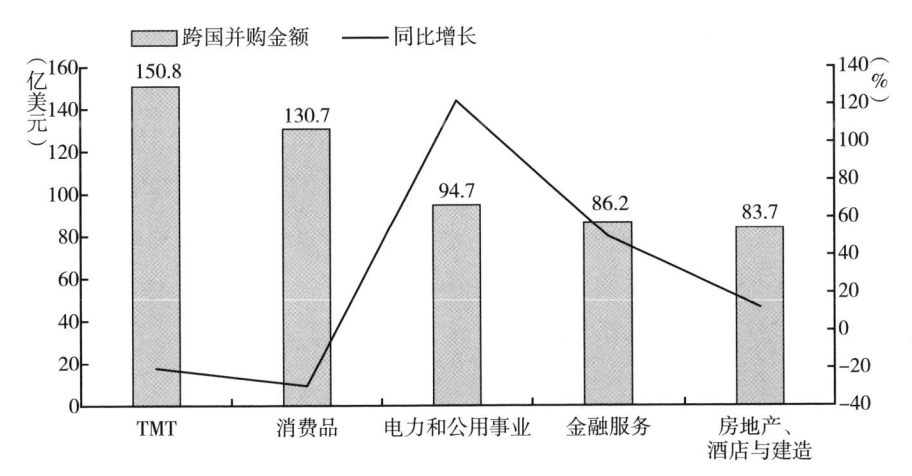

图12　2019年中国企业在不同行业的跨国并购交易金额情况

资料来源：中国商务部。

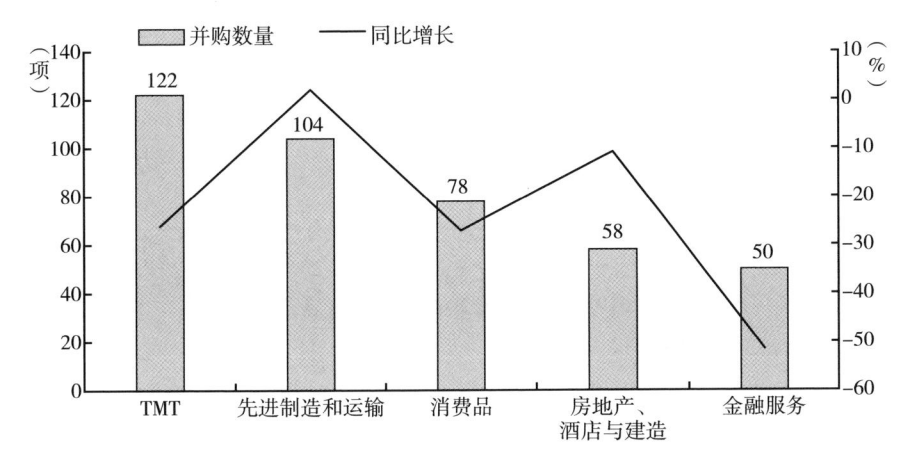

图13　2019年中国企业在不同行业的跨国并购交易数量情况

资料来源：中国商务部。

从跨国并购的区域分布情况来看，2019年中国企业在亚洲市场开展的并购交易活动最活跃，在TMT行业、金融服务业以及房地产、酒店与建造行业共开展了198项海外并购交易，并购交易金额为223亿美元，比上一年增长了19.1%；中国企业在北美洲和欧洲开展的海外并购活动大幅减少，其中在北美洲开展的海外并购活动主要分布在TMT行业、采矿和金属行业、消费品行业，其并购交易数量为101项，并购交易金额为135.4亿美元，交易金额比2018年下降了近30%，中国企业在北美洲的海外并购大幅下滑主要是地缘政治风险增大，以及外商投资政策阻力增加导致的。中国企业在欧洲的海外并购活动下滑幅度最大，比2018年下滑了近60%，海外并购主要分布在消费品、TMT和金融服务三个行业，共开展了210项并购交易，交易金额为205.3亿美元。此外，中国企业在大洋洲、拉丁美洲和非洲的海外并购交易数量分别为59项、12项和11项，并购交易金额分别为48.8亿美元、70.8亿美元和2.7亿美元（见图14）。

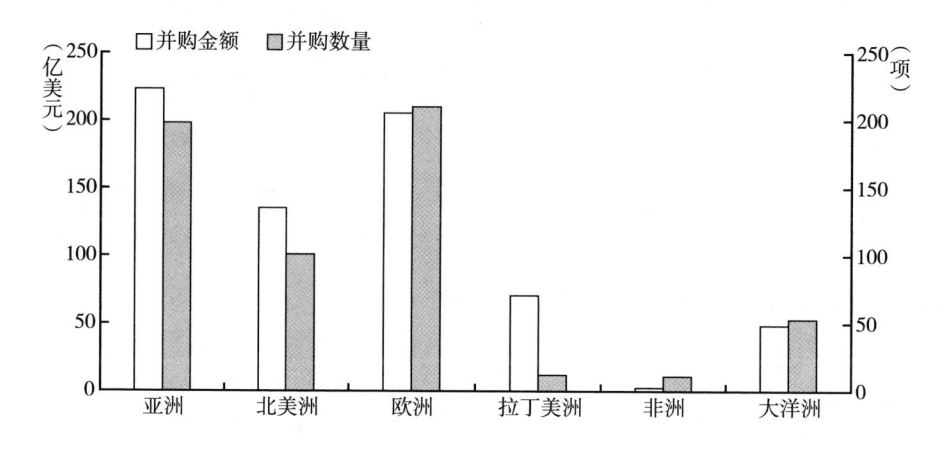

图14 2019年中国企业跨国并购的区域分布情况

资料来源：中国商务部。

从开展海外并购活动的国别分布来看，2019年中国企业在美国开展的跨国并购数量和交易金额都是最多的，并购交易金额为103.7亿美元；其次为英国，并购交易金额为93.4亿美元；排在第三位的是新加坡，并购交易金额为63.1亿美元；排在第四位和第五位的分别是澳大利亚和秘鲁，并购交易金额分别为44.5亿美元和38.2亿美元；排在第六到第十位的分别是印度、加拿大、泰国、瑞士和智利，并购交易额分别为33.1亿美元、31.6亿美元、31.4亿美元、31亿美元和23.9亿美元（见图15）。

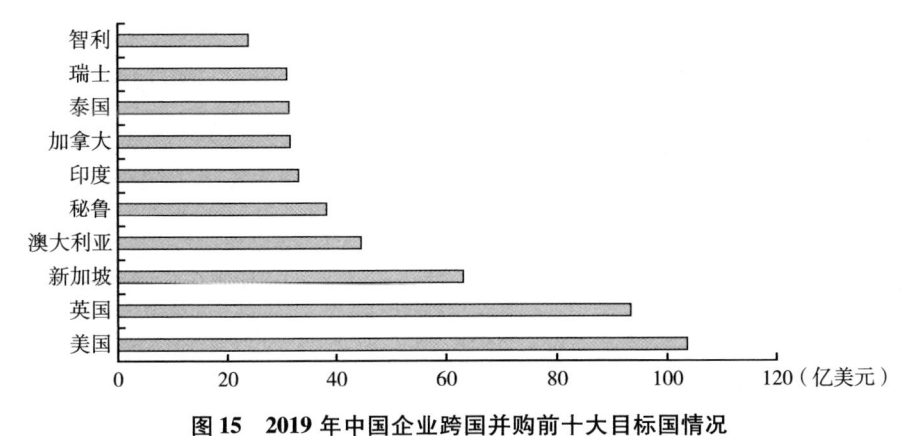

图 15 2019 年中国企业跨国并购前十大目标国情况

资料来源：中国商务部。

3. 2019年中国对外承包工程分析

2019 年，我国对外承包工程业务完成的营业额为 1729 亿美元，比 2018 年增长了 2.3%；新签的合同额为 2602.5 亿美元，同比增长了 7.6%，如图 16 所示。其中，中国企业在 62 个共建"一带一路"国家新签了 6944 份对外承包工程项目合同，合同额为 1548.9 亿美元，占 2019 年新签合同总额的 59.5%，比 2018 年增长了 23.1 个百分点；合同完成额为 979.8 亿美元，占 2019 年合同完成总额的 56.7%，比 2018 年增长了 9.7 个百分点。

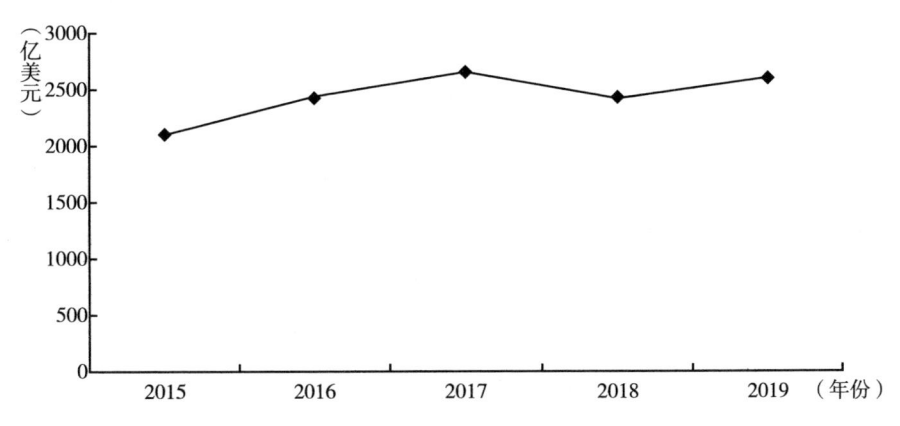

图 16 2015~2019 年中国对外承包工程新签合同额情况

资料来源：中国商务部。

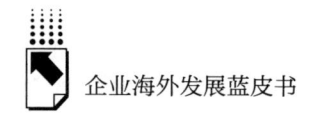

根据商务部发布的《2019年我国对外承包工程业务新签合同额前100家企业》排行榜可知，2019年共有7家企业的新签合同额超过百亿美元，分别是中国水电建设集团国际工程有限公司、中国铁建股份有限公司、中国港湾工程有限责任公司、中国建筑集团有限公司、华为技术有限公司、中国化学工程第七建设有限公司和中国葛洲坝集团股份有限公司，新签合同金额分别为190.9亿美元、190.9亿美元、154.8亿美元、150.4亿美元、141.1亿美元、138.3亿美元和118.1亿美元；前100家企业的新签合同总额为2296亿美元，比2018年增长了18%；排在前10位的企业新签合同总额比2018年增长了6.5%，达到1313亿美元。

四　展望与建议

（一）展望

1. 国际环境凸显复杂性和不确定性

2020年，全球市场受到新冠肺炎疫情的冲击，世界各国的经济和生产活动都受到严重影响，国际市场需求大幅下降，全球供应链遭到重创，国际贸易和对外直接投资活动都大幅下滑，从而导致全球经济大幅下滑，风险提高。国际货币基金组织发布的《世界经济展望报告》预计，2020年全球经济将萎缩3%，疫情将造成2020年和2021年全球GDP累计损失约90000亿美元。联合国发布的《2020年世界经济形势与展望年中报告》预计2020年世界经济将下滑3.2%，将是20世纪30年代经济大萧条以来最严重的经济危机，同时预计2020年世界贸易总额将减少近15%。世界银行也预测2020年全球经济将缩减5.2%。据WTO预测，由于新冠肺炎疫情的大流行，2020年全球商品贸易将下降13%~32%，几乎所有地区都将出现两位数的下降。

疫情在全球市场蔓延加剧了贸易保护主义。近年来全球贸易壁垒和贸易保护主义是影响我国对外贸易增长的重要因素，据WTO统计，在过去一年多的时间内，WTO成员实施了102项新贸易限制措施，直接影响到7470亿美元的商品贸易和服务贸易，达到2012年以来的最高水平。随着新冠肺炎疫情在全球市场的蔓延，各国在全球范围内纷纷强化了贸易保护性措施。疫情蔓延加剧了贸易保护主义，还引发了逆全球化，这将进一步引发国际贸易摩擦和贸易争端，阻碍国际贸易自由化的顺利推进，同时会危及全球产业链和供应链的稳定发展，进而导致全球贸易的萎缩和世界经济的衰退。综合国内外形势来看，受新冠肺炎疫情全球大流行、国际贸易摩擦加剧、全球经济衰退风险上升等因素影响，未来一段时间内中国对外贸易的发展将会面临前所未有的严峻挑战。

2. 对外贸易新业态、新模式可缓冲疫情冲击，拓展未来外贸成长空间

随着对外贸易转型升级不断取得新的突破，我国逐渐形成以技术、标准、品牌、质量、服务为主的外贸竞争优势，外贸整体创新能力及参与高水平国际竞争的能力逐年提升。尤其是近年来，国家外贸转型升级基地、国际营销服务网络和贸易促进平台建设工作的持续推进，大大推动了对外贸易竞争优势的培育和提升。新冠肺炎疫情暴发以来全球贸易持续走低，中国企业凭借跨境电商平台等贸易新业态、新模式大大缓冲了疫情带来的巨大冲击，为2020年及未来一段时间稳住中国对外贸易的基本盘提供了重要的内生动力。受疫情在全球市场蔓延的影响，"宅经济"在全球范围内迅猛发展，这在很大程度上促进了跨境电商的快速成长，预计在2020年全球跨境电商交易规模将突破10000亿美元，年平均增长速度高达30%，远远高于货物贸易的增长速度。根据海关总署的统计数据可知，在2020年上半年，中国跨境电商的出口额同比增长了近30%，而一般贸易和加工贸易都出现了不同程度的下降，可见，跨境电商等新业态、新模式有助于中国企业拓展对外贸易持续发展的成长空间。

3. 亟须加快推进服务贸易转型发展

疫情在全球市场的蔓延对我国服务贸易的发展也造成了较大的冲击。为了有效控制疫情，各个国家关停了国际航班，严格限制人员流动，从而大大削弱了服务领域的消费需求，尤其是传统服务贸易领域的旅游业受到的冲击最大，知识密集型服务贸易领域遭受的冲击相对较弱。

在当前国外疫情没有得到有效控制的大背景下,服务贸易发展提质增效的迫切性更加凸显。随着移动互联网、大数据、物联网和云计算等数字化技术的迅猛发展,数字经济为服务贸易向数字服务贸易转型提供了技术支撑。而且新冠肺炎疫情在全球范围内加快了企业由线下经营向线上模式等数字化运营模式的转变进程,这些都为数字服务贸易的快速成长创造了新的发展契机,将会大大加快数字技术在新兴服务贸易领域的应用,实现服务贸易的数字化与智能化。同时,随着我国进一步加大金融、保险等服务领域对外开放力度,技术、数据等新型要素质量和配置效率不断提高,服务领域发展新动能将加快释放,为向数字服务贸易转型发展创造更多有利条件。

4. 对外直接投资结构有望进一步优化

随着中国进入产业结构调整的深化阶段,越来越多的中国企业在支持结构调整和转型升级的领域开展大规模的跨国并购,中国企业开始向全球产业链高端布局和发力,驱动对外直接投资也开始由第二产业向第三产业转型,未来一段时间,中国企业将会在国际市场进一步加大在高技术含量和高附加值的新兴产业、高端服务业和消费品业等领域的绿地投资和海外并购。同时,2018年以来,全球对外投资环境发生了重要变化,整体呈现监管趋严的情况,许多发达国家都出台了外商投资限制类的监管措施,受欧美国家对外商投资并购实施更趋严格的监管和限制等因素影响,中国企业未来开展海外并购投资的难度也可能加大。因此,2020年中国企业对外直接投资的区域市场开始转向亚洲市场和发展中经济体,近年来这些区域市场的经济增长速度已经高于欧美国家的增长速度,市场发展潜力和发展前景较好,从而有利于促进中国企业在这些区域市场的投资和发展。

5. 共建"一带一路"国家将成为中国对外直接投资的重要市场

受"一带一路"倡议推动,而且在共建"一带一路"国家的FDI投资的发展前景比较广阔,2020年中国企业将会继续加大在共建"一带一路"国家的投资规模。第一,大部分共建"一带一路"国家的私有化计划蕴藏大量投资机遇,对外承包工程有望发展更多配套的投融资建设模式;第二,参与倡议的众多国家政府将经济发展规划与"一带一路"倡议对接，吸引中国资本以促进经济增长和产业升级，各领域的战略合作协议为中国在东道国的绿地投资带来了政策优势；第三，沿线国家腹地广阔，有利于提升中国企业在区域性市场的影响力；第四，在中美贸易摩擦仍存不确定性、欧美国家投资审查趋严的情况下，在共建"一带一路"国家的对外直接投资将成为中国企业的重要选择；第五，共建"一带一路"国家已成为中国对外承包工程的主要区域，其巨大的基础设施新增与改善需求，将带动相关产品贸易和投资活动的发展。

（二）对策建议

1. 出台稳定外贸政策，加大对外贸企业的扶持力度

受新冠肺炎疫情在全球市场蔓延、国际贸易保护主义抬头、国际贸易摩擦和争端加剧、全球经济衰退等多重复杂因素的影响，2020年中国对外贸易面临着前所未有的挑战。中国政府需出台一系列稳定外贸的政策措施以确保对外贸易基本盘的稳定：第一，进一步完善出口退税政策，帮助外贸企业走出困境，减轻疫情对外贸企业的冲击；第二，进一步扩大出口信用保险短期险的覆盖范围，引导金融机构增加外贸信贷投放，拓展外贸企业的融资渠道；第三，及时了解和关注外贸企业的发展，针对外贸企业遇到的困难及时推出一系列有针对性的政策措施，帮助外贸企业积极应对新冠肺炎疫情的冲击；第四，引导和鼓励外贸企业积极利用中欧班列运输通关便利化政策加快恢复进出口业务。

2. 进一步加强跨境电商等新业态、新模式的发展

在当前复杂性和不确定性日益增加的国际环境中，跨境电商等新模式已经呈现逆势增长态势，成为中国对外贸易快速增长的新引擎。2020年可以进一步发挥跨境电商等新模式的独特优势，助力中国对外贸易攻坚克难：第一，国家可以进一步加强跨境电商综合试验区的建设工作，并对跨境电商试验区提供免税等政策支持，以更好地发挥跨境电商的优势，有效缓解疫情对外贸带来的冲击；第二，加快研究和出台具体措施将具备条件

的综合实验区所在城市纳入跨境电商零售进口试点范围；第三，引导和支持企业在相关国家特别是重点市场共享共建一批高质量的海外仓，建立和完善国际市场营销网络体系；第四，支持地方、行业组织、贸促机构搭建贸易促进平台，帮助企业参加境内外贸易促进活动；第五，支持各个机构、组织加大线上开办展会的力度，积极探索线上线下展会有机融合的新模式，充分运用数字技术举办"云展览"，帮助外贸企业增加订单，开拓新市场。

3. 大力发展数字服务贸易推动服务贸易转型升级

新冠肺炎疫情的冲击将加快我国数字服务贸易的发展进程，进而促进服务贸易的转型升级：第一，加快推进数字经济与服务贸易的融合发展，新冠肺炎疫情发生以来，医疗、教育、餐饮、零售等传统服务领域的数字化需求呈现指数级增长态势，加快推进利用5G、云计算、人工智能、大数据、物联网等新兴技术为数字服务贸易发展提供重要的技术支撑；第二，深入研究全球数字服务贸易发展的趋势和挑战，顺应服务贸易数字化发展趋势，加强数字化技术与服务贸易的融合发展，利用数字化技术加快打造和构建促进服务贸易更好发展的数字化基础设施和生态系统；第三，鼓励服务贸易企业创新发展，引导和积极推进以云计算、大数据、人工智能等数字化技术为支撑的平台赋能数字化服务贸易；第四，积极培育跨境电商、外贸综合服务商和市场采购贸易提供商，积极拓展我国数字服务贸易在全球价值链的增值空间；第五，搭建数字服务贸易促进平台，营造促进数字服务贸易的政策环境，积极推动扩大数字服务的出口。

4. 进一步优化中国企业对外投资的布局

近两年，欧美发达国家出台的外商投资限制措施将加大中国企业在欧美国家的绿地投资和跨国并购，而且这些限制措施在短期内不会消除，在2020年及未来几年中国企业需要进一步优化在海外市场的投资布局：第一，积极推进在发展潜力较大地区开展对外直接投资，尤其是共建"一带一路"国家，可以建立加工贸易基地，充分利用发展中国家的低成本比较优势，降低企业的生产成本，减少中国贸易顺差；第二，持续推进中国企业在东南亚地区的对外直接投资，在东南亚市场构建以中国企业占据主导地位的区域产业链体系和网络；第三，中国企业需要寻求有利时机加大对发达国家在高技术含量和高附加值的新兴产业、高端服务业和消费品业等领域的绿地投资和海外并购；第四，受全球对外投资环境日益复杂多变的影响，中国企业在对外直接投资活动中需要更加关注和警惕地缘政治风险，加强了解国外环保、劳工等领域的政策，加强合规建设，有效防范和化解国际化经营风险；第五，进一步优化在共建"一带一路"国家的投资布局，中国对共建"一带一路"国家的投资主要分布在新加坡、俄罗斯、印度尼西亚、马来西亚、老挝等10个国家，其对外直接投资存量占对全部共建"一带一路"国家直接投资总额的70%多，这种相对集中的国家布局明显不利于充分利用国际市场提升国内资源配置与产业结构调整的效率。此外，中国对共建"一带一路"国家的投资过度集中在基础设施建设、能源资源、初级产品加工、建筑工程施工等领域，在未来需要加强在高端制造业、商贸物流、科技研发等高精尖产业的投资布局，从而有利于进一步优化国内产业结构、提升整体生产效率。

参考文献

联合国贸发会议：《2020年世界投资报告》，2020。
中华人民共和国商务部等：《2019年度中国对外直接投资统计公报》，中国统计出版社，2020。
中华人民共和国商务部：《中国对外贸易形势报告（2020年春季）》，2020。

分 报 告

Topical Reports

B.2
入围2019年"世界500强"中国企业评价分析

葛超 杨道广[*]

摘　要： 本报告分别从地域分布、行业分布、所有制结构这三个维度对入围2019年"世界500强"的中国企业进行定量分析，并结合典型企业的典型案例进行定性分析与总结。总体而言，2019年我国入围企业在数量和营业收入方面较2018年均呈现小幅增长。从地域分布来看，入围企业中大部分依旧来自东部地区，但中部和西部地区企业较上年有所增加；从行业分布来看，排名前三位的行业分别是制造业、综合类和金融业，而建筑业，交通运输、仓储和邮政业，信息传输、软件和信

---

[*] 葛超，对外经济贸易大学国际商学院博士研究生，主要研究方向为企业财务质量分析；杨道广，管理学博士，对外经济贸易大学国际商学院讲师，主要研究方向为内部控制与公司财务。

息技术服务业的比重则略有下降；从所有制结构来看，入围企业比重最高的是国有企业。结合典型企业的具体案例，本报告认为，未来在全球化潮流大背景下，我国企业应该抓住机遇、不断创新，持续着眼于"走出去"战略、致力于提升中国企业的国际品牌影响力。

关键词： 中国企业　"世界500强"　行业结构　所有制结构

本报告以2019年入围"世界500强"的中国企业为分析对象，在介绍总体概况的基础上对入围企业进行进一步分析，分别研究了各入围企业的地域分布、行业分布及所有制结构分布特点①。然后，选取了不同地域、不同行业和不同所有制结构的典型企业进行案例研究，以了解入选企业的具体情况和发展实践；再者，对2019年入围企业的数量变动、地域分布变动、行业结构变动和所有制结构变动进行分析，以期能够以动态化视角了解中国企业的发展情况。最后，为我国企业进一步开拓国际市场、提升营业收入、优化行业结构，实现中国企业国际化品牌做大做强提出了相关建议。

一　入围2019年"世界500强"中国企业排行榜

（一）2019年"世界500强"中国企业排行榜

如表1所示，2019年，入围"世界500强"排行榜的中国企业共129家，营业收入合计83739.49亿美元②。相比2018年，中国企业入围数量增

---

① 入围企业数据来源于中文财富网的统计（http://www.fortunechina.com/），所有制性质来源于国家企业信用信息公示系统（http://www.gsxt.gov.cn/index.html），行业分类主要参照2012年证监会行业分类对企业进行划分。
② 中文财富网公布的入围企业榜单数据。

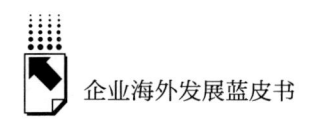

长了6.67%，入围的中国企业营业收入总额增长16.92%。总体而言，中国企业品牌影响力进一步凸显。

表1 2019年"世界500强"中国企业排名

单位：亿美元

排名	公司名称	企业性质	所在地	所属行业	营业收入
2	中国石油化工集团有限公司	国有企业	北京	采矿业	4146.00
4	中国石油天然气集团有限公司	国有企业	北京	采矿业	3929.00
5	国家电网有限公司	国有企业	北京	电力、热力、燃气及水生产和供应业	3870.56
21	中国建筑集团有限公司	国有企业	北京	建筑业	1815.00
23	鸿海精密工业股份有限公司	港澳台法人独资	新北	制造业	1756.17
26	中国工商银行股份有限公司	国有企业	北京	金融业	1689.79
29	中国平安保险（集团）股份有限公司	私营企业	深圳	金融业	1635.97
31	中国建设银行股份有限公司	国有企业	北京	金融业	1511.11
36	中国农业银行股份有限公司	国有企业	北京	金融业	1395.24
39	上海汽车集团股份有限公司	私营企业	上海	制造业	1363.93
44	中国银行股份有限公司	国有企业	北京	金融业	1277.14
51	中国人寿保险（集团）公司	国有企业	北京	金融业	1161.72
55	中国中铁股份有限公司	国有企业	北京	交通运输、仓储和邮政业	1104.56
56	中国移动通信集团有限公司	国有企业	北京	信息传输、软件和信息技术服务业	1120.96
59	中国铁道建筑集团有限公司	国有企业	北京	交通运输、仓储和邮政业	1104.56
61	华为投资控股有限公司	私营企业	深圳	制造业	1090.30
63	中国海洋石油集团有限公司	国有企业	北京	采矿业	1081.30

续表

排名	公司名称	企业性质	所在地	所属行业	营业收入
67	国家开发银行	国有企业	北京	金融业	1030.73
80	中国华润有限公司	国有企业	香港	建筑业	919.86
82	东风汽车集团有限公司	国有企业	武汉	制造业	909.34
87	中国第一汽车集团有限公司	国有企业	长春	制造业	898.05
88	中国石油化工集团有限公司	国有企业	北京	综合	893.58
93	中国交通建设集团有限公司	国有企业	北京	建筑业	881.41
97	太平洋建设集团有限公司	私营企业	乌鲁木齐	建筑业	866.23
101	中国邮政集团有限公司	国有企业	北京	交通运输、仓储和邮政业	856.28
107	国家能源投资集团有限责任公司	国有企业	北京	综合	819.78
111	中国南方电网有限责任公司	国有企业	广州	电力、热力、燃气及水生产和供应业	809.64
112	中国五矿集团有限公司	国有企业	北京	综合	800.76
119	正威国际集团	私营企业	深圳	制造业	763.63
121	中国人民保险集团股份有限公司	国有企业	北京	金融业	753.77
129	北京汽车集团有限公司	国有企业	北京	制造业	726.77
134	中粮集团有限公司	国有企业	北京	综合	712.23
137	中国中信集团有限公司	国有企业	北京	金融业	706.59
138	恒大地产集团有限公司	私营企业	深圳	建筑业	704.79
139	北京京东叁佰陆拾度电子商务有限公司	私营企业	北京	批发和零售业	698.48
140	中国兵器工业集团有限公司	国有企业	北京	制造业	687.78
141	中国电信集团有限公司	国有企业	北京	信息传输、软件和信息技术服务业	687.10
144	中国化工集团有限公司	国有企业	北京	制造业	673.98
149	中国宝武钢铁集团有限公司	国有企业	上海	制造业	663.10
150	交通银行股份有限公司	国有企业	上海	金融业	656.45

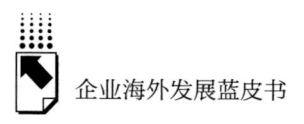

续表

排名	公司名称	企业性质	所在地	所属行业	营业收入
151	中国航空工业集团有限公司	国有企业	北京	制造业	655.34
161	中国电力建设集团有限公司	国有企业	北京	电力、热力、燃气及水生产和供应业	612.24
169	中国医药集团有限公司	国有企业	北京	制造业	599.80
177	碧桂园控股有限公司	私营企业	佛山	建筑业	573.09
181	恒力集团有限公司	私营企业	苏州	制造业	561.99
182	阿里巴巴（中国）网络技术有限公司	私营企业	杭州	批发和零售业	561.47
188	招商银行股份有限公司	私营企业	深圳	金融业	550.64
189	广州汽车工业集团有限公司	国有企业	广州	制造业	550.37
199	中国太平洋保险（集团）股份有限公司	国有企业	上海	金融业	535.72
202	绿地控股集团有限公司	私营企业	上海	建筑业	527.21
203	中国建材集团有限公司	国有企业	北京	建筑业	526.11
211	山东能源集团有限公司	国有企业	济南	综合	512.46
212	联想控股股份有限公司	私营企业	香港	综合	510.38
213	兴业银行股份有限公司	国有企业	福州	金融业	509.91
214	河钢集团有限公司	国有企业	石家庄	制造业	509.21
216	上海浦东发展银行股份有限公司	国有企业	上海	金融业	505.46
220	浙江吉利控股集团有限公司	私营企业	杭州	制造业	496.65
232	中国民生银行股份有限公司	私营企业	北京	金融业	479.81
237	深圳市腾讯计算机系统有限公司	私营企业	深圳	信息传输、软件和信息技术服务业	472.73
242	中国保利集团有限公司	国有企业	北京	综合	462.07
243	中国船舶重工集团有限公司	国有企业	北京	制造业	461.14
244	招商局集团有限公司	国有企业	香港	综合	459.26
249	物产中大集团股份有限公司	国有企业	杭州	综合	454.35

续表

排名	公司名称	企业性质	所在地	所属行业	营业收入
250	中国机械工业集团有限公司	国有企业	北京	综合	454.24
251	中国铝业集团有限公司	国有企业	北京	采矿业	453.84
254	万科企业股份有限公司	国有企业	深圳	建筑业	449.13
259	和硕联合科技股份有限公司	港澳台法人独资	台北	制造业	444.53
262	中国联合网络通信股份有限公司	国有企业	北京	信息传输、软件和信息技术服务业	439.74
263	陕西延长石油(集团)有限责任公司	国有企业	西安	采矿业	438.58
273	山东魏桥创业集团有限公司	国有企业	滨州	制造业	430.08
277	厦门建发集团有限公司	国有企业	厦门	综合	427.26
279	中国远洋海运集团有限公司	国有企业	上海	交通运输、仓储和邮政业	426.08
280	怡和集团	港澳台法人独资	香港	综合	425.27
281	陕西煤业化工集团有限责任公司	国有企业	西安	采矿业	424.19
283	中国航空油料集团有限公司	国有企业	北京	交通运输、仓储和邮政业	423.71
286	中国华能集团有限公司	国有企业	北京	电力、热力、燃气及水生产和供应业	422.81
289	中国光大集团股份公司	国有企业	北京	金融业	418.80
291	厦门国贸控股集团有限公司	国有企业	厦门	综合	414.38
301	雪松控股集团有限公司	私营企业	广州	综合	406.41
312	美的集团股份有限公司	国有企业	佛山	制造业	395.82
318	兖矿集团有限公司	国有企业	邹城	综合	388.87
322	中国航天科工集团有限公司	国有企业	北京	制造业	378.70
323	中国航天科技集团有限公司	国有企业	北京	制造业	377.28
333	苏宁易购集团股份有限公司	私营企业	南京	批发和零售业	370.32
338	厦门象屿集团有限公司	国有企业	厦门	综合	365.04

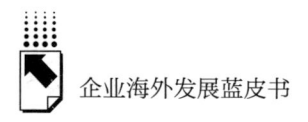

续表

排名	公司名称	企业性质	所在地	所属行业	营业收入
340	江苏沙钢集团有限公司	私营企业	张家港	制造业	364.41
347	冀中能源集团有限责任公司	国有企业	邢台	综合	357.21
352	长江和记实业有限公司	港澳台法人独资	香港	综合	353.61
358	江西铜业集团有限公司	国有企业	贵溪	制造业	348.70
359	中国中车集团有限公司	国有企业	北京	综合	346.73
361	青山控股集团有限公司	私营企业	温州	制造业	342.42
362	国家电力投资集团有限公司	国有企业	北京	电力、热力、燃气及水生产和供应业	342.29
363	台湾积体电路制造股份有限公司	港澳台法人独资	新竹	制造业	342.18
364	中国能源建设集团有限公司	国有企业	北京	电力、热力、燃气及水生产和供应业	341.77
365	广达电脑股份公司	港澳台法人独资	桃园	制造业	341.03
367	中国兵器装备集团有限公司	国有企业	北京	制造业	338.96
368	阳光龙净集团有限公司	私营企业	福州	综合	333.95
369	金川集团股份有限公司	国有企业	金昌	制造业	333.92
370	中国电子科技集团有限公司	国有企业	北京	制造业	333.24
375	中国电子信息产业集团有限公司	国有企业	北京	综合	330.56
385	鞍钢集团有限公司	国有企业	鞍山	制造业	326.19
386	中国华电集团有限公司	国有企业	北京	电力、热力、燃气及水生产和供应业	324.21
388	友邦保险有限公司	港澳台法人独资	香港	金融业	323.69
390	仁宝电脑工业股份有限公司	港澳台法人独资	台北	制造业	321.03
394	台湾中油股份有限公司	港澳台法人独资	高雄	采矿业	319.29
402	首钢集团有限公司	国有企业	北京	综合	311.04
414	珠海格力电器股份有限公司	国有企业	珠海	制造业	302.39
424	纬创资通股份有限公司	港澳台法人独资	台北	制造业	295.10
438	中国大唐集团有限公司	国有企业	北京	制造业	286.55
439	新疆广汇实业投资(集团)有限责任公司	私营企业	乌鲁木齐	制造业	285.64

续表

排名	公司名称	企业性质	所在地	所属行业	营业收入
441	安徽海螺集团有限责任公司	国有企业	芜湖	制造业	284.99
442	华夏人寿保险股份有限公司	私营企业	北京	金融业	284.93
448	海尔智家股份有限公司	私营企业	青岛	制造业	277.14
451	中国太平保险集团有限责任公司	国有企业	香港	金融业	274.86
455	陆家嘴国泰人寿保险有限责任公司	港澳台法人独资	台北	金融业	271.83
461	铜陵有色金属集团股份有限公司	国有企业	铜陵	采矿业	268.47
462	潞安化工集团有限公司	国有企业	长治	制造业	268.41
464	大同煤矿集团有限责任公司	国有企业	大同	采矿业	266.98
465	山西焦煤集团有限责任公司	国有企业	太原	采矿业	266.93
468	小米科技有限责任公司	私营企业	北京	批发和零售业	264.44
469	阳泉煤业（集团）股份有限公司	国有企业	阳泉	采矿业	262.90
471	富邦金融控股股份有限公司	港澳台法人独资	台北	金融业	262.77
473	海亮集团有限公司	私营企业	杭州	综合	262.51
475	新兴际华集团有限公司	国有企业	北京	综合	262.08
482	山西晋城无烟煤矿业集团有限责任公司	国有企业	晋城	采矿业	258.45
484	河南能源化工集团有限公司	国有企业	郑州	采矿业	257.82
485	中国通用技术（集团）控股有限责任公司	国有企业	北京	综合	257.79
492	台塑石化股份有限公司	港澳台法人独资	麦寮	采矿业	254.63
498	泰康保险集团股份有限公司	私营企业	北京	金融业	249.32
数量合计	129 家			金额合计	83739.49

资料来源：根据中文财富网和国家企业信用信息公示系统整理。

（二）地域分布

1. 区域分布

表2按我国的不同地域（东部、中部、西部、东北部、港澳台地区）对2018年和2019年入围企业进行了分类统计，具体包括企业数量、数量占比、营业收入、营业收入占比、平均营业收入[①]。

表2 2018~2019年"世界500强"中国企业区域分布

单位：家，亿美元，%

地区	企业数量 2018年	企业数量 2019年	数量占比 2018年	数量占比 2019年	营业收入 2018年	营业收入 2019年	营业收入占比 2018年	营业收入占比 2019年	平均营业收入 2018年	平均营业收入 2019年
东部	89	95	74	73	58598	68898	81	82	658	725
中部	7	10	5.8	7.8	2448	3392	3.4	4.1	349	339
西部	4	5	3.3	3.9	1806	2348	2.5	2.8	452	470
东北部	2	2	1.7	1.6	973	1224	1.4	1.5	486	612
台湾地区	10	10	8.3	7.8	4424	4609	6.2	5.5	442	460
香港地区	8	7	6.7	5.4	3372	3267	4.7	3.9	421	466
澳门地区	0	0	0	0	0	0	0	0	0	0
合计	120	129	100	100	71623	83739	100	100	596*	649**

注：*、**为平均值。
资料来源：中文财富网。

与2018年相似，在入围数量方面仍然是东部地区企业为主体，共计95家，较上年增长6家，但是东部企业数量占所有区域的比重有所下降；东部地区入围企业的营业收入为68898亿美元，比上年营业收入增加17.58%。中部地区入围企业数量有所上升，2018年为7家，2019年升至10家；营业收入较2018年上升了38.56%，为3392亿美元，上升幅度明显。2019年西部地区入围企业为5家，比上年增加1家；营业收入总额为2348亿美元，比上年增加30.01%，平均营业收入由2018年的452亿美元上升到2019年

---

① 内资企业中东部、中部、西部和东北部地区的区域划分依据是中国国家统计局编撰的《中国统计年鉴》，而港澳台法人独资企业则是根据企业所在地分为香港地区和台湾地区企业，澳门地区没有入围企业。

的470亿美元，西部企业增长势头十分强劲。

东北部在2019年入围企业数量不变，仍为2家；但是营业收入增长25.8%，为1224亿美元，这主要是入围两家企业平均营业收入大幅增长导致的，2019年平均营业收入达到612亿美元。此外，2019年香港地区入围企业数量减少1家，为7家；2019年香港地区企业营业收入为3267亿美元，比上年下降3%。2019年台湾地区企业入围数量与上年持平，数量达到10家；台湾地区企业的营业收入总额为4609亿美元，比上年增加4.18%。

2019年，东部地区企业无论是在入围数量还是在营业收入方面都继续占据着绝对优势。但是相较于2018年，东部入围企业数量虽然有所增长，但是所占的比例有所降低，营业收入总量和比例均有所增长。这与其得天独厚的地理位置和雄厚的资源基础密不可分。2019年中部地区入围企业发展迅速，不仅在数量上较上年有所增加，在营业收入方面也有较大幅度增长，在国家实施"中部崛起"和"西部大开发"的大战略背景下，中部企业的竞争力和增长潜力进一步凸显。2019年在"西部大开发"战略实施推进下，西部地区在入围企业数量和营业额上均有所增长，西部地区企业的入围数量占比和营业额占比也相应增长。"振兴东北老工业基地"为东北地区企业的发展带来了新的增长潜力，可以发现，尽管东北部地区入围企业数量没有增加，但是营业收入总量和平均营业收入增长明显，说明东北企业转型升级加快，入围企业竞争力进一步加大。香港地区在入围企业数量和营业收入方面均较上年略有下降，表明位于香港地区的企业发展遇到了瓶颈，需要进一步释放增长潜力，台湾地区入围企业数量没有变化，但营业收入和平均营业收入有所增加，而澳门则没有企业入围。综上可以看出，随着我国持续推进改革开放政策，积极推进企业转型升级，内地（大陆）企业竞争力明显增加，而处于港澳台地区的企业竞争乏力，需要进一步增强竞争力。

2. 省级行政区分布

2019年，共有20个省级行政区的企业入围"世界500强"排行榜，甘肃和安徽是2019年新入围的两个省，内地（大陆）的广西、贵州、海南等

13个省区市没有企业入围，而港澳台地区中澳门地区没有企业入围。具体省级行政区及企业数量分布如表3所示。

表3　2019年入围企业数量和营业收入省际分布

单位：家，亿美元，%

省级行政区	数量	数量占比	营业收入	营业收入占比	平均营业收入
北　京	56	43.41	47575.72	56.81	849.57
广　东	13	10.08	8704.91	10.40	669.61
上　海	7	5.43	4677.95	5.59	668.28
浙　江	5	3.88	2117.40	2.53	423.48
福　建	5	3.88	2050.54	2.45	410.11
山　西	5	3.88	1323.67	1.58	264.73
山　东	4	3.10	1608.55	1.92	402.14
江　苏	3	2.33	1296.72	1.55	432.24
安　徽	2	1.55	553.46	0.66	276.73
河　北	2	1.55	866.42	1.03	433.21
陕　西	2	1.55	862.77	1.03	431.39
新　疆	2	1.55	1151.87	1.38	575.94
甘　肃	1	0.78	333.92	0.40	333.92
河　南	1	0.78	257.82	0.31	257.82
湖　北	1	0.78	909.34	1.09	909.34
吉　林	1	0.78	898.05	1.07	898.05
江　西	1	0.78	348.70	0.42	348.70
辽　宁	1	0.78	326.19	0.39	326.19
广　西	0	0	0	0	0
贵　州	0	0	0	0	0
海　南	0	0	0	0	0
黑龙江	0	0	0	0	0
湖　南	0	0	0	0	0
内蒙古	0	0	0	0	0
宁　夏	0	0	0	0	0
青　海	0	0	0	0	0

续表

省级行政区	数量	数量占比	营业收入	营业收入占比	平均营业收入
四 川	0	0	0	0	0
天 津	0	0	0	0	0
西 藏	0	0	0	0	0
云 南	0	0	0	0	0
重 庆	0	0	0	0	0
台 湾	10	7.75	4608.56	5.50	460.86
香 港	7	5.43	3266.93	3.90	466.70
澳 门	0	0	0	0	0
合 计	129	100	83739.49	100	649.14*

注：*为平均值。

资料来源：中文财富网。

2019年，北京共有56家企业入围"世界500强"榜单，占所有入围企业的43.41%，营业收入占比高达56.81%，北京继续保持其品牌竞争方面的绝对优势地位。作为首都，北京汇集了全国一流的技术和人才资源，加上首都具有的政策信息优势，使得国内各大知名企业纷纷聚集于此。表4是2019年北京入围企业的具体名单。

表4 2019年"世界500强"北京企业排名

单位：亿美元

排名	公司名称	企业性质	所在地	所属行业	营业收入
2	中国石油化工集团有限公司	国有企业	北京	采矿业	4146.00
4	中国石油天然气集团有限公司	国有企业	北京	采矿业	3929.00
5	国家电网有限公司	国有企业	北京	电力、热力、燃气及水生产和供应业	3870.56
21	中国建筑集团有限公司	国有企业	北京	建筑业	1815.00
26	中国工商银行股份有限公司	国有企业	北京	金融业	1689.79
31	中国建设银行股份有限公司	国有企业	北京	金融业	1511.11
36	中国农业银行股份有限公司	国有企业	北京	金融业	1395.24
44	中国银行股份有限公司	国有企业	北京	金融业	1277.14
51	中国人寿保险(集团)公司	国有企业	北京	金融业	1161.72

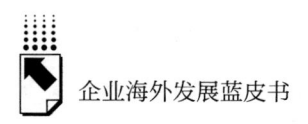

续表

排名	公司名称	企业性质	所在地	所属行业	营业收入
55	中国中铁股份有限公司	国有企业	北京	交通运输、仓储和邮政业	1104.56
56	中国移动通信集团有限公司	国有企业	北京	信息传输、软件和信息技术服务业	1120.96
59	中国铁道建筑集团有限公司	国有企业	北京	交通运输、仓储和邮政业	1104.56
63	中国海洋石油集团有限公司	国有企业	北京	采矿业	1081.30
67	国家开发银行	国有企业	北京	金融业	1030.73
88	中国石油化工集团有限公司	国有企业	北京	综合	893.58
93	中国交通建设集团有限公司	国有企业	北京	建筑业	881.41
101	中国邮政集团有限公司	国有企业	北京	交通运输、仓储和邮政业	856.28
107	国家能源投资集团有限责任公司	国有企业	北京	综合	819.78
112	中国五矿集团有限公司	国有企业	北京	综合	800.76
121	中国人民保险集团股份有限公司	国有企业	北京	金融业	753.77
129	北京汽车集团有限公司	国有企业	北京	制造业	726.77
134	中粮集团有限公司	国有企业	北京	综合	712.23
137	中国中信集团有限公司	国有企业	北京	金融业	706.59
139	北京京东叁佰陆拾度电子商务有限公司	私营企业	北京	批发和零售业	698.48
140	中国兵器工业集团有限公司	国有企业	北京	制造业	687.78
141	中国电信集团有限公司	国有企业	北京	信息传输、软件和信息技术服务业	687.10
144	中国化工集团有限公司	国有企业	北京	制造业	673.98
151	中国航空工业集团有限公司	国有企业	北京	制造业	655.34
161	中国电力建设集团有限公司	国有企业	北京	电力、热力、燃气及水生产和供应业	612.24
169	中国医药集团有限公司	国有企业	北京	制造业	599.80
203	中国建材集团有限公司	国有企业	北京	建筑业	526.11
232	中国民生银行股份有限公司	私营企业	北京	金融业	479.81
242	中国保利集团有限公司	国有企业	北京	综合	462.07
243	中国船舶重工集团有限公司	国有企业	北京	制造业	461.14
250	中国机械工业集团有限公司	国有企业	北京	综合	454.24
251	中国铝业集团有限公司	国有企业	北京	采矿业	453.84

续表

排名	公司名称	企业性质	所在地	所属行业	营业收入
262	中国联合网络通信股份有限公司	港澳台法人独资	北京	信息传输、软件和信息技术服务业	439.74
283	中国航空油料集团有限公司	国有企业	北京	交通运输、仓储和邮政业	423.71
286	中国华能集团有限公司	国有企业	北京	电力、热力、燃气及水生产和供应业	422.81
289	中国光大集团股份公司	国有企业	北京	金融业	418.80
322	中国航天科工集团有限公司	国有企业	北京	制造业	378.70
323	中国航天科技集团有限公司	国有企业	北京	制造业	377.28
359	中国中车集团有限公司	国有企业	北京	综合	346.73
362	国家电力投资集团有限公司	国有企业	北京	电力、热力、燃气及水生产和供应业	342.29
364	中国能源建设集团有限公司	国有企业	北京	电力、热力、燃气及水生产和供应业	341.77
367	中国兵器装备集团有限公司	国有企业	北京	制造业	338.96
370	中国电子科技集团有限公司	国有企业	北京	制造业	333.24
375	中国电子信息产业集团有限公司	国有企业	北京	综合	330.56
386	中国华电集团有限公司	国有企业	北京	电力、热力、燃气及水生产和供应业	324.21
402	首钢集团有限公司	国有企业	北京	综合	311.04
438	中国大唐集团有限公司	国有企业	北京	制造业	286.55
442	华夏人寿保险股份有限公司	私营企业	北京	金融业	284.93
468	小米科技有限责任公司	私营企业	北京	批发和零售业	264.44
475	新兴际华集团有限公司	国有企业	北京	综合	262.08
485	中国通用技术(集团)控股有限责任公司	国有企业	北京	综合	257.79
498	泰康保险集团股份有限公司	私营企业	北京	金融业	249.32

资料来源：中文财富网和国家企业信用信息公示系统。

2019年，广东共有13家企业入围"世界500强"榜单，占所有入围企业数量的10.08%，营业收入占比高达10.40%，入围企业数量和营业收入仅次于首都地区。作为南方经济强省，广东省辖区内拥有广州、深圳等一线城市，是改革开放的先行者，还拥有毗邻港澳台的区位优势。2019年入围的广东企业分布在广州、深圳、珠海和佛山四市。表5是2019年广东入围企业的具体名单。

表5　2019年"世界500强"广东企业排名

单位：亿美元

排名	公司名称	企业性质	所在地	所属行业	营业收入
29	中国平安保险（集团）股份有限公司	民营企业	深圳	金融业	1635.97
61	华为投资控股有限公司	民营企业	深圳	制造业	1090.30
111	中国南方电网有限责任公司	国有企业	广州	电力、热力、燃气及水生产和供应业	809.64
119	正威国际集团	民营企业	深圳	制造业	763.63
138	恒大地产集团有限公司	民营企业	深圳	建筑业	704.79
177	碧桂园控股有限公司	民营企业	佛山	建筑业	573.09
188	招商银行股份有限公司	其他	深圳	金融业	550.64
189	广州汽车工业集团有限公司	国有企业	广州	制造业	550.37
237	深圳市腾讯计算机系统有限公司	民营企业	深圳	信息传输、软件和信息技术服务业	472.73
254	万科企业股份有限公司	国有企业	深圳	建筑业	449.13
301	雪松控股集团有限公司	其他	广州	综合	406.41
312	美的集团股份有限公司	国有企业	佛山	制造业	395.82
414	珠海格力电器股份有限公司	国有企业	珠海	制造业	302.39

资料来源：中文财富网和国家企业信用信息公示系统。

2019年，上海市有7家企业入围，入围企业数量占比为5.43%，入围企业营业收入占比为5.59%，继续保持全国领先优势。上海作为经济中心，拥有发达的金融系统、交通运输系统和人才技术资源优势。其入围企业集中于金融业、制造业和交通运输、仓储和邮政业。表6是2019年上海入围企业的具体名单。

表6 2019年"世界500强"上海企业排名

单位:亿美元

排名	公司名称	企业性质	所在地	所属行业	营业收入
39	上海汽车集团股份有限公司	民营企业	上海	制造业	1363.93
149	中国宝武钢铁集团有限公司	国有企业	上海	制造业	663.10
150	交通银行股份有限公司	国有企业	上海	金融业	656.45
199	中国太平洋保险(集团)股份有限公司	国有企业	上海	金融业	535.72
202	绿地控股集团有限公司	民营企业	上海	建筑业	527.21
216	上海浦东发展银行股份有限公司	国有企业	上海	金融业	505.46
279	中国远洋海运集团有限公司	国有企业	上海	交通运输、仓储和邮政业	426.08

资料来源:中文财富网和国家企业信用信息公示系统。

2019年,浙江省共有5家企业入围榜单,入围企业数量和营业收入占入围企业总量的3.88%和2.53%。浙江经济活跃度较高,不仅拥有传统制造业企业,如温州的青山控股集团有限公司,还拥有网络批发和零售业巨头阿里巴巴。表7是2019年浙江省入围企业的具体名单。

表7 2019年"世界500强"浙江企业排名

单位:亿美元

排名	公司名称	企业性质	所在地	所属行业	营业收入
182	阿里巴巴(中国)网络技术有限公司	民营企业	杭州	批发和零售业	561.47
220	浙江吉利控股集团有限公司	民营企业	杭州	制造业	496.65
249	物产中大集团股份有限公司	国有企业	杭州	综合	454.35
361	青山控股集团有限公司	民营企业	温州	制造业	342.42
473	海亮集团有限公司	民营企业	杭州	综合	262.51

资料来源:中文财富网和国家企业信用信息公示系统。

2019年,福建省共有5家企业入围"世界500强"榜单,入围企业数量占比为3.88%,入围企业营业收入占比为2.45%。福建位于我国东南沿海,是著名的华侨之乡,紧邻台湾和东南亚地区,具有较高的对外开放度和福州、厦门等经济活跃度较高的城市。表8是2019年福建省入围企业的具体名单。

表8 2019年"世界500强"福建企业排名

单位：亿美元

排名	公司名称	企业性质	所在地	所属行业	营业收入
213	兴业银行股份有限公司	国有企业	福州	金融业	509.91
277	厦门建发集团有限公司	国有企业	厦门	综合	427.26
291	厦门国贸控股集团有限公司	国有企业	厦门	综合	414.38
338	厦门象屿集团有限公司	国有企业	厦门	综合	365.04
368	阳光龙净集团有限公司	民营企业	福州	综合	333.95

资料来源：中文财富网和国家企业信用信息公示系统。

2019年，山西省入围榜单的企业数量和营业收入分别为5家和1323.67亿美元，占全国企业数量和营业收入的比重分别为3.88%和1.58%。山西省是著名的煤炭资源采集和加工地，这里矿产资源丰富，采矿业发展迅速。表9是2019年山西省入围企业的具体名单。

表9 2019年"世界500强"山西企业排名

单位：亿美元

排名	公司名称	企业性质	所在地	所属行业	营业收入
464	大同煤矿集团有限责任公司	国有企业	大同	采矿业	266.98
462	潞安化工集团有限公司	国有企业	长治	制造业	268.41
465	山西焦煤集团有限责任公司	国有企业	太原	采矿业	266.93
469	阳泉煤业（集团）股份有限公司	国有企业	阳泉	采矿业	262.90
482	山西晋城无烟煤矿业集团有限责任公司	国有企业	晋城	采矿业	258.45

资料来源：中文财富网和国家企业信用信息公示系统。

2019年，山东省有4家企业入围，占全国入围总量的3.10%，山东企业营业收入为1608.55亿美元，占全国入围企业营业收入总额的1.92%。山东省是经济强省，拥有青岛、威海等诸多出海城市，是对外交流的重要门户。表10是2019年山东省入围企业的具体名单。

表10　2019年"世界500强"山东企业排名

单位：亿美元

排名	公司名称	企业性质	所在地	所属行业	营业收入
273	山东魏桥创业集团有限公司	国有企业	滨州	制造业	430.08
211	山东能源集团有限公司	国有企业	济南	综合	512.46
318	兖矿集团有限公司	国有企业	邹城	综合	388.87
448	海尔智能股份有限公司	民营企业	青岛	制造业	277.14

资料来源：中文财富网和国家企业信用信息公示系统。

2019年，江苏省有3家企业入围排行榜榜单。数量占比为2.33%，入围企业营业收入总额为1296.72亿美元，占全国企业营业收入总额的1.55%。江苏省作为长三角地区的核心地带，拥有南京、苏州等新一线城市，人才聚集，经济活跃。表11是2019年江苏省入围企业的具体名单。

表11　2019年"世界500强"江苏企业排名

单位：亿美元

排名	公司名称	企业性质	所在地	所属行业	营业收入
181	恒力集团有限公司	民营企业	苏州市	制造业	561.99
333	苏宁易购集团股份有限公司	民营企业	南京	批发和零售业	370.32
340	江苏沙钢集团有限公司	民营企业	张家港	制造业	364.41

资料来源：中文财富网和国家企业信用信息公示系统。

安徽2019年上榜两家企业，分别是安徽海螺集团有限责任公司和铜陵有色金属集团股份有限公司。安徽作为中部省区市和长三角重要一员，具有得天独厚的区位优势，近年来安徽企业发展速度较快。2019年安徽上榜企业营业收入为553.46亿美元，占比为0.66%。

河北2019年上榜两家企业，分别是河钢集团有限公司和冀中能源集团有限责任公司。河北省毗邻首都和天津两大直辖市，拥有广阔的发展前景。2019年上榜企业营业收入为866.42亿美元，占比为1.03%。

陕西2019年上榜两家企业，分别是陕西煤业化工集团有限责任公司和

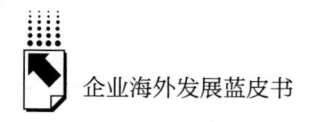

陕西延长石油（集团）有限责任公司。2019年营业收入为862.77亿美元，占比为1.03%。

新疆2019年上榜两家企业，分别是太平洋建设集团有限责任公司和新疆广汇实业投资（集团）有限责任公司，营业收入为1151.87亿美元，占比为1.38%。

甘肃、河南、湖北、吉林、江西和辽宁各有一家企业入围。其中：甘肃省入围企业为金川集团股份有限公司，营业收入为333.92亿美元，占比为0.4%；河南省入围企业为河南能源化工集团有限公司，营业收入为257.82亿美元，占比为0.31%；湖北省入围企业为东风汽车集团有限公司，营业收入为909.34亿美元，占比为1.09%；吉林省入围企业为中国第一汽车集团有限公司，营业收入为898.05亿美元，占比为1.07%；江西省入围企业为江西铜业集团有限公司，营业收入为348.7亿美元，占比为0.42%；辽宁省入围企业为鞍钢集团有限公司，营业收入为326.19亿美元，占比为0.39%。

此外台湾有10家企业入围，数量占比为7.75%；营业收入总额为4608.56，占比为5.50%。表12是2019年台湾入围企业的具体名单。

表12　2019年"世界500强"台湾企业排名

单位：亿美元

排名	公司名称	企业性质	所在地	所属行业	营业收入
23	鸿海精密工业股份有限公司	台港澳法人独资	新北	制造业	1756.17
259	和硕联合科技股份有限公司	台港澳法人独资	台北	制造业	444.53
363	台湾积体电路制造股份有限公司	台港澳法人独资	新竹	制造业	342.18
365	广达电脑股份公司	台港澳法人独资	桃园	制造业	341.03
390	仁宝电脑工业股份有限公司	台港澳法人独资	台北	制造业	321.03
394	台湾中油股份有限公司	台港澳法人独资	高雄	采矿业	319.29
424	纬创资通股份有限公司	台港澳法人独资	台北	制造业	295.10
455	陆家嘴国泰人寿保险有限责任公司	台港澳法人独资	台北	金融业	271.83
471	富邦金融控股股份有限公司	台港澳法人独资	台北	金融业	262.77
492	台塑石化股份有限公司	台港澳法人独资	麦寮	采矿业	254.63

资料来源：中文财富网。

香港有7家企业入围,数量占比为5.43%;入围企业营业收入总额为3266.93亿美元,占比为3.90%。表13是2019年香港入围企业的具体名单。

表13 2019年"世界500强"香港企业排名

单位:亿美元

排名	公司名称	企业性质	所在地	所属行业	营业收入
80	中国华润有限公司	国有独资	香港	建筑业	919.86
212	联想控股股份有限公司	民营企业	香港	综合	510.38
244	招商局集团有限公司	国有独资	香港	综合	459.26
280	怡和集团	港澳台法人独资	香港	综合	425.27
352	长江和记实业有限公司	港澳台法人独资	香港	综合	353.61
388	友邦保险有限公司	港澳台法人独资	香港	金融业	323.69
451	中国太平保险集团有限责任公司	国有独资	香港	金融业	274.86

资料来源:中文财富网。

(三)行业分布

2019年我国入围企业主要分布于九大行业。入围企业行业分布的具体信息如表14所示。

表14 2019年入围企业数量和营业收入行业分布

单位:家,亿美元,%

行业	数量	数量占比	营业收入	营业收入占比	平均营业收入
制造业	39	30.23	20786.26	24.82	532.98
综合类	25	19.38	11321.82	13.52	452.87
金融业	22	17.05	16486.25	19.69	749.38
采矿业	14	10.85	12628.38	15.08	902.03
建筑业	9	6.98	7262.83	8.67	806.98
电力、热力、燃气及水生产和供应业	7	5.43	6723.52	8.03	960.50
交通运输、仓储和邮政业	5	3.88	3915.19	4.68	783.04
信息传输、软件和信息技术服务业	4	3.10	2720.53	3.25	680.13
批发和零售业	4	3.10	1894.71	2.26	473.68
农、林、牧、渔业	0	0	0	0	0

续表

行业	数量	数量占比	营业收入	营业收入占比	平均营业收入
住宿和餐饮业	0	0	0	0	0
租赁和商务服务业	0	0	0	0	0
科学研究和技术服务业	0	0	0	0	0
水利、环境和公共设施管理业	0	0	0	0	0
居民服务、修理和其他服务业	0	0	0	0	0
教育	0	0	0	0	0
卫生和社会工作	0	0	0	0	0
文化体育和娱乐业	0	0	0	0	0
合计	129	100	83739.49	100	649.14*

注：*为平均值。

资料来源：中文财富网和国家企业信用信息公示系统。

2019年入围"世界500强"的制造业企业有39家，占比为30.23%；营业收入金额合计20786.26亿美元，营业收入占比为24.82%，平均营业收入为532.98亿美元，低于全国各行业平均水平649.14亿美元。无论是在数量方面还是在收入方面，制造业的影响力均居各行业之首，表明中国制造业品牌影响力较强。

综合类方面入围企业的数量达到25家，占比为19.38%，仅次于制造业数量。在我国许多企业面临转型升级，业务开始涉足多个行业，如实业投资、金融投资、服务租赁和地产等各个方面。2019年综合类企业营业收入总额为11321.82亿美元，营业收入占比为13.52%，平均营业收入为452.87亿美元，低于全国各行业平均营业收入水平。

金融业入围企业数量达到22家，占比为17.05%，入围数量居行业第三。金融业入围企业营业收入总额达16486.25亿美元，占比为19.69%。入围企业平均营业收入为749.38亿美元，高于全国各行业平均水平。

采矿业入围企业数量达到14家，占比为10.85%，入围数量居行业第四。采矿业入围企业营业收入总额达12628.38亿美元，占比为15.08%。入围企业平均营业收入为902.03亿美元，高于全国各行业平均水平。

建筑业入围企业数量共有9家，数量占比为6.98%。建筑业入围企业的营业收入合计7262.83亿美元，占比为8.67%。在平均营业收入方面，建筑业表现较好，超过全国各行业营业收入平均水平，达到806.98亿美元。

电力、热力、燃气及水生产和供应业入围企业数量达到7家，占比为5.43%，营业收入总额达6723.52亿美元，占比为8.03%。入围企业平均营业收入为960.50亿美元，是平均营业收入最高的行业。

交通运输、仓储和邮政业入围企业数量共有5家，占比为3.88%，营业收入总额达3915.19亿美元，占比为4.68%。入围企业平均营业收入为783.04亿美元，高于全国各行业平均水平。

信息传输、软件和信息技术服务业入围企业数量共有4家，占比为3.10%，营业收入总额达2720.53亿美元，占比为3.25%。入围企业平均营业收入为680.13亿美元，略高于全国各行业平均水平。

批发和零售业行业共有4家企业入围，占比为3.10%，营业收入总额合计1894.71亿美元，营业收入占入围企业营业收入总额的2.26%，平均营业收入仅473.68亿美元，低于全国平均水平。

（四）所有制结构分布

不同所有制下入围企业的具体信息如表15所示，具体包括所有制性质、数量、数量占比、营业收入、营业收入占比和平均营业收入。

表15 2019年入围企业数量和营业收入所有制分布

单位：亿美元，%

所有制性质	数量	数量占比	营业收入	营业收入占比	平均营业收入
国有企业	89	68.22	62289.83	74.39	707.84
民营企业	27	20.93	15298.79	18.27	566.62
港澳台法人独资	13	10.85	6150.87	7.35	439.35
合计	129	100	83739.49	100	649.14*

注：*为平均值。
资料来源：中文财富网和国家企业信用信息公示系统。

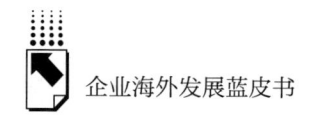

2019年共有89家国有企业、27家民营企业、13家港澳台法人独资企业入围。在营业收入方面，国有企业以62289.83亿美元领先民营企业15298.79亿美元和港澳台法人独资企业6150.87亿美元。入围"世界500强"榜单的企业仍然以国有企业数量最多。在行业分布方面，国有企业的行业主要是制造业、综合类行业和金融业；民营企业主要的行业分布是制造业、批发零售业和建筑业；港澳台法人独资企业的行业分布主要是制造业、金融业、采矿业和综合类行业。在地域分布方面，国有企业和民营企业主要分布于东部地区，而港澳台法人独资企业主要分布在台湾。

二 2019年入围中国企业典型研究

（一）基于地域维度的典型企业研究

1. 东部地区——北京汽车集团有限公司

北京汽车集团有限公司（以下简称"北汽集团"）成立于1958年，是我国汽车品牌最为齐全的大型国有企业集团，同时也是我国汽车行业骨干企业。北汽集团以汽车服务业为核心业务，包括汽车制造研发、汽车零部件制造等业务。北汽集团总部位于我国首都北京，集团旗下涵盖北京汽车、北京福田等知名上市公司和研发基地。目前北汽集团的业务范围已拓展至全国各地并覆盖全球80多个国家和地区，并在30多个国家和地区建立了完整的汽车流水线生产制造工厂。2019年北汽集团销售汽车总量超过200万辆，营业收入达726.77亿美元，居"世界500强"排行榜第129位。

2. 中部地区——安徽海螺集团有限责任公司

安徽海螺集团有限责任公司（以下简称"安徽海螺集团"）成立于1996年，总部位于我国中部地区安徽省芜湖市。安徽海螺集团以水泥制造为主导行业，同时还经营新型化学建材、节能环保以及国际贸易等业务。安徽海螺集团是水泥制造领域的领头企业，是国内首家同时在A股和H股上市的企业，也是我国最大的建材类企业之一。公司旗下拥有300多家子公司，包括安徽海螺水泥和芜湖海螺型材科技两家上市公司，且公司业务遍及国内20多个省区市，产品已出口至世界20多个国家和地区。2019年安徽海螺集团营业收入达284.99亿美元，居榜单第441位。

3. 西部地区——太平洋建设集团有限公司

太平洋建设集团有限公司（以下简称"太平洋建设集团"）成立于1986年。公司总部位于我国西部地区新疆乌鲁木齐市。太平洋建设集团主要业务为基础建设领域，包括交通、市政和水利设施建设，是一家以基建为核心业务的民营企业。在"西部大开发"战略实施推进下，太平洋建设集团积极助力贵州、云南等中西部省区市脱贫致富，此外太平洋集团积极参与"一带一路"倡议，与亚非欧各国均有合作业务。2019年太平洋建设集团的营业收入达866.23亿美元，居排行榜第97位。

4. 东北部地区——中国第一汽车集团有限公司

中国第一汽车集团有限公司前身为第一汽车制造厂，公司始建于1953年。中国第一汽车集团有限公司坐落于吉林省长春市，是以汽车制造为主业的大型国有企业。中国第一汽车集团有限公司旗下拥有14家子公司，包括一汽轿车股份有限公司、天津一汽夏利汽车股份有限公司、长春一汽富维汽车零部件股份有限公司和启明信息技术股份有限公司四家上市公司。公司拥有多个自主品牌汽车业务，其产品已销售至全球48个国家和地区。2019年中国第一汽车集团公司的营业收入为898.05亿美元，居排行榜第87位。

5. 香港地区——长江和记实业有限公司

长江和记实业有限公司坐落于香港，公司建立可追溯到1828年的广东药房。长江和记实业有限公司是一家以地产、酒店、能源、零售、服务和基建等为主业的综合性跨国民营企业，也是香港最大的上市公司。长江和记实业有限公司业务发展遍及全球50多个国家和地区，旗下拥有10多家上市公司。2019年长江和记实业有限公司实现营业收入353.61亿美元，居排行榜第352位。

6. 台湾地区——和硕联合科技股份有限公司

和硕联合科技股份有限公司成立于2008年，公司总部位于台湾台北市，是一家以电脑主板和手机代工为主的科技型制造企业。凭借着强大的研发能力和优质的服务品质，和硕联合科技股份有限公司实现将产品从设计、量产到售后服务一条龙服务，有效制定个性化产品订单，控制成本。尽管成立时间相对较短，但是和硕联合科技股份有限公司业务发展十分迅速，公司已跻身为具有世界影响力的制造企业。目前，和硕联合科技股份有限公司已经在上海、昆山、苏州、重庆等内地多个城市投资设厂，有力地促进了当地经济发展。公司还面向印度尼西亚、墨西哥、日本等多个国家和地区开设制造中心、服务中心和设计中心。2019年实现营业收入444.53亿美元，居排行榜第259位。

（二）基于行业维度的典型企业研究

1. 采矿业——中国石油化工集团有限公司

中国石油化工集团有限公司成立于1983年，其前身是中国石油化工总公司。中国石油化工集团有限公司总部坐落于北京，是一家以石油和天然气能源供采集和供应为主的采矿业企业。其主要的业务范围包括石油、天然气资源的勘探、采集、提炼和加工、销售，同时也开展实业投资和投资管理等业务。中国石油化工集团有限公司旗下控股企业中国石油化工股份有限公司，已在上海、香港、伦敦和纽约四地上市。中国石油化工集团有限公司是国内最大的成品油和石化供应商，同时也是世界第一大炼油公司。目前企业的业务已遍及国内各个省区市，并积极投资海外业务，包括境外油气勘探开发、境外石油工程服务、境外炼化合资合作、境外炼化工程服务和国际贸易五大领域。依据2019年公司信息披露，中国石油化工集团有限公司已在亚洲、非洲和美洲等数十个国家和地区开展业务往来。2019年中国石油化工集团有限公司实现营业收入4146亿美元，居排行榜第2位。

2. 电力、热力、燃气及水生产和供应业——中国南方电网有限责任公司

中国南方电网有限责任公司是始于2002年由国有资产管理委员会出资筹建，由中央政府负责管理的大型国有企业。公司总部位于广东省广州市，是一家以电力供给和电网建设为主的企业。中国南方电网有限责任公司下属21家子公司，业务遍及云南、贵州、广东、广西、海南五省以及香港、澳门。公司一直积极推行电网企业的国际化业务发展，并和东南亚国家开展紧

密的业务往来。2019年中国南方电网有限责任公司实现营业收入809.64亿美元，居排行榜第111位。

3. 建筑业——中国建材集团有限公司

中国建材集团有限公司成立于1984年，是由中国建筑材料集团有限公司与中国中材集团有限公司重组设立的企业。公司总部位于北京，是一家以水泥、玻璃等建筑材料的研发和销售为主要业务的国有企业。中国建材集团有限公司是我国"一带一路"建设的排头兵，其业务发展积极面向国内和海外市场，并已成为世界上最大的建材公司。公司规模庞大，拥有11个国内上市公司和2个海外上市公司，还拥有一大批研究设计院、质检中心和实验室等。2019年中国建材集团有限公司实现营业收入526.11亿美元，居排行榜第203位。

4. 交通运输、仓储和邮政业——中国邮政集团有限公司

中国邮政集团有限公司始建于1998年，公司于2019年实现改组并顺利成立。中国邮政集团有限公司总部位于北京，是一家以邮政、快递和金融为主要业务的大型国有企业。近年来中国邮政集团有限公司逐渐向实业投资和金融领域迈进，逐渐实现多元化经营。2019年中国邮政集团有限公司实现营业收入856.28亿美元，居排行榜第101位。

5. 金融业——中国工商银行股份有限公司

中国工商银行股份有限公司（以下简称"中国工商银行"）成立于1984年，总部位于北京。中国工商银行是一家以存贷业务、机构金融业务、结算与现金管理业务、投资银行业务、国际结算与贸易融资业务等为主的大型国有金融企业。根据中国工商银行官网披露，公司业务遍及国内各主要城市，包括一级分行36家，二级分行441家，基层分支机构超过1万家。此外中国工商银行还积极"走出去"，其业务发展涉及28个国家和地区，包括48家境外分行及分支机构，370家境外控股公司或分支机构以及1家境外中心。中国工商银行目前已经成为国内最大的商业银行之一，也是国际领先的大银行。2019年中国工商银行实现营业收入1689.79亿美元，居榜单第26位。

6. 批发和零售业——北京京东世纪贸易有限公司

北京京东世纪贸易有限公司（以下简称"京东集团"）成立于1998年，

公司总部位于北京，2004年开始涉足网上零售业务，包括手机、电脑、服饰等一系列日用百货产品。2014年京东集团在美国纳斯达克上市，并加大企业研发投入，积极探索科技与产品融合。京东集团通过强大的数据分析、领先的技术支撑、强大的营销手段和高效的物流服务迅速发展壮大。目前京东集团已成为中国最大的网上零售企业。2019年京东集团实现营业收入698.476亿美元，居排行榜第139位。

7. 信息传输、软件和信息技术服务业——中国移动通信集团有限公司

中国移动通信集团有限公司成立于2000年，公司总部位于北京，是一家以通信业务为主的大型国有企业。公司业务涵盖固定电话、宽带和多媒体在内的所有通信业务，并实现了在中国香港和纽约两地上市。中国移动通信集团有限公司在全国各省区市以及香港均设有子公司，子公司数量超过40家。2019年中国移动通信集团有限公司实现营业收入1120.96亿美元，居排行榜第56位。

8. 制造业——鞍钢集团有限公司

鞍钢集团有限公司位于辽宁省鞍山市，是一家以金属生产和制造为主的大型国有企业。鞍钢集团有限公司目前在国内建立了七大生产基地，并掌控了澳洲的铁矿资源。2019年鞍钢集团有限公司实现营业收入326.19亿美元，居排行榜第385位。

9. 综合类——中粮集团有限公司

中粮集团有限公司（以下简称"中粮集团"）成立于1949年，公司总部位于北京，是一家集地产投资、金融、贸易和食品于一体的综合类国有企业。中粮集团旗下拥有福田实业、大悦城地产以及蒙牛乳业等13家上市公司。中粮集团积极响应"一带一路"倡议，构建了覆盖亚洲、欧洲、澳洲等多个国家和地区的网络采购和销售网络体系，将业务拓展至全球各地。2019年中粮集团实现营业收入712.23亿美元，居排行榜第134位。

（三）基于不同所有制结构的典型企业研究

1. 国有企业——中国中铁股份有限公司

中国中铁股份有限公司成立于1950年，公司总部位于北京。中国中铁

股份有限公司是一家以基建为主营业务的大型国有企业。其业务范围包括铁路、公路、水利、港口等所有基础设施建设领域，此外，公司还涉及房地产开发、金融投资和矿产资源业务。中国中铁股份有限公司积极推进国际化战略实施，公司设立中铁国际集团有限公司和中铁东方国际集团有限公司两个公司。中国中铁股份有限公司业务涵盖世界60多个国家和地区，并在香港和上海两地上市。2019年中国中铁股份有限公司实现营业收入1104.56亿美元，居排行榜第55位。

2. 民营企业——中国民生银行股份有限公司

中国民生银行股份有限公司成立于1996年，公司总部位于北京，是一家以金融服务为主的大型民营企业。中国民生银行股份有限公司在全国各主要城市设有分行和支行，并在上海和香港两地实现上市。2019年中国民生银行股份有限公司实现营业收入479.81亿美元，居排行榜第232位。

3. 港澳台法人独资企业——鸿海精密工业股份有限公司

鸿海精密工业股份有限公司又称富士康科技集团公司，成立于1974年。鸿海精密工业股份有限公司位于台湾新北市，是一家以电子代工为主业的大型港澳台法人独资企业。鸿海精密工业股份有限公司在内地有36家子公司，并在香港和台湾两地上市。2019年鸿海精密工业股份有限公司实现营业收入1756.17亿美元，居排行榜第23位。

三 2019年"世界500强"中国企业的动态变化分析

为了使中国入围企业变化趋势更加清晰化，本部分将对"世界500强"企业排行榜进行动态变化分析，主要包括入围数量分布、地域分布、行业结构分布和所有制结构分布4方面。

（一）入围企业总体变动分析

表16列示了2015～2019年入围"世界500强"中国企业总体变动情况。

表16　2015~2019年入围"世界500强"中国企业总体变动情况

年份	入围数量(家)	数量占比(%)	比上年比例增加(百分点)
2015	106	21.20	1.20
2016	110	22.00	0.80
2017	115	23.00	1.00
2018	120	24.00	1.00
2019	129	25.80	1.80

资料来源：中文财富网。

2019年入围"世界500强"的中国企业数量为129家，较上年增加了9家。回顾近5年来，入围世界500强企业的数量和比例一直稳步提高。从2015年的106家，占比21.20%，到2019年的129家，占比25.80%，中国入围企业数量在不断攀升。这离不开国家的各项政策支持，也离不开国内企业家和员工的拼搏奋斗，更离不开企业转型升级。可以预计未来入围排行榜的中国企业数量会越来越多，比例会越来越高。

（二）地域变动分析

表17列示了2015~2019年入围"世界500强"中国企业的区域变动情况。具体包含东部、中部、西部、东北部以及香港地区、澳门地区和台湾地区企业数量分布情况。

表17　2015~2019年入围"世界500强"中国企业区域变动情况

单位：家

年份	东部	中部	西部	东北部	香港地区	澳门地区	台湾地区	合计
2015	79	10	2	2	5	0	8	106
2016	87	7	2	1	6	0	7	110
2017	92	7	3	1	6	0	6	115
2018	89	7	4	2	8	0	10	120
2019	95	10	5	2	7	0	10	129

资料来源：中文财富网。

2019年东部地区入围企业数量达到95家,较上年增加了6家,中部入围10家,比上年增加3家,西部入围5家,比上年增加1家,东北部和台湾地区与上年持平,香港地区比上年减少1家。2015~2019年,各区域总体大致呈现增长态势,但是个别年份入围企业数量有所下降,这表明各区域企业之间的竞争是比较激烈的。在所有区域中,东部增长数量是最多的,而西部增加比例最高。2015~2019年,东部企业入围数量增长16家,而西部企业入围增长3家,数量增长150%。

(三)行业结构变动分析

表18列示了2015~2019年入围"世界500强"中国企业的行业结构变动情况。

表18 2015~2019年入围"世界500强"中国企业行业结构变动情况

单位:家

行业	2015年	2016年	2017年	2018年	2019年
制造业	32	32	34	37	39
综合类	18	20	22	24	25
金融业	18	18	19	20	22
采矿业	15	12	10	11	14
建筑业	6	7	9	9	9
电力、热力、燃气及水生产和供应业	8	9	8	7	7
交通运输、仓储和邮政业	6	6	6	5	5
信息传输、软件和信息技术服务业	3	4	4	4	4
批发和零售业	0	1	3	3	4
农、林、牧、渔业	0	1	0	0	0
住宿和餐饮业	0	0	0	0	0
租赁和商务服务业	0	0	0	0	0
科学研究和技术服务业	0	0	0	0	0
水利、环境和公共设施管理业	0	0	0	0	0
居民服务、修理和其他服务业	0	0	0	0	0
教育	0	0	0	0	0
卫生和社会工作	0	0	0	0	0
文化、体育和娱乐业	0	0	0	0	0
合计	106	110	115	120	129

资料来源:中文财富网和国家企业信用信息公示系统。

2019年入围企业中，制造业、综合类和金融业都达到近5年的最高数量，分别为39家、25家和22家；批发和零售业，信息传输、软件和信息技术服务业，建筑业稳步增长，采矿业，电力、热力、燃气及水生产和供应业和农、林、牧、渔业有所降低。这反映了我国入围企业优势行业如制造业、金融业等优势竞争力进一步扩大，同时传统的能源类如采矿业，电力、热力、燃气及水生产和供应业以及农、林、牧、渔业竞争力降低。

（四）所有制结构变动分析

表19列示了2015~2019年入围企业的所有制结构变动情况，具体包括国有企业、民营企业、港澳台法人独资企业的数量和比例分布。

表19　2015~2019年入围"世界500强"中国企业所有制结构变动情况

单位：家，%

年份	国有企业 数量	国有企业 比例	民营企业 数量	民营企业 比例	港澳台法人独资企业 数量	港澳台法人独资企业 比例
2015	82	77.36	12	11.32	11	10.38
2016	81	74.55	17	15.45	11	10.00
2017	81	71.30	24	20.87	10	8.70
2018	84	68.33	23	19.17	13	10.83
2019	89	63.57	27	20.93	13	10.08

资料来源：中文财富网和国家企业信用信息公示系统。

2019年国有企业入围数量达到近5年最高，为89家，同时民营企业和港澳台法人独资企业入围数量也达到历史最高水平，分别为27家和13家。2015年国有企业仅82家，而民营企业和港澳台法人独资企业分别为12家和11家。5年间，国有企业增加8.5%，民营企业增加125%，港澳台法人独资企业增加18.2%。尽管不同所有制企业数量都在逐年增加，但是国有企业的比例是逐年降低的，而民营企业比例逐年提高，港澳台法人独资企业的比例每年大致不变。

四　研究展望与建议

（一）研究展望

1. 总体趋势

2019年，国际形势正发生着复杂深刻的变化，贸易保护主义势力有所抬头，贸易摩擦时有发生，全球化不断推进。面对复杂多变的外部环境，我国继续推行全面的对外开放政策。企业积极推进结构改革，适应时代需求，努力做大做强，推动中国品牌走向世界。2019年入围"世界500强"榜单的中国企业再创历史新高，达到129家，营业收入总额超过8万亿美元。中国企业成长的一个重要原因在于国内企业积极的结构转变，中国企业正由低端行业向新兴科技行业转变。正是基于此，中国企业正朝着入围数量不断增加、入围企业价值不断增长的方向发展。

2. 地域趋势

2019年"世界500强"中国企业的区域分布更加均衡，但是东北部地区和澳门地区企业竞争力不足。东部仍然是中国企业分布的主要地区，中部和西部竞争力增加明显，港台地区处于调整阶段。随着中西部竞争力的增加和东北部地区、港台地区的调整变革，相信入榜企业区域分布会更加均衡，中西部企业预期将会逐渐缩小与东部企业的差距。但是同时也应当看到东北部地区以及澳门地区企业竞争力长期发展停滞不前的问题，入围企业数量很少且没有太大变动，这可能和东北部地区和澳门地区的产业结构单一有关，需要国家和企业共同参与改革，积极寻找问题的解决办法。

3. 行业趋势

2019年中国企业处于深刻调整变革之中。传统优势竞争企业竞争力进一步增加，如制造业、金融业等；同时一些传统的低端附加值行业如采矿业，农、林、牧、渔业正在积极寻求转变，采取多元化经营向综合类企业迈进；新兴行业如软件电子、通信和电商零售业也异军突起，但同时科技含量较高的行业如信息传输、软件和信息技术服务业等入围数量还是较低。这些变化都表明我国企业行业结构正朝着好的方向转变。

4. 所有制趋势

2019年中国企业所有制呈现"两增一减一不变"的变化趋势。"两个增加"，即各所有制企业入围数量的增加以及民营企业入围比例增加；"一个减少"，即国有企业入围比例减少；"一个不变"，即港澳台法人独资企业比例不变。我国民营企业正在市场经济中越来越活跃，越来越强，但同时也应当注意对国有企业实施积极的改革以及积极制定政策鼓励港澳台法人独资企业在内陆投资设厂，鼓励多种所有制企业共同发展，百花齐放。

（二）研究建议

1. 落实国家优惠政策：鼓励中西部地区和东北地区企业发展

与东部地区相比，我国中部地区、西部地区和东北部地区无论是在入围企业数量上还是在营业额方面均有较大的提升和发展空间。可喜的是，近几年随着国家"中部崛起""西部大开发""振兴东北老工业基地"的战略推进，我国中部地区、西部地区和东北部地区的企业得到了迅猛发展。入围企业数量和比例不断提高，且增长速度高于东部地区，与东部地区的差距进一步缩小。不少企业借助国家给予的优惠政策选择适合自己的发展模式，将产品推向与之相邻的周边各国，并向"一带一路"周边国家辐射。未来政府要继续加快各项政策落地实施，继续推进中西部和东北部地区企业的发展壮大，鼓励企业走向海外。

2. 调整行业结构升级：智能科技提升行业竞争力

在行业结构上，我国企业已经形成了以制造业、金融业和综合类行业为优势行业，其他多种行业竞相发展的局面。当今时代是科技时代和创新时代，企业在国内外市场上面临激烈竞争。因此，行业发展必须要紧跟时代脉搏，充分利用和结合先进技术和信息，了解市场行情，了解客户需求，及时调整行业结构，增加产品科技含量，提升行业整体竞争能力。

3. 创造公平便利的营商环境：加快港澳台企业引进，鼓励民营企业"走出去"

港澳台法人独资企业往往具有先进的技术和成熟的管理经验，需要大力引入，有助于当地企业学习其成功经验。政府应当加大外资企业引入力度，给予便利的审批政策和营造良好的营商环境，特别是鼓励其直接在内地投资设厂。民营企业是我国企业发展的引擎，然而由于诸多原因，民营企业在融资政策和对外发展的政策上都不如国有企业。这需要我国政府摆脱偏见，营造公平的营商环境，制定简化的审批流程，鼓励民营企业融资和出口。近年来，随着经济的发展，我国对外投资金额越来越大。民营企业和港澳台法人独资企业在对外投资的金额上实现强劲增长，成为我国经济发展的主要驱动力。创造公平便利的营商环境，有助于我国企业的发展，有助于其走出国门。

参考文献

胡鞍钢、魏星、高宇宁：《中国国有企业竞争力评价（2003～2011）：世界500强的视角》，《清华大学学报》（哲学社会科学版）2013年第1期。

芮明杰：《培养核心竞争力——世界500强的成功之道》，《管理科学文摘》2001年第1期。

孙太利：《加快民营企业"走出去"步伐 促进我国对外经济合作大发展》，《经济界》2011年第2期。

B.3
入围2019年"最具价值全球品牌100强"中国企业评价分析

葛超　杨道广*

摘　要： 本报告分别从地域分布、行业分布、所有制结构分布三个维度对入围2019年"最具价值全球品牌100强"的中国企业进行分析，并结合典型企业的典型案例进行分析与总结。总体而言，2019年我国企业入围数量较上年小幅增长，但品牌价值较上年有所降低。从地域分布来看，除西部地区仅一家企业入围外，其他入围企业均来自东部地区；从行业分布来看，入围企业主要来自金融业，批发和零售业，信息传输、软件和信息技术服务业以及制造业，且分布较为均衡；从所有制结构来看，入围比重最高的是民营企业。结合典型企业的具体案例分析认为，未来在新技术不断涌现和全球合作日益紧密的大背景下，我国企业应该勇于创新，坚持国内外企业间合作，致力于打造具有国际品牌影响力的企业。

关键词： 中国企业　品牌价值　地域分布　所有制结构

首先，本报告以2019年入围"最具价值全球品牌100强"的中国企业

---

* 葛超，对外经济贸易大学国际商学院博士研究生，主要研究方向为企业财务质量分析；杨道广，管理学博士，对外经济贸易大学国际商学院讲师，主要研究方向为内部控制与公司财务。

为分析对象,在介绍总体概况的基础上对入围企业采取进一步定量分析,分别研究了各入围企业的地域分布、行业分布以及所有制结构方面的特征[①]。其次,选取了不同地域、不同行业和不同所有制的典型企业进行案例研究,以了解入选企业的具体发展和实践。再次,对2019年入围"最具价值全球品牌100强"中国企业的数量变动、地域分布变动、行业结构变动和所有制结构变动进行分析,以期能够以动态化视角了解中国企业的变动状况。最后,为我国企业进一步改善区域布局、优化行业结构和提升品牌实力,实现中国企业品牌价值提升提出了相关建议。

一 入围"最具价值全球品牌100强"中国企业排行榜

(一)2019年"最具价值全球品牌100强"中国企业排行榜

表1列示了2019年入围"最具价值全球品牌100强"的中国企业及其他相关信息。包括公司名称、性质、所在地、领域、行业和品牌价值。

表1 2019年"最具价值全球品牌100强"中国企业评价分析

单位:亿美元

排名	公司名称	性质	所在地	领域	行业	品牌价值
7	阿里巴巴	民营企业	杭州	零售	批发和零售业	1312.46
8	腾讯	民营企业	深圳	科技	信息传输、软件和信息技术服务业	1308.62
27	中国移动	国有企业	北京	电信服务	信息传输、软件和信息技术服务业	393.22
29	中国工商银行	国有企业	北京	地域性银行	金融业	384.32
35	茅台	国有企业	茅台	酒类	制造业	339.24

---

① 入围企业数据来源于搜狐网(https://www.sohu.com/a/320134478_120059707),所有制性质来源于国家企业信用信息公示系统(http://www.gsxt.gov.cn/index.html),行业分类主要参照2012年证监会行业分类对企业进行划分。

续表

排名	公司名称	性质	所在地	领域	行业	品牌价值
40	中国平安	民营企业	深圳	保险	金融业	294.70
47	华为	民营企业	深圳	科技	制造业	269.08
59	中国建设银行	国有企业	北京	地域性银行	金融业	227.09
63	百度	民营企业	北京	科技	信息传输、软件和信息技术服务业	208.79
66	京东	民营企业	北京	零售	批发零售业	206.09
71	滴滴出行	民营企业	天津	运输	信息传输、软件和信息技术服务业	200.41
74	小米	民营企业	北京	科技	批发零售业	198.05
78	美团	民营企业	北京	生活方式平台	批发零售业	187.06
82	中国农业银行	国有企业	北京	地域性银行	金融业	181.99
89	海尔	民营企业	青岛	物联网生态	制造业	167.72

资料来源：搜狐网和国家企业信用信息公示系统。

2019年，入围"最具价值全球品牌100强"的中国企业共15家，入围企业品牌价值合计5878.84亿美元，相比2018年，中国企业入围数量增长1家，增幅达7.14%，而入围企业品牌价值总量下降2.83%，平均企业品牌价值降低9.31%。

具有品牌国际影响力的中国企业整体数量稳中有升，但是中国企业品牌竞争力有所下降。

（二）地域分布

1. 区域分布

表2按我国的不同地域（东部、中部、西部、东北部、港澳台地区）对2018年和2019年入围"最具价值全球品牌100强"企业进行了分类统计，具体包括企业数量、数量占比、品牌价值、价值百分比和平均品牌价值[①]。

---

① 内资企业中东部、中部、西部和东北部地区的地域划分依据是中国国家统计局编撰的《中国统计年鉴》，东部地区包括10个省区市：北京、天津、河北、山东、上海、江苏、浙江、福建、海南和广东。中部6个省区市包括：山西、河南、安徽、江西、湖北和湖南；西部地区12个省区市包括：新疆、宁夏、内蒙古、青海、西藏、陕西、甘肃、重庆、四川、贵州、云南和广西。东北部地区3个省区市包括：黑龙江、辽宁和吉林。

表2 2018~2019年全球品牌价值100强中国企业地域及价值分布

单位：亿美元，%

地区	企业数量 2018年	企业数量 2019年	数量占比 2018年	数量占比 2019年	品牌价值 2018年	品牌价值 2019年	价值百分比 2018年	价值百分比 2019年	平均品牌价值 2018年	平均品牌价值 2019年
东部	13	14	92.86	93.33	5729.11	5539.60	94.69	94.23	440.70	395.69
西部	1	1	7.14	6.67	321.13	339.24	5.31	5.77	321.13	339.24
中部	0	0	0	0	0	0	0	0	0	0
东北部	0	0	0	0	0	0	0	0	0	0
香港地区	0	0	0	0	0	0	0	0	0	0
澳门地区	0	0	0	0	0	0	0	0	0	0
台湾地区	0	0	0	0	0	0	0	0	0	0
总计	14	15	100	100	6050.24	5878.84	100	100	432.16*	391.92**

注：*、**为平均值。

资料来源：搜狐网。

与2018年相似，入围数量方面仍然是东部地区企业为主体，共计14家，较上年增长1家，但是东部企业数量占所有地域的比重有所下降；东部地区入围企业的品牌价值总计5539.6亿美元，比上年品牌价值降低189.51亿美元，降低比例为3.31%，平均品牌价值降低10.21%，下降幅度较大。西部地区入围企业数量仍然不变，仅有1家入围；品牌价值较2018年上升5.64%，达到339.24亿美元。中部地区、东北部地区、香港地区、台湾地区和澳门地区均无企业入围。

总的来看，2019年东部地区企业竞争力优势明显，入围数量第一，但是相较于2018年，东部企业平均品牌价值下降较大，下降幅度达10.21%。西部依然仅有茅台入围，品牌价值稳中有增。中部地区、东北部地区以及香港、澳门和台湾地区的企业品牌竞争力不足，均无企业入围。

2. 省级行政区分布

2019年，共有6个省区市的企业入围100强排行榜，分别是北京、广东、浙江、贵州、天津和山东，其他25个省区市以及香港、澳门、台湾地区均无企业入围。其中，山东和天津是2018年最新入围的省市。具体地区及企业数量分布如表3所示。

表3 2019年入围企业数量和品牌价值省级行政区分布

单位：亿美元，%

省级行政区	数量	数量占比	品牌价值	品牌价值占比	平均品牌价值
北京	8	53.33	1986.61	33.79	248.33
广东	3	20.00	1872.40	31.85	624.13
浙江	1	6.67	1312.46	22.33	1312.46
贵州	1	6.67	339.23	5.77	339.23
天津	1	6.67	200.41	3.41	200.41
山东	1	6.67	167.72	2.85	167.72
上海	0	0	0	0	0
福建	0	0	0	0	0
山西	0	0	0	0	0
江苏	0	0	0	0	0
安徽	0	0	0	0	0
河北	0	0	0	0	0
陕西	0	0	0	0	0
新疆	0	0	0	0	0
甘肃	0	0	0	0	0
河南	0	0	0	0	0
湖北	0	0	0	0	0
吉林	0	0	0	0	0
江西	0	0	0	0	0
辽宁	0	0	0	0	0
广西	0	0	0	0	0
海南	0	0	0	0	0
黑龙江	0	0	0	0	0
湖南	0	0	0	0	0
内蒙古	0	0	0	0	0
宁夏	0	0	0	0	0
青海	0	0	0	0	0
四川	0	0	0	0	0
西藏	0	0	0	0	0

入围2019年"最具价值全球品牌100强"中国企业评价分析

续表

省级行政区	数量	数量占比	品牌价值	品牌价值占比	平均品牌价值
云　南	0	0	0	0	0
重　庆	0	0	0	0	0
台　湾	0	0	0	0	0
香　港	0	0	0	0	0
澳　门	0	0	0	0	0
合　计	15	100	5878.83	100	391.92*

注：*为平均值。
资料来源：搜狐网和国家企业信用信息公示系统。

北京市2019年表现不俗，入围企业总数共有8家，居全国首位。具体企业名单见表4。所入围8家企业的品牌价值总额为1986.61亿美元，占全国入围企业品牌价值总量的1/3左右。北京入围企业从数量和金额来看位居第一，但是北京平均品牌价值为248.33亿美元，低于全国391.92亿美元的平均水平，说明北京企业相对于全国其他省区市而言，品牌竞争力略显疲软。

表4　北京市入围2019年"最具价值全球品牌100强"中国企业

排名	公司名称	性质	所在地	领域	行业	品牌价值
27	中国移动	国有企业	北京	电信服务	信息传输、软件和信息技术服务业	393.22
29	中国工商银行	国有企业	北京	地域性银行	金融业	384.32
59	中国建设银行	国有企业	北京	地域性银行	金融业	227.09
63	百度	民营企业	北京	科技	信息传输、软件和信息技术服务业	208.79
66	京东	民营企业	北京	零售	批发和零售业	206.09
74	小米	民营企业	北京	科技	批发和零售业	198.05
78	美团	民营企业	北京	生活方式平台	批发和零售业	187.06
82	中国农业银行	国有企业	北京	地域性银行	金融业	181.99

资料来源：搜狐网和国家企业信用信息公示系统。

作为我国对外开放的先行者，广东省也保持了其在品牌价值方面的优势地位。2019年广东省入围数量达到3家，仅次于北京市，位列全国第二。广东省入围企业分布见表5，入围的3家企业均位于深圳。深圳是我国对外开放的窗口和全国创新模范典型城市，涌现出了一大批勇于创新的企业，如腾讯、华为等全国知名品牌企业。广东省入围企业品牌价值总额为1872.4亿美元，占全国入围企业价值的比例为31.85%，企业平均品牌价值为624.133亿美元，高于全国企业平均品牌价值391.92亿美元，广东省入围企业的品牌价值具有比较强的竞争优势。

表5 广东省入围2019年"最具价值全球品牌100强"中国企业

单位：亿美元

排名	公司名称	性质	所在地	领域	行业	品牌价值
8	腾讯	民营企业	深圳	科技	信息传输、软件和信息技术服务业	1308.62
40	中国平安	民营企业	深圳	保险	金融业	294.70
47	华为	民营企业	深圳	科技	制造业	269.08

资料来源：搜狐网和国家企业信用信息公示系统。

2019年，浙江省共有1家企业入围100强排行榜，为批发和零售业企业阿里巴巴。浙江省位于中国东部沿海，是中国制造业之乡和电子商务集散中心之一。入围企业坐落于杭州，杭州是浙江省的省会，是长江三角洲中心城市之一。阿里巴巴是中国领先的网上零售巨头，2019年阿里巴巴品牌价值高达1312.46亿美元，是全国平均品牌价值391.92亿美元的3.35倍，同时也是所有入围的中国企业中品牌价值最高的企业。正是得益于阿里巴巴企业，浙江省品牌价值总额占全国的22.23%，位居全国第三，仅次于北京和广东。

2019年，贵州省共有1家企业入围100强排行榜，入围企业为茅台，位于贵州省茅台镇。贵州省是中国西部地区，茅台镇是我国白酒制造重镇。2019年茅台的品牌价值为339.24亿美元，略低于全国平均品牌价值391.92亿美元，位列全国第四。

2019年，天津市共有1家企业入围100强排行榜，入围企业为滴滴出行。天津市是我国北方最大的港口城市、环渤海地区经济中心，是我国四大直辖市之一。2019年滴滴出行的品牌价值为200.41亿美元，低于全国平均品牌价值391.92亿美元，位列全国第五。

2019年，山东省共有1家企业入围100强排行榜，入围企业为海尔集团，企业位于青岛市。山东省是我国东部沿海的经济强省，也是北方最为活跃的经济深南省区市之一。青岛市是山东省经济中心，是"一带一路"连接亚洲和欧洲的重要枢纽城市。2019年海尔集团的品牌价值为167.72亿美元，低于全国平均品牌价值391.92亿美元，位列全国第六。

（三）行业分布

2019年，我国入围企业主要分布于四大行业，具体行业分布及结构详见表6。入围2019年"最具价值全球100强"的中国企业涵盖四大行业，即信息传输、软件和信息技术服务业，批发和零售业，金融业以及制造业。总体上看，入围的四大行业数量分布比较均匀，除了制造业入围3家企业，金融业，批发和零售业，信息传输、软件和信息技术服务业均入围4家。从入围行业品牌价值总量上看，品牌价值最高的行业是信息传输、软件和信息技术服务业，入围价值合2111.04亿美元，紧随其后的是批发和零售业，金额合计1903.66亿美元，金融业和制造业分别以1088.10亿美元和776.04亿美元，位居第三、第四。

表6 2019年入围企业数量和品牌价值行业分布

单位：亿美元，%

行业	数量	数量占比	品牌价值	品牌价值占比	平均品牌价值
信息传输、软件和信息技术服务业	4	26.67	2111.04	35.91	527.76
批发和零售业	4	26.67	1903.66	32.38	475.92
金融业	4	26.67	1088.10	18.51	272.03
制造业	3	20.00	776.04	13.20	258.68
合计	15	100	5878.84	100	—

资料来源：搜狐网和国家企业信用信息公示系统。

信息传输、软件和信息技术服务业是利用计算机和通信网络技术等手段通过一系列方式向客户提供信息服务的行业。信息传输、软件和信息技术服务业是高科技融合行业，具有资源消耗低、经济附加值高的特点，是我国重点发展和支持的行业之一。2019年上榜的4家企业包括：腾讯、中国移动、百度以及滴滴出行，数量占比为26.67%，其中滴滴出行为新上榜企业；入围4家企业的品牌价值总额为2111.04亿美元，品牌价值总额占所有入围中国企业品牌价值总额的1/3以上，品牌价值总量居各行业之首。此外，2019年信息传输、软件和信息技术服务业企业平均品牌价值为527.76亿美元，超过全国其他行业平均品牌价值。

批发和零售业是市场化竞争较高的行业，其特点是商品和劳务直接面向消费者。随着科技的发展，越来越多的企业选择将产品和科技融合，包括营销方式由线下改为线上，有效扩大了企业影响力，使企业业务迅速发展。2019年入围的4家批发和零售业为阿里巴巴、京东、小米和美团。这4家企业均为线上批发零售业企业，且小米和美团是2019年刚入围的企业。2019年批发和零售业品牌价值总额为1903.66亿美元，占比为32.38%，仅次于信息传输、软件和信息技术服务业。批发和零售业平均品牌价值达475.92亿美元，高于行业整体平均水平391.92亿美元。

金融业是从事金融商品交易的特殊行业，金融业下可以细分为银行、保险、信托和证券等企业。早期我国金融业各项业务主要由中国工商银行、中国建设银行、交通银行、中国银行和中国农业银行等国有银行承接办理。随着金融行业外资和民营资本进入，民营性质银行以及专门的信托、保险公司纷纷发展起来。2019年入围的4家金融企业分别为中国工商银行、中国平安、中国建设银行和中国农业银行。行业品牌价值总额达1088.10亿美元，金额总量占比为18.51%，平均品牌价值为272.03亿美元，低于全国行业平均品牌价值391.92亿美元。

制造业是指按照市场要求对投入要素进行加工，制造出成型产品的行业。制造业是一个国家生产力水平的晴雨表，是一个国家发达程度的重要标志。2019年入围的制造业企业共有3家，分别是茅台、华为和海尔，其中海尔是2019年新入围企业。3家企业品牌价值总额为776.04亿美元，金额占比为13.20%，平均品牌价值为258.68亿美元，低于入围行业品牌价值平均水平，表明中国制造业相对于我国入围的其他行业而言，品牌竞争力表现较弱，需要进一步提升我国制造业企业的品牌价值。

（四）所有制结构分布

表7按所有制结构对"最具价值全球品牌100强"的中国企业进行分类统计。在入围数量方面，2019年共有10家民营企业入围，数量占2/3，5家国有企业入围，数量占1/3，没有港澳台法人独资企业入围；在品牌价值总额方面，2019年民营企业价值总额合计4352.98亿美元，金额占比约3/4，国有企业价值总额合计1525.86亿美元，约占1/4；在企业平均品牌价值方面，民营企业为435.30亿美元，国有企业为305.17亿美元。

表7 2019年入围企业数量和品牌价值所有制分布

单位：亿美元，%

行业	数量	数量占比	品牌价值	品牌价值占比	平均品牌价值
民营企业	10	66.67	4352.98	74.04	435.30
国有企业	5	33.33	1525.86	25.96	305.17
港澳台法人独资企业	0	0	0	0	0
合计	15	100	5878.84	100	391.92*

注：*为平均值。
资料来源：搜狐网和国家企业信用信息公示系统。

与2018年相比，入围企业的所有制结构发生较大变化。2018年入围的14家企业中有8家国有企业，6家民营企业，没有港澳台法人独资企业。国有企业和民营企业数量占比分别为57.14%和42.86%。可见2018年入围企业数量上国有企业居多，到2019年入围主体民营企业居多。在平均品牌价值方面，2018年民营企业平均品牌价值为631.54亿美元，国有企业平均品牌价值为282.63亿美元。可见2019年民营企业平均品牌价值大幅下降31.07%，国有企业平均品牌价值上升了7.98%。

企业海外发展蓝皮书

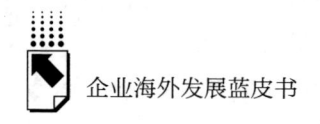

二 2019年最具价值全球品牌中国企业典型研究

（一）基于地域维度的典型企业研究

1. 东部地区典型企业——阿里巴巴（中国）网络技术有限公司

阿里巴巴（中国）网络技术有限公司（以下简称"阿里巴巴"）成立于1999年，公司总部位于长江中三角中心成员城市浙江省杭州市，是典型的东部地区企业。

在业务布局方面，阿里巴巴是中国最大的电子商务批发和零售业企业之一，阿里巴巴的核心业务为零售业务、批发业务、物流服务和客户服务。除了批发和零售业之外，阿里巴巴还涉及云计算、数字媒体和娱乐以及创新计划等领域。目前阿里巴巴旗下拥有淘宝控股有限公司、淘宝中国控股有限公司、淘宝（中国）软件有限公司、浙江天猫技术有限公司和阿里巴巴投资有限公司五家公司，拥有淘宝、天猫、阿里云、蚂蚁金服和聚划算等大小十多个知名品牌。阿里巴巴采用先进的科技使产品覆盖全球190多个国家和地区。

在业绩表现方面，根据阿里巴巴2019年度财务公告披露，阿里巴巴实现销售收入561.65亿美元，年度收入增长率超过50%；2019年阿里巴巴实现净利润119.55亿美元，年度利润增长率超过30%。阿里巴巴业务发展和壮大与其独特创新和全球化视角有重要关系。阿里巴巴通过网络技术使消费者和零售批发商的交易由线下转为线上，并采用大数据改善商家产品和消费者使用体验。以天猫和淘宝为代表的线上零售品牌，使用者可以与商家就产品进行互动，同时用户与用户之间也可以就产品使用体验进行交流。此外阿里巴巴还创新营销方式，将每年11月11日定为购物狂欢节，加大线上折扣力度吸引消费者购物。在海外布局方面，大力聘用当地员工，采用符合当地消费习惯的产品线上吸引消费者，改善购物体验，仅2019年，阿里巴巴旗下的Lazada、速卖通、Trendyol和Daraz就为超过1.2亿的海外消费者提供服务。

在品牌价值表现方面，2019年阿里巴巴品牌价值为1312.46亿美元，位居各入围中国企业品牌价值之首，居"最具价值全球品牌100强"排行榜第7位。

2. 西部地区典型企业——中国贵州茅台酒厂（集团）有限责任公司

中国贵州茅台酒厂（集团）有限责任公司（以下简称"贵州茅台集团"）成立于1998年，公司位于中国贵州省仁怀市茅台镇，是典型的西部企业。

在业务布局方面，贵州茅台集团的主要经营领域为酒类制造销售，为典型的国有制造企业。集团最主要的产品茅台酒入选世界非物质文化遗产，是享誉国内外的白酒，也是国内外单品销售额最高的白酒。旗下拥有贵州茅台酒股份有限公司、中国贵州茅台酒厂贸易（香港）有限公司和贵州茅台酒厂集团对外投资合作管理有限责任公司等20多家上市公司和企业。

在业绩表现方面，根据公司披露财务报告信息，2019年贵州茅台集团实现销售收入854.29亿元，比上年增长16%；净利润达587.83亿元，比上年增长15.65%。目前贵州茅台集团在业务结构上看，依然以茅台酒作为公司最主要的产品，2019年茅台酒单品收入达758亿元，占公司总收入的88.76%。从国内外业务分部看，目前贵州茅台集团的主要消费人群为国内消费者。国内收入为824亿元，占贵州茅台集团总收入的96.49%，国外收入比重仅占3.51%，国外收入贡献不足。

在品牌价值表现方面，2019年贵州茅台集团的品牌价值达339.24亿美元，居"最具价值全球品牌100强"排行榜第35位。

（二）基于行业维度的典型企业研究

1. 金融业典型企业——中国工商银行股份有限公司

中国工商银行股份有限公司（以下简称"中国工商银行"）成立于1984年，公司位于北京市，是典型的金融类企业。

在产品布局方面，中国工商银行的主要业务涵盖各类金融业务，包括资金借贷、同业拆借、金融理财、保险证券等各类金融业务。目前公司已同时在上海和香港上市。中国工商银行的战略目标是将企业打造成具有全球竞争力的世界一流金融企业。中国工商银行在国家"一带一路"倡议和"走出去"战略下蓬勃发展，对外积极投资，开展海外业务，加快推进人民币海外业务的结算。中国工商银行在共建"一带一路"国家建立分支机构121家，在48个国家和地区建立营业机构网点，与全球143个国家的数千家银行建立合作关系。中国工商银行的业务范围和业务合作遍及全球各地。根据公司年报披露，截至2019年，中国工商银行已拥有全球企业用户800多万，个人客户超过6亿。

在业绩表现方面，根据中国工商银行年度财务报告披露的信息，2019年营业收入为8551.64亿元，比上年增长9.52%，其中境外收入为1309.22亿元，占比为12.7%。2019年实现利润总额3917.89亿元，比上年增长4.95%，其中境外实现利润总额343.68亿元，占比为8.8%。

在品牌价值表现方面，2019年中国工商银行的品牌价值为384.32亿美元，居"最具价值全球品牌100强"排行榜第29位。

2. 批发和零售业典型企业——小米科技有限责任公司

小米科技有限责任公司（以下简称"小米集团"）成立于2010年，公司位于北京，是典型的民营企业。

在业务布局方面，小米集团的主要经营领域包括互联网服务、电子产品、高端智能手机等创新型批发零售企业。小米集团旗下的IoT是物联网平台，涉及智能家电、智能音箱等多方面。小米集团的愿景是"让每个人都能享受科技的乐趣"。为此小米集团积极投入科技研发，将先进的科技和产品融合，采用5G、大数据、AI探索新产品。

在业务表现方面，根据小米集团公布的财务报告，2019年小米集团实现营业收入2058.39亿元，比上年增长15.02%，其中2019年境外收入912亿元，境外收入贡献比例为44.3%。2019年实现营业利润1392.71亿元，比上年降低14.51%。公司积极扩张国际业务，产品市场面向亚洲、东南亚、欧洲和拉美国家。2019年境外市场增长强劲，年度增长超过30%。

在品牌价值表现方面，2019年小米集团的品牌价值为198.05亿美元，居"最具价值全球品牌100强"排行榜第74位。

3. 信息传输、软件和信息技术服务业典型企业——深圳市腾讯计算机系统有限公司

深圳市腾讯计算机系统有限公司（以下简称"腾讯公司"）创建于1998年，总部位于广东省深圳市。腾讯公司是典型的信息传输、软件和信息技术服务业企业。

在产品布局方面，公司主要业务包括通信及社交、网络游戏、数字内容、网络广告、云和企业服务等其他业务。腾讯公司旗下拥有QQ、微信、腾讯新闻等诸多产品。截至2019年，腾讯公司微信品牌活跃用户数量超过11亿，QQ活跃用户数量超过6亿。2004年腾讯公司实现香港上市，并在北京、上海、广州、成都、香港等各主要国内城市建立分支机构。

在业务表现方面，根据腾讯公司公布的财务报告，2019年公司实现营业收入3772.89亿元，同比增长17.12%；实现利润总额1094亿元，同比增长13.65%。腾讯公司的愿景是成为"最受尊敬的互联网企业"，公司为实现做大做强，积极创新，开发新产品走向世界。2019年第四季度海外游戏收入增长超过100%，收入贡献占所有游戏收入的23%。

在品牌价值表现方面，腾讯公司2019年品牌价值为1308.62亿美元，居"最具价值全球品牌100强"排行榜第8位。

4. 制造业典型企业——海尔集团公司

海尔集团公司创建于1984年，公司总部位于山东省青岛市，是典型的制造业集团企业。

在业务布局方面，海尔集团公司主要经营领域为各种智能电子家电产品。如电冰箱、洗衣机、热水器等。海尔集团公司积极开展海外业务扩张，坚持充分抓住物联网时代，实施生态品牌战略，将用户和厂家通过生态系统链接起来，不断改善用户体验和商品服务质量。海尔集团公司现有海尔电器集团有限公司、青岛海尔生物医疗股份有限公司、海尔智家股份有限公司和盈康生命科技股份有限公司四家上市公司，拥有海尔、日本AQUA、新西兰Fisher & Paykel、美国GE Appliances等一系列品牌。海尔集团公司业务涉及160多个国家和地区，全球用户超过10亿。

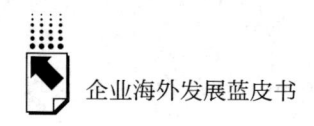

在业绩表现方面，根据2019年海尔电器公布的2019财年数据，集团公司实现营业收入758.8亿元，比上年降低0.6%，实现利润总额73.51亿元，比上年增加4.8%。

在品牌价值表现方面，2019年海尔集团公司品牌价值为167.72亿美元，居"最具价值全球品牌100强"排行榜第89位。

（三）基于所有制维度的典型企业研究

1. 国有企业典型企业——中国移动通信集团有限公司

中国移动通信集团有限公司（以下简称"中国移动"）组建于2000年，公司所在地为中国首都北京市。中国移动是典型的国有企业。

在业务布局方面，中国移动的经营范围包括各种通信电信服务，包括基础电信服务、增值电信服务、信息传输业务和广播、电视、广告业务、漫游结算业务等各项通信业务以及国有资产投资业务等活动。中国移动经历了两次重大重组：第一次是中国铁通集团有限公司和中国移动于2008实现合并；第二次是中国移动于2017年企业改制为国有独资企业。两次重组后形成现在的中国移动通信集团有限公司。中国移动目前是中国内地最大的电信运营商，同时也是全球规模最大、客户数量最多的电信运营企业。中国移动注册资本3000亿元，拥有的全球员工总数近50万人。

在业绩表现方面，根据中国移动年报披露，2019年集团公司实现营业收入7459.17亿元，比上年增长1.23%。公司旗下最主要的三大主营业务，移动业务、宽带业务和物联网业务用户分别达到9.5亿、1.87亿和8.84亿，比上年增长2.7%、19.4%和60.3%。中国移动2019年海外营业收入增长31.4%，这主要得益于公司积极开拓海外市场，加大海外投资，注重5G产品的科技研发。

在品牌价值表现方面，2019年中国移动的品牌价值达393.22亿美元，居"最具价值全球品牌100强"排行榜第27位。

2. 民营企业典型企业——华为技术有限公司

华为技术有限公司创建于1987年，公司总部位于广东省深圳市，是我国具有代表性的民营企业。

在业务布局方面，华为技术有限公司经营领域包括软件、宽带多媒体设备、集成电路、计算机及其配件、信息系统设计、汽车、物联网、大数据等高科技产品的研发和制造。华为技术有限公司的股权由全体公司员工持有，员工持股比例达100%。华为是一所典型的民营制造类企业。华为技术有限公司以"构建万物互联的智能世界"为口号，以"华为非极致不可为"为品牌理念，致力于科技产品的研发。公司坚持将营业收入的10%以上投入产品的研究和开发，2019年研发人数将近10万人，占公司总人数的近一半。

在业绩表现方面，根据公司2019年披露的年报信息，华为技术有限公司2019年实现营业收入8588.33亿元，较上年7212亿元的营业收入，收入增长超过1300亿，增长率为19.08%；华为技术有限公司2019年实现营业利润778.35亿元，较上年732.87亿元的营业收入，收入增长超过40亿元，增长率为6.21%。尽管2019年华为技术有限公司被美国政府制裁列入"实体清单"，但其销售业务继续稳定增长。华为技术有限公司多年来一直坚持采用5G、AI、云技术构建物联网智能世界，与欧洲等世界各地运营商建立合作，产品和业务面向全球170多个国家和地区，覆盖30多亿消费者。目前华为技术有限公司已经发展为业务涵盖全球的国际化跨国大企业。2019年华为技术有限公司营业收入为8588.33亿元。其中，中国境内收入5067.33亿元，境外收入3521亿元；中国境内收入贡献比例为59%，超过境外收入贡献比例41%。

在品牌价值表现方面，2019年华为技术有限公司品牌价值达269.08亿美元，居"最具价值全球品牌100强"排行榜第47位。

三　2019年最具价值全球品牌中国企业变化分析

2019年以来，全球一体化进一步深化，世界经济继续稳定向前发展，我国企业在全球行业内的影响力进一步加深。随着企业改革的不断推进，我国涌现出越来越多的知名品牌企业，他们积极探索供给侧结构性改革，勇于创新，努力寻找做强做大的突破口。越来越多的中国企业将产品聚焦国外市场，积极开拓国际市场。同时加大科技投入和研发，升级产品结构，提升中国品牌知名度和品牌价值。

为了更加清晰地展示入围中国企业品牌变动情况，本部分将对入围"最具价值全球品牌100强"排行榜进行动态变化分析，主要包括入围企业总体分布变动、地域分布变动、行业结构变动、所有制结构变动等四大方面，希望以动态变化视角研究和挖掘我国企业品牌竞争力变动情况。

（一）入围企业总体分布变动情况

表8是2015～2019年入围"最具价值全球品牌100强"排行榜的中国企业总体分布变动情况，包括近五年企业的入围数量、数量变化率、品牌价值总额以及品牌价值变化率。

表8 2015～2019年入围中国企业数量和总额分布变动

单位：亿美元，%

年份	数量	数量变化率	品牌价值总额	品牌价值变化率
2015	11	10	3610.71	42.07
2016	13	18.18	3721.95	3.08
2017	14	7.69	4177.18	12.23
2018	14	0	6050.24	44.84
2019	15	7.14	5878.84	-2.83

资料来源：搜狐和MBA智库百科。

2015年中国企业品牌影响力增长强劲。在数量方面，入围"最具价值全球品牌100强"的中国企业数量达到11家，比2014年入围数量增加1家；在品牌价值总额方面，入围"最具价值全球品牌100强"的中国企业品牌价值总额合计3610.71亿美元，相较于2014年入围企业的品牌价值而言，大幅提升42.07%。

2016年中国企业品牌影响力稳中有升，入围数量和品牌价值均略有增长。在数量方面，入围"最具全球品牌价值100强"的中国企业数量达到了13家，较2015年增加2家；在品牌价值方面，2016年入围的中国企业品牌价值总额达3721.95亿美元，比上年增加100多亿美元，品牌价值变化率增长3.08%。

2017年中国企业品牌影响力增长迅速，入围数量和品牌价值均有较大增长。在数量方面，入围"最具价值全球品牌100强"的中国企业数量达到了14家，较2015年增加了1家；在品牌价值方面，2017年入围的中国企业品牌价值总额达4177.18亿美元，较2016年增加了超过450亿美元，品牌价值变化率为12.23%。

2018年入围中国企业品牌影响力呈现数量稳定、品牌价值急剧增长的良好势头。在数量方面，入围"最具价值全球品牌100强"的中国企业数量和上年持平，为14家；在品牌价值方面，中国入围企业品牌价值总额达6050.24亿美元，比上年大幅增加了1873.06亿美元，为近五年来入围中国企业品牌价值最高水平，品牌价值变动率为44.84%，企业品牌实力增长强劲。

2019年入围中国企业品牌数量有所增长，但是整体品牌价值有所降低。在数量方面，入围"最具价值全球品牌100强"的中国企业数量为15家，创历史新高，比上年增长1家；在品牌价值方面，2019年入围中国企业品牌价值合计5878.84亿美元，较上年减少171.4亿美元，品牌价值变动比为-2.83%，说明我国企业在2019年遇到了困难。

总体来看，入围企业数量逐年增加，入围企业品牌价值总量也在增长，但是速度越来越慢，后期甚至出现了负增长，说明后期企业品牌价值增长遇到瓶颈。

（二）地域分布变动分析

中国最具品牌影响力的企业主要分布于东部地区，近五年西部地区仅1家企业入围，而内地其他地区无企业入围，这表明中国企业的地域分布存在较大的不均衡。此外香港地区2016~2017年有1家企业入围，澳门和台湾

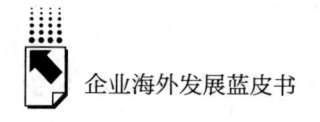

地区均没有企业入围，这说明港澳台地区企业的竞争力有所下滑，整体品牌竞争力还有待提升。具体各年品牌地域分布变动情况见表9。

表9 2015~2019年入围中国企业品牌地域分布变动情况

单位：家

年份	东部地区	西部地区	东部地区	东北部地区	台湾地区	香港地区	澳门地区	总计
2015	11	0	0	0	0	0	0	11
2016	11	1	0	0	0	1	0	13
2017	12	1	0	0	0	1	0	14
2018	13	1	0	0	0	0	0	14
2019	14	1	0	0	0	0	0	15

资料来源：搜狐网和MBA智库百科。

2015年所有入围榜单的中国企业均来自东部地区。2016年入围的13家中国企业，有11家来自东部地区，1家来自西部地区，1家来自香港地区。来自中部地区和香港地区的公司分别是茅台集团和友邦保险。2017年入围的14家企业中有1家来自西部地区，1家来自香港地区，其余12家均来自东部地区。来自西部地区和香港地区的公司与2016年相同，分别为茅台集团和友邦保险。2018年入围的14家企业除1家西部地区企业茅台集团外，其余13家企业全部来自东部地区。2019年入围的15家企业与2018年相同，除了茅台集团为西部地区，其余均为东部地区企业。

这表明五年来入围企业在数量上以东部企业居多，区域间企业发展极为不平衡。中部地区、西部地区以及香港地区、台湾地区和澳门地区缺少与东部类似的富有价值的品牌企业。

（三）行业结构变动分析

2015~2019年，我国品牌价值的行业分布变动较大，由多种行业聚集为4种行业。入围企业行业近五年分布见表10。

表10 2015~2019年入围中国企业品牌行业分布变动情况

单位：家

年份	采矿业	金融业	批发和零售业	信息传输、软件和信息技术服务业	交通运输、仓储和邮政业	制造业	总计
2015	3	4	1	3	0	0	11
2016	1	6	2	2	0	2	13
2017	1	7	1	2	0	3	14
2018	0	6	2	0	1	3	12
2019	0	4	4	4	0	3	15

资料来源：搜狐网和MBA智库百科整理。

2015年入围的11家中国企业中，金融业最多，达到4家，其次为采矿业和信息传输、软件和信息技术服务业，各占3家，此外批发和零售业有1家企业入围。

2016年入围的13家中国企业中，金融业数量仍然位居第一，增加到6家，其次为批发和零售业、制造业以及信息传输、软件和信息技术服务业，各占2家，此外采矿业下降至仅1家企业入围，入围企业为中国石化集团。

2017年入围的14家中国企业中，金融业达到历史高峰，为7家企业，其次为制造业3家，信息传输、软件和信息技术服务业2家，此外采矿业以及批发和零售业均有1家企业入围。

2018年入围的12家中国企业中，金融业6家，制造业3家，批发和零售业2家，交通运输、仓储和邮政业新入围1家企业为顺丰快递公司。而采矿业以及信息传输、软件和信息技术服务业在2018年均没有企业入围。

2019年入围的14家企业较为均衡地分布在金融业，批发和零售业，信息传输、软件和信息技术服务业以及制造业4个行业当中。其中金融业，批发和零售业，信息传输、软件和信息技术服务业均有4家企业入围，而制造业有3家企业入围。

可见最具价值的全球品牌由采矿业、金融业朝着批发和零售业，信息传输、软件和信息技术服务业以及制造业方向转变。由资源消耗型、劳动密集型行业逐渐向智能型、知识密集型行业转变。但同时也应当注意其他行业如服务业等关系民生的重要产业没有企业入围。因此需要鼓励多种行业竞相发展，而不是少数几个产业独占榜单。

（四）所有制结构变动分析

2015~2019年我国入围"最具价值全球品牌100强"企业的所有制结构发生了较大变化。民营企业入围数量逐年增加，并超过国有企业入围数量。表11为2015~2019年入围中国企业品牌行业所有制结构分布情况。包括国有企业、民营企业以及港澳台法人独资企业的数量分布和总计。

表11　2015~2019年入围中国企业品牌所有制结构分布情况

单位：亿美元

年份	国有企业	民营企业	港澳台法人独资	总计
2015	9	2	0	11
2016	8	4	1	13
2017	9	4	1	14
2018	8	6	0	14
2019	5	10	0	15

资料来源：搜狐和MBA智库百科整理。

2015年入围企业中共有9家国有企业，2家民营企业，没有港澳台法人独资企业，国有企业占数量优势。2016年国有企业下降至8家，民营企业增长至4家，此外还有1家港澳台法人独资企业入围。2017年国有企业较上年增加1家，为9家，民营企业和港澳台法人独资企业均与2017年持平，分别为4家和1家。2018年国有企业下降至8家，民营企业入围数量进一步增加至6家，港澳台法人独资企业没有入围。2019年国有企业入围数量下降3家，仅5家企业入围，而民营企业增长迅速，较2018年增加4家，达到10家，港澳台法人独资企业没有入围，此时民营企业在数量上占据优势。

由此可以看出，2015～2019年我国最具影响力品牌企业的所有制结构发生较大转变。2015年国有企业数量最多，民营企业和港澳台法人独资企业数量较少，在此之后，民营企业数量急剧增长，而国有企业入围数量下滑明显，港澳台法人独资企业入围数量很少且基本不变。民营企业入围数量的增长使2019年出现了入围榜单的所有制结构分布中，民营企业入围数量最多，国有企业入围数量较少的局面。上述趋势表明我国民营企业作为后起之秀，在品牌价值做大做强过程中潜力巨大。国有企业和港澳台法人独资企业后劲不足，需要深化改革，提高自身品牌价值。

四　展望与建议

当今时代科学技术的发展日新月异，大数据、物联网、AI技术等一系列高科技代名词越来越多地涌现在人们面前。这种现象的背后是企业顺应时代潮流，勇于创新的结果。2019年中国企业的影响力进一步提升，越来越多的中国企业成为享誉世界的品牌公司。但与此同时，国内外经济形势复杂多变，企业面临的各种不稳定风险因素仍然存在，并且将长期存在。

（一）研究展望

1. 总体趋势

2019年入围"最具价值全球品牌100强"的中国企业数量创历史新高、行业结构进一步深化调整、民营企业发展势头良好。但是，中国企业品牌价值缩水较大，企业面临较大风险和压力。具体表现为以下几点，首先，国际经济增长疲软，国际市场需求进一步下降，贸易保护主义、贸易摩擦的升级使得中国"走出去"困难加大。据商务部对外投资和经济合作司统计，2017～2018年我国连续两年对外投资负增长，中国企业"走出去"更加艰难。其次，2019年美国等国和我国的贸易摩擦加剧，对我国华为等企业实施单边制裁，造成企业海外发展受阻，不少企业缩小海外市场，被迫转向国内，出现"逆全球化"现象。最后，我国企业的主要收入来源还是国内，然而国内市场日趋饱和，人口老龄化带来的人工价格上涨和成本上升，是企业需要进行结构调整的考量因素。

2. 地域趋势

2019年入围"最具价值全球品牌100强"的中国企业地域分布不均衡，东部地区企业的绝对优势短期难以扭转。由于改革开放最先在东部地区实施，经过几十年发展，东部地区已经成为中国大陆最发达的地域。凭借巨大的市场、便利的交通和营商环境，中国优秀企业都愿意选择落户东部地区，形成东部地区品牌企业一家独大的局面。中部地区、西部地区和东北部地区作为后起之秀和东部企业的实力差距仍然存在，但是随着国家"中部崛起""西部大开发""振兴东北老工业基地"战略的实施和"一带一路"倡议的推进，相信未来会有更多品牌企业来自中西部和东北部地区，未来企业地域分布也会更加合理。

3. 行业趋势

2019年入围"最具价值全球品牌100强"的中国企业行业分布更加集中，主要分布于四大行业，而服务业、建筑业等关系国民生计的重要产业却没有企业入围。信息传输、软件和信息技术服务业，批发和零售业，金融业以及制造业成为入围企业的主要行业，且行业数量分布较为均衡。这些行业结合最新的技术进行产品创新、营销创新和理念创新等为企业创造新的价值增长点，如批发和零售业巨头阿里巴巴和京东集团采用线上零售的方式使客户和商家形成互动，以大数据作为支撑了解客户体验感受，为商家提供改善商品的动力和依据。这些行业中佼佼者均采用了最先进的智能技术和产品进行深度融合，行业发展潜力巨大。其他行业应当学习借鉴入围行业的改革经验，努力提升自我品牌价值，努力做大做强。

4. 所有制结构变动趋势

在新时期，国家和各级政府也纷纷表态支持民营企业发展并制定一系列具体措施鼓励民营企业"走出去"。民营企业品牌不断增长，做大做强。2019年中国最大的两家品牌企业阿里巴巴和腾讯公司均是民营企业，民营企业数量占据1/3，而五年前民营企业的比例仅不到1/5。如今国有企业和港澳台法人独资企业发展速度较慢，入围数量增长较慢，入围比例呈现下降趋势，需要继续勇于创新和改革，向民营企业学习发展经验。

（二）研究建议

1. 加强宏观政策引导，推动企业地域均衡发展

目前我国企业品牌主要集中分布于东部地区，主要是20世纪我国宏观政策引导所致。改革开放初期，为了吸引外资和发挥东部地区近海的便利交通条件优势，国家制定税收减免、配套相关设施等一系列优惠举措吸引厂区纷纷落户东部地区。现如今，东部地区已经成为全国地域经济龙头，新设企业也愿意搭乘城市发展快车，享受便利的交通、丰富的人才资源和广阔的市场。东部富吸品牌企业的效应会持续存在。中部、西部和东北部地区政府应当积极落实国家制定的发展战略，配合"中部崛起"、"西部大开发"和"东北老工业基地"的振兴，尽快因地制宜，结合当地企业实际需求制定一系列切实可行的具体实施办法，使企业能够享受到东部地区企业更加便利的条件，长此以往吸引优秀企业落户发展，营造良好的企业发展环境，促使企业品牌做大做强。

2. 加大科技投入力度，促进行业结构升级

科技创新是企业品牌做大做强的关键驱动力和重要支撑。当今世界竞争十分激烈，特别是国际形势不景气，国内企业想要打造自己的品牌形象就必须努力提高商品质量，提升商品经济增加值，使商品能够在国际市场上脱颖而出。在工业信息化革命大背景下，新技术、新理念层出不穷。AI科技、智能科技、大数据库等前沿科技逐渐融入中国品牌之中，这是中国企业积极寻求科技创造的结果，是中国企业走向世界的核心所在。企业应当继续推动供给侧结构性改革，积极创新，将资源消耗高、劳动密集型企业转向科技含量高、资源节约型行业。为此，企业需要积极探索新技术和产品融合、建立长效的科技研发投入和激励机制、保护知识产权、提高科研人员比例和待遇。相信未来中国将会有更多科技型企业入围。

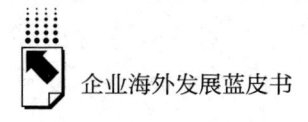

3. 完善国有企业治理，夯实国有企业经济

近年来，随着国家对于民营企业重视和扶持力度加大，民营企业实现跨越式发展，品牌价值越来越高。民营企业当中涌现出了一大批诸如华为、阿里巴巴等优秀企业。与之形成鲜明对比的是，国有企业品牌价值逐年降低，入围数量逐年减少。国有企业激励体制欠缺和治理环境薄弱是其面临的两个主要问题。寻求国有企业发展，需要政府下定决心、下大力气，寻求积极改革。

参考文献

雷磊、王玺：《科技型企业技术创新和企业竞争力的关系研究》，《学术论坛》2014年第8期。

孙志燕、侯永志：《对我国区域不平衡发展的多视角观察和政策应对》，《管理世界》2019年第8期。

赵启芝：《国有上市公司股权激励模式、行业差异与激励效果研究》，《现代商业》2020年第19期。

张艺鹤：《混改背景下国有企业实施员工股权激励计划存在的问题及改进措施》，《商业经济》2020年第5期。

B.4 2019年中国上市公司海外投资分析

陈 帅 杨道广 *

摘　要： 对外投资是我国企业实施"走出去"战略的重要内容。本报告分别从投资模式、投资地区、地域分布、行业分布和所有制结构五个维度对我国海外投资企业进行定量分析，并结合典型企业进行分析和总结。总体而言，2019年我国上市公司海外投资总量呈现微幅收缩趋势。从投资模式来看，上市公司对外投资模式以独立投资、并购和增资方式为主；从投资地区来看，投资地区仍以发达国家为主要对象；从地域分布来看，东部沿海地区依然是我国对外投资企业的重要来源地，而来自中部与西部地区的对外投资企业，其海外投资力度相对较弱；从行业分布来看，对外投资呈现多元化特点，并主要集中在能源电力、建筑基建等领域；从所有制结构来看，国有企业对外投资的整体实力比民营企业更强。结合典型企业具体案例分析，本报告认为，为更好地促进上市公司海外发展，我国政府与企业不仅要积极构筑多边合作机制，实现海外投资的多元化，还要注重培育企业核心优势，提升海外投资竞争力。

关键词： 海外投资　投资布局　上市公司

---

* 陈帅，对外经济贸易大学国际商学院博士研究生，主要研究方向为会计信息与资本市场；杨道广，管理学博士，对外经济贸易大学国际商学院讲师，主要研究方向为内部控制与公司财务。

一 2019年中国上市公司海外投资总体分析与评价

（一）2019年中国上市公司海外投资总量概况

2019年，受地缘政治动荡、贸易摩擦加剧以及欧美国家投资审查力度加大等多重因素的影响，全球对外投资市场的活跃度明显下降。与此同时，中国上市公司海外投资总量继续呈现微幅收缩趋势（见图1）。

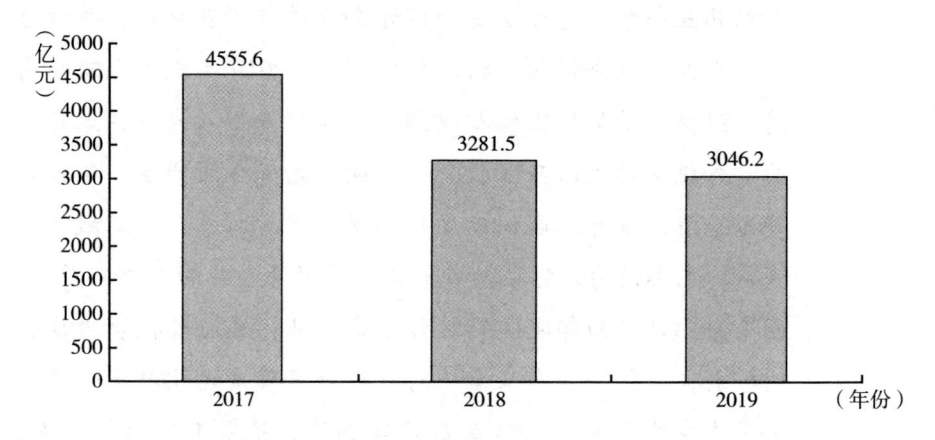

图1 2019年中国上市公司海外投资总量情况

资料来源：中投大数据—投资数据库。

如图1所示，在2019年，我国上市公司的海外投资规模约为3046.2亿元，较2018年同比下降了7.17%。据统计，共计有212项海外投资项目的规模达到或超过1亿元；有52项海外投资项目的规模达到或超过10亿元，与此同时，投资规模处于50亿元及以上的项目共计20项；投资规模处于100亿元及以上的项目共计5项。总体而言，在相对复杂的国际政治经济环境下，为应对全球经济下行压力，2019年我国上市公司海外发展情况稳中有进。主要表现为投资趋于多元化、国际产能合作向高端延伸，以及以"一带一路"倡议与"走出去"战略为依托的海外发展项目成效显著。

（二）2019年中国上市公司海外投资模式分析

我国上市公司对外投资主要模式包括独立投资、合资经营、股权投资、并购以及增资五种模式。表1分别列示了2019年我国上市公司海外投资模式及项目分布情况。在2019年我国上市公司海外投资项目中，独立投资项目有155项，合资经营项目有36项，股权投资项目有27项，并购项目有68项，增资项目有105项。从投资规模来看，上述项目的投资金额分别为12129266万元、2204187万元、615178万元、8955204万元和6558596万元。由此可见，2019年我国上市公司对外投资类型中，投资规模占比最高的项目模式仍为独立投资项目，投资规模占比为39.82%，其次为并购项目，投资规模占比为29.40%，与2018年投资项目分布情况基本一致。而投资项目数量最少、投资规模最小的项目则为股权投资项目，投资规模仅占对外投资规模总量的2.02%。

表1 2019年中国上市公司海外投资规模及项目分布情况

投资项目类型	项目数量（项）	项目数量占比（%）	投资规模（万元）	投资规模占比（%）
独立投资项目	155	39.64	12129266	39.82
合资经营项目	36	9.21	2204187	7.24
股权投资项目	27	6.91	615178	2.02
并购项目	68	17.39	8955204	29.40
增资项目	105	26.85	6558596	21.53

资料来源：中投大数据—投资数据库。

（三）2019年中国上市公司海外投资地区分析

近年来，"逆全球化"浪潮对我国上市公司境外投资活动产生了重要影响，但我国上市公司海外发展总体上仍保持健康有序的发展态势，并呈现对外投资地区多元化、投资行业与国家多领域、宽地域等新亮点。图2主要列示了我国上市公司在2019年海外投资的地区分布情况。

企业海外发展蓝皮书

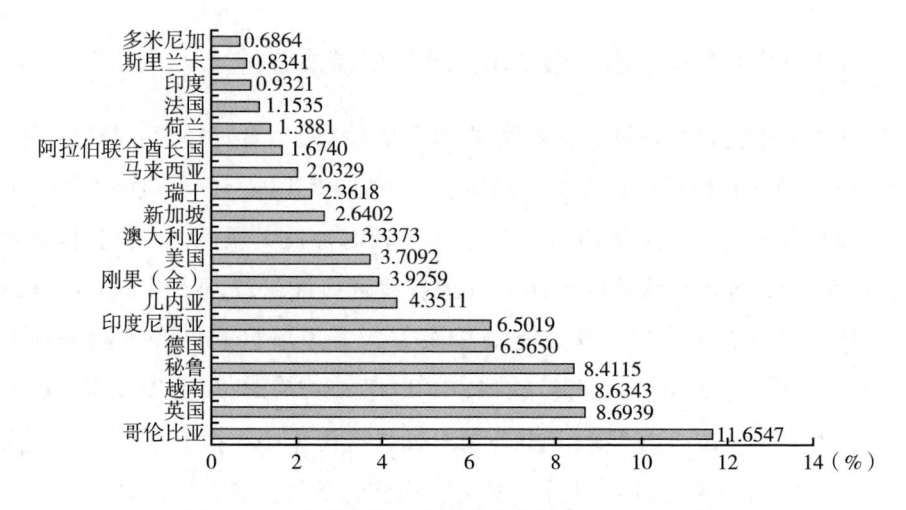

国家/地区	占比(%)
多米尼加	0.6864
斯里兰卡	0.8341
印度	0.9321
法国	1.1535
荷兰	1.3881
阿拉伯联合酋长国	1.6740
马来西亚	2.0329
瑞士	2.3618
新加坡	2.6402
澳大利亚	3.3373
美国	3.7092
刚果（金）	3.9259
几内亚	4.3511
印度尼西亚	6.5019
德国	6.5650
秘鲁	8.4115
越南	8.6343
英国	8.6939
哥伦比亚	11.6547

图2　2019年中国上市公司海外投资的地区分布情况

资料来源：中投大数据—投资数据库。

如图2所示，欧洲、南美洲、北美洲、大洋洲、非洲和亚洲是我国企业对外投资的主要区域。在欧洲地区，以英国、德国、瑞士和法国等为代表的发达国家是我国企业进行对外投资的主要对象；在北美洲与南美洲地区，以美国、多米尼加、哥伦比亚、秘鲁和巴西等为代表的国家分别是我国进行对外投资的主要对象；在非洲地区，以几内亚、刚果（金）和赞比亚等国家为主；在大洋洲地区，澳大利亚则是我国上市公司对外投资的重要地区；在亚洲地区，印度、越南、印度尼西亚、阿拉伯联合酋长国、新加坡，以及包括日本在内的地区，是我国上市公司海外投资的主要流入国家。整体而言，一方面，从我国上市公司海外投资流入地区的分布特点来看，随着"一带一路"倡议的不断推进，为确保对外贸易的稳步持续发展，我国上市公司注重对国内与国外两个市场的把握与拓展，对外投资地区呈现明显的多元化色彩。另一方面，由于地缘政治的不确定性、单边主义和贸易保护主义的抬头，我国上市公司对外投资行为受到一定影响，比如，为有效避免地缘政治风险等引致的投资冲击，我国对外投资企业更倾向于选择经济发展水平相对较好、地缘政治关系相对稳定的国家作为境外投资的合作对象，特别地，亚洲地区的国家成为我国上市公司较为青睐的对外投资区域。

（四）2019年中国上市公司海外投资企业的地域分布分析

从我国对外投资企业的实际地域分布来看①，经济发展水平较高的东部沿海地区依然是我国对外投资企业的重要来源地，而来自中部与西部地区的对外投资企业，其海外投资力度相对较弱。表2分别列示了2019年我国海外投资企业在不同地区的具体分布和投资情况。

表2 2019年中国上市公司海外投资企业的区域分布

指标	东部地区	中部地区	西部地区	东北部地区
投资规模（万元）	23211823	4421023	2725332	104253
投资占比（%）	76.20	14.51	8.95	0.34

资料来源：中投大数据—投资数据库。

如表2所示，2019年，来源于我国东部、中部和西部地区的海外投资企业，其对外投资金额分别为23211823万元（占比为76.20%）、4421023万元（占比为14.51%）、2725332万元（占比为8.95%），而东北部地区的上市公司对外投资额最少，投资规模仅占投资规模总量的0.34%。进一步地，在同一地区，经济发展优势明显的省区市，对外投资规模也相对较高。以注册地为北京的海外投资企业为例，其相应的对外投资金额为8925212万元；所在地位于广东省的上市公司对外投资额为2276138万元，而所在地为江苏省的上市公司对外投资额为1812782万元，等等。

（五）2019年中国上市公司海外投资企业的行业分布分析

从2019年中国上市公司海外投资企业的行业分布情况来看，我国上市公司对外投资领域具有明显的多元化特点，主要涉及能源电力行业、基建行业、信息技术及服务行业，以及金融和医疗医药等不同行业领域。但是，我

---

① 根据《中国统计年鉴》，东部地区包括北京、天津、河北、上海、江苏、浙江、福建、山东、广东和海南10个省区市；中部地区包括山西、安徽、江西、河南、湖北和湖南6个省区市；西部地区包括内蒙古、广西、重庆、四川、贵州、云南、西藏、陕西、甘肃、青海、宁夏和新疆12个省区市；东北部地区包括辽宁、吉林和黑龙江3个省区市。

企业海外发展蓝皮书

国上市公司在海外投资过程中，对于不同的行业领域，其投资情况也有所不同。图3报告了2019年中国海外投资企业在不同行业领域的投资差异。

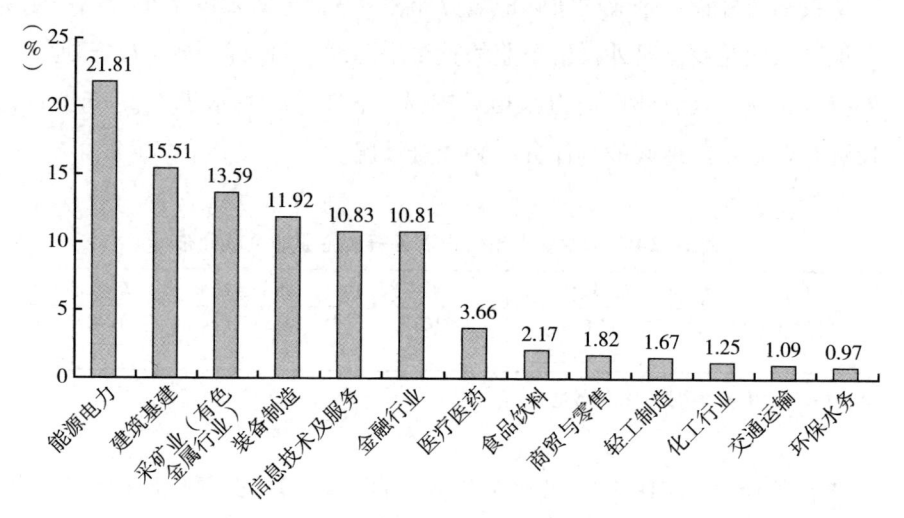

图3　2019年中国上市公司海外投资的行业分布

资料来源：中投大数据—投资数据库。

如图3所示，以能源电力（占比为21.81%）、建筑基建（占比为15.51%）、采矿业（有色金属行业）（占比为13.59%）和装备制造（占比为11.92%）为依托的投资项目占比较高，而商贸与零售（1.82%）、交通运输（1.09%）、环保水务（0.97%）等行业的投资规模占比相对较低。造成这种差异的原因在于，一方面，从投资市场需求来看，随着共建"一带一路"国家整体发展水平的提升，共建国家在基础设施建设领域方面的需求也越来越大，这在一定程度上为我国境外投资企业提供了广阔的投资机会；另一方面，从国际市场竞争力来看，由于我国企业在对外承包工程方面具有丰富的承接经验和技术支撑，随着我国"走出去"战略的实施与深化，依靠上述竞争优势，我国企业更容易参与国际市场，尤其是大型基建、能源电力等相关领域。

（六）2019年中国上市公司海外投资企业的所有制结构分布分析

图4报告了2019年我国上市公司海外投资企业的所有制结构分布情况。

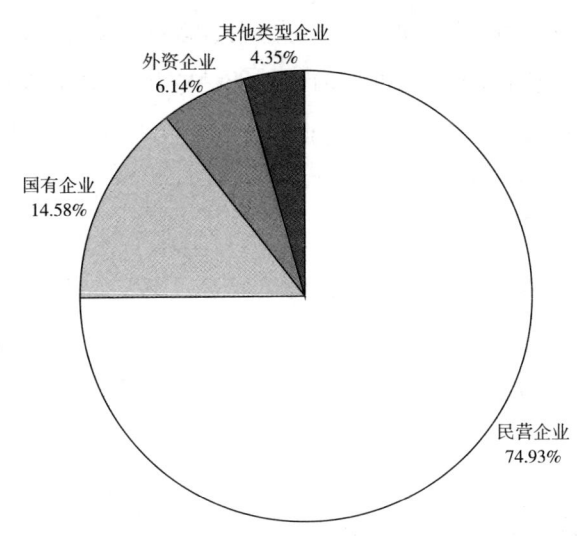

图4 2019年中国上市公司海外投资企业的所有制结构分布

资料来源：中投大数据—投资数据库。

从2019年中国上市公司对外投资企业的所有制结构情况来看，民营企业在中国对外投资企业中的比例最高，有接近75%的对外投资项目由民营企业发起，而国有企业次之，数量占比为14.58%，外资企业和其他类型企业的占比分别为6.14%和4.35%。值得关注的是，尽管所属国有对外投资企业与民营对外投资企业的数量存在较大差距，但若从其各自的投资金额比例来看，国有对外投资企业的投资总额占比为46%。由此可见，由于进行对外投资活动的国有企业大多以大型基建项目为依托，从带动对外投资的力度来看，国有企业对外投资的整体实力比民营企业更强。

二 2019年中国上市公司海外投资典型企业研究

（一）基于地域维度的典型企业研究

1. 东部地区——山东南山铝业股份有限公司

山东南山铝业股份有限公司（以下简称"南山铝业"）于1999年上市，

以铝业、纺织服饰、裕龙石化、地产、金融、教育、旅游、健康为主导的多产业并举的经营范围为主。目前，南山铝业的市场已延伸到美国、新加坡、德国等多个国家，2019年，南山铝业的综合实力居中国企业500强第176位，在中国制造业500强中排名第74位。中投大数据—投资数据库显示，2019年，南山铝业在我国上市公司对外投资企业中排名第八。近年来，南山铝业积极响应国家产业转型升级的政策号召，积极推进新旧动能转换，不断加强自主技术创新力度，并通过确立核心竞争优势的方式，促进企业高质量发展。表3报告了2019年南山铝业公司的主要对外投资情况。

表3　2019年南山铝业公司海外投资情况

项目序号	投资项目名称	投资模式	投资地区	投资金额（万元）	投资领域
1	二期100万吨氧化铝项目	增资项目	东南亚印度尼西亚	306849.47	有色金属
2	南山铝业（新加坡）有限公司项目	增资项目	南亚孟加拉国	534711.21	有色金属

资料来源：中投大数据—投资数据库。

2. 中部地区——蓝帆医疗股份有限公司

蓝帆医疗股份有限公司（以下简称"蓝帆医疗"）成立于2002年，作为中低值耗材和高值耗材完整布局的医疗器械企业，蓝帆医疗将以医疗手套等为主的医疗防护产品作为经营范围。目前，蓝帆医疗的产能和市场占有率均位列全球第一，其业务范围已拓展至90多个国家和地区。作为中部地区的典型企业，蓝帆医疗在海外发展中表现较好，原因在于，一方面，由于社会经济发展水平的提升，居民生活水平得到改善，医疗保健意识显著增强，在此情形下，国际市场对医疗器械产品的需求也呈不断增长态势。另一方面，通过持续并购和细分市场，蓝帆医疗利用"中低值耗材+高值耗材"的产业布局，逐步实现其在医疗器械领域的"弯道超车"。表4分别列示了2019年蓝帆医疗公司的海外投资情况。

表 4 2019 年蓝帆医疗公司海外投资情况

项目序号	投资项目名称	投资模式	投资地区	投资金额(万元)	投资领域
1	收购 NVTAG 100% 股权项目	并购项目	欧洲瑞士	126654	医疗医药
2	收购 CBCH II 6.63% 股权项目	并购项目	东南亚新加坡	43676	医疗医药
3	介入主动脉瓣膜公司 NVTAG 100% 股权	并购项目	欧洲瑞士	139142	医疗医药

资料来源：中投大数据—投资数据库。

3. 西部地区——特变电工股份有限公司

特变电工股份有限公司（以下简称"特变电工"）成立于1993年，是以输变电高端制造、新能源、新材料为主营产品的民营上市公司。目前，特变电工相关业务已拓展至以美国为代表的多个国家和地区。作为西部地区对外投资的典型企业，一方面，新疆吉昌作为特变电工的总部所在地，该区位优势在"一带一路"倡议和行动中发挥着重要作用，为特变电工海外业务的拓展，向世界分享中国先进的电力建设经验提供了宝贵的合作契机；另一方面，通过提供从勘测设计到运营维护的一体化服务，在国际市场上，特变电工在同行业中具有明显的优势。表5主要列示了特变电工股份有限公司在2019年的海外投资情况。

表 5 2019 年特变电工海外投资情况

项目序号	投资项目名称	投资模式	投资地区	投资金额(万元)	投资领域
1	几内亚铁路项目	独立投资	非洲几内亚共和国	541266	建筑基建
2	上库马尔克矿区库东金矿(一区)高品位氧化矿项目	独立投资	中亚塔吉克斯坦共和国	41834	有色金属
3	几内亚阿玛利亚水电站项目	独立投资	非洲几内亚共和国	777447	能源电力

资料来源：中投大数据—投资数据库。

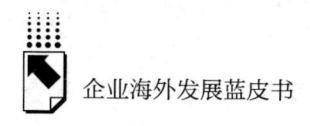

4. 东北部地区——辽宁时代万恒股份有限公司

辽宁时代万恒股份有限公司（以下简称"时代万恒"），是时代万恒控股集团的核心企业。目前，其经营范围主要包括新能源与林业资源开发等，相关产品已销往欧洲、美洲、日本、东南亚等60多个国家和地区，与世界300多个客户建立了长期稳定的合作关系。作为东北部地区唯一入围中国上市公司对外投资100强排行榜的企业，时代万恒公司排名第84位，以增资方式进行了两项对外投资项目，投资规模为39340万元。表6列示了时代万恒在2019年的主要海外投资情况。

表6　2019年时代万恒公司海外投资情况

项目序号	投资项目名称	投资模式	投资地区	投资金额（万元）	投资领域
1	时代万恒投资有限公司（境外全资子公司）项目	增资项目	欧洲英国	31100	金融业
2	融诚林业股份有限公司40%股权项目	增资项目	非洲加蓬共和国	8240	农、林、牧、渔业

资料来源：中投大数据——投资数据库。

（二）基于行业维度的典型企业研究

1. 建筑基建行业——中国交通建设集团有限公司

中国交通建设集团有限公司（以下简称"中国交建"），作为我国建筑基建行业的典型企业，在公司规模、设备技术方面具有较强的竞争优势。根据《财富》排名，中国交建2009年入围"世界500强"，并排名第93位。同年，中国交建入选"2019中国品牌强国盛典榜样100品牌"和"中国品牌发展指数"100强榜单。中国交建的主营业务为：国内外招标工程；各种专业船舶总承包建造；专业船舶、施工机械的租赁及维修；海上拖带、海洋工程有关专业服务；船舶及港口配套设备的技术咨询服务，以及承包有关国内外港口、公路、桥梁建设项目等。

从2019年中国交建海外投资实践来看，2019年3月16日，中国交建以并购模式投资了孟加拉国大吉港中国经济工业园区项目，2019年11月19日，中国交建以独立投资模式投资了哥伦比亚"波哥大地铁"项目。中国交建在对外投资方面取得的较好成绩主要得益于投资项目契合国家"走出去"战略和中拉合作战略。此外，中国交建还精准地提出"五商中交"的战略目标，将以往的"承建商"定位逐步向业务多元化方向转型，实现向高端的工程产品转型升级。表7列示了中国交建公司在2019年海外投资的主要情况。

表7 2019年中国交建公司海外投资情况

项目序号	投资项目名称	投资模式	投资地区	投资金额(万元)	投资领域
1	哥伦比亚波哥大地铁一号线项目	独立投资项目	南美洲哥伦比亚	3550300	建筑基建
2	孟加拉吉大港中国经济工业园区项目	并购项目	南亚孟加拉国	67130	建筑基建

资料来源：中投大数据—投资数据库。

2. 能源电力行业——中国长江电力股份有限公司

中国长江电力股份有限公司（以下简称"长江电力"）是2002年经国务院批准设立，2003年挂牌上市的股份有限公司。长江电力的经营范围主要包括水力发电、配售电以及海外电站运营等相关业务，目前，长江电力公司的相关业务已延伸至德国、葡萄牙、巴西等多个国家。长江电力是中国最大的电力上市公司和全球最大的水电上市公司，拥有三峡水电站、葛洲坝水电站、溪洛渡水电站和向家坝水电站的全部发电资产。2019年9月，长江电力通过竞标方式获得了美国上市公司Sempra Energy在秘鲁的相关配电资产。

作为我国海外投资规模排名第二的上市公司，从海外投资比较优势和投资机会来看，长江电力公司的投资表现主要得益于以下两个方面的原因，一方面，电能是最为便捷与高效的能源形式，在基础设施等多个领域具有重要作用，同时，其是我国境内发电规模最大和全球最大的水电上市公司，在海外市场具有明显的竞争比较优势。另一方面，得益于我国"一带一路"倡议为我国企业"走出去"提供了良好的营商环境。自"一带一路"倡议实施以来，共建"一带一路"国家集中了全球GDP增长最快的新兴经济体，由于沿线未通电国家在基础设施、电源和电网方面的建设需求较大，这些市场需求为长江电力提供了广阔的市场。表8列示了长江电力在2019年海外投资的主要情况。

表8 2019年长江电力公司海外投资情况

项目序号	投资项目名称	投资模式	投资地区	投资金额(万元)	投资领域
1	Sempra Energy在秘鲁配电等资产项目	并购项目	南美洲秘鲁	2562362.5	能源电力

资料来源：中投大数据—投资数据库。

3. 信息技术及服务——紫光国芯微电子股份有限公司

紫光国芯微电子股份有限公司（以下简称"紫光国微"）属于半导体行业上市公司，经营范围主要包括集成电路、智能安全芯片等核心业务领域。2019年6月3日，紫光国微采用并购的方式持有紫光联盛100%股权，并通过此收购行为间接控股英国Financière Lully A SAS公司。表9列示了紫光国微2019年海外投资的主要情况。

表9 2019年紫光国微公司海外投资情况

项目序号	投资项目名称	投资模式	投资地区	投资金额(万元)	投资领域
1	Linxens股权项目	并购项目	欧洲英国	1800000	信息技术及服务

资料来源：中投大数据—投资数据库。

4. 采矿业（有色金属行业）——洛阳栾川钼业集团股份有限公司

洛阳栾川钼业集团股份有限公司（以下简称"洛阳钼业"）是位于河南

省洛阳市栾川县的一家大型民营企业。洛阳钼业属于有色金属采矿业，主要从事铜、钼、钨、钴、铌、磷等矿业的采选、冶炼、深加工等业务，拥有较为完整的一体化产业链条，该公司早期以钼钨业务为主，在 2012 年 A 股上市以后，开始积极海外并购进行资源布局。目前，洛阳钼业是全球前五大钼生产商及最大钨生产商，全球第二大钴、铌生产商，同时也是巴西境内第二大磷肥生产商。2019 年，洛阳钼业在中国上市公司对外投资中排名第六，是中部地区企业对外投资的代表性企业。在"引进来"与"走出去"战略背景下，中国对外投资主要存在以下三类需求：开拓市场、资源获取和引进先进的技术和管理方法。洛阳钼业在立足国内矿产资源开发利用的同时，还积极通过大规模并购等方式进行国际合作，注重利用国内国外"两个市场"实现产业链的全球配置，持续提升自身国际竞争力。表 10 报告了 2019 年洛阳钼业的主要对外投资情况。

表 10　2019 年洛阳钼业公司对外投资情况

项目序号	投资项目名称	投资模式	投资地区	投资金额(万元)	投资领域
1	年产 6 万吨镍金属量的混合氢氧化镍钴（MHP）项目	独立投资项目	东南亚印度尼西亚	895411.2	有色金属
2	Louis Dreyfus Company Metals B. V. 100% 的股权项目	并购项目	欧洲瑞士	302769	有色金属
3	BHR DRC 100% 的股份（TFM 24% 的权益）项目	并购项目	非洲刚果（金）	771487.32	有色金属

资料来源：中投大数据—投资数据库。

（三）基于所有制结构的典型企业研究

1. 国有企业——中国葛洲坝集团股份有限公司

中国葛洲坝集团股份有限公司（以下简称"葛洲坝"）上市于 1997 年，是我国境内第一家水电行业的上市公司，同时也是湖北省内唯一一家营业收入超过"千亿元大关"的上市公司。葛洲坝公司曾先后获得"中国最具竞争力上市公司""中国上市公司价值百强"等荣誉。目前,葛洲坝公司的营业范围主要包括海外投资、水务投资等多个海外投资领域。据统计,2019年,葛洲坝公司共有2项海外投资项目,海外投资规模超过200亿元。随着对外开放程度的加深,葛洲坝逐步形成独具特色的战略布局,集中表现在以下四个方面。一是工程承包与投资双轮驱动。以工程承包为例,葛洲坝公司已经由以往单一的水利水电业务,逐步延伸拓展至建筑和环保等多个领域,积极参与以输变电、风电和水电等为主的大电力领域;以铁路、公路和港航工程等为主的大交通领域;以市政工程等为主体的大建筑,以及以水环境治理等为主的大环保领域。二是国际国内协调发展。葛洲坝一直将优先发展国际业务作为重要发展战略,并逐步形成了国内与国际市场相互协调的业务格局。比如,目前葛洲坝公司海外业务已拓展至140多个国家和地区。三是工业制造创新转型。葛洲坝公司具有我国目前最大的水泥生产基地,并逐步形成环保与水泥协调发展的业务体系。四是金融贸易助力升级。葛洲坝公司积极响应我国"一带一路"倡议,通过建立贸易发展公司的形式,实现投工贸一体化(ICCT)。表11列示了葛洲坝公司2019年的主要海外投资情况。

表11 2019年葛洲坝公司海外投资情况

项目序号	投资项目名称	投资模式	投资地区	投资金额(万元)	投资领域
1	葛洲坝国际迪拜投资有限公司	增资项目	西亚阿拉伯联合酋长国	402846.67	建筑基建
2	越南南定燃煤电站项目	独立投资项目	东南亚越南	1600650.59	能源电力

资料来源:中投大数据—投资数据库。

2. 民营企业——宁德时代新能源科技股份有限公司

宁德时代新能源科技股份有限公司(以下简称"宁德时代")是国内率先具备国际竞争力的动力电池制造商之一。宁德时代主要从事新能源汽车领域的动力电池、储能系统等业务。2019年，宁德时代入选"2019福布斯中国最具创新力企业榜"和"2019中国品牌强国盛典榜样100品牌"。2019年，宁德时代对外投资规模高达124亿元，涉及的投资领域分别为有色金属行业和装备制造行业。从境外投资情况来看，宁德时代公司对外投资互动不仅受到我国"走出去"战略，以及公司本身战略布局的影响，还与投资所在地的投资环境和海外市场环境相关。以欧洲市场为例，近年来，欧洲地区不断加大对新能源汽车的补贴力度，在欧盟碳排放标准下，新能源汽车有着巨大的市场需求。凭借产品技术和规模优势，以宁德时代为代表的动力电池企业可以较好地开拓欧洲电池领域市场，助力对外投资经济活动。表12列示了宁德时代公司2019年海外投资的主要情况。

表12　2019年宁德时代公司海外投资情况

项目序号	投资项目名称	投资模式	投资地区	投资金额（万元）	投资领域
1	Pilbara Minerals Limited	股权投资项目	大洋洲澳大利亚	26331.8	有色金属
2	欧洲动力电池生产研发基地项目	增资项目	欧洲德国	1220020.26	装备制造

资料来源：中投大数据—投资数据库。

3. 外资企业——惠州光弘科技股份有限公司

嘉兴光弘科技股份有限公司（以下简称"光弘科技"）主要从事继电器、电话机、数字录放机、线路板组件、移动通信系统手机及交换设备等制造和销售。从海外投资地理区位优势来看，伴随着粤港澳大湾区建设，中国大陆上市公司进行对外投资更为便利，而且随着高铁等轨道交通与香港、深圳的对接，惠州的地区优势将更加明显。2019年，光弘科技公司通过增资方式对香港所在地的子公司进行投资，尽管在我国上市公司对外投资中，光弘科技公司的海外投资规模并不具代表性，但光弘科技公司所在地与对外投资所在地具有较好的典型示范与研究意义，一定程度上有助于分析我国上市公司对外投资行为的选择及其原因。表 13 报告了光弘科技公司的主要对外投资情况。

表 13　2019 年光弘科技公司海外投资情况

项目序号	投资项目名称	投资模式	投资地区	投资金额(万元)	投资领域
1	光弘科技电子(香港)有限公司	增资项目	中国香港	20114.4	金融业

资料来源：中投大数据—投资数据库。

三　2019 年中国上市公司海外投资100强排行榜及评价

2019 年，我国上市公司海外投资前 100 名企业的境外投资总额合计为 2849.2 亿元，相比 2018 年下降 10.49%。表 14 为 2019 年我国上市公司海外投资 100 强排行榜，分别包括海外投资公司的企业名称、企业地址、投资金额与主要投资项目数量情况。

表 14　2019 年中国上市公司海外投资 100 强排行榜

排名	企业名称	企业地址	投资金额(亿元)	投资项目数量(项)
1	中国交建	西城区	361.74	2
2	长江电力	西城区	256.24	1
3	葛洲坝	武汉市	200.35	2
4	洛阳钼业	洛阳市	196.97	3
5	紫光国微	唐山市	180	1
6	特变电工	昌吉市	136.05	3
7	宁德时代	宁德市	124.64	2
8	南山铝业	烟台市	84.16	2
9	海油发展	北京市	72.45	1
10	紫金矿业	龙岩市	71.68	1
11	工商银行	西城区	67.34	1
12	盛屯矿业	厦门市	60.32	3
13	亨通光电	苏州市	51.06	6

续表

排名	企业名称	企业地址	投资金额(亿元)	投资项目数量(项)
14	中海达	广州市	48.28	1
15	继峰股份	宁波市	38.93	1
16	安迪苏	朝阳区	36.14	1
17	景兴纸业	嘉兴市	35.03	2
18	沃森生物	昆明市	34.86	1
19	蓝帆医疗	淄博市	30.95	3
20	中国外运	北京市	30.06	1
21	中国天楹	南通市	29.23	2
22	开山股份	衢州市	26.07	1
23	协鑫能科	无锡市	25.41	1
24	海亮股份	绍兴市	22.69	3
25	兴业证券	福州市	22.01	1
26	中金岭南	深圳市	20.91	1
27	中环股份	西青区	20.87	1
28	光明乳业	闵行区	20.05	1
29	文灿股份	佛山市	19.56	1
30	隆基股份	西安市	17.97	2
31	立讯精密	东莞市	17.26	2
32	智动力	深圳市	16.98	2
33	嘉友国际	西城区	16.08	1
34	潜能恒信	朝阳区	14.96	1
35	伊戈尔	佛山市	14.19	3
36	海尔智家	青岛市	13.68	1
37	联发股份	南通市	13.1	1
38	汇顶科技	深圳市	11.62	1
39	兄弟科技	嘉兴市	11.42	2
40	伊利股份	呼和浩特市	11.33	1
41	海南矿业	三亚市	11.07	1
42	歌尔股份	潍坊市	11.06	2
43	福安药业	长寿区	11.06	3
44	小商品城	金华市	10.71	1
45	闻泰科技	黄石市	10.32	1
46	君实生物	上海市	10.08	1

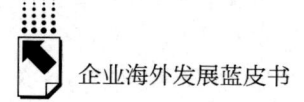

续表

排名	企业名称	企业地址	投资金额(亿元)	投资项目数量(项)
47	英科医疗	淄博市	10.04	2
48	合力泰	淄博市	10	1
49	澜起科技	上海市	9.89	1
50	华钰矿业	拉萨市	9.57	1
51	仙琚制药	台州市	8.94	1
52	领益智造	江门市	8.88	2
53	中矿资源	海淀区	8.77	1
54	凌云股份	保定市	8.25	1
55	莱茵生物	桂林市	8.2	2
56	中鼎股份	宣城市	7.56	1
57	创源文化	宁波市	7.54	2
58	亿帆医药	杭州市	7.16	1
59	桂东电力	贺州市	7.04	1
60	海南海药	海口市	7.03	1
61	歌力思	深圳市	7	1
62	今创集团	常州市	6.87	2
63	模塑科技	无锡市	6.67	1
64	健友股份	南京市	6.56	1
65	四川双马	成都市	6.45	1
66	环旭电子	浦东新区	6.39	2
67	华海药业	台州市	5.97	1
68	美盛文化	绍兴市	5.78	1
69	航天机电	浦东新区	5.4	2
70	长荣股份	北辰区	5.33	1
71	赣锋锂业	新余市	5.26	2
72	美盈森	深圳市	5.14	3
73	恒顺众昇	青岛市	5.03	1
74	泰格医药	杭州市	4.89	2
75	北新建材	海淀区	4.88	3
76	星宇股份	常州市	4.68	1
77	雪榕生物	奉贤区	4.66	1
78	英唐智控	深圳市	4.6	1
79	华安证券	合肥市	4.51	1

续表

排名	企业名称	企业地址	投资金额(亿元)	投资项目数量(项)
80	顾家家居	杭州市	4.49	1
81	恒林股份	湖州市	4.38	1
82	诺力股份	湖州市	4.19	1
83	上海医药	黄浦区	4.14	1
84	时代万恒	大连市	3.93	2
85	佩蒂股份	温州市	3.92	3
86	万通智控	杭州市	3.86	1
87	星辉娱乐	广州市	3.85	1
88	九牧王	厦门市	3.71	2
89	道森股份	苏州市	3.65	5
90	复星医药	普陀区	3.55	1
91	中来股份	苏州市	3.54	1
92	云南白药	昆明市	3.5	1
93	金风科技	乌鲁木齐市	3.5	1
94	中国巨石	嘉兴市	3.36	1
95	昆仑万维	东城区	3.34	2
96	光库科技	珠海市	3.31	2
97	通鼎互联	苏州市	3.3	1
98	新乳业	成都市	3.29	1
99	梦百合	南通市	3.29	1
100	楚天科技	长沙市	3.22	1

资料来源：中投大数据—投资数据库。

（一）入围门槛变动分析

中投数据库统计显示，2019年，中国企业海外投资100强排行榜的入围门槛由2018年的2.66亿元上升至3.22亿元，增幅为21.05%，呈现明显上升趋势。由此可见，在2019年全球经济增速整体放缓，以及我国对外全行业投资同比下降的整体趋势下，我国上市公司海外投资100强排行榜的入围门槛并未随之有所降低。相反，对于海外投资实力强劲的上市公司而言，入围100强排行榜仍具有较大的竞争压力。因此，尽管中国上市公司海外投资总额受全球经济形势的影响较大，但对外投资排行榜入围门槛并没有受到相应影响。

（二）地域分布变动分析

从海外投资企业的地域分布来看，诚如前文所述，入围中国上市公司海外投资100强的企业在地域分布上存在明显的"东多西少"特征。然而，从入围企业的地域分布变动情况来看，整体而言，近年来，海外投资企业的地域分布情况基本未发生较大的结构性变动。表15报告了2019年中国上市公司海外投资100强的地域分布情况。

表15 2019年中国上市公司海外投资100强的地域分布

地区	入围企业数量（家）	投资金额（亿元）	投资金额占比（%）
东部	80	2164.26	75.96
中部	7	428.19	15.03
西部	12	252.82	8.87
东北部	1	3.93	0.14

资料来源：中投大数据—投资数据库。

如表15所示，东部地区对外投资企业在100强排行榜中仍然占据着绝对的数量优势，而中西部等地区的对外投资热度相对较弱。2019年，东部地区入围100强排行榜的企业数量为80家，投资金额占比为75.96%，东部地区入围企业主要集中在浙江省、广东省、江苏省、北京市和上海市等地区；中部与西部地区的入围企业数量分别为7家（投资金额占比为15.03%）、12家（投资金额占比为8.87%），东北部地区入围的企业数量最少，仅有1家进入100强排行榜，投资金额占比为0.14%。因此，与2018年的地域分布情况基本一致，2019年，我国对外投资企业的地域分布主要呈现出"东多西少"的地域分布特点，这与东西部之间经济发展差异的实际情况是吻合的。

（三）行业结构变动分析

行业结构变动反映了海外投资企业投资领域的调整。表16列示了2019年中国上市公司海外投资100强的主要行业分布情况。

表16 2019年中国上市公司海外投资100强的行业分布

所属行业	入围企业数量（家）	投资金额（亿元）	投资金额占比（%）
装备制造	22	509.32	17.88
医疗医药	17	196.81	6.91
信息技术及服务	16	353.66	12.41
金属行业（有色金属、钢铁）	9	482.63	16.94
能源电力	5	376.1	13.20
非金属行业	4	32.66	1.15
零售批发	4	23.38	0.82
食品制造	4	38.59	1.35
家居家具	3	12.16	0.43
金融业	3	93.86	3.29
轻工制造	3	47.71	1.67
化工行业	2	18.98	0.67
建筑基建	2	562.09	19.73
交通运输	2	46.14	1.62
纺织服装服饰	2	20.1	0.71
环保水务	1	29.23	1.03
文化娱乐	1	5.78	0.20

资料来源：中投大数据—投资数据库。

2019年，中国上市公司海外投资100强企业中，入围企业数量最多的行业为装备制造业（入围企业数量为22家），入围数量较多的企业行业还有医疗医药业（入围企业数量为17家）、信息技术及服务业（入围企业数量为16家），金属行业（有色金属、钢铁）（入围企业数量为9家）和能源电力行业（入围企业数量为5家）。相比于2018年，我国对外投资企业仍然将制造业作为主要的投资方向。但从投资金额来看，入围企业数量排名第一的行业，其投资规模排第二位，即装备制造业的投资金额为509.32亿元，投资规模占比为17.88%，而投资规模占比排名第一的行业是建筑基建行业，投资金额为562.09亿元，投资规模占比为19.73%。不难发现，随着我国对外开放程度的加深，以及国内制造技术的进步，我国在国际市场开拓方面，将逐渐由资源合作型向技术型转变。

（四）所有制结构变动分析

2019年中国上市公司对外投资100强的所有制结构中，民营企业与国有企业仍然是对外投资的中坚力量，而外资企业数量相对较少。从入围企业数量来看，民营企业入围数量有65家，国有企业数量次之，入围数量为26家；外资及其他企业数量最少，入围数量仅为9家（见表17）。

表17　2019年中国上市公司海外投资100强的所有制结构

所有制结构	入围企业数量（家）	投资金额（亿元）	投资金额占比（%）
国有企业	26	1378.41	48.38
民营企业	65	1283.74	45.06
外资企业	4	38.82	1.36
其他企业	5	148.23	5.20

资料来源：中投大数据—投资数据库。

但从投资规模来看，如表17所示，尽管2019年国有上市公司入围数量排第二位，但国有企业对外投资规模最大，投资金额为1378.41亿元，投资金额占比为48.38%。与2018年上市公司对外投资企业的产权结构的比例情况基本一致。值得注意的是，在不同所有制结构下，上市公司对外投资力度存在明显差异，尤其是从100强企业的整体情况来看，国有企业对外投资平均水平明显高于民营企业。比如，入围100强排行榜的国有上市公司中，中国交通建设股份有限公司通过独立投资的方式对哥伦比亚地铁项目进行对外投资，投资规模居对外投资上市公司首位,而这种投资活动便是契合国家"走出去"战略和中拉合作战略的重要成果。

四 展望与建议

(一)展望

2019年以来,受地缘政治不确定性、贸易壁垒和单边主义等多重因素的影响,海外投资环境面临着巨大挑战。总体而言,2019年我国上市公司境外投资在2018年的基础上仍延续微幅下滑趋势,并呈现一些新的特点。一是海外投资模式呈现多元化趋势。我国上市公司海外投资类型可分为独立投资、合资经营、股权投资、并购与增资五种模式,为进一步拓展海外市场,我国上市公司利用新模式进行对外投资、开发建设的项目不断增加。二是海外投资地域分布更为广泛,凭借稳定的地缘政治关系和对外投资的区位优势,除了欧洲、北美洲、南美洲、非洲、大洋洲等投资地区之外,亚洲地区逐渐成为中国上市公司开展境外投资活动的选择。三是海外投资领域不断扩大,大型基建、信息技术及服务、医疗医药和能源电力等行业成为行业发展的主流。随着我国信息技术的发展,除传统对外投资领域外,地铁项目、配套工程等以技术支撑为主的基建项目成为对外投资经济活动中的重要内容。

回顾2019年我国上市公司海外发展的基本情况,尽管"逆全球化"现象对我国上市公司海外业务的拓展形成了巨大的冲击和挑战,但由于我国"一带一路"倡议的不断推进,并得到国际社会的广泛支持,我国上市公司海外发展仍存在较大机遇。首先,"一带一路"倡议不仅可以为我国相关企业的海外投资事业提供新的发展平台和动能,并且随着未来风险因素的消除,全球经济的升温,铁路、公路、桥梁、港口、机场、发电站等大型基建工程项目的需求依然会加大,从而为相关企业海外发展提供广阔的国际市场。其次,科学技术是海外投资企业赖以生存的基础,有助于提升我国对外投资企业的国际竞争力，以信息技术、基础设施建设等领域为例，我国在相关行业领域中占据着重要位置，有利于推进海外高质量投资项目的共建。最后，随着各种风险因素的消减以及国际投资领域争端解决机制的完善，全球化将会以更加均衡、包容、普惠的姿态健康发展，通过合作模式创新，有助于对外投资向国际化发展方向靠拢，中国上市公司应积极同欧美等发达国家和知名企业开展项目合作。随着全球贸易合作的升温，中国上市公司海外发展情况也将进入新的阶段，海外投资规模缩减的趋势将会及时扭转。

（二）建议

1. 积极构筑多边合作机制，实现海外投资的多元化

对外投资地区和投资领域的多元化是近年来我国上市公司海外发展的一个重要特征，是积极应对当前经济下行压力和提振全球贸易投资活力的重要举措，同时也为国际社会中不同国家与地区间的经济合作提供了新契机。为此，为积极推进我国相关企业"走出去"，我国相关部门可以考虑从构筑多边合作机制维度出发，建立多边、公平、互利、开放的合作模式。一方面，合作双方要在经贸合作工作的重要性方面形成共识，并愿意通过包括对外投资、完善争端协调机制等在内的各种方式加强贸易双方区域和地方之间的经济合作和联系，促进两国之间地方产业的战略对接。另一方面，积极借助多边组织合作框架，为贸易和投资促进寻找项目机会。比如，"一带一路"倡议实施以来，我国对外开放步伐不断加快，在此倡议框架下，沿线国家的经贸、投资合作需求也不断高涨，基于此，我国更要积极向世界拿出类似于"一带一路"倡议、"第三方市场合作"国际合作新模式等中国方案，寻求多边合作体制，统筹好国内和国外两个市场。

2. 健全对外投资政策和服务体系，加大政策法规支持力度

企业"走出去"在某种程度上是政府产业政策支持和企业自身发展战略相互作用的结果。健全、促进对外投资政策和服务体系是支撑高水平开放和大规模"走出去"的重要影响因素。在多边合作体制框架下，为更好地

推动我国上市企业的海外投资发展，我国还需要积极发挥政策扶持优势，适时通过配套的政策指引，为国内企业"走出去"提供便利。2020年我国政府工作报告明确指出：要推动贸易和投资自由化和便利化。首先，面对世界经济发展和国际格局演变的复杂环境，政府要加强对外投资公共服务平台建设，做好相关法律法规普及、国际市场环境的信息收集发布工作，力争为我国对外投资企业提供必要指引。其次，创新对外投资方式，培育一批发展前景好、功能定位准的境外经贸合作区；聚焦重点国家和重点项目深耕细作；鼓励企业在共建"一带一路"国家充分发挥自身优势，形成贸易特色。最后，我国要积极为对外投资企业提供贸易规则指导，助力企业更好地融入国际市场。

3. 增强风险意识和合规经营意识，降低投资风险

由于地域、制度和文化差异，我国与部分贸易伙伴之间的局部冲突和矛盾难以避免，一定程度上会增加我国上市公司的海外发展风险。因此，强化风险意识和合规经营意识将是实现企业经济持续发展的路径选择。从投资偏好来看，海外发展企业必须具备风险意识，增强对国际政治、经济风险的敏锐度，准确把握和预判投资项目和投资所在地可能存在的各种风险。此外，"走出去"的企业还要重点关注国际贸易中的相关标准和贸易规则，并积极参与相关标准和贸易规则的制定，规范企业海外经营行为，最大化地减少贸易摩擦，更好地适应全球产业链与国际经贸规则的新发展。

4. 积极培育企业核心优势，提升海外投资竞争力

核心竞争力是保持我国企业持续立足海外市场的重要基础。根据我国2019年上市公司海外投资发展情况，高新技术企业或行业在对外投资领域中占据着重要地位，因此，在面临严峻的竞争环境时，我国对外投资企业更需要注重对自身竞争力的培育，提升国际竞争力。比如，要具备自主技术的创新能力，形成以技术研发创造等为中心的创新体系，积极整合优势资源与技术。

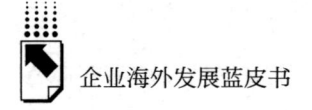

参考文献

《联合国贸易和发展会议：2019年全球投资趋势监测报告》，199IT网，http：//www.199it.com/archives/1001673.html。

《UNCTAD发布〈2020年世界投资报告〉》，国际发展合作研究院网站，http：//www.suibe.edu.cn/gfhy/2020/0628/c12038a125512/page.htm。

B.5
2019年中国互联网企业海外投资分析

卿琛 杨道广[*]

摘　要： 本报告以2019年我国互联网上市公司为研究对象，分别从总体情况、投资地区以及投资方式这三个维度进行定量分析，并结合典型企业进行定性分析与总结。从海外投资总体情况来看，2019年中国互联网企业的海外投资总额较2018年出现小幅下跌；从投资地区来看，以美国、欧洲以及东南亚地区为主；从海外投资方式来看，以兼并与收购的方式为主。2019年底，由于新冠肺炎疫情暴发，全球多数国家经济陷入低迷，加之投资对象国家和地区政局不稳定、政局变动等风险加剧（如美国和印度对中国互联网企业的恶意打压），中国互联网企业海外发展进程明显受阻。在未来的海外投资进程中机遇与挑战并行，中国互联网企业需进一步增强自身实力，为迎接机遇和面对挑战打好坚实基础。

关键词： 互联网企业　海外投资　投资区域

一　2019年中国互联网企业海外投资总述

（一）2019年中国互联网企业海外投资概况

1. 2019年中国互联网上市公司整体情况

据前瞻研究院统计，2019年中国企业海外投资发展迅猛，总额达到

---

[*] 卿琛，对外经济贸易大学国际商学院博士研究生，主要研究方向为会计信息与资本市场；杨道广，管理学博士，对外经济贸易大学国际商学院讲师，主要研究方向为内部控制与公司财务。

1961.5亿美元，其中，互联网行业的交易数量和金额均居行业第一位。区别于传统行业，互联网行业注重信息技术，发展理念新颖，扩张速度迅猛，是创意与技术密集型的产业。这一新兴行业的崛起，成为拉动经济增长和产业转型的核心动力。考虑到数据的可获取性，本节选取2019年112家中国互联网上市公司作为研究对象①。其中，A股46家、美股47家以及港股19家。我国互联网行业的上市公司一般拥有核心信息技术和雄厚的资本，是互联网行业海外投资活动的中流砥柱，能够较好地代表互联网行业海外投资的实力和影响力。表1列出了我国所有互联网上市公司的证券代码、企业名称、所在地和所有制结构。从地域分布来看，我国互联网上市公司主要分布在北京、上海、广东和浙江这4个省市，分别为40家、15家、18家和13家；从所有制结构来看，我国互联网上市公司基本属于民营企业，仅有7家上市公司由国家控股，占总体的6.24%；从行业分布来看，我国互联网上市公司主要分布在文化娱乐、商贸与零售和金融行业，其中有18家企业从事电子商务、41家企业涉及互联网公共服务、21家企业涉及音乐和视频、29家企业涉及应用大数据、28家涉及云计算、24家涉及人工智能和3家涉及物联网技术。

表1 2019年中国互联网上市公司

序号	证券代码	企业名称	所在地	所有制结构
1	000158.SZ	常山北明	河北省	地方国有企业
2	000503.SZ	国新健康	海南省	中央国有企业
3	000606.SZ	顺利办	青海省	公众企业
4	000676.SZ	智度股份	广东省	公众企业
5	000971.SZ	*ST高升	湖北省	民营企业
6	002072.SZ	ST凯瑞	湖北省	公众企业
7	002095.SZ	生意宝	浙江省	民营企业
8	002103.SZ	广博股份	浙江省	民营企业

---

① 互联网上市公司的名录来自Wind数据库统计的中国互联网企业在A股、港股和美股上市的名单。

续表

序号	证券代码	企业名称	所在地	所有制结构
9	002148.SZ	北纬科技	北京市	民营企业
10	002195.SZ	二三四五	上海市	公众企业
11	002315.SZ	焦点科技	江苏省	民营企业
12	002464.SZ	众应互联	新疆维吾尔自治区	民营企业
13	002530.SZ	金财互联	江苏省	民营企业
14	002803.SZ	吉宏股份	福建省	民营企业
15	002995.SZ	天地在线	北京市	民营企业
16	300017.SZ	网宿科技	上海市	公众企业
17	300038.SZ	数知科技	北京市	民营企业
18	300051.SZ	三五互联	福建省	民营企业
19	300081.SZ	恒信东方	北京市	民营企业
20	300113.SZ	顺网科技	浙江省	民营企业
21	300226.SZ	上海钢联	上海市	民营企业
22	300288.SZ	朗玛信息	贵州省	民营企业
23	300292.SZ	吴通控股	江苏省	民营企业
24	300295.SZ	三六五网	江苏省	公众企业
25	300383.SZ	光环新网	北京市	民营企业
26	300431.SZ	暴风集团	北京市	民营企业
27	300459.SZ	金科文化	浙江省	民营企业
28	300467.SZ	迅游科技	四川省	民营企业
29	300494.SZ	盛天网络	湖北省	民营企业
30	300738.SZ	奥飞数据	广东省	民营企业
31	300766.SZ	每日互动	浙江省	民营企业
32	300785.SZ	值得买	北京市	民营企业
33	300792.SZ	壹网壹创	浙江省	民营企业
34	300845.SZ	捷安高科	河南省	民营企业
35	300846.SZ	首都在线	北京市	民营企业
36	600242.SH	*ST中昌	广东省	民营企业
37	600640.SH	号百控股	上海市	中央国有企业
38	601360.SH	三六零	天津市	民营企业
39	603000.SH	人民网	北京市	中央国有企业
40	603613.SH	国联股份	北京市	民营企业

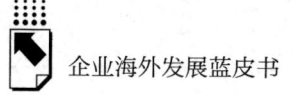

续表

序号	证券代码	企业名称	所在地	所有制结构
41	603881.SH	数据港	上海市	地方国有企业
42	603888.SH	新华网	北京市	中央国有企业
43	688004.SH	博汇科技	北京市	民营企业
44	688158.SH	优刻得-W	上海市	民营企业
45	688258.SH	卓易信息	江苏省	民营企业
46	688365.SH	光云科技	浙江省	民营企业
47	ATHM.N	汽车之家	北京市	民营企业
48	BABA.N	阿里巴巴	浙江省	民营企业
49	BIDU.O	百度	北京市	民营企业
50	BILI.O	哔哩哔哩	上海市	民营企业
51	BITA.N	易车	北京市	民营企业
52	BZUN.O	宝尊电商	上海市	民营企业
53	CCIHY.OO	蓝汛	北京市	民营企业
54	CMCM.N	猎豹移动	北京市	民营企业
55	CNET.O	中网在线	北京市	民营企业
56	CTK.N	触宝	上海市	民营企业
57	DOYU.O	斗鱼	湖北省	民营企业
58	DUO.O	房多多	广东省	民营企业
59	FENG.N	凤凰新媒体	北京市	民营企业
60	GSMG.O	耀世星辉	北京市	民营企业
61	HUYA.N	虎牙直播	广东省	民营企业
62	ICLK.O	爱点击	北京市	民营企业
63	IQ.O	爱奇艺	北京市	民营企业
64	JD.O	京东	北京市	民营企业
65	JOBS.O	前程无忧	上海市	民营企业
66	JRJC.O	金融界	北京市	民营企业
67	KRKR.O	36氪	北京市	民营企业
68	LEJU.N	乐居	北京市	民营企业
69	LIZI.O	荔枝	广东省	民营企业
70	MARK.O	REMARK	四川省	民营企业
71	MOGU.N	蘑菇街	浙江省	民营企业
72	MOMO.O	陌陌	北京市	民营企业
73	NTES.O	网易	浙江省	民营企业
74	PDD.O	拼多多	上海市	民营企业

续表

序号	证券代码	企业名称	所在地	所有制结构
75	QTT.O	趣头条	上海市	民营企业
76	RENN.N	人人网	北京市	民营企业
77	SFUN.N	房天下	北京市	民营企业
78	SINA.O	新浪	北京市	民营企业
79	SOGO.N	搜狗	北京市	民营企业
80	SOHU.O	搜狐	北京市	民营企业
81	TAOP.O	淘屏	广东省	民营企业
82	TCOM.O	携程网	上海市	民营企业
83	TME.N	腾讯音乐	广东省	民营企业
84	TOUR.O	途牛	江苏省	民营企业
85	VIPS.N	唯品会	广东省	民营企业
86	VNET.O	世纪互联	北京市	民营企业
87	WB.O	微博	北京市	民营企业
88	WBAI.N	500彩票网	广东省	民营企业
89	WUBA.N	58同城	北京市	民营企业
90	XNET.O	迅雷	广东省	民营企业
91	YI.O	1药网	上海市	民营企业
92	YJ.O	云集	浙江省	民营企业
93	YY.O	欢聚	广东省	民营企业
94	0700.HK	腾讯控股	广东省	民营企业
95	0797.HK	第七大道	江苏省	民营企业
96	1020.HK	赛伯乐国际控股	广东省	民营企业
97	1039.HK	畅由联盟	福建省	民营企业
98	1075.HK	首都信息	北京市	地方国有企业
99	1089.HK	乐游科技控股	福建省	民营企业
100	1736.HK	中国育儿网络	江苏省	民营企业
101	1762.HK	万咖壹联	北京市	民营企业
102	1782.HK	飞思达科技	北京市	民营企业
103	1806.HK	汇付天下	上海市	民营企业
104	1980.HK	天鸽互动	浙江省	民营企业
105	2022.HK	游莱互动	广东省	民营企业
106	2280.HK	慧聪集团	北京市	民营企业
107	2708.HK	艾伯科技	广东省	民营企业
108	3738.HK	阜博集团	浙江省	民营企业

续表

序号	证券代码	企业名称	所在地	所有制结构
109	8017.HK	捷利交易宝	广东省	民营企业
110	8255.HK	神州数字	北京市	民营企业
111	9923.HK	移卡	广东省	民营企业
112	9999.HK	网易-S	浙江省	民营企业

资料来源：Wind数据库和手工整理的上市公司年报。

2019年互联网上市公司营业收入总计约2.75万亿元[1]，占我国数字经济[2]的8.87%。其中，营业收入的前三名是阿里巴巴、腾讯和百度，京东、蚂蚁金融、网易、美团、字节跳动、360和新浪位居前10，另外在2019年首次进入《财富》世界500强的小米排在第15位。在这112家公司中，有42家中国互联网上市公司实现业务增长，25家企业的业务增长达到38.91%，有10家互联网企业在全球互联网企业市值排名中排在前30位，腾讯和阿里巴巴更是保持在市值前10。在研发投入上，2019年中国互联网上市公司研发投入金额达到1538.7亿元，同比增长了45.12%[3]。中国互联网上市公司企业共计拥有专利近8万项，其中的发明专利近6万项，为打造具备核心科技的中国互联网公司奠定了基础。

2. 2019年互联网上市公司海外投资总体情况

2019年我国互联网上市公司共112家，其整体投资总额为113737460.15万元，其中，进行了海外投资的互联网上市公司有23家，整体投资总额为20421640.19万元（见表2）。互联网上市公司的海外投资总额约11491740.89万元，占其投资总额的56.27%，占互联网上市公司整体投资总额的17.96%。

---

[1] 根据Wind数据库的数据统计。
[2] 数字经济时代是农业经济、工业经济之后的一种新的经济社会发展形态，其基础要素就是大数据。本报告数字经济的指标出自腾讯研究院，以一元回归分析法，将我国数据经济GDP对"互联网+"指数进行回归得到统计数据，并基于"互联网+"总量来测算数字经济GDP总量。
[3] 相关互联网上市公司营业收入和研发投入数据根据Wind数据库的数据整理和计算。

表2 2019年互联网上市公司海外投资总况

单位：家，万元，%

	公司数量	海外投资总额	投资总额	占比
有海外投资的互联网上市公司	23	11491740.89	20421640.19	56.27
互联网上市公司	112	11491740.89	113737460.15	17.96

资料来源：Wind数据库和手工整理的上市公司年报。

3. 2019年互联网上市公司海外投资项目具体情况

由于部分企业在年报中未详细披露其海外投资地区和投资金额以及其他具体情况，因此本报告摘录了年报中披露了投资额等详细信息的16家上市公司进行定量和定性分析，其中美股上市4家、港股上市2家、A股上市10家。表3呈现了我国2019年16家互联网上市公司的54笔海外投资业务的明细。

表3 2019年中国互联网企业海外投资明细

单位：万元

序号	企业名称	海外投资企业或项目名称	所在地	投资方式	投资总额
1	阿里巴巴	BigBasket	印度	绿地投资	1103050.00
2		Artisans	德国	绿地投资	68700.00
3		One 97	印度	绿地投资	27.48
4		VMate	印度	绿地投资	68700.00
5		WorldFirst	英国	绿地投资	474030.00
6	腾讯	Sea	新加坡	兼并收购	961800.00
7		Fatshark	瑞典	兼并收购	38678.10
8		NXC Corp	韩国	兼并收购	6183000.00
9		Universal Music	法国	兼并收购	2012910.00
10		Reddit	美国	兼并收购	103050.00
11	网易	Haptx	美国	兼并收购	8244.00
12		Palmpay	尼日利亚	兼并收购	2748.00
13		Second Dinner	美国	兼并收购	2061.00
14	小米	Tata Co. Ltd	印度	兼并收购	336630.00
15	前程无忧	Fountain	瑞典	兼并收购	15801.00

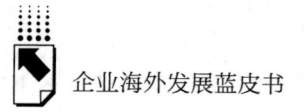

续表

序号	企业名称	海外投资企业或项目名称	所在地	投资方式	投资总额
16	昆仑万维	Finnov Private Limited(Krazybee)	印度	兼并收购	10126.00
17		Opera Limited 4250000 ADSs	美国	兼并收购	23294.00
18	用友网络	用友海外发展公司	英国	绿地投资	20317.00
20	智度股份	Better Cloud Solutions Ltd.	开曼群岛	绿地投资	31772.70
21		Springtech(Cayman) Ltd.		绿地投资	
22		Equate Marketing Ltd.		绿地投资	
23		PeakTech Ventures Ltd.		绿地投资	
24		Epiphany Digital Ltd.		绿地投资	
25		West Bay Technologies Ltd.		绿地投资	
26		East End Technologies Ltd.		绿地投资	
27		Genimous AI Holding Ltd.		绿地投资	
28		Position Mobile Ltd.		绿地投资	
29		Seven Mile Technologies Ltd.		绿地投资	
30		South Sound Technologies Ltd.		绿地投资	
31		North Side Technologies Ltd.		绿地投资	
32	广博股份	Worldrich Inc	开曼群岛	绿地投资	67.21
33		广博(越南)实业有限公司	越南	绿地投资	4459.21
34	二三四五	Ruifeng Technology Pte.	新加坡	兼并收购	336.54
35		Ruifeng Wealth Management Pte. Ltd.	新加坡	兼并收购	172.99
36		Ruifeng Technology USA Inc	美国	兼并收购	705.33
37	焦点科技	Mumustar Vietnam Joint Stock Company	越南	兼并收购	347.42
38	上海钢联	Bigmint Technologies Private Limited	印度	绿地投资	2536.00
39		Mysteel Global Pte. Ltd.	新加坡	兼并收购	336.55
40	盛天网络	Century Network Limited	开曼群岛	绿地投资	33.97
42	值得买	Eastern Commerce Ventures Inc.	美国	绿地投资	68.94
43	首都在线	Capitalonline Data Service Co. Ltd	美国	绿地投资	13721.00

续表

序号	企业名称	海外投资企业或项目名称	所在地	投资方式	投资总额
44	人民网	人民网日本株式会社	日本	绿地投资	570.00
45		人民网美国有限责任公司	美国	绿地投资	299.25
46		人民网韩国股份有限公司	韩国	绿地投资	819.63
47		人民网南非有限责任公司	南非	绿地投资	439.34
48		人民网英国有限公司	英国	绿地投资	608.32
49		人民网股份有限公司俄罗斯代表处	俄罗斯	绿地投资	280.47
50		人民网香港有限公司	香港	绿地投资	28.28
51		人民网澳大利亚有限责任公司	澳大利亚	绿地投资	329.58
52		人民网美西有限责任公司	美国	绿地投资	338.77
53		人民网北欧有限公司	挪威	绿地投资	140.59
54		人民网法国有限公司	法国	绿地投资	162.22
	总计				11491740.89

资料来源：手工整理上市公司年报。

从海外投资总额来看，2019年，16家互联网主要公司对外投资总额为11491740.89万元（按照实时汇率换算），海外投资占比较大的上市公司为阿里巴巴和腾讯。具体而言，阿里巴巴海外投资额为1714507.48万元，占投资总额的14.91%。阿里巴巴及其子公司迄今为止完成51笔价值210亿美元的交易，该集团扩大了其物流和实体零售领域的业务，其中包括控制物流公司菜鸟，并收购了大卖场股权运营商BigBasket价值29亿美元的股份。作为其全球扩张战略的一部分，该公司还收购了VMate在巴基斯坦的电子商务平台Daraz，以增强集团在南亚的影响力。腾讯的海外投资总额为9299438.10万元，占海外投资总额的80.92%。腾讯2019年海外投资项目在统计数据中占据主导地位的原因在于其对环球音乐的收购和对韩国游戏公司NXC Corp的收购。环球音乐是世界著名音乐公司之一，近年来，随着传统唱片的低迷，数字音乐的崛起，音乐方面的收入持续增长，已高达191亿美元，而环球音乐占据全球音乐市场接近30%的份额，这一收购，将给双方带来巨大的投资收益。而游戏业一直都是腾讯扩张的主营业务之一，通过对海外优秀企业的投资收购，可以优化自身技术，反哺国内市场。

（二）2019年中国互联网企业海外投资地区分布特征

根据表1的统计，图1展示了中国互联网企业海外投资地区的分布情况。在2019年互联网上市公司海外投资项目地区占比较大的国家和地区依次是开曼群岛（26%）、欧洲（19%）、美国（17%）、印度（13%）、东南亚（13%）。这些国家和地区的投资项目数占总投资项目的约88%。

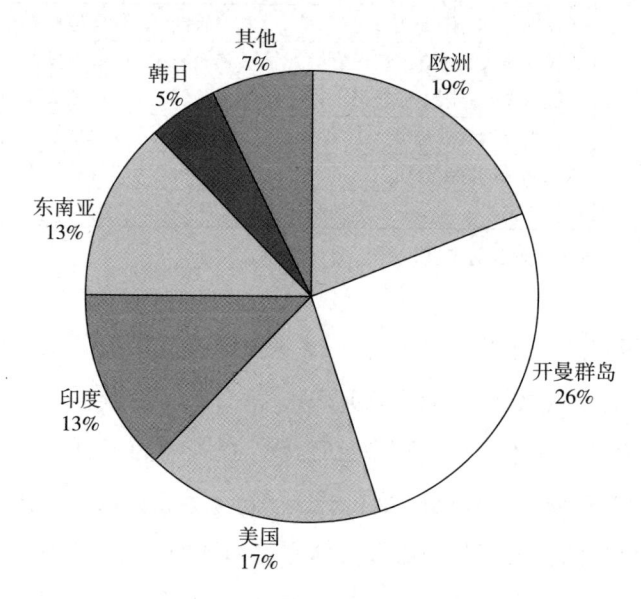

图1　2019年互联网上市公司海外投资地区分布

资料来源：手工整理上市公司年报。

这些地区占据投资主流的原因如下，投资开曼群岛的原因在于，互联网上市公司在开曼群岛的投资基本属于绿地投资，即新设一家子公司。开曼群岛之所以成为互联网上市公司设立子公司注册地的目标，"豁免"是重要原因之一。由于开曼群岛没有所得税，注册离岸公司只是一个简单流程，加之隐私和开曼群岛免税优惠，开曼群岛由此成为上市公司的"避税天堂"。此外，本身我国规模较大的互联网上市公司（如"BAT"）的注册地基本位于开曼群岛，在开曼群岛进一步开设子公司也可以节约投资相关的成本。

投资美国和欧洲的原因在于，其一，美国和欧洲大多数国家属于发达地区，这些国家提前进入后工业化时代，以商业为主要产业。因此，互联网行业先发优势十分明显，一旦形成用户黏性后，后来者想进行用户转移的投入成本高且存活率低。因此对发达国家投资获取先进技术，进而扩大市场份额，形成先行者优势是中国互联网企业对发达国家投资的主要动力之一。其二，互联网行业的核心在于技术，欧美等发达国家在互联网技术和品牌方面要比其他地区更具有优势，国内互联网企业在这些地区进行海外投资，可以获得这些发达地区的核心资产、核心技术和品牌价值来反哺国内市场。其三，投资欧美国家的企业可以借助它们的品牌、渠道和先进的管理经验来突破当地的行业壁垒，从而获取它们的市场。同时以这些发达地区为跳板，学习它们的先进技术，提升自己在互联网DT时代新基础设施的云计算竞争力、娱乐产业技术与视觉技术，然后争夺以印度与东南亚国家为代表的发展中国家市场。

投资印度的原因在于，中国互联网企业对发展中国家投资24项，其中印度14项，是中国互联网企业对外投资前八大东道国中唯一的发展中国家。印度在中国互联网企业对发展中国家投资中一枝独秀，主要在于政策支持与市场红利。在政府政策方面，2014年印度政府推出"来印度制造MII政策"，2016年出台《印度FDI改革法案》，进一步放松外资管制。在市场红利方面，印度互联网用户4.62亿，位居全球第二，市场潜力较大。因国内基础设施匮乏、智能手机价格与无线数据资费下降，促使印度互联网跳跃发展至移动互联网阶段。在2016年，其Google Pay下载量世界第一。主流互联网企业纷纷进入印度电商、网络支付与移动端口。

投资东南亚的原因在于，随着海上丝绸之路建设步伐的加快，我国与东南亚三国的经济往来会越来越频繁，经贸合作进一步加强，因此互联网企业对该地区投资占比较大。从地理位置来说，东南亚各国与中国距离较近，文化相似，投资项目总体成本相对较低；从市场空间来说，2018年东南亚互联网规模达到720亿美元，这一年东南亚互联网成交额（GMV）占该地区GDP比重为2.8%，预估未来还有很大的上升空间；从投资地区国家政策欢迎程度来说，东南亚各国政府大力支持网络基础设施建设，倡导"移动先行"战略，当地政府希望通过一系列举措，在互联网发展方面实现"弯道超车"。在2017年，印度尼西亚电商指导委员会邀请阿里巴巴创始人马云先生担任委员会顾问，该委员会主席为印度尼西亚经济统筹部部长，足以看出该地区对吸收海外投资的积极态度。这些国家和地区，与中国距离较近，本地互联网覆盖程度低，整体地区人口众多，本地人口结构偏向年轻，整个大环境属于消费驱动型经济，因此具有较大市场潜力。本地的互联网企业尚处于发展中阶段，正需要外资支持，投资项目时具有加大的议价空间。

（三）2019年中国互联网企业海外投资方式特征

中国企业海外投资主要有以下三种方式：兼并收购、绿地投资和海外工程承包。中国互联网企业海外投资受行业"轻资产、多现金与技术"的特点，以及偏好跨界和多元化投资的影响，其海外投资方式主要有两种：兼并收购和绿地投资。两种投资方式的占比如图2所示。

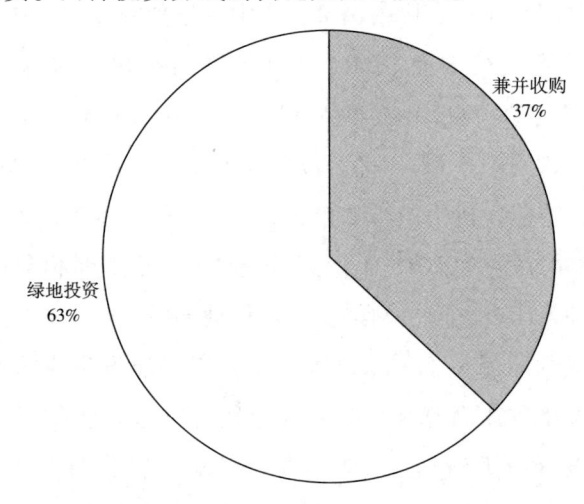

图2 2019年互联网上市公司海外投资方式分布特征

资料来源：根据上市公司年报整理。

1. 绿地投资

在 2019 年 16 家互联网上市公司海外投资项目中，绿地投资占主导，占比为 63%。绿地投资是指企业在境外根据当地法律要求新设企业，包括独资经营与合资经营。在投资地区国家法律允许的情况下，也可以以合同的方式设立企业，再进行相关的投资。对于互联网企业而言，绿地投资的优势有两点。其一，绿地投资能够最大限度地保护企业在技术和管理方面的垄断优势，保障企业核心技术的保密性。互联网属于技术密集型的行业，保护企业创新成果尤为关键。其二，绿地投资具有较高的自主性。互联网企业利用绿地投资的方式设立新企业时，能够完全根据企业自身的特征，独立地对子公司的项目进行筹划，形成最为合适的发展战略，并亲自实施经营管理。这对于互联网企业本身较为灵活的制度和组织形式十分有利。

独资经营绿地投资中人民网较为典型：人民网作为世界十大报纸之一《人民日报》建设的以新闻为主的大型网上信息发布平台，2019 年在美国、英国、俄罗斯等国家独立设立全资子公司，以扩展海外的新媒体互联网平台，加快人民网"走出去"的步伐，通过发行国际版手机报、开展电子商务合作等项目，不断增强人民网在全球各个国家的影响力。合资经营绿地投资中上海钢联较为典型：2019 年，上海钢联出资 656.4 万美元与日本美达王在印度共同设立合资公司（Bigmint Technologies Private Limited），公司将持有标的公司股本的 55%。此次交易有利于上海钢联在共建"一带一路"国家海外区域布局并扩大客户群体，进一步强化其在大宗商品资讯领域的行业领先地位，提升其整体竞争实力与盈利能力。然而，由于绿地投资前期需要大量的筹建工作，并且建设周期长，回报速度较慢，因此绿地投资需要投资企业前期投入大量资源，对投资方实力要求较高。

2. 兼并收购

在 2019 年 16 家互联网上市公司的 54 个海外投资项目中，兼并收购约占 37%。兼并收购也是中国互联网上市公司海外投资中较为主流的方式。上市公司选择合适的境外企业作为目标企业，是实施兼并收购的第一步。然后，通过交易取得目标公司一定程度的控制权和所有权，以实现在投资地区国家海外布局的经济目标，其主要包括并购股权或者并购资产。中国互联网企业海外投资以兼并收购为主与中国海外投资的大环境相符。公司进行海外投资时会面临国家文化、传统习俗和商业环境的巨大差异，而互联网经济又是直接接触投资地消费者的行业，所以贸然进入一个新地区进行绿地投资，投资壁垒高，承担风险较大。相对而言，兼并收购在选择目标企业后，可以利用被兼并收购企业的知名度、销售渠道和当地的销售经验等优势进入海外市场，提升企业竞争优势，获得可持续发展契机。这种投资行为，既能很好地为企业节约前期对投资地调研的费用，又能利用目标企业原有吸收的人才，减少人才布局上的困扰，提升企业投资效率。

例如，阿里巴巴为了借助资本力量，弥补自身业务短板，完善自身产业链，构造涵盖物流、大数据等电子商务生态链，集中在大数据及商用、电商与网络金融这几大领域进行兼并收购，以便在未来获取该领域的竞争优势。阿里巴巴为了打开东南亚的电商零售市场，通过先对 Lazada 注资 10 亿美元，在 2019 年又增资 10 亿美元，将其持股比例从 51% 提升到 83%，从而获得该公司的绝对控制权；同时，阿里巴巴还与富士康、软银等共同投资了印度"淘宝"Snapdeal，旨在进一步拓展印度的电商零售市场。然而，兼并收购中的最大风险在于标的的选择，由于跨国并购中信息不对称程度较高，投资时标的选择以及企业价值评估均面临较大挑战。

二 2019年中国互联网企业海外投资典型企业研究

（一）2019年中国互联网企业海外投资地区的典型企业

1. 投资印度的典型——小米科技有限责任公司

小米科技有限责任公司（以下简称"小米"）成立于 2010 年 3 月 3 日，是一家专注于智能硬件和电子产品研发的全球化移动互联网企业，同时也是一家专注于高端智能手机、互联网电视及智能家居生态链建设的创新型科技企业。小米还是继苹果、三星、华为之后第四家拥有手机芯片自研能力的科技公司。2018年7月9日在香港交易所主板挂牌上市，成为港交所上市制度改革后首家采用不同投票权架构的上市企业。小米系投资的公司接近400家，覆盖智能硬件、生活消费用品、教育、游戏、社交网络、文化娱乐、医疗健康、汽车交通、金融等领域。目前小米公司已经成功进入世界74个国家和地区的零售市场销售智能硬件产品，在海外市场拥有广泛的用户群。小米公司最早涉入投资的海外市场是印度，本部分则以小米对印度公司的投资作为典型案例进行分析。

小米公司于2014年宣布进入印度市场，经过为期五年的发展，2019年小米手机产品在印度市场的占有率已经超越三星上升到第二名的位置，占据印度手机市场的50%左右。具体而言，其投资战略分为以下几步。首先，小米将其产品上线于小米在印度的官网，并开放其基于安卓手机平台深度定制的MIUI自有系统供印度用户下载体验。其次，经过半年的印度市场用户积累，在确保印度消费者对于产品体验反馈较好后，小米在印度设立子公司Tata Co. Ltd专门负责小米手机的生产和销售。自2015年起，小米开启印度本土生产，同年与富士康合作，开设第一家工厂；又分别于2017年设立第二家手机工厂和首家移动电源工厂。在手机生产工厂的运营较为平稳后，小米为了完善印度公司的产业链，在印度开设首个用于PCB板组装的表面贴装工厂。PCB板组件是智能手机最重要的组件之一，占整部手机近一半的成本。由于本地化生产有助于降低成本，从而在智能机市场上获得更大的竞争优势，在2018年第三季度，小米将电路板组件的本土生产的比例提升至接近100%。这样小米在印度市场才能将"性价比"之路走到底。由于手机工厂及其上下游公司的设立，小米及其供应链可以给当地制造业的发展带来巨大收益。印度政府由此对小米在其市场的投资、生产和销售持正面态度，并颁布一系列优待政策以支持小米在印度市场的发展。然而，小米在印度市场的发展并非没有隐忧。随着印度人口红利逐渐减弱，未来几年可能从增量市场过渡到存量市场。2019年，小米向印度Tata进行2笔投资，以此打入大型家电市场，比如净水器、洗衣机、笔记本电脑和冰箱等，以及扩张公司旗

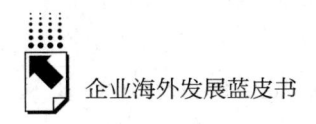

下的Mi Home零售店，从而保持小米在印度智能手机市场上的领先地位。

2. 投资印度尼西亚的典型企业——北京京东世纪贸易有限公司

北京京东世纪贸易有限公司（以下简称"京东"）是中国的综合网络零售商，京东网是中国电子商务领域受消费者欢迎和具有影响力的电子商务网站之一，在线销售家电、数码通信、电脑、家居百货、服装服饰、母婴、图书、食品、在线旅游等12个大类数万个品牌百万种优质商品。京东在2012年的中国自营B2C市场占据49%的份额，凭借全供应链继续扩大在中国电子商务市场的优势。京东已经建立华北、华东、华南、西南、华中、东北六大物流中心，同时在全国超过360座城市建立核心城市配送站。京东旗下设有京东商城、京东金融、拍拍网、京东智能、O2O及海外事业部等。为了开拓海外市场，京东先后同韩国乐天集团、泰国尚泰集团和美国英特尔达成战略投资协议，在品牌运营、智慧物流、创新业务、供应链、商流及相关领域进行战略合作。2019年，京东进一步开拓东南亚市场，将其目标转向了东南亚最大经济体——印度尼西亚。

京东在印度尼西亚先后进行两项重要投资，一是投资印度尼西亚电商公司PT Tokopedia，二是投资印度尼西亚出行平台Go-Jek。京东选择印度尼西亚作为投资地区国家的原因在于，整个东南亚地区有6亿人口，接近中国的一半，但网络零售占比仅为1%，潜力不可小觑。同时，东南亚的中等收入阶层人数将经历显著的扩张，并且在2020年将从2012年的28%达到总人口的55%，这部分有充裕可支配收入的人口都将成为电商的目标人群。但是，由于印度尼西亚的地理状况十分复杂，想要在印度尼西亚市场取得成功并不容易。印度尼西亚由17000多个分散的岛屿组成，许多岛屿地理位置非常偏僻，甚至得动用小型运输飞机才能成功投递，有时候物流成本甚至超过货物本身价格，这里第三方物流公司的服务质量很差，包裹丢失率高达40%。面对此情况，京东选择投资印度尼西亚最大的网购平台之一Tokopedia，作为京东在印度尼西亚市场的桥头堡。然而，区别于京东B2C的商业模式，为了适应印度尼西亚特殊的地理环境，Tokopedia采用C2C的商业模式。在经过充分的调研和考察后，京东给予Tokopedia 10亿美元左右的投资，成了

Tokopedia 的大股东。在对 Tokopedia 的投资初见成效后，京东进一步投资印度尼西亚出行平台 Go-Jek。Go-Jek 是美国打车服务巨头 Uber 和 Grab 在印度尼西亚的主要竞争对手。京东投资 Go-Jek 的主要目的不仅是进入共享出行市场，由于 Go-Jek 也提供送餐、快递等其他服务，这也有利于其开拓物流配送业务条线、完善电子商务的产业链。

（二）2019年中国互联网企业海外投资方式的典型企业

1. 绿地投资典型企业——阿里巴巴（中国）网络技术有限公司

阿里巴巴（中国）网络技术有限公司（以下简称"阿里巴巴"）是由马云及其合伙人在 1998 年于杭州成立的互联网公司，发展至今，公司主要提供的业务有阿里系的电子商务服务、蚂蚁金融服务、菜鸟物流服务、大数据云计算服务、广告服务、跨境贸易服务等六大主营业务。围绕阿里巴巴的平台与业务，一个涵盖了消费者、商家、品牌、零售商、第三方服务提供商、战略合作伙伴及其他企业的数字经济体已经建立。在经济全球化和习近平总书记提出的"一带一路"倡议领导下，加速了中国企业海外投资的步伐，阿里巴巴也由此进一步积极布局海外市场。回顾阿里巴巴的几次海外并购：2016 年 4 月收购新加坡电商零售商 Lazada；2018 年 5 月全资收购巴基斯坦电商平台 Daraz；2010 年 6 月全资收购美国电子商务服务提供商 Vendio Services Inc；2010 年 8 月收购美国电子商务公司 Auctiva。在前期海外并购的经验积累之上，阿里巴巴在非洲开展绿地投资，与当地政府合资建立 eWTP 贸易平台公司。

阿里巴巴建立的 eWTP 项目的"T"有四重含义，除了贸易（Trade），还包括培训（Training）、旅游（Tourism）和技术（Technology），这四个"T"也是阿里巴巴与非洲共建 eWTP 的四个支柱。阿里巴巴建立 eWTP 旨在为非洲产品寻求更多进入国际市场的机会，帮助非洲建立自我发展的人才系统，让非洲人民真正感受到数字经济的红利。2019 年，首个非洲 eWTP 平台在阿里巴巴与卢旺达政府签署协议后建成。eWTP 落地卢旺达后，阿里巴巴采取的第一个举措就是帮卢旺达的成品咖啡登上天猫国际等电商平台。以前，卢旺达人只能以低廉的价格将生咖啡豆卖给中间商，现在通过阿里巴巴建立的电商平台，卢旺达人自己的咖啡品牌也有机会在世界各地绽放光彩。2019年上海进博会的虹桥论坛上，卢旺达的咖啡农每通过阿里巴巴的平台卖出一公斤咖啡都能比以前多赚4美元。通过eWTP，非洲国家可以和马来西亚、比利时以及中国的杭州、义乌等更多投资伙伴达成战略合作目标。通过对非洲的绿地投资，阿里巴巴与其合作伙伴共建非洲数字贸易基础设施，为数字经济时代的全球化更公平、更可持续、更普惠做出贡献。

2.兼并收购典型企业——深圳市腾讯计算机系统有限公司

深圳市腾讯计算机系统有限公司（以下简称"腾讯"）成立于1998年11月，由马化腾、张志东、许晨晔、陈一丹、曾李青五位创始人共同创立。是中国最大的互联网综合服务提供商之一，也是中国服务用户最多的互联网企业之一。腾讯多元化的服务包括：社交和通信服务QQ及微信/WeChat、社交网络平台QQ空间、腾讯游戏旗下QQ游戏平台、门户网站腾讯网、腾讯新闻客户端和网络视频服务腾讯视频等。腾讯以"为用户提供一站式在线生活服务"作为自己的战略目标，并基于此完成了业务布局，构建了QQ、腾讯网、QQ游戏以及拍拍网这四大网络平台，形成中国规模最大的网络社区。

相较于其他互联网上市公司，对于腾讯的海外投资主要选择兼并与收购的方式，拓展其游戏、外卖电商和娱乐行业的海外业务板块。2019年腾讯向维旺迪购入环球音乐10%股份，投资额高达33.6亿美元，是腾讯海外最大的投资项目。中国市场流媒体的崛起，给传统唱片业带来巨大冲击，互联网成为音乐产业转型的必由之路。而音乐产业连续四年成长，全球销售额高达191亿美元，显示出音乐产业的无限潜力。2019年环球音乐占据音乐市场接近30%的份额，腾讯这一投资，将给双方带来巨大收益。另外腾讯的海外投资还有联合谷歌、京东10亿美元投资印度尼西亚共享电动车Go-Jek；在印度联合威灵顿管理和Hillhouse投资Swiggy 10亿美元；腾讯联合微软投资印度的"阿里巴巴"Flipkart 14亿美元；投资印度Ola Cabs 11亿美元。从这些投资公司来看，都是集中于游戏、外卖、网约车、电商等，与公司国内投资行业基本相同，可见腾讯正多种类稳步地扩展自己的海外业务。

三 2019年中国互联网企业海外投资动态变化分析

(一) 2019年中国互联网企业海外投资总额变动分析

表4呈现了2018~2019年中国互联网上市公司的投资总额以及海外投资额的变动情况。从投资总额来看，2019年所有互联网上市公司投资总额出现小幅下降，降幅约为8.70%，进行了海外投资的互联网上市公司投资总额下降15.97%。从海外投资金额来看，进行了海外投资的互联网上市公司海外投资额下降幅度为6.54%。从海外投资企业的数量看，2018~2019年进行海外投资的互联网上市公司数量稳定在16家左右，说明互联网行业海外投资企业数量保持较为稳定趋势。这可能是由于海外投资在美国等发达国家受到限制，资本需要另寻出路，而一些其他发展中国家也会充分利用这一窗口期，出台一些吸引中资投资的政策，从而保障互联网企业海外投资的存量。

表4 2018~2019年中国互联网上市公司海外投资总况

单位：家，万元

公司类别	公司数量		海外投资额		投资总额	
	2018年	2019年	2018年	2019年	2018年	2019年
进行海外投资的公司	17	16	12296163	11491741	24301752	20421640
所有公司	112	112	12296163	11491741	104638464	113737460

资料来源：Wind数据库，上市公司年报。

(二) 2019年中国互联网企业海外投资地区变动分析

表5呈现了2018~2019年中国互联网上市公司投资地区的变动情况。2018年，我国互联网上市公司共有17家企业产生了44笔海外投资业务，

相较于2019年少了10笔。通过2018年与2019年海外投资地区的对比可知，互联网上市公司海外投资地区偏好向东南亚等发展中国家转变。

表5 2018～2019年中国互联网上市公司海外投资地区变动分析

单位：笔

年份	投资地区							
	开曼群岛	美国	欧洲	东南亚	印度	日韩	新加坡	其他
2018	15	6	3	1	7	3	4	5
2019	14	9	8	6	7	3	5	2

资料来源：根据上市公司年报整理。

具体而言，互联网上市公司海外投资地区转向东南亚的原因在于，首先，中美贸易摩擦加剧，美国等国家对中国设置的贸易关税和投资限制政策，使得中国贸易转向其他地区。由于东南亚是互联网产品最大的外销市场，为了配合商品出口、加强生产本土化，一些中国企业可能前往当地进行投资。其次，由于海外投资在美国等国家受到约束，互联网上市公司外溢的资本需要另寻出路，而东南亚国家也充分利用这一窗口期，出台大量吸引中资投资的政策，从而实现资本投资地区的转移。比如，越南制定了《外国投资法》《外国投资法实施细则》《进出口税法》等给予特别鼓励投资地区的项目和特别鼓励投资的项目4年免交所得税及4年后减半征收的优惠，还规定了满足法定情形和条件免征进口税，5年内的亏损可从利润中扣除等税收优惠措施。越南还实行外国税收减免政策等。缅甸联邦法及商业税法废除仅由本地企业享受的，关于产品生产及销售的2%的商业税率的优惠政策。这就意味着外资企业也同样享受产品生产及销售的2%的商业税率的优惠政策。最后，东南亚市场广大，发展潜力雄厚。东南亚目前人口规模达6.3亿人，其中青年人占60%，并且在未来几年，适龄劳动人口将持续增长，这使得东南亚成为新的人口红利优势地，人口结构年轻化，能形成更大规模的消费市场。而这正是互联网快速发展所需要的条件，所以吸引了中国互联网企业大量投资。

（三）2019年中国互联网企业海外投资方式变动分析

表6呈现了2018~2019年中国互联网上市公司投资方式的变动情况。2018年，我国互联网上市公司的44笔海外投资业务中，绿地投资占54.55%，兼并收购占45.45%。而至2019年，绿地投资的数量增长至34笔，占62.96%，说明互联网上市公司海外投资方式偏好向绿地投资转变。

表6　2018~2019年中国互联网上市公司海外投资方式变动分析

年份	投资方式	
	绿地投资（占比）	兼并收购（占比）
2018	24笔（54.55%）	20笔（45.45%）
2019	34笔（62.96%）	20笔（37.04%）

资料来源：Wind数据库和手工整理的上市公司年报。

互联网上市公司海外投资方式偏好转向绿地投资的原因在于，首先，在投资地区国家政策风险上升的情况下，互联网企业选择绿地投资不易受东道国法律和政策上的限制，能够适当规避投资受到当地政府遏制的风险。其次，由于近年来互联网创新技术和研发水平不断提高，采取绿地投资策略可以使互联网企业最大限度地保护其先进技术和其他垄断性资源，以保持其垄断优势，充分占领目标国家的市场。最后，相较于兼并收购，互联网上市公司选择绿地投资更能受到东道国的欢迎和支持。绿地投资可以为当地带来很多就业机会，并且增加东道国的税收。一般互联网企业会选择经济欠发达、工业化程度较低的国家进行绿地投资。投资项目的引进与子公司的设立意味着东道国生产力的增加以及就业岗位的增加，而且能为东道国引进先进的技术和管理经验，从而为东道国经济发展带来新的增长点。因而，发展中国家一般都会采取各种有利的政策措施，吸引跨国公司在本国创建新企业，这些有利的政策有助于互联网企业降低成本，提高盈利水平。

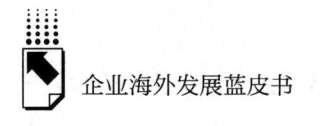

四 展望与建议

（一）展望

回顾2019年中国互联网企业在海外投资领域已取得了一定的成绩。就核心技术而言，在电子商务平台、网络支付等方面，中国互联网企业已处于行业领先水平。就海外市场布局而言，已有部分互联网企业在投资东道国形成完整的互联网产业链。互联网企业已成为中国企业和国际企业相互竞争且占有一定优势的主要领域之一。但由于身处异国的复杂原因，企业还应处理好内外因素，实现长远健康发展。未来几年，受国家整体政治外交关系影响，互联网海外投资进程可能有所放缓。在此形势下，进一步提高中国互联网企业自身的经营水平和竞争实力，不仅有助于中国互联网企业本身的发展，也有助于为中国企业进一步提高国际化经营水平、实现全球化布局积累有益的经验。

未来互联网海外投资可能呈现以下趋势，首先，受政策风险的影响，海外投资整体体量的增长幅度将有所放缓。美国等发达国家对于中国互联网行业的快速崛起实行强力的战略遏制手段，这将对中国互联网企业海外投资产生重大影响。互联网企业在未来进行海外投资时应审慎地评估相关风险，再施行海外战略投资计划。其次，互联网企业将进一步增加东南亚国家的海外投资比重。对于互联网企业而言，东南亚国家拥有广袤的尚待挖掘的市场，互联网行业的发展尚在起步阶段。加上东道国的利好政策以及我国"一带一路"政策的帮扶，投资东南亚市场的政治风险与法律风险相对较低。最后，绿地投资将会持续成为互联网行业受欢迎的投资方式。

（二）建议

结合上文分析，本部分对互联网企业今后的发展提出如下建议。

第一，完善双边及多边合作机制。中国从提出"一带一路"倡议，到现今有意识地把"一带一路"概念模糊化，更多的是为了鼓励全球相关国家地区参与合作共赢，而非把它局限于仅从中国自身角度出发的战略。所以，中国互联网企业在进行海外投资时，应引入多元化合作伙伴，加强和当地政府、企业合作，并将采购、生产、销售都转到当地，打造贯穿产业链的生态圈，切实为投资当地带来经济效益和就业机会。这样既能和投资地企业以及政府分担融资风险，降低税务成本，也能尽可能地避免排他性的贸易保护，从而实现互利共赢、合作发展。

第二，对海外投资风险进行事前、事中和事后三大监管。对文化、习俗不一样的海外地区进行投资，由于地域的陌生性，投资风险增加。所以投资前要对风险认识全面、准备充分，事中对出现的风险善于应对，事后多总结。对于风险的事前认识，可以借助国际化专业服务机构的渠道，和他们进行合作最大限度地获取投资地相关信息，建立投资优选模型，正确衡量投资项目，做出合理的投资决定。事中推行"本土化"经营策略，尽量利用原本当地的可靠人才去管理当地的投资发展，与此同时总部要增强对具体项目和分支机构的管控能力，密切关注投资进程中的投资反馈，并进行投资效果分析，时刻提醒对风险的把控，避免出现不可挽回的意外。投资完成后，要对其资源进行整合，建立持续性的管理机制，强化对海外投资项目的评价监控，合理布局，使整个投资能获得可持续发展，为企业持久地创造稳定收益。

第三，积极培养国际化后备人才。对于不同的国家投资项目，需要具有不同优势的人才，人力资源战略也需要因地制宜。首先，培养一批熟悉党和国家方针政策、精通外语、通晓国际规则、具有全球视野的国际化人才是企业亟待解决的问题之一。在人才招聘时加大高素质的国际化人才储备，搭建国际化人才选拔培养体系，系统开展国际化人才甄选识别与培养提升，聚焦高潜质的人才，不断做实国际化人才后备库。其次，是人才的招聘和续用问题，这就涉及对员工的职工薪酬和未来职业规划的有效规划。参与海外投资项目的职工往往面临远离家乡、工作环境不适应、水土不服的问题，企业应在这方面给予员工妥善的安顿和经济补贴。

第四，重视对当地法律法规和文化的研究。互联网企业投资目前具有人口红利优势的东南亚和印度等国家时，由于这些国家目前法律法规还不完善，企业投资要充分调研密切跟踪社会舆论导向和国家政策动向，企业运行合法合规，未雨绸缪，减少风险。另外，投资相应企业时，也要注意尊重当地文化习俗，融入消费者生活。在这方面，猎豹和京东表现就比较好。猎豹的两大内容产品：New Republic 遍布 200 多个国家，拥有 47 个语言版本；Live me 分布 69 个国家和地区，拥有 7 种语言版本。京东标志电子狗商标，发展到东南亚，则演变成了马的标志。

第五，为互联网的持续发展做好准备，持续拓展产品边界，积极进行高科技技术创新。2020 年全球人工智能市场规模将达到 2 万亿美元，预计未来几年市场将继续保持高速增长，到 2030 年全球市场规模将达到 15.7 万亿美元。VR 和 AR 将会成为下一个科技潮流，互联网企业应着重加强对该科技项目的关注和研发。此外，要让互联网与企业深度融合，让互联网赋能传统企业，提升传统企业工作效率，替代重复无创造力的工作岗位，降低企业人工成本。在 2020 年举办的两会中，"中国制造 2025"战略再次被重点提及，传统企业应该从"制造"过渡到"智造"。推动制造业"互联网＋"深度融合，通过数据智能生产的实现，帮助企业提高生产效率，让升级转型成为可能。

参考文献

方旖旎：《互联网企业对外直接投资的路径与风险研究》，《湖湘论坛》2018 年第 12 期。

《软件和信息技术服务业发展规划（2016—2020）》。

及晓颖：《浅析中国互联网企业"出海"的机遇与风险——以印度尼西亚为例》，《现代商业》2020 年第 5 期。

梁淑红、盆凌宸、曹晓彤：《我国对外直接投资趋势变化及其对企业海外发展的启示》，《企业改革与管理》2020 年第 7 期。

联合国贸发会议：《世界投资报告 2020》，2020。

中华人民共和国商务部、国家统计局、国家外汇管理局编《2018年度中国对外直接投资统计公报》，中国商务出版社，2019。

《第44次〈中国互联网络发展状况统计报告〉》，中国政府网，http://www.cac.gov.cn/2019-08/30/c_1124938750.htm。

B.6
2019年中国影视企业"出海"分析

卿琛 杨道广*

摘 要： 本报告以2019年我国影视业上市公司为研究对象，分别从其"出海"总体情况、"贸易出海"、"投资出海"这三方面进行分析，并结合典型企业进行定性分析与总结。从总体趋势来看，我国影视业上市公司"出海"在出口总额方面较2018年出现小幅下跌；从"贸易出海"来看，2019年我国影视业上市公司"出海"中大部分以出口影视产品为主，影视产品的出口国家主要集中在亚洲地区；从"投资出海"来看，我国影视业上市公司的对外投资以投资与合作影视作品项目为主。本报告分析认为，2019年我国影视业上市公司应把握良好时机，通过不断打造良好的影视文化品牌，结合互联网平台等新兴技术的优势，进一步开拓海外市场、提升出口额、增强中国影视文化在其他国家的影响力。

关键词： 中国影视企业 "贸易出海" "投资出海"

一 2019年中国影视企业"出海"总述

（一）2019年中国影视企业"出海"概况

1.2019年中国影视上市公司总体情况

自2001年，中国加入世界贸易组织（WTO）后，国家提出了鼓励企业

---

* 卿琛，对外经济贸易大学国际商学院博士研究生，主要研究方向为会计信息与资本市场；杨道广，管理学博士，对外经济贸易大学国际商学院讲师，主要研究方向为内部控制与公司财务。

"出海"的战略方针,并先后颁布一系列的优惠政策,鼓励中国企业走出国门发展,布局海外市场。其中,影视行业主流"出海"的主要方式现今分为两种:第一种是"出海贸易",即将中国的电视剧、电影等影视行业的产品以商品贸易的形式出口到海外;另一种是"出海投资",即以投资海外公司或者与海外公司合作等方式将中国的电视剧、电影作品放映到海外的媒体平台上。本报告从影视行业的上市公司入手,结合一系列的定性分析,从而对整个影视行业的"出海"情况进行分析。考虑数据的可获得性,本报告以我国30家影视业上市公司作为研究对象。我国影视业的上市公司是行业出海的"主力军",其海外业务收入总额占据整个行业海外业务收入总额的90%以上,能够较好地代表影视企业"出海"的现状和影响力[①]。表1呈列了我国所有影视上市公司的企业名称、所有制结构和所在地以及2019年营业总额[②]。

表1 影视行业上市公司

单位:万元

序号	企业名称	所有制结构	所在地	2019年营业总额
1	光线传媒	民营企业	北京市	282944.88
2	万达电影	民营企业	北京市	1543536.30
3	中国电影	中央国有企业	北京市	906841.33
4	华谊兄弟	民营企业	浙江省	218639.87
5	华策影视	民营企业	浙江省	263055.05
6	横店影视	其他企业	浙江省	281358.91
7	奥飞娱乐	民营企业	广东省	272692.04
8	视觉中国	民营企业	江苏省	72210.70
9	上海电影	地方国有企业	上海市	110651.78
10	北京文化	公众企业	北京市	85533.54
11	文投控股	地方国有企业	辽宁省	222414.72
12	中视传媒	中央国有企业	上海市	85582.14
13	风语筑	民营企业	上海市	202991.52

① 数据来自重磅研究院数据中心统计。
② 影视行业公司数据来自Wind数据库。

续表

序号	企业名称	所有制结构	所在地	2019年营业总额
14	当代文体	民营企业	湖北省	178233.54
15	华录百纳	民营企业	北京市	61143.11
16	金逸影视	民营企业	广东省	206893.70
17	吉翔股份	民营企业	辽宁省	285491.94
18	慈文传媒	地方国有企业	浙江省	117142.74
19	唐德影视	民营企业	浙江省	-11485.69
20	新文化	民营企业	上海市	55605.38
21	欢瑞世纪	民营企业	重庆市	54004.73
22	鹿港文化	民营企业	江苏省	303543.97
23	*ST晨鑫	民营企业	辽宁省	6635.62
24	浙江广厦	民营企业	浙江省	10141.81
25	幸福蓝海	地方国有企业	江苏省	213808.80
26	中广天择	地方国有企业	湖南省	26893.01
27	*ST鼎龙	民营企业	广东省	106352.05
28	华凯创意	民营企业	湖南省	41177.99
29	*ST大晟	民营企业	广东省	19175.90
30	*ST当代	民营企业	山西省	49501.05
	总计			6272712.43

资料来源：Wind数据库和手工整理的上市公司年报。

从总体营业收入来看，在30家影视上市公司中，2019年的营业总额达到6272712.43万元，其中有15家企业涉及过"出海"的相关业务和项目，占总体上市公司的68.34%。从地域分布来看，企业注册所在地主要分布在浙江省和北京市，其次是上海市4家、辽宁省3家、江苏省2家，湖北省、广东省、山东省、重庆市等其他省区市占比较少。影视上市公司主要分布在北京市的原因是北京是中国的首都也是文化中心，影视行业有较好的经济基础和文化基础。在人力资源基础方面，传媒行业国内顶尖的几大高校，如中国传媒大学、中央戏剧学院、北京电影学院等都坐落在北京，资源相比别的城市要更丰富，影视公司的团队也能够学习到更多的知识来提升自己的能力，自然就有利于公司的发展。影视上市公司主要分布在浙江省的原因是浙江省在2018年建成了中国首个国家级影视产业园——中国（浙江）影视产业国际合作实验区,是首批"国家文化出口基地"之一。该实验区是由国家新闻出版广电总局批复成立的唯一一个以出口为导向的国家级影视产业区。担负着我国影视剧出口和翻译的重任,是中国的影视作品国际化的重要平台,也是中国影视作品"走出去"的重要窗口,推动整个江浙地区影视业的国际交流和交易、影视作品的分享与研讨、影视人才的学习和培养、影视企业的合作与共赢。

2. 2019年中国影视企业"出海"总体情况

表2呈现了2019年中国影视上市公司主营业务收入情况,以及"出海"的影视上市公司的海外业务收入[①]和主营业务收入情况。2019年,我国影视上市公司共30家,其中涉及"出海"活动的公司共15家,占总体的50%。说明了影视上市公司总体"出海"的氛围较为活跃,一半的上市公司都在积极进行海外市场的布局。我国影视上市公司共实现主营业务收入7021719.57万元,其中"出海"的影视上市公司贡献了4490432.45万元,占比约63.95%。

表2 2019年中国影视上市公司"出海"总况

单位:家,万元,%

公司类别	公司数量	海外业务收入	主营业务收入	海外业务收入占营业收入之比
"出海"的影视上市公司	15	586807.15	4490432.45	13.07
所有影视上市公司	30	586807.15	7021719.57	8.36

资料来源:Wind数据库和手工整理的上市公司年报。

从"出海"总额来看,2019年,我国"出海"的影视上市公司实现海外业务收入合计586807.15万元,占"出海"的影视上市公司主营业务收入的13.07%,占总体影视上市公司2019年主营业务收入的8.36%。总体而言,影视上市公司"出海"活动已经初具规模,并取得了一定成果。

[①] 海外业务收入包括上市公司对外贸易和对外投资的利得和损失,因此能够反映上市公司"出海"的总体情况。

3. 2019年中国影视企业"出海"具体情况

表3呈现了2019年"出海"15家影视上市公司的海外业务收入与主营业务收入的具体情况。总体而言，2019年影视上市公司的海外业务收入相比于2018年下降了3.53%，海外业务收入占主营业务收入的比重相较于2018年增长了1.36个百分点。

表3 2019年中国影视上市公司海外业务收入与主营业务收入情况

单位：万元，%

企业名称	海外业务收入 2019年	海外业务收入 2018年	主营业务收入 2019年	主营业务收入 2018年	海外业务收入占营业收入之比 2019年	海外业务收入占营业收入之比 2018年
光线传媒	636.56	904.67	282944.88	149153.25	0.22	0.61
万达电影	295860.15	303116.08	1543536.30	1408813.37	19.17	21.52
中国电影	2781.10	4255.63	906841.33	903769.61	0.31	0.47
华谊兄弟	7432.98	41431.02	218639.87	389083.77	3.40	10.65
华策影视	5621.46	9165.80	263055.05	579720.86	2.14	1.58
视觉中国	6288.26	7633.16	72210.70	98783.75	8.71	7.73
当代文体	134499.24	82177.01	178233.54	266838.57	75.46	30.80
华录百纳	394.95	1210.46	61143.11	62952.12	0.65	1.92
金逸影视	23.27	45.68	206893.70	201048.54	0.01	0.02
吉翔股份	22139.47	37028.30	285491.94	373038.13	7.75	9.93
慈文传媒	1904.13	81.85	117142.74	143503.05	1.63	0.06
唐德影视	5905.83	4237.80	-11485.69	37151.77	-51.42	11.41
新文化	1027.08	7337.84	55605.38	80582.41	1.85	9.11
鹿港文化	102043.53	108606.16	303543.97	477965.55	33.62	22.72
*ST晨鑫	249.15	1079.48	6635.62	24449.65	3.75	4.42
总计	586807.15	608310.94	4490432.45	5196854.40	13.07	11.71

资料来源：Wind数据库和手工整理的上市公司年报。

具体而言，海外业务收入占营业收入之比最高的影视上市公司是当代文体，占比达到75.46%。当代文体的海外收入占比如此之高的原因在于：其海外业务收入主要来自海外发行游戏取得的收入。该公司在2019年年报中披露收入前十的游戏中有六款进行了全球化的发行，集团战略中也规划在2020年加大海外自主研发的投入和力度。

当代文体 2019 年度拍摄的影视剧《如果岁月可回头》多次成为微博话题焦点，获得了《人民日报》海外版等各大国际媒体的认可，在海外引起了极大的反响。接下来占比从高到低依次是鹿港文化 33.62%，万达电影 19.17%，视觉中国 8.71% 和吉翔股份 7.75%。其中鹿港文化在 2019 年年报的发展战略中提到要提升该公司在海外的市场份额，加强对海外市场的开拓，提高公司出口额占营业收入的比重。而视觉（中国）文化发展股份有限公司在这 15 家上市公司中海外收入占比排名第四，该公司一直基于发展全球战略伙伴的策略，早在 2016 年就收购了全球知名图片品牌 Corbis，在 2018 年收购了全球领先的摄影师社区 500px，视觉中国通过这些战略措施来巩固公司的核心竞争力，进而实现公司自由内容的全球化变现。

其余的华谊兄弟、华策影视、慈文传媒、新文化和 *ST 晨鑫这五家公司的海外收入占比分别是 3.40%、2.14%、1.63%、1.85% 和 3.75%，在行业中处于一个中等偏低的水平。而光线传媒、中国电影、华录百纳和金逸影视 2019 年海外收入占比只有 0.22%、0.31%、0.65% 和 0.01%，与行业领先的当代文体形成鲜明的对比。由上述数据可知中国影视企业"出海"的总量相对庞大，影视行业的龙头企业，如万达电影、当代文体等，也不断积极配合国家的政策方针，扩大海外业务在整体业务中的比重。

（二）2019 年中国影视企业"贸易出海"特征

1.2019 年中国影视企业"贸易出海"的产品特征

中国目前"出海"的影视作品主要的题材有三个特征。从电视剧来看，第一，家庭伦理剧。例如，《小别离》《媳妇的美好时代》《裸婚时代》等关于家庭伦理关系的电视剧出口海外引起了非常好的反响，现代的家庭剧反映了我国现代居民最朴实与真实的生活情况。这种类型的电视剧被广大海外观众接受的原因是引起观众共鸣，虽然各个国家的家庭状况、家庭成员关系是不同的，但是这些生活上琐碎的小事却是最能引起共鸣的。第二，古装电视剧。例如，《延禧攻略》《甄嬛传》《还珠格格》等古装电视剧也在海外非常受欢迎，这类电视剧在国际市场上火起来的原因是充满了中国特色，古装剧是欧美、非洲等地区没有办法自主拍摄的，这些电视剧基于我国传统的历史文化，是有历史依据佐证的，无法复制也是独一无二的中国特色。第三，历史纪录片。例如，《建党伟业》《唐山大地震》《拆弹专家》《叶问》《唐人街1871》等历史还原型的电视剧和电影在海外市场也引起了较好的反响，它能够重现真实的中国历史故事，重现中国历史的文化底蕴，是海外观众了解中国文化的重要途径。美国赛点数字集团的客户端覆盖北美地区93%的连接设备用户，通过赛点数字集团的各种平台在北美传播的中国影视内容已经超过600部，其中主要的影视剧题材为历史纪录片。

2. 2019年中国影视企业"贸易出海"的目的地国家和地区特征

2019年中国影视作品"出海"的目的地国家和地区主要分布在亚洲，尤其是出口东南亚地区的数量最多，其次是马来西亚、韩国、日本、新加坡等国家。自《西游记》在东南亚热播后，便引起东南亚地区观众的强烈反响，为国产电视剧走出国门在东南亚市场奠定了良好的基础。2019年出口东南亚地区的古装剧，如《延禧宫略》《甄嬛传》也收效甚丰。中国影视作品在马来西亚传播甚广，在马来西亚播出平台上有约50%的内容是来自中国内地的，最受欢迎的20部剧集里，有将近70%是中国的。相比之下，出口至美国和欧洲的电视剧数量在2019年却呈现下降趋势。这主要归因于整个亚洲地区相似的文化习惯和历史背景，而欧美地区的观众与中国的文化、生活环境、历史都有非常大的差距，因此，欧美地区的观众很难和我们国家目前出口的影视作品产生共鸣，难以产生文化的共鸣和兴趣。因此，影视上市公司在出口影视作品之时，考虑出口国的文化背景和文化差异是较为关键的因素，这直接关系到我国的影视作品能否融入当地，能否捕获大量的消费者。国产剧想要实现大量的、全球化的"出海"，就一定要抓住更多海外观众的兴趣点，影视作品出口前对当地的消费者进行比较全面的市场调查，至少在译制作品的过程中要考虑到出口地的语言体系等方面的问题。

图1展示了各个国家影视作品在海外票房的总体情况。从图1可以看出

各个国家在海外票房上的差距，美国的影视行业海外电影票房远远超过其他国家，说明其文化传播实力十分雄厚。

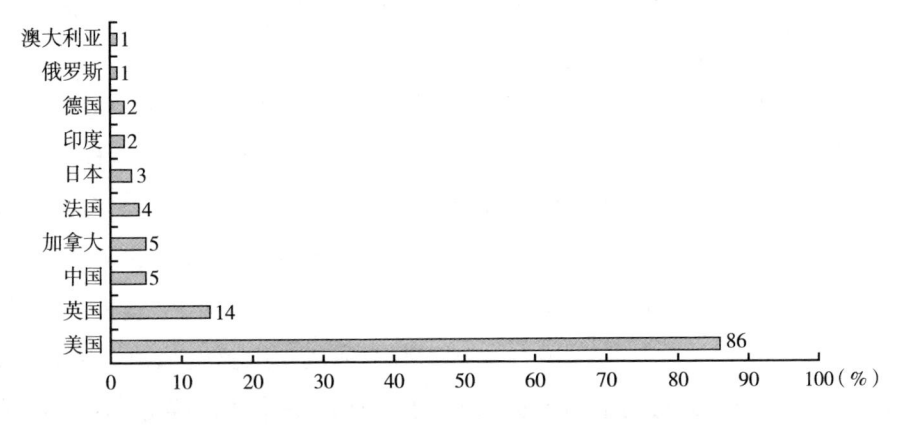

```
澳大利亚  1
俄罗斯    1
德国      2
印度      2
日本      3
法国      4
加拿大    5
中国      5
英国      14
美国      86
         0   10  20  30  40  50  60  70  80  90  100(%)
```

图1 全球海外票房TOP 100电影不同国家占比

资料来源：根据Statista发布的数据整理。

中国影视虽然拥有非常巨大的国内市场，但是独立制作向海外发行电影的能力还处于刚刚起步的阶段，未来的发展潜力相当可观。近年来，在全球电影市场一直保持稳定增长的大环境下，美国电影的总量相较其他国家而言，其优势地位依然明显，在全球海外票房电影的约为86%。然而，中国作为新兴的电影市场增长幅度在全球范围内位列前三，在全球海外票房电影的增长幅度高达5%，爆发出巨大的市场潜力。

（三）2019年中国影视企业"投资出海"特征

2019年中国影视企业"投资出海"路径也呈现多样性，从投资海外影视公司开展合资项目，到绿地投资、跨国并购等。影视企业"投资出海"的路径主要分为以下几种。

1. 合资项目

影视企业"投资出海"较受欢迎的形式是与海外知名影视平台开展战略合作项目。以华策影视为例，华策影视在其2019年的年报中披露，其现已成为全球最大的流媒体平台Netflix最大的华语内容供应商。在此之前，Netflix 在中国市场上仅与爱奇艺签订了部分版权协议，2017 年，Netflix 与爱奇艺达成合作的协议，有意愿将部分原创的内容授权给爱奇艺公司以进入中国市场，但是 2019 年根据爱奇艺 CEO 表示，爱奇艺与 Netflix 的合作已经结束了。2019 年由腾讯视频出品的《风味原产地》被 Netflix 购买了全球的播放版权，于 2 月同步 190 多个地区和国家播出，这次的购买是一次里程碑式的合作，代表 Netflix 第一次购买中国原创的纪录片。由华策影视出品的电视剧《致我们单纯的小美好》，不仅在国内取得了较高的收视率，公司也进一步将其推向国际市场，登陆 Netflix 的平台，在全球 100 多个国家和地区播出。华策影视在 2019 年年报中表示 2020 年将联合华谊兄弟、爱奇艺等 10 家中国影视企业成立中国电视剧（网络剧）出口联盟，积极参加海内外国际影视节展，促进海外平台落地，开拓海外市场的相关信息。美国狮门影业就与我国光电传媒影业共同投资制作近 50 部影视作品。从 2019 年初起，越来越多的企业选择联合拍摄的形式来扩大海外市场。2019 年中影集团在年报中披露即将上映与德国导演莱茵哈德合作、中德联合拍摄的动画片《宠物联盟》，该片由中方发起并主控，以国际发行为目标，于 2019 年 12 月左右完成了销售。

2. 兼并收购

在影视企业"投资出海"的方式中，兼并与收购的主要形式有合资经营和独资经营两种方式。合资经营较多的是利用被投资公司本身拥有的品牌以及与当地的政府、投资方等的供应关系。利用被投资公司的本土优势，能够帮助我国企业更快地进入当地市场。而独资企业可以更好地享受经营成果，避免内部矛盾，也可以更好地对本公司的经营管理进行保护。华谊兄弟和美国罗素兄弟共同投资了一家合资公司，对全球性的 IP 进行合作制作和发行，成片后通过两家公司的发行平台面向全球发行影视作品。而自 2012 年起，万达电影就在全球范围内大量收购运作模式已经成熟的影视公司，例如，美国的 AMC、欧洲德 Odeon&UCI 等院线，借助其成熟的发行流通渠道迅速对外发展。万达电影在澳洲通过收购股权的方式控制 5 家影院公司，其澳洲影院院线收入 2019 年达到了 19289685 元。

3. 绿地投资

通过与其他国家的影视公司合作建立海外子公司也是相对受欢迎的海外投资方式。华谊兄弟凭借其公司优越的国际化战略布局，不断将合作的对象和伙伴扩大到海外。公司与好莱坞顶级导演罗素兄弟成立合资公司，共同组建全球性的超级内容引擎，致力于全球性超级系列 IP 的投资和制作。在韩国，华谊兄弟与 Showbox 公司合作多部电影作品的同时，还通过华谊兄弟韩国公司和韩国 HB 公司，在韩国本土打通从"明星培养"到"影视生产"的产业链，极大增强了华谊兄弟对韩国优质娱乐资源的整合能力。而华策影视则是自己在海外设立"华剧场"和"华策频道"等平台公司，对外发行和播出中国的影视作品，甚至入驻 YouTube 等平台，以吸引海外的观众。

二 2019年中国影视企业"出海"典型企业研究

（一）中国影视企业"贸易出海"的典型企业

1. 华录百纳

华录百纳，其全称为北京华录百纳影视股份有限公司。该公司历史悠久，成立于 2002 年，是首个拥有央企背景身份成功登陆 A 股市场的影视上市公司。2018 年，公司为了积极响应央企混改并入了盈峰投资控股集团旗下。华录百纳打造了以电影、电视剧、综艺三大板块为核心内容的 IP 联运体系以及新文创运营链平台，生产一系列相关的电影、电视剧并售卖文创产品。华录百纳产出了多部收视与口碑双丰收的电影、电视剧和综艺节目，如《汉武大帝》《王贵与安娜》《媳妇的美好时代》《永不磨灭的番号》《最美和声》《女神的新衣》《跨界歌王》《旋风孝子》等。

伴随着我国国家综合实力和国际地位的不断增强，华录百纳借此契机主动施行"文化出海战略"，将其影视作品发行至全球各地，用影视作品讲好中国故事、传播好中国文化。目前，华录百纳已有超过 1000 集影视作品发行至海外市场，覆盖亚洲、北美洲、欧洲、大洋洲、非洲等各大洲的170多个国家和地区。同时，通过与DramaFever、VIKI、YouTube等优质的国际化平台的合作与运营，华录百纳已逐步实现电影、电视剧新媒体渠道上全球范围内的点击覆盖。其中"出海"较为成功的电视剧有，2017年出口的《媳妇的美好时代》在非洲地区掀起一股"中国文化风"并被习近平主席点名表扬。华录百纳的子公司四达时代集团也成立了译制中心，并开始尝试用非洲本地语言为中国的影视剧配音。其中，现实题材的中国婆媳剧《媳妇的美好时代》成为首部被选中的作品。该公司CEO表示，当时选题《媳妇的美好时代》是想要找到一个全世界可以共通并且有共鸣的话题，而反映这种家庭伦理关系的电视剧是比较符合当地人的现实情况的。为了让非洲人民更加接受中国的电视剧，四达时代集团也找了很多当地的配音演员让整部剧的配音听起来更亲切更容易接受。

2. 中影集团

中影集团，其全称为中国电影股份有限公司，公司成立于1999年，总部设在首都北京。中影集团的业务范围主要涵盖了影视作品制片制作、电影发行、电影放映及影视相关服务四大业务板块。具体的业务涉及了影视制片、制作、发行、营销、院线、影院、器材生产与销售、放映系统租赁、演艺经纪等众多业务领域。公司拥有规模可观的数字电影发行管理平台，在数字影片发行领域占据市场主导地位，近年来发行了近千部国内外票房较高的影片，票房收入超过全国票房总额的1/4。

关于中影集团的"出海"战略，公司主要营业的业务板块中涉及的影视制片制作、电影发行、电影放映及影视服务，均与境外数百家著名影视公司达成了密切的贸易合作关系。中影集团主要出口的影视相关产品为影视高端技术，放映设备以及影视作品。在影视技术出口方面，2019年，中影集团联合相关科研单位自主研发的中国国产的巨幕系统、中影光峰激光数字放映技术、中国多维声技术等，打破了发达国家对电影高精尖放映技术的长期垄断，使中国数字电影放映进入了世界先进水平的高格式、全景声效的技术行列。中影集团至今已经投放300余家中国巨幕影城及近9000个中影光峰激光影厅于市场,并成功出口至阿拉伯联合酋长国、印度尼西亚、印度、美国、中国台湾等国家与地区。截至 2019 年末,中影集团在海外开业的巨幕影厅已经有 7 家,在致力于推动中国影片"走出去"这一目标上取得了较为优异的成绩。中影集团既是中国大陆唯一拥有影片进口权的公司,也是中国产量最大的电影公司。在影视作品出口方面,中影集团出品的电影《流浪地球》不仅在国内引起极大的反响,还在北美洲、澳大利亚、新西兰、韩国等国家和地区的百余家影院上映,上座率高达 90%,海外总票房累计高达 793 万美元。

(二)中国影视企业"投资出海"的典型企业

1. 华策影视

华策影视,其全称为浙江华策影视股份有限公司,成立于 2005 年,总部位于浙江杭州。该公司是一家致力于制作、发行影视产品的文化创意企业,在 2013 年并购了全国第二大影视公司上海克顿传媒后成了行业龙头企业。公司主要营业的板块在于电视剧、电影、综艺,公司的规模产量、全网播出量、市场占有率以及海外出口额近年来均稳居全国前列。在"文化出海战略"方面,该公司一方面专门成立了影视节目的译制团队,为国剧"出海"做了充足的铺垫工作,以降低文化折扣;另一方面在小米全球平台上开放节目总时长高达 10 万小时的版权库,与小米合作建立"华剧场"。截至 2019 年,"华剧场"的授权范围已经涵盖传统媒体、网络电视、视频网站及酒店、航线点播等多个平台,为中国影视行业"出海"做出了较为突出的贡献。

伴随着中华文化在全球范围内逐渐兴起,华策影视的战略构想"质造经典、华流出海"全面发起运营。2019 年,华策影视通过"投资出海"对境外电视台和院线进行投资控股,将高达 10000 多小时的自产影视作品推行至全球 180 多个国家和地区。其中,较为成功的是在"一带一路"倡议的帮扶下,影视作品全覆盖至共建"一带一路"国家和 G20 国家。此外,华策影视还推出了"全球娱乐合伙人计划",与英国的 ITV、BBC 电视台,美国的索尼电视、华纳兄弟、福克斯以及俄罗斯的CTC传媒等全球影视行业著名企业达成战略合作，并且与国际著名互联网视频播放平台YouTube、Jungo TV、Now TV、Dailymotion聚合传媒、DramaFever等深度合作，搭建了全球华语影视作品联播体。以建党95周年献礼片《解密》为例，这部电视剧自从在海外平台放映播出后，广受欢迎。该电视剧不仅在海外电视剧点评评级网站得到9.5分的高分，还被国外的观众和网友自行将字幕编配翻译成了德语、英语、西班牙语、法语、葡萄牙语等18种语言。华策影视也与美国GETV电视台签订合作合同，首次将《解密》作为中国主旋律电视剧在美国GETV电视台播出。

2. 华谊兄弟

华谊兄弟，其全称为华谊兄弟传媒股份有限公司。该公司是中国大陆一家知名综合性民营娱乐集团，公司位于浙江东阳。华谊兄弟投资及运营的主要有四大业务板块：影视娱乐、实景娱乐、互联网娱乐以及产业投资。从2005年开始，华谊兄弟打开了电视剧的市场，从2005年开始每年制作100集左右的电视剧，到近期年产出大约700集600小时的电视剧。其电视剧产量的年增长率高达45%，业务总量占全国市场份额第二位。

华谊兄弟创建了以"提供优质娱乐内容"为核心，以IP（知识产权）内容为驱动的大娱乐产业链系统，致力于将IP内容的价值最大化以及流转水平的最大化。在"投资出海"方面，2019年，华谊兄弟拟向全资子公司Huayi Brothers International Investment Ltd.进行增资，增加投入额度约为1.5亿美元的资金。同时，华谊国际或华谊兄弟通过对BVI公司的投资，拓展了与公司主营业务有关，或者与产业链上下游、周边领域相关的境外企业和项目，弥补了公司主营业务产业链的海外布局。华谊兄弟在对外公示的2019年年度报告中明确地提到了一项未来五年"国际合作计划"，其中包括培养海外事业团队、组建海外子公司、与海外影视企业合作联合开发等一系列扩展国际业务的计划。华谊兄弟作为中国影视行业"出海"的领头羊企业之一，积极发挥自身的优势，推动中国影视行业走向全世界。

三 2019年中国影视企业"出海"动态变化分析

(一)2019年中国影视企业"出海"总额变动分析

1. 2019年中国影视上市公司总体变动情况

表4呈现了2015~2019年中国影视上市公司的主营业务收入以及"出海"收入的变动情况。

表4 2015~2019年中国影视上市公司"出海"情况对比

单位:万元,%,家

指标	2015年	2016年	2017年	2018年	2019年
所有公司主营业务收入	4943569.21	6299624.38	7001845.38	7021719.56	6272712.43
"出海"公司主营业收入	3579383.36	4262499.12	5018405.35	5719021.17	4152732.13
"出海"公司海外收入	281038.02	543208.86	662926.80	707636.81	586807.15
海外业务收入占其主营收入	7.24	8.62	9.47	10.08	9.35
披露海外业务收入的企业	15	17	18	17	15

资料来源:Wind数据库和手工整理的上市公司年报。

从影视上市公司整体的主营业务收入来看,2015~2019年整体基本呈增长趋势,2018年达到峰值7021719.56万元。2019年的总体主营业务收入稍有下降,这可能与2019年底的新冠肺炎疫情有关,大部分的院线处于停业状态。从"出海"公司主营业务收入来看,其变动趋势基本与整体影视上市公司的相似,2015~2019年经历了先上升后下降的过程。从海外业务收入来看,2015~2019年整体实现了较大的增长,2018年的海外业务收入约为2015年的3倍,说明影视企业"出海"收益颇丰。从海外业务收入的占比情况来看,海外业务收入占整体上市公司主营业务收入的比重基本呈上升趋势,说明海外业务在行业的业务板块中占有越来越重要的地位。从"出海"企业的数量来看,2015~2019年出海的影视上市公司数量基本在15~18家浮动,2017年达到峰值,共18家公司"出海"。

2. 2019年中国影视上市公司具体变动情况

由表5的数据可知，在2015~2019年内，共有19家影视业上市公司涉及了"出海"的相关项目，"出海"的公司数量基本变动不大。

表5 2015~2019年中国影视企业"出海"总收入变动

单位：万元

企业名称	2015年	2016年	2017年	2018年	2019年
光线传媒	589.73	7396.50	973.58	904.67	636.56
万达电影	60564.72	269511.69	308128.34	303116.08	295860.15
中国电影	3383.92	1372.15	2738.69	4255.63	2781.10
华谊兄弟	29444.93	35158.25	37565.23	41431.02	7432.98
华策影视	3090.31	3791.63	10832.60	9165.80	5621.46
奥飞娱乐	42384.06	100963.22	139025.96	98868.08	0.00
视觉中国	659.02	1342.62	3633.02	7633.16	6288.26
当代文体	811.32	773.70	12193.59	82177.01	134499.24
华录百纳	416.53	211.93	6421.08	1210.46	394.95
金逸影视	0.00	0.00	39.80	45.68	23.27
吉翔股份	31308.38	29173.47	35447.80	37028.30	22139.47
慈文传媒	849.34	841.10	3355.05	81.85	1904.13
唐德影视	7008.48	2003.55	4281.05	4237.80	5905.83
新文化	6867.56	13.36	148.86	7337.84	1027.08
欢瑞世纪	0.00	6630.86	13633.22	0.00	0.00
鹿港文化	71921.44	72559.24	81779.14	108606.16	102043.53
*ST晨鑫	0.00	0.00	1311.22	1079.48	249.15
*ST鼎龙	21738.29	11410.96	1418.56	457.79	0.00
*ST当代	0.00	54.64	0.00	0.00	0.00
总计	281038.03	543208.87	662926.79	707636.81	586807.16

资料来源：Wind数据库和手工整理的上市公司年报。

具体而言，2015~2017年海外收入年增长最迅速的影视企业是万达电影，近五年海外收入总额最高的企业也是万达电影，最高值在2017年达到了308128.34万元，占当年整个影视上市公司海外收入总额的4.65%。虽然万达影视在2018年和2019年年收入略有下降，但是按数额来算，万达电影海外业务的收入还是要遥遥领先于其他的影视企业。鹿港文化在2015~

2018年也属于行业领先企业，仅排在万达电影后，保持在第二名，但是2019年略有下降的趋势，被当代文体超过。当代文体在前两年属于行业末端的公司，但是在2017年开始以非常迅猛的姿态上升，仅三年就达到了134499.24万元，2019年比2016年增长了172.8倍，在2019年超过了鹿港文化，海外业务收入一跃成为行业第二。

光线传媒2015~2016年增长了6806.77万元，但是从2017年开始持续下降。金逸影视自从拓展了海外业务就一直在平稳发展，而且在整个行业的海外业务收入中的占比也属于中等，变化不大。华谊兄弟的海外收入2015~2018年一直呈上升趋势，但在2019年迅速下降，比2018年下降了接近82%，在行业中的占比从5.8%下降到1.2%。光线传媒和华录百纳这两家企业近五年的变动趋势也是很相似的，只是高峰的年份不同，分别在2016年和2017年达到顶峰，其余年份所占的市场份额都比较低。视觉中国和中国电影在2015~2018年持续上升，在2019年下降。比较特别的是唐德影视和新文化，起点非常的高，这两家企业都在2015年接近近五年海外收入的巅峰，不同的是，唐德影视在2016年下降之后就一直处于上升的趋势，而新文化在2018年迅速上升之后在2019年迅速下降，近五年的变动幅度较大。值得一提的是欢瑞世纪，在2017年达到最高值13633.22万元，但是2018年和2019年从年报披露的数据来看，没有关于影视作品方面的海外业务收入。奥飞娱乐在2015~2017年的对外出口业务都发展得很不错，最高值在2017年达到了139025.96万元，但在2018年开始迅速下降，到2019年就没有再在年报披露海外业务收入。

（二）2019年中国影视企业"贸易出海"变动分析

1. "贸易出海"产品特征变动

传统的影视作品"贸易出海"主要局限于古装、历史纪录片，以及家庭伦理类的影视作品，在通过借鉴国外先进拍摄和后期制作技术的基础上，科技类、未来类的影视作品逐渐形成"出海"的新趋势，例如，2019年开年由金逸影视联合出品的《流浪地球》被誉为中国的第一部科幻电影，这部电影被视为中国电影制作新时代的起点，影片的特效在外网上的评价可以媲美好莱坞的科幻大片。金逸影视正全面译制该片成英语、法语、西班牙语等多种语言，准备发行至全球20多个国家和地区，以此作为科幻类影视作品"出海"的首例。

与此同时，在影视技术不断创新和变革的背景下，影视行业"贸易出海"的产品在影视作品的基础上，更是往影视技术方面不断拓展。2019年8月，中国首款自主研发的激光数字电影放映机C5获得了国际DCI认证，这标志着中国在电影技术关键领域取得国际性突破。同时，中国独立研发的放映系统CINITY成功投入使用，该系统是我国拥有独立知识产权，是全球唯一同时支持120帧、4K、3D、高动态、广色域技术的放映系统。2019年10月，我国70家影院首次实现4K高清直播，这也标志着中国电影技术标准逐渐向国际标准不断靠拢。我国影视技术上的不断突破和创新，也为影视行业技术"出海"打下了坚实的基础。

2. "贸易出海"目的地国家变动

随着我国文化软实力不断提升，国产影视剧成为中国优秀传统文化"走出去"的重要窗口。前瞻产业研究院发布的《电影产业市场前瞻与投资战略规划分析报告》统计数据显示，近年来，我国电视剧生产总量为每年400～500部，其中，出口电视剧总量维持在每年250～350部，说明了超过一半的电视剧出口海外。2019年，电视剧出口总量约13470集，国产电视剧出口金额超过了8500万美元，"出海"的国产剧数量在增长。

根据前5年影视行业出口情况统计，可以了解到中国的影视作品主要的出口目的地是东南亚以及其他亚洲国家。然而，在"出海"影视业上市公司2019年年报涉及的国际化战略中，各个影视公司均在努力地扩大国际市场，全力以赴地向美洲和欧洲市场发展。以慈文传媒为例，该公司在2019年出品了一系列关于消防的影视作品——《特勤精英之生死救援》《特勤精英之逃出生天》等，致力于将"精英"这个品牌塑造成中国有关于消防的第一IP。2019年《特勤精英》被带到南美洲，与智利、秘鲁两国的文化部门展开了激烈的影视交流活动，向世界展示了中国消防的形象和励志的青春故事。

（三）2019年中国影视企业"投资出海"变动分析

随着影视上市公司资金累积逐渐增加，越来越多的影视行业企业的"出海"方式向"投资出海"转变。本部分基于"投资出海"的三种路径阐述近年来的变动趋势。

1. 合资项目

合资影视项目的"出海"方式在近五年呈持续增长态势。越来越多的中国影视企业在考虑海外投资的方式时，更多考虑的是与有品牌、有渠道的公司进行合作以扩大自身的发展空间，借助企业原有的资源和基础扩大国际市场。合拍片可以说是现阶段影视行业中国际合作最常见的模式了，在我国探索海外市场的初期，这个模式有助于中国进一步打开发达国家的影视行业的市场，因为这种合作的模式能够弥补我国影视行业技术和人才方面的短板，给我国的企业解决很多技术、人才方面的难题，也可以让我国的影视企业获得更好的生产资源。以慈文传媒为例，该企业在2018年的海外业务收入仅有82万元，占当年主营业务收入的0.06%，而在2019年海外业务收入上升到1904万元。慈文传媒在2019年年报中披露该公司将借鉴美国等发达国家中已经很成熟并且工业化的影视运作体系和好莱坞、漫威等公司的成功经验，与国际上非常优秀的制片人、编剧、导演等国际人才携手，在剧本孵化、中外合拍和全球市场发行等全链条开展合作，开拓中外影视内容合作的新模式。公司将与国际一流文娱传媒公司迪士尼、索尼、奈飞、HBO、BBC、CAA等企业建立长期、稳定的合作关系，拓展影视娱乐全产业链国际化发展，通过项目合作追求全球主流市场的认同和份额。慈文传媒近年就在从出口影视作品到国外向与海外的企业和优秀人才合作来实现投资"出海"，这样的方式提升了企业的国际竞争力，也扩宽了国际市场发展的道路，值得影视行业的其他企业借鉴。

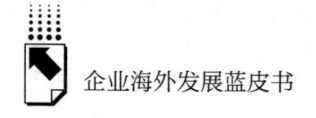

2. 兼并收购

兼并与收购的出海方式在近年主要出现于实力较为雄厚的影视上市公司中。以万达、乐视、博纳为代表的一批电影公司，均通过兼并与收购海外公司部分股份的形式，在美国和欧洲地区开拓市场。以万达集团为例，万达集团继 2012 年收购美国 AMC 院线之后，在 2016 年又并购了传奇娱乐。根据公司年报中的战略规划，万达集团下一步将收购或者持股全球的六大影片公司，即哥伦比亚、派拉蒙、二十世纪福克斯、环球、华纳兄弟和华特迪士尼，从而参与拍摄和制作各个公司一线大片。博纳影业持股二十世纪福克斯，并宣布为二十世纪福克斯 6 部大成本电影投资 2.35 亿美元。

3. 绿地投资

绿地投资的"出海"方式由于汇率风险以及投资环境不稳定的原因，近年逐渐减少。由于本身绿地投资中前期资金需求量大，并且法律风险和政策风险全部由投资公司承担，绿地投资一直不是影视类上市公司中受欢迎的投资类型。加上近年来中美关系的恶化，绿地投资的收益甚微。2014 年 9 月，华谊兄弟曾出资 1.3 亿美元在美国特拉华州设立全资子公司 Huayi Brothers Inc.（US）[华谊（美国）]，该子公司主要从事电影、电视剧、电视节目的投资、制作、发行，营销宣传，海外公司股权的投资并购及海外项目投资等。然而，2019 年华谊兄弟的年报显示，该公司的盈利情况一直处于亏损的边缘。

四 展望与建议

（一）展望

近年来，随着中国文化影响力和传播范围的不断提升，影视行业在此契机之下蓬勃发展，越来越多地反映我国新时代新风貌和中国传统文化的国产电视剧走出国门，并且得到了全球平台的广泛认可和好评。我国的影视业改革也正在进一步加快，影视行业进一步向国际化发展。在新的机遇下，影视业的"走出去"也迎来了全新阶段，投资方向从基础产业转向文化领域，从产业链整合转向全球范围内的资产配置。万达集团、中影集团、华谊兄弟等行业龙头企业进一步进军全球市场，不仅收购海外知名院线，还成立海外子公司，由过去的产品"走出去"开始向资本输出转变，并尝试在和国际顶尖影视企业的合作中，获得其优质影视生产资源，提升自身产品制作的能力，同时积累海外市场运营和营销经验。在这个高速发展的时代，中国影视业也将会呈现不同于以往的、多姿多彩的风貌。

首先，我国近年来颁布了非常多促进影视行业对外发展的有利政策，电视剧电影行业的改革与创新正在积极的进行当中。影视行业目前"出海"业绩喜人，在进一步对外开放的大环境下，我国的整个影视行业的大环境也发生了非常巨大的变化，各个企业都在争相创新寻求产业合作以达到优势最大化，但是和国际上其他发达国家相比，我们国家的起步还是稍微落后，前期发展的速度与发达国家相比也有很大的差距。前期制约我国影视行业发展的最大因素就是电影厂国有化、制作和发行影视作品的资金来源都是依靠政府。从上文企业出口额变动的分析中，我们不难看出2018~2019年的海外业务收入呈现收缩态势。其可能的原因在于，在各种国家政策的调控下和中美贸易摩擦的影响下，影视行业的发展不是很理想。因此，影视业未来"出海"之路充满风险，也充满机遇。

其次，相对于发达国家成熟的影视企业而言，我国的影视作品仍然缺乏中国特色。这其中有资金的原因，也有技术不足的原因。以电影《花木兰》为例，"花木兰"是我国古代文学作品中被塑造的一个经典角色，代表的是中国古代女性巾帼英雄。然而，在多年以来中国产出花木兰的作品中一直都没有把这个角色通过荧幕丰富地呈现出来，但是好莱坞近期的翻拍却引起了全球极其热烈的反响。这其中与中国影视企业拍摄的尖端技术、良好的导演和审美创新性有关。同时针对不同的国家背景、历史文化来选择不同的影视作品出口，巩固已有的海外市场消费群体，向欧美等还没有被接受的，还有很大发展空间的国际市场进军，面对不同的国际市场做出不同的出口发展战略部署，努力推动影视企业从"走出去"转变为"走进去"，更好地传播中华文化。

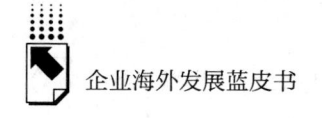

（二）建议

随着我国的影视作品一步步登陆全球化的媒体平台，不仅意味着中国影视作品逐渐获得了国际认可，更彰显了我国影视行业逐渐走上国际化的高质量发展道路。未来，我国的影视行业"出海"要坚持精品化策略、"投资出海"与"贸易出海"并行，在做大做强自身的同时，将我国的优秀文化传播到世界各地，实现真正的文化自信。

1. 打造国际化影视精品，扩大影视作品出口

"出海"闯市场离不开精品化的策略，只有高品质的影视作品才能打开海外市场。近年来，海内外观众的点评和市场淘汰，推动了中国优秀影视剧质量不断提升，精品作品不断涌现。良好的质量和品牌效应是推动中国影视作品"出海"最关键的因素之一。值得借鉴的是，美国的漫威影业和迪士尼在打造自身文化品牌的特点，尤其是漫威英雄系列的电影和迪士尼塑造的童话人物。其实在这方面中国更具优势，因为我国拥有上下五千多年的历史，有较为广阔的素材和深厚底蕴，文化积累要比美国等发达国家更加丰富。尤其，有很多在历史中是真实存在的人物、文化作品中被塑造得深入人心的角色值得时间推敲并且发展成非常具有中国特色的影视作品。就目前已经出品的并且出口海外的古装剧影视作品也有成功案例，也有很多值得后期影视企业借鉴。因此，讲好中国故事，推动中国影视作品被更多的国家地区和观众接受，打造符合中华民族形象的影视品牌迫在眉睫。

2. 顺应新技术趋势，增强视听传播效果

欧美影视工业有着科学的模型、全新的技术、大数据分析系统以及全球化发行网络等。在中国打算在2020年普及5G技术，并大力发展6G技术的有利先机之下，如何把握好5G红利和6G红利是影视业突破海外市场，是实现新兴增长的关键。影视公司应该在将传统影视作品打造成精品的同时，充分利用区块链技术，人工智能AI，VR智能穿戴，3D、4D、5D，甚至6D、5G以及更加先进的6G技术，给观众一个环绕式的观影享受。部分专家推测，以后影视行业可能不需要专业的导演、编剧和演员了，每一个人自

己就是导演，因为只需要告诉 AI 个人的要求和个人的审美就可以了。因此，新技术的应用和发展将是未来影视行业新的收入增长点，建立公司特有的核心技术是"出海"发展的有利基础。

3. 提升市场化运作，努力产生更大的经济效益

利用互联网大数据平台，积极做好出口国的市场调查。每个国家的消费者和观众对于影视作品的偏向可能是不同的，做好市场调查能够让我们的影视作品以最快的速度融入当地，更能够被出口国的观众接受。就如上文对出口目的国的分析，我国目前为止出口的国家以东南亚、非洲地区为主，欧美等海外市场还有非常大的发展空间值得影视企业根据当地的文化和习惯去研究以及推动中国影视作品在当地更好地被接受。以两个成功的电影——好莱坞出品的《功夫熊猫》《花木兰》为例，这两部电影对中国的传统文化和中国观众的偏好可谓是做足了前期的调查准备工作，因此受到中国消费者的喜爱。作为传递中华文化的重要渠道，中国影视行业首先应当对中华文化充分自信，讲好自己本国故事的同时更需要注重讲海外观众爱听的故事。如此，中国的影视作品才能够真正地"走出去"并"走得远"，并最终实现让优秀的文化和商业模式在中国生根发芽，最终将我国培养成为世界影视产业重要国家。

参考文献

曹剑：《国有电影企业的困境与出路》，《江苏社会科学》2011 年第 2 期。

刘小娟、张辰：《"一带一路"背景下文化距离对中国影视产品出口影响的实证研究》，《上海管理科学》2020 年第 3 期。

《中国对外投资发展报告 2019》，中国政府网，http：//fec. mofcom. gov. cn/article/tzhzcj/tzhz/202004/20200402957734. shtml。

《历年对外直接投资统计公报》，中国政府网，http：//hzs. mofcom. gov. cn/article/date/201512/20151201223578. shtml。

张家琦：《我国影视文化产业出口的现状及对策研究》，《新闻研究导刊》2018 年第 9 期。

专题篇
Specific Topics

B.7
中美贸易摩擦对中国企业海外投资的影响及应对研究

金瑛 刘思义[*]

摘 要: 中美贸易摩擦作为美方对中方快速发展单方面采用的战略遏制手段,除了影响中美双边贸易外,对中国企业海外投资同样产生巨大冲击。基于此,本报告首先在梳理中美贸易摩擦事件脉络的基础上,分析贸易摩擦对我国企业海外投资的影响机制,评估贸易摩擦对我国企业海外投资的具体影响;其次,总结我国企业海外投资当前面临的新形势;最后,提出中美贸易摩擦下我国企业海外投资应对的总体方案和重点布局。

---

[*] 金瑛,对外经济贸易大学国际商学院博士研究生,主要研究方向为会计信息与资本市场;刘思义,管理学博士,对外经济贸易大学国际商学院讲师,主要研究方向为内部控制与公司财务、审计与公司治理、资本市场会计问题。

关键词： 中美贸易摩擦 海外投资 跨境并购

中美贸易摩擦作为美方对中方快速发展单方面采用的战略遏制手段，其产生的溢出效应不仅局限于双边贸易领域，还对跨国投资、创新合作、文化交流乃至政治外交等产生了深远影响；同时，作为全球最大的两大经济体，中美贸易摩擦的影响也早已超出两国间关系，引发了全球性的经济格局调整。在此背景下，我国企业海外投资一方面在产业布局、国别选择、投资方式等方面均受到贸易摩擦的影响，另一方面其也为调整海外投资战略布局、寻求海外贸易市场结构调整及国际经贸合作新模式带来机遇。因此，本报告将聚焦中美贸易摩擦对我国企业海外投资的影响，并提出相关应对措施。

本报告内容如下：第一，梳理中美贸易摩擦的事件发展脉络，并为贸易摩擦与海外投资之间的总体关系提供概览性背景信息；第二，分析中美贸易摩擦对我国企业海外投资的影响机制，主要包括美国外商投资审查政策收紧的直接效应、欧澳日韩印等经济体投资限制的跟随效应和发展中国家产业投资承接的转移效应；第三，分析中美贸易摩擦对我国企业海外投资的影响，包括总体变化和具体冲击两个层面；第四，总结中美贸易摩擦下中国企业海外投资的新形势，包括美国国内对华政治政策生态变化对当地外商投资政策的影响、"一带一路"倡议下海外投资新形势的影响和新冠肺炎疫情与中美贸易摩擦的双重叠加影响三个方面；第五，提出中美贸易摩擦新形势下中国企业海外投资的应对措施，包括总体方案和重点布局两个方面。

一 中美贸易摩擦与中国企业海外投资概览

（一）中美贸易摩擦演进脉络

自 2017 年 8 月 18 日美国宣布将正式对中国发起"301 调查"以来，中美两国之间的"关税加征—反制应对"频繁发生。表1总结了自2017年8月18日至2020年2月21日的贸易关税加征及反制事件。以事件数计，中美贸易摩擦主要发生在2018年，包括美国232措施和301调查的实施。2019年，随着中美两国经贸磋商的实质性推进（详见表2），中美双方在关税问题上的"来回博弈"有所缓和。

表1 中美贸易关税加征及反制演进

时间	中美政策/应对
2017年8月18日	美国正式对中国发起"301调查"。
2017年8月24日	商务部:将采取必要措施应对"301调查"。
2018年2月27日	美国商务部终裁中国铝箔产品存在倾销和补贴行为。
2018年2月28日	商务部回应美对华铝箔双反:对终裁强烈不满。
2018年3月8日	美国宣布对进口钢铁和铝产品征收高关税。
2018年3月15日	美国决定对中国产铝箔产品征收"双反"关税。
2018年3月19日	外交部回应美国决定限制进口钢铁和铝产品:让子弹乱飞绝不具建设性。
2018年3月22日	特朗普签署备忘录将对中国商品大规模征收关税(232措施),涉及征税的中国商品规模可达600亿美元。
2018年4月2日	中方发布针对美国232措施的产品征税清单。
2018年4月3日	美国公布拟加征关税的中国商品清单。
2018年4月4日	商务部第一时间发声:中方坚决反对。外交部:妄图通过施压或恫吓使中国屈服不会成功。中国拟对美国14类106项商品加征25%关税,涉及2017年中国自美国进口的约500亿美元商品。
2018年4月5日	特朗普要求美国贸易代表办公室依据"301调查",额外对1000亿美元中国进口商品加征关税。
2018年4月17日	美国商务部宣布对中国钢制轮毂产品发起"双反"调查。
2018年4月17日	商务部发布2018年第38号公告,宣布将公布对原产于美国的进口高粱反倾销调查的初步裁定。
2018年4月19日	商务部公布对原产于美国的进口高粱反倾销调查的初步裁定。
2018年4月19日	商务部发布2018年第39号公告,公布对原产于美国、欧盟和新加坡的进口卤化丁基橡胶(卤代T基橡胶)反倾销调查的初步裁定。
2018年4月20日	商务部2018年第37号公告:《关于原产于美国、加拿大和巴西的进口浆粕反倾销措施再调查裁定的公告》。
2018年5月18日	商务部2018年第44号公告:终止对原产于美国的进口高粱反倾销反补贴调查。

续表

时间	中美政策/应对
2018 年 5 月 29 日	美国白宫宣布将对从中国进口的含有"重要工业技术"的 500 亿美元商品征收 25% 的关税。
2018 年 6 月 15 日	美国政府发布了加征关税的商品清单,将对从中国进口的约 500 亿美元商品加征 25% 的关税。
2018 年 6 月 15 日	商务部新闻发言人表示,无论美方出台什么举措,中方都有信心、有能力、有经验捍卫中国人民利益和国家核心利益。
2018 年 6 月 15 日	国务院关税税则委员会发布公告决定,对原产于美国的 659 项约 500 亿美元进口商品加征 25% 的关税。
2018 年 7 月 6 日	美国开始对第一批清单上的 818 个类别价值 340 亿美元的中国商品加征 25% 的进口关税。
2018 年 7 月 6 日	中国对美部分进口商品加征关税措施正式实施。
2018 年 7 月 10 日	美国政府公布进一步对华加征关税清单,拟对约 2000 亿美元中国产品加征 10% 的关税。
2018 年 8 月 2 日	美国贸易代表声明拟将加征税率由 10% 提高至 25%。
2018 年 8 月 3 日	国务院关税税则委员会决定对原产于美国的 5207 个税目约 600 亿美元商品,加征 25%、20%、10%、5% 不等的关税。
2018 年 8 月 8 日	美国贸易代表办公室(USTR)公布第二批对价值 160 亿美元中国进口商品加征关税的清单。
2018 年 8 月 8 日	中国决定对 160 亿美元自美进口产品加征 25% 的关税,并与美方同步实施。
2018 年 8 月 23 日	美国在"301 调查"项下对自中国进口的 160 亿美元产品加征 25% 关税。
2018 年 8 月 23 日	中国在世贸组织起诉美国"301 调查"项下对华 160 亿美元输美产品实施的征税措施;同时自当日 12 时 01 分起正式对约 160 亿美元自美进口产品加征 25% 的关税。
2019 年 2 月 24 日	美国总统特朗普宣布推迟 3 月 1 日上调中国输美商品关税的计划。
2019 年 5 月 10 日	美方将对 2000 亿美元中国输美商品加征的关税从 10% 上调至 25%。
2019 年 5 月 13 日	国务院关税税则委员会发布对原产于美国约 600 亿美元进口商品实施加征关税的公告。
2019 年 6 月 1 日	国务院关税税则委员会对原产于美国约 600 亿美元进口商品清单中的部分商品,分别加征 25%、20%、10% 的关税。
2019 年 8 月 15 日	美国政府宣布,对自华进口的约 3000 亿美元商品加征 10% 关税,分两批自 2019 年 9 月 1 日、12 月 15 日起实施。
2019 年 8 月 15 日	国务院关税税则委员会决定,对原产于美国的 5078 个税目约 750 亿美元商品,加征 10%、5% 不等关税,分两批自 2019 年 9 月 1 日 12 时 01 分、12 月 15 日 12 时 01 分起实施。

续表

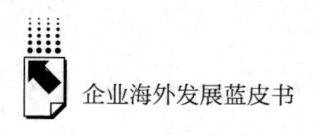

时间	中美政策/应对
2019年10月	美商务部发布公告,称自2019年10月31日起对中国3000亿美元加征关税清单产品启动排除程序。
2019年12月19日	国务院关税税则委员会公布第一批对美加征关税商品第二次排除清单。
2020年2月6日	国务院关税税则委员会决定,调整对原产于美国约750亿美元进口商品的加征关税措施。
2020年2月18日	国务院关税税则委员会发布公告称,将开展对美加征关税商品市场化采购排除工作。
2020年2月21日	国务院关税税则委员会公布第二批对美加征关税商品第一次排除清单。

资料来源:http://www.xinhuanet.com/video/sjxw/2018-04/04/c_129844446.htm;http://www.xinhuanet.com/world/1802tfsj24/index.htm。

表2　中美经贸磋商时间轴

时间	磋商轮次/事件
2018年2月27日至3月3日	第一轮:刘鹤赴美,重新启动中美全面经济对话。
2018年5月3~4日	第二轮:姆努钦率团访华,建立相应工作机制。
2018年5月15~19日	第三轮:刘鹤赴美访问,中美达成共识不打贸易战。
2018年6月2~4日	第四轮:罗斯率团访华,农业、能源等领域有具体进展。
2019年1月30~31日	第五轮:刘鹤率团访问华盛顿,取得重要阶段性进展。
2019年2月14~15日	第六轮:莱特希泽、姆努钦率团访华,就主要问题达成原则共识。
2019年2月21~22日	第七轮:刘鹤率团访问华盛顿,具体问题取得实质性进展。
2019年3月28~29日	第八轮:莱特希泽、姆努钦率团访华,双方讨论了协议有关文本。
2019年4月3~5日	第九轮:刘鹤应邀访美,就协议文本等问题达成新共识。
2019年4月30日至5月1日	第十轮:莱特希泽、姆努钦率团访华,中美经贸磋商已经取得了实质进展。
2019年5月9~10日	第十一轮:刘鹤率团访问华盛顿,双方进行了比较好的沟通与合作,谈判并没有破裂。
2019年7月30~31日	第十二轮:特希泽、姆努钦率团访华,双方就经贸领域共同关心的重大问题进行了坦诚、高效、建设性的深入交流。
2019年10月10~11日	第十三轮:刘鹤率团访问华盛顿,双方达成实质性第一阶段协议。
2020年1月15日	中美签署第一阶段经贸协议。

资料来源:http://sousuo.gov.cn/s.htm?t=govall&q=%E4%B8%AD%E7%BE%8E%E7%BB%8F%E8%B4%B8%E7%A3%8B%E5%95%86。

本报告通过国际贸易中"外国向中国发起的贸易救济原审立案数"衡量贸易摩擦程度,具体如图1所示。统计结果表明,2010~2015年中外及中美贸易摩擦程度总体平稳略增；而自 2016 年起，中美贸易摩擦程度明显提升。尤其，美国向中国发起的贸易救济原审立案数占比在 2017~2018 年显著上升（2017 年占 28.95%，2018 年占 25%，而贸易摩擦前 2010~2016 年的平均水平为 11.91%），直至 2019 年（占 13.73%）恢复至中美贸易摩擦前水平。

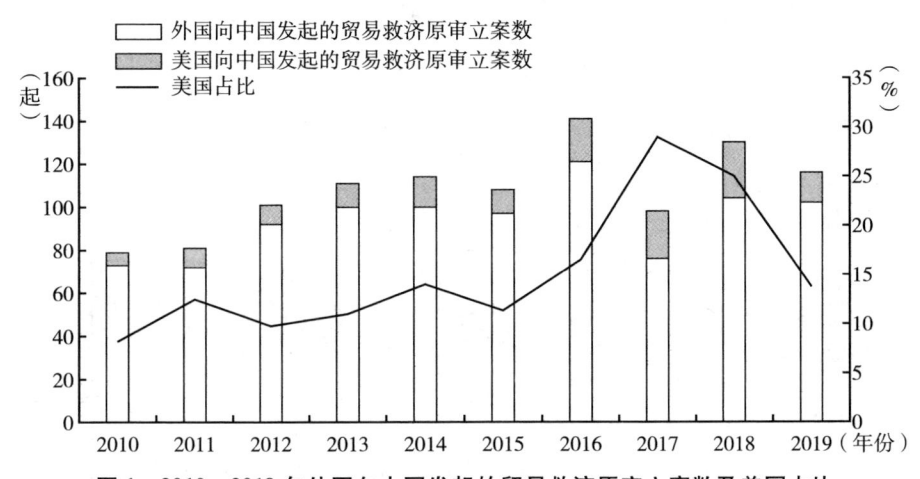

图 1 2010~2019 年外国向中国发起的贸易救济原审立案数及美国占比

资料来源：中国贸易救济信息网。

（二）贸易摩擦与中国企业海外投资

图 2 和图 3 分别反映了 2010 年以来中外、中美贸易摩擦程度与中国对外、对美直接投资额（FDI）的变化。① 从总体趋势上看，2010~2016 年，贸易摩擦程度与 FDI 呈正相关关系，表明在较为稳定的国际政治经济局势中，贸易摩擦程度随对外投资规模的扩大而提升是一种常态化现象，此时贸易摩擦是对外开放的一种结果。

而自 2017 年中美贸易摩擦以来，政治因素的扰动打破了这一关系。图 2 显示，2017 年中外贸易摩擦程度出现暂时性下降，2018~2019 年贸易摩擦程度回升，其间中国对外 FDI 流量却一直呈现下降趋势。这一现象在图 3

---

① 由于 2019 年中国对美 FDI 数据无法获取，图 3 数据期间为 2010~2018 年。

中更为突出，2016~2018年，中美贸易摩擦程度明显攀升，而中国对美FDI流量在2016~2017年出现剧降。这些趋势表明，国际政治经济局势不稳定情况下，贸易摩擦可能反果为因，对企业海外投资产生影响。由此可见，此次中美贸易摩擦从根本上不同于以往中美正常贸易往来中的摩擦，它并不来自正常的贸易与投资交往，而是美国为遏制中国快速发展单方面采用的战略手段，对中国对美、对外投资产生了重大负面影响。

图2 2010~2019年外国向中国发起的贸易救济原
审立案数与中国对外FDI流量变化

资料来源：中国贸易救济信息网、Wind数据库、《2020年世界投资报告》。

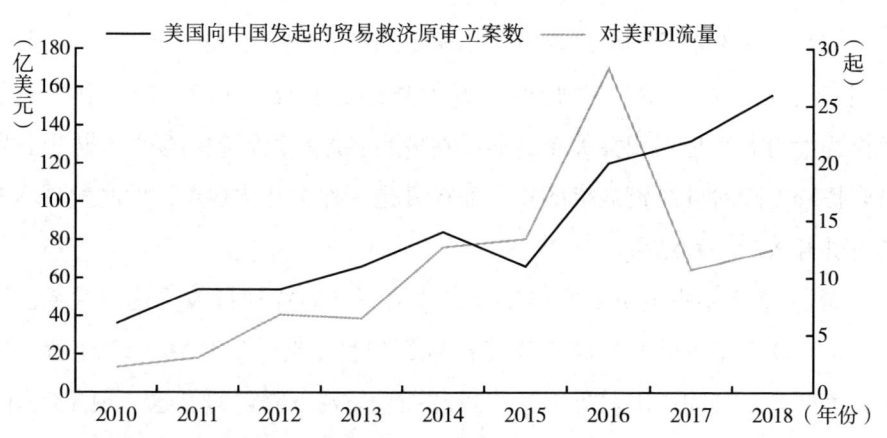

图3 2010~2018年美国向中国发起的贸易救济原审立案数与中国对美FDI流量变化

资料来源：中国贸易救济信息网、Wind数据库、《2020年世界投资报告》。

二 中美贸易摩擦影响我国企业海外投资的机制

(一) 美国外商投资审查政策收紧的直接效应

2018年8月13日，美国总统特朗普签署的《外国投资风险评估现代化法案》正式生效。该法案是十多年来美国政府对外国投资国家安全审查程序的首次重大改革，其大幅扩大了美国外商投资委员会（CFIUS）的审查权限，具体变化内容如表3所示。法案的推出直接增大了我国企业投资相关领域或并购相关领域内美国公司的难度，不利于中美之间的资本合作、产业互补和技术发展。

表3 美国2018年《外国投资风险评估现代化法案》重要变化

变化范围	变化详情
CFIUS审查范围	1. 在敏感的美国政府临近区域和港口附近的房地产投资； 2. 涉及关键基础设施、关键技术以及美国公民敏感个人数据的非控制性投资； 3. 控制权变更； 4. 其他交易，如外国人获取美国企业拥有的任何"重大非公开技术信息"、以投票之外方式参与涉及关键基础设施、关键技术或涉及敏感个人数据的企业等。
CFIUS行动权限	1. 拥有暂停特定交易的权力； 2. 对美国公司与非美国公司之间的技术合作实施全新的管制体系； 3. 成立一个新的CFIUS申请费用收集基金，并赋予其特殊的雇佣权限和融资权限； 4. 在对已完成交易进行审查时允许实施临时风险控制措施； 5. 削弱"安全港"条文中规定的效力。
CFIUS申报方式及审查时间	1. 建立强制性备案申报制度； 2. 延长了委员会审查完整书面通知的期限。
CFIUS要考虑的安全因素	1. 特殊关注国家的涵盖交易； 2. 外国政府或外国人对任何关键基础设施、能源资产、关键材料或关键技术的累积控制或其他控制模式对国家安全的相关影响； 3. 该外国人合规的历史； 4. 对产业和商业活动的影响，包括人力资源、产品、技术、材料和其他商品服务可用性的影响； 5. 是否会直接或间接暴露识别个人的敏感信息、遗传信息或其他个人敏感数据。
有关中国的投资报告	中国商务部长应向美国国会和CFIUS每两年提交中国对美直接投资交易报告，于本法案颁布之日起2年后执行，直至2026年。

资料来源：美国2018年《外国投资风险评估现代化法案》。

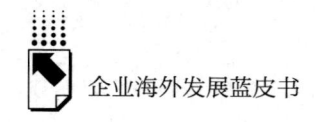

（二）欧日澳韩印等经济体投资限制的跟随效应

受中美贸易摩擦和技术壁垒限制的影响，欧盟、日本、澳大利亚、韩国、印度等出现跟随效应，外商投资政策也呈现"国家干预"倾向。中美贸易摩擦背景下，这些国家/地区先后出台了限制外商投资（尤其是国防、技术、基础设施等关键领域）的投资审查政策，旨在保护本国产业、防御竞争对手。表4对各国家/地区的相关政策/行动进行了总结，表明美国挑起的贸易摩擦和技术壁垒限制在世界范围内产生了溢出效应，中国企业海外投资同时面临来自美国和各发达经济体的挑战。

表4　中美贸易摩擦下其他国家/地区外商投资审查与技术壁垒限制相关政策变化

国家/地区	外商投资审查投资与技术壁垒限制相关政策
欧盟	1. 中欧关系转折：2019年3月12日《欧盟—中国：战略展望》指出中国是欧盟追求技术领先和推动替代治理模式的竞争对手。 2. 欧盟产业政策重大战略转向：日益强化"国家干预"。 3. 里程碑式立法：2019年4月11日《外国直接投资审查条例》。 4. 欧盟多国建立国家安全审查机制：德国、西班牙等14个成员国采取了外商投资审查机制。
日本	1. 2019年8月，日本将通过专注于购买拥有投票权的股票加强对涉及半导体和其他高科技产业的国内公司的外国投资的控制。日本政府呼吁加大审查力度。 2. 2020年5月8日，日本新《外汇与外国贸易法》开始生效，在12个关键行业加强对外国投资的审查。
澳大利亚	1. 2018~2019年，获得澳大利亚批准的外商投资来源国排名中，中国从第2位降至第5位。 2. 2020年3月29日起，根据《1975年外国收购与接管法案》管理的所有外国投资申请，无论其投资大小和投资性质，均须获得外国投资审查委员会（FIRB）批准。 3. 2020年6月，澳大利亚宣布修改外国投资法以加大国家安全审查力度。
韩国	2019年1月，出台《根除产业技术泄露对策》，外资收购核心技术领域的韩国公司须经过审查。
印度	2020年4月18日，印度工业和内贸促进局修改外国对印直接投资规则，接壤的陆上邻国对印投资须经过审批。

资料来源：根据公开信息整理。

（三）发展中国家产业投资承接的转移效应

中美贸易摩擦背景下，美国对华采取限制投资和封锁技术等引发的上述直接效应和跟随效应，导致全球产业链格局发生调整，发展中国家在全球产业投资中的承接作用日益突出，中国企业海外投资面临市场和行业两方面的转移。

转移效应包括两个方面。第一方面是，投资限制引发的投资市场转移。根据《中国对外直接投资统计公报》，2016年，中国对美FDI流量比重为8.7%，且美国是中国第一大对外投资并购目的地；而2017~2018年，中国对美FDI流量比重分别降为4.0%和5.2%，美国降为中国第二大和第九大对外投资并购目的地。美国投资市场的收缩，以及2019年以来欧盟、日本、澳大利亚等其他发达经济体投资政策的收紧，促使中国企业将投资转移至这些发达经济体以外的市场，例如东南亚、俄罗斯等周边地区和国家以及非洲、拉丁美洲等的发展中国家。根据中国企业境外投资项目区域分布数据，2017~2019年，我国企业在东南亚、南美洲和非洲等市场的投资份额由17.9%上升为58%，同期在中北美洲、欧洲、大洋洲、东亚等地区的投资份额由75.8%下降为36.4%。

第二方面是，技术壁垒引发的投资行业转移。中美贸易摩擦背景下，一方面，技术壁垒导致中国企业对美欧日澳等发达经济体的技术类投资减少；另一方面，美国对华加征关税引发发达国家将低端产业从中国大陆转移至墨西哥、东南亚、中国台湾等地区。发达国家限制高端产业投资、发展中国家承接低端产业投资形成的双重夹击，使得中国企业海外投资转向具有本国经验和优势、相对于发展中国家来说具备资本密集和技术密集特征的行业。例如，2017~2018年，我国企业信息传输、计算机服务和软件业的FDI占比从2016年以前的均值2.14%迅速上升至12.10%和9.77%。

此外，我国企业海外投资在美国等发达国家受到限制，其他一些发展中国家充分利用这一窗口期，吸引中资企业投资。根据商务投资项目信息库数据，2017~2018年，非洲、拉丁美洲、亚洲国家/地区吸引中资企业投资的项目数显著增加,而同期北美洲、欧洲国家/地区吸引中资企业投资项目数呈下降趋势。

三 中美贸易摩擦对中国企业海外投资的影响

(一)总体变化

本部分主要从对外直接投资、跨境并购和对外承包工程三个方面分析中美贸易摩擦对我国企业海外投资总量产生的影响。

1. 中国企业对外直接投资

(1)流量特征

图 4 显示,2010~2016 年,中国对外 FDI 流量由 688.1 亿美元增长至 1961.5 亿美元,对美 FDI 流量由 13.1 亿美元增长至 169.8 亿美元,对美 FDI 流量占比呈波动上涨态势。受中美贸易摩擦的影响,2017~2018 年,中国对外和对美 FDI 流量同步收窄。2018 年,中国对外和对美 FDI 流量分别为 1430.4 亿美元和 74.8 亿美元。同时,对美 FDI 流量占比由 2016

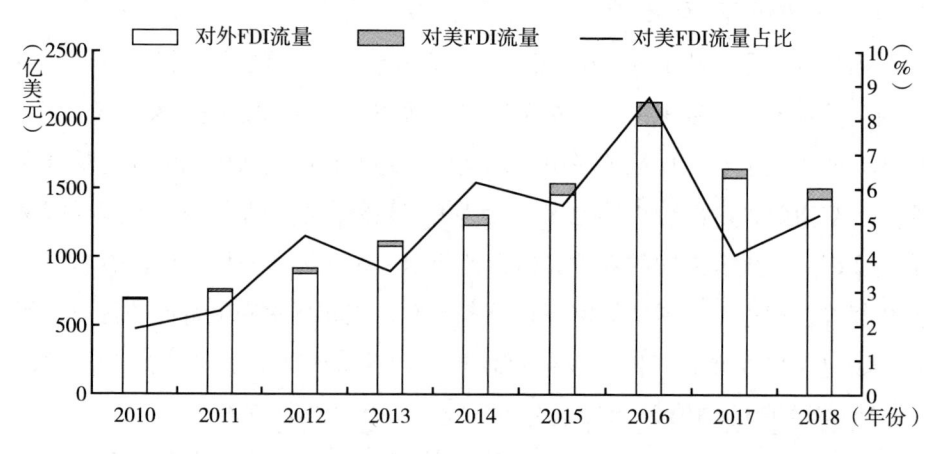

图 4 2010~2018 年中国企业对外/美 FDI 流量及对美 FDI 流量占比变化

资料来源:中华人民共和国商务部、国家统计局、国家外汇管理局《2018 年度中国对外直接投资统计公报》;《2020 年世界投资报告》。

年最高点的8.66%急剧下降为2017年的4.06%和2018年的5.23%，几近恢复至2014年以前的水平。这些数据表明，中美贸易摩擦直接导致我国企业FDI流量的下降，这一下降趋势在美国市场尤为明显。

（2）存量特征

图5显示，2010~2018年，中国对外FDI存量由3172.1亿美元增长5.25倍达到19822.7亿美元，对美FDI存量由48.7亿美元增长14.51倍达到755.1亿美元。与流量特征一致，2016年以前，对美FDI存量占比呈波动上涨趋势，由2010年的1.54%增长至2016年的4.46%。而2017~2018年，该占比下降为3.72%和3.81%。

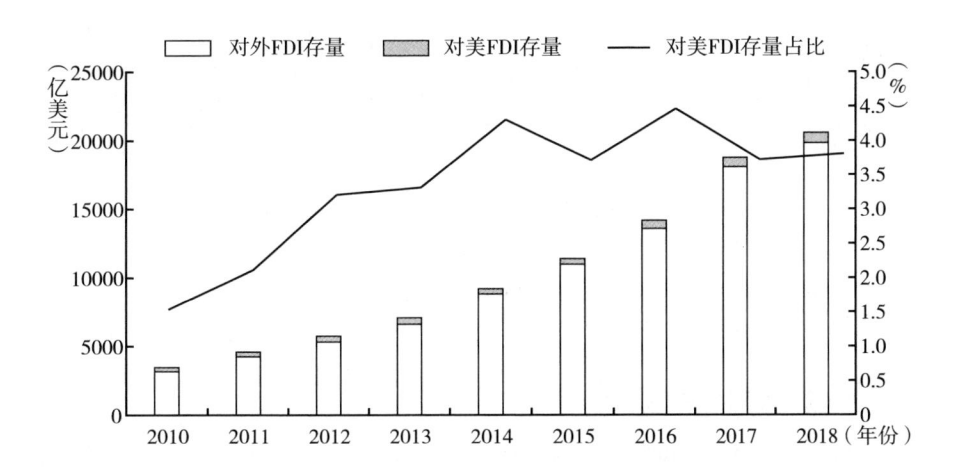

图5 2010~2018年中国企业对外/美FDI存量及对美FDI存量占比变化

资料来源：中华人民共和国商务部、国家统计局、国家外汇管理局《2018年度中国对外直接投资统计公报》；《2020年世界投资报告》。

2.中国企业跨境并购

图6显示，2010~2017年，中国企业跨境并购活跃，跨境并购额由347亿美元增加4.2倍达到1804亿美元，尤其2016~2017年，中国企业跨境并购额创新高。2015~2016年，中国在美并购额由110亿美元增长3.1倍达到450亿美元。然而，2017年，在中国跨境并购额仍在上升的情况下，中国企业在美并购额先行下降为303亿美元，中国企业在美并购额占比也由

2016年的29.88%显著降为2017年的16.8%。2018年，中国企业跨境并购额也出现下降，中国企业在美并购额占比更是下降为7.91%。这些数据表明，中美贸易摩擦对中国企业跨境并购也产生了重大冲击。

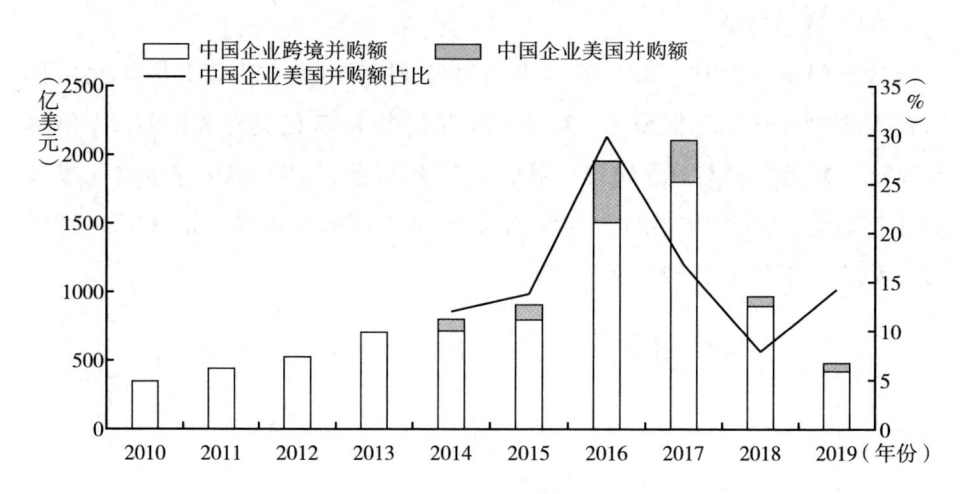

图6 2010～2019年中国企业跨境/美国并购额及中国企业美国并购额占比变化

注：2013年以前中国企业在美并购额数据缺失并未显示。
资料来源：申万宏源2018～2020年《跨境并购报告》。

3. 中国企业对外承包工程

与对外直接投资和跨境并购一致，中国企业对外、对美承包工程新签合同额同样受到中美贸易摩擦的影响。图7显示，2010～2017年，中国企业对外承包工程新签合同额稳步增长，由1344亿美元上升为2653亿美元，而在2018年首次下降为2418亿美元；中国企业对美承包工程新签合同额则在2016年便开始出现下降，金额由2015年最高点的56.23亿美元下降为2018年的28.5亿美元，占比则由2.68%下降为1.18%。

上述2010年以来中国企业对外/对美直接投资、跨境并购和承包工程数据表明，总体上，2017～2018年中美贸易摩擦对全球范围内我国企业海外投资产生了较大负面冲击，这一负面冲击对于我国企业在美投资的影响更为明显。

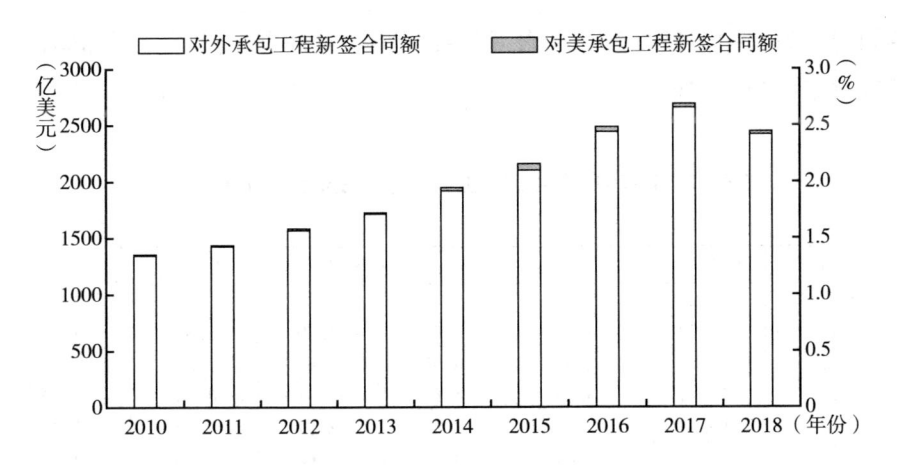

图7 2010~2018年中国企业对外/美承包工程新签合同额及
对美承包工程新签合同额占比变化

资料来源：Wind数据库；中华人民共和国商务部《我国对外承包工程业务简明统计》。

（二）具体冲击[①]

本部分主要从市场布局、行业结构、投资主体和投资方式等四个方面来分析中美贸易摩擦对我国企业海外投资的影响。

1. 市场布局

表5和图8展示了2010~2018年我国企业对外直接投资额及其占比在各大洲的分布情况。从结构上看，我国企业对外直接投资主要分布区域为亚洲和拉丁美洲，北美洲和欧洲次之，大洋洲和非洲再次。从增长趋势上看，除非洲外，我国企业对其他大洲的对外直接投资额均在2016年达到高峰，在2017年或2018年出现下降，这与前述总体趋势一致。尤其，2016~2018年，对北美洲、大洋洲、拉丁美洲、欧洲直接投资额的下降幅度明显，分别为57.13%、57.35%、46.35%和38.39%；而对亚洲直接投资额的下降幅度仅为19%，对非洲直接投资额则增长100.25%。这些数据表明，与转

---

① 由于数据限制，除特别说明外，本部分分析均以对外直接投资（FDI）数据核算。

移效应一致，中美贸易摩擦冲击下，我国企业对外直接投资在洲际间出现不同程度的流出或流入。

表5 2010～2018年中国企业对外直接投资额占比洲际分布

单位：%

年份	亚洲	非洲	欧洲	拉丁美洲	北美洲	大洋洲
2010	65.24	3.07	9.82	15.31	3.81	2.75
2011	60.94	4.25	11.05	15.99	3.32	4.44
2012	73.78	2.87	8.01	7.03	5.56	2.75
2013	70.11	3.13	5.52	13.31	4.54	3.39
2014	69.03	2.60	8.80	8.57	7.48	3.52
2015	74.40	2.04	4.89	8.66	7.36	2.66
2016	66.41	1.22	5.45	13.88	10.38	2.66
2017	69.52	2.59	11.66	8.89	4.11	3.23
2018	73.76	3.77	4.61	10.21	6.10	1.55

资料来源：Wind数据库。

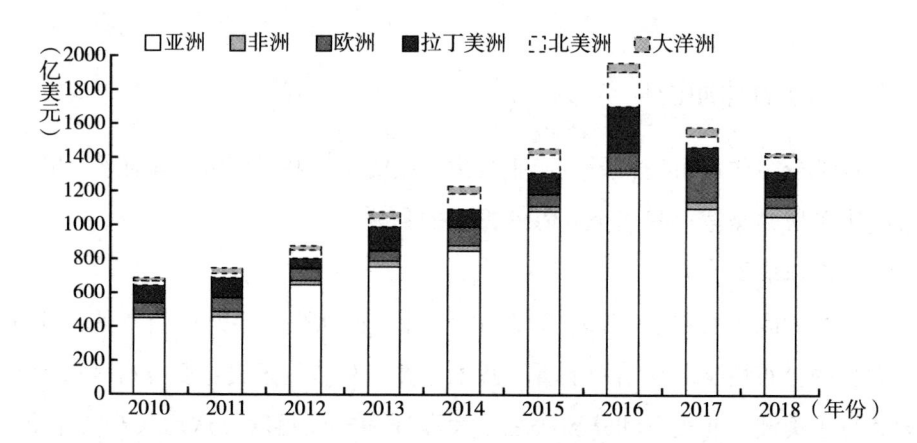

图8 2010～2018年中国企业对外直接投资额洲际分布

资料来源：Wind数据库。

为进一步考察中美贸易摩擦背景下我国企业对外直接投资在全球不同经济区域内更明确的转移效应，图9根据中投大数据库境外项目区域分布数据绘制了中国企业对外直接投资市场分布直方图。[①]

---

① 由于数据限制，该直方图只有2017～2019年的数据，但已能揭示境外投资的转移趋势。

中美贸易摩擦对中国企业海外投资的影响及应对研究

图9显示，2017~2019年，我国企业海外投资在中北美洲、欧洲、大洋洲、东亚等地区的份额逐年下降，四大区域总体由2017年的75.8%下降为2018年的58.2%和2019年的36.4%。其中，在中北美市场的投资份额

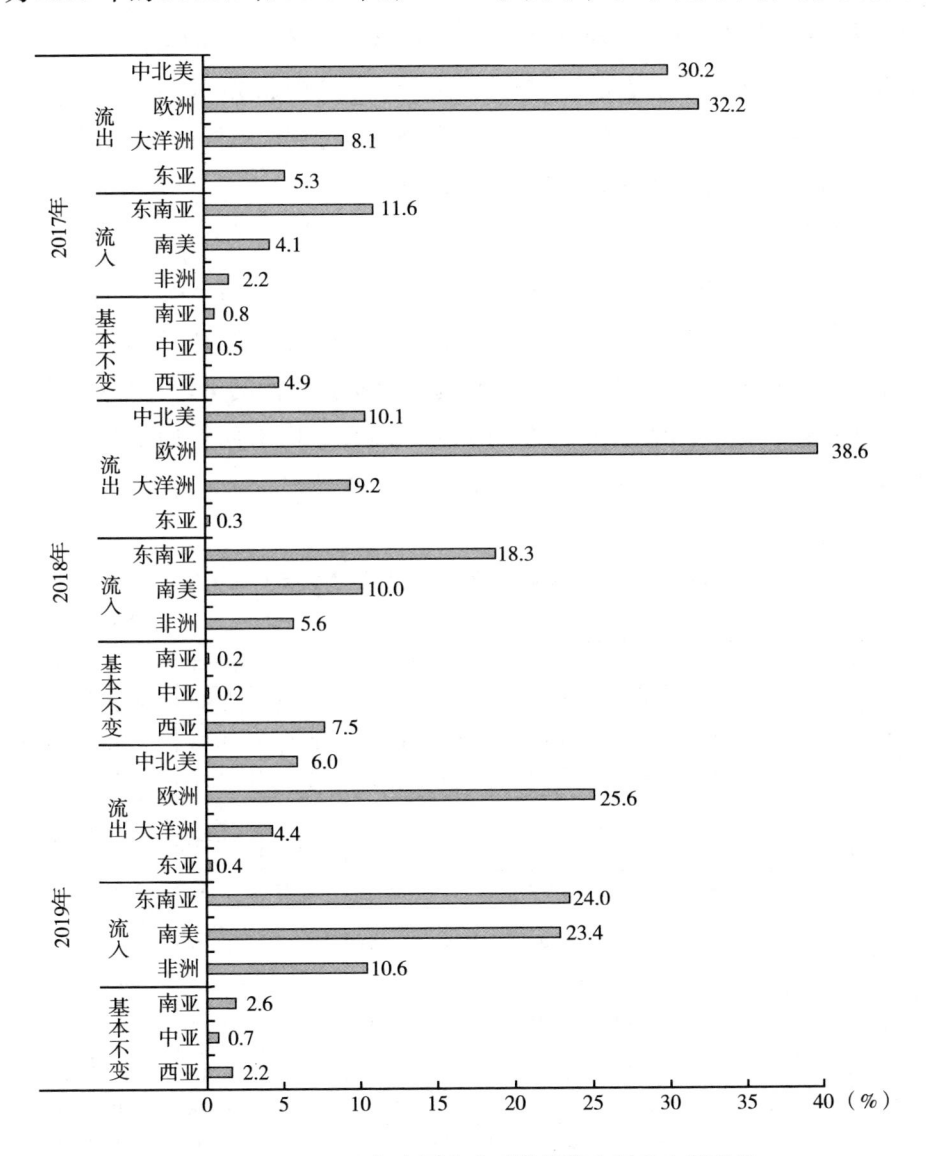

年份	类别	区域	百分比(%)
2017年	流出	中北美	30.2
		欧洲	32.2
		大洋洲	8.1
		东亚	5.3
	流入	东南亚	11.6
		南美	4.1
		非洲	2.2
	基本不变	南亚	0.8
		中亚	0.5
		西亚	4.9
2018年	流出	中北美	10.1
		欧洲	38.6
		大洋洲	9.2
		东亚	0.3
	流入	东南亚	18.3
		南美	10.0
		非洲	5.6
	基本不变	南亚	0.2
		中亚	0.2
		西亚	7.5
2019年	流出	中北美	6.0
		欧洲	25.6
		大洋洲	4.4
		东亚	0.4
	流入	东南亚	24.0
		南美	23.4
		非洲	10.6
	基本不变	南亚	2.6
		中亚	0.7
		西亚	2.2

图9 2017~2019年中国企业对外投资市场分布及变化

资料来源：根据中投大数据库境外项目区域分布数据整理。

189

由30.2%急剧下降为2018年的10.1%和2019年的6.0%。与此同时，我国企业在东南亚、南美洲和非洲等市场的投资份额由2017年的17.9%上升为2018年的33.9%和2019年的58.0%。其中，在南美洲的投资份额上涨明显，由2017年的4.1%上升为2018年的10.0%和2019年的23.4%。上述数据表明，中美贸易摩擦导致我国企业海外投资从中北美洲、欧洲、大洋洲和东亚地区流出，而东南亚、南美洲和非洲地区起到了承接作用，我国企业海外投资市场格局明显向发展中国家/地区倾斜。

2. 行业结构

表6列出了2010~2018年我国企业对外直接投资在不同行业的分布情况。总体而言，我国企业对外直接投资主要流向租赁和商务服务业，其样本期平均份额为33.75%，约占我国企业海外直接投资额的1/3；其次为金融业、采矿业、批发和零售业以及制造业，四行业样本期平均份额分别为14.95%、12.85%、12.26%和6.97%。

表6 2010~2018年中国企业对外直接投资额行业占比分布

单位：%

行业	2010年	2011年	2012年	2013年	2014年	2015年	2016年	2017年	2018年
农林牧渔	0.82	0.80	0.93	1.09	1.10	1.05	1.10	0.92	0.95
采矿	14.08	15.77	14.06	16.07	14.02	12.97	11.23	8.72	8.75
制造	5.61	6.35	6.42	6.36	5.93	7.15	7.96	7.76	9.20
电力、燃气及水的生产和供应	1.08	1.68	1.69	1.70	1.70	1.43	1.68	1.38	1.70
建筑	1.95	1.90	2.42	2.94	2.56	2.47	2.39	2.08	2.10
交通运输、仓储和邮政	7.31	5.95	5.49	4.88	3.93	3.63	3.05	3.03	3.35
信息传输、计算机服务和软件	2.65	2.25	0.91	1.12	1.40	1.91	4.77	12.10	9.77
批发和零售	13.24	11.56	12.82	13.27	11.66	11.11	12.46	12.52	11.74
住宿和餐饮	0.14	0.14	0.14	0.14	0.15	0.20	0.31	0.19	0.22
金融	17.42	15.87	18.13	17.73	15.59	14.54	13.06	11.21	10.99
房地产	2.29	2.12	1.80	2.33	2.79	3.05	3.40	2.97	2.89
租赁和商务服务	30.66	33.50	33.03	29.64	36.53	37.31	34.92	34.04	34.08

续表

行业	2010年	2011年	2012年	2013年	2014年	2015年	2016年	2017年	2018年
科学研究、技术服务和地质勘查	1.25	1.03	1.28	1.31	1.23	1.31	1.45	1.20	2.23
水利、环境和公共设施管理	0.36	0.57	0.01	0.05	0.15	0.23	0.26	0.13	0.16
居民服务和其他服务业	1.02	0.38	0.67	1.16	1.02	1.30	1.25	1.05	0.84
教育	0.01	0.02	0.03	0.03	0.02	0.03	0.05	0.18	0.24
卫生、社会保障和社会福利	0.01	0.00	0.01	0.01	0.03	0.02	0.07	0.08	0.15
文化、体育和娱乐	0.11	0.13	0.15	0.17	0.18	0.30	0.58	0.45	0.64
合计*	100	100	100	100	100	100	100	100	100

* 四舍五入取整数。
资料来源：Wind 数据库。

基于表6数据，图10绘制了2010~2018年我国企业对外直接投资额占比前五大行业的排位变化。其中，租赁和商务服务业一直位居第一，金融业、批发和零售业以及制造业的排位变化不大。值得注意的是，2018年起，采矿业对外直接投资额已跌出前五，而信息传输、计算机服务和软件业于2017年新进前五。从表6数据来看，采矿业对外直接投资额占比从2016年及以前的均值14.03%降至2017~2018年的均值8.74%，而信息传输、计算机服务和软件业对外直接投资额占比从2016年及以前的均值2.14%迅速上升至2017~2018年的均值10.94%。这可能与中美贸易摩擦下我国互联网、计算机软件、内容等企业加快向发展中国家布局有关。例如，蚂蚁金服自2017年开始加速推进国际化，积极布局东南亚市场；抖音（TikTok）、快手等内容企业自2017年开始全球化布局后迅速"蔓延"东南亚市场等。

3. 投资主体

从产权性质来看，图11显示，2015年以前，国有企业对外直接投资份额逐年下降；2016年，这一趋势逆转；2017~2018年，国有企业对外直接投资份额再次下降。总体而言，非国有企业在我国对外直接投资中发挥越来越重要的作用。由于无法排除2016年这一异常的偶然性，本报告

企业海外发展蓝皮书

2010年
1. 租赁和商务服务业 30.66
2. 金融业 17.42
3. 采矿业 14.08
4. 批发和零售业 13.24
5. 交通运输、仓储和邮政业 7.31

2011年
1. 租赁和商务服务业 33.50
2. 金融业 15.87
3. 采矿业 15.77
4. 批发和零售业 11.56
5. 制造业 6.35

2012年
1. 租赁和商务服务业 33.03
2. 金融业 18.13
3. 采矿业 14.06
4. 批发和零售业 12.82
5. 制造业 6.42

2013年
1. 租赁和商务服务业 29.64
2. 金融业 17.73
3. 采矿业 16.07
4. 批发和零售业 13.27
5. 制造业 6.36

2014年
1. 租赁和商务服务业 36.53
2. 金融业 15.59
3. 采矿业 14.02
4. 批发和零售业 11.66
5. 制造业 5.93

2015年
1. 租赁和商务服务业 37.31
2. 金融业 14.54
3. 采矿业 12.97
4. 批发和零售业 11.11
5. 制造业 7.15

2016年
1. 租赁和商务服务业 34.92
2. 金融业 13.06
3. 批发和零售业 12.46
4. 采矿业 11.23
5. 制造业 7.96

2017年
1. 租赁和商务服务业 34.04
2. 批发和零售业 12.52
3. 信息传输、计算机服务和软件业 12.10
4. 金融业 11.21
5. 采矿业 8.72

2018年
1. 租赁和商务服务业 34.08
2. 批发和零售业 11.74
3. 金融业 10.99
4. 信息传输、计算机服务和软件业 9.77
5. 制造业 9.20

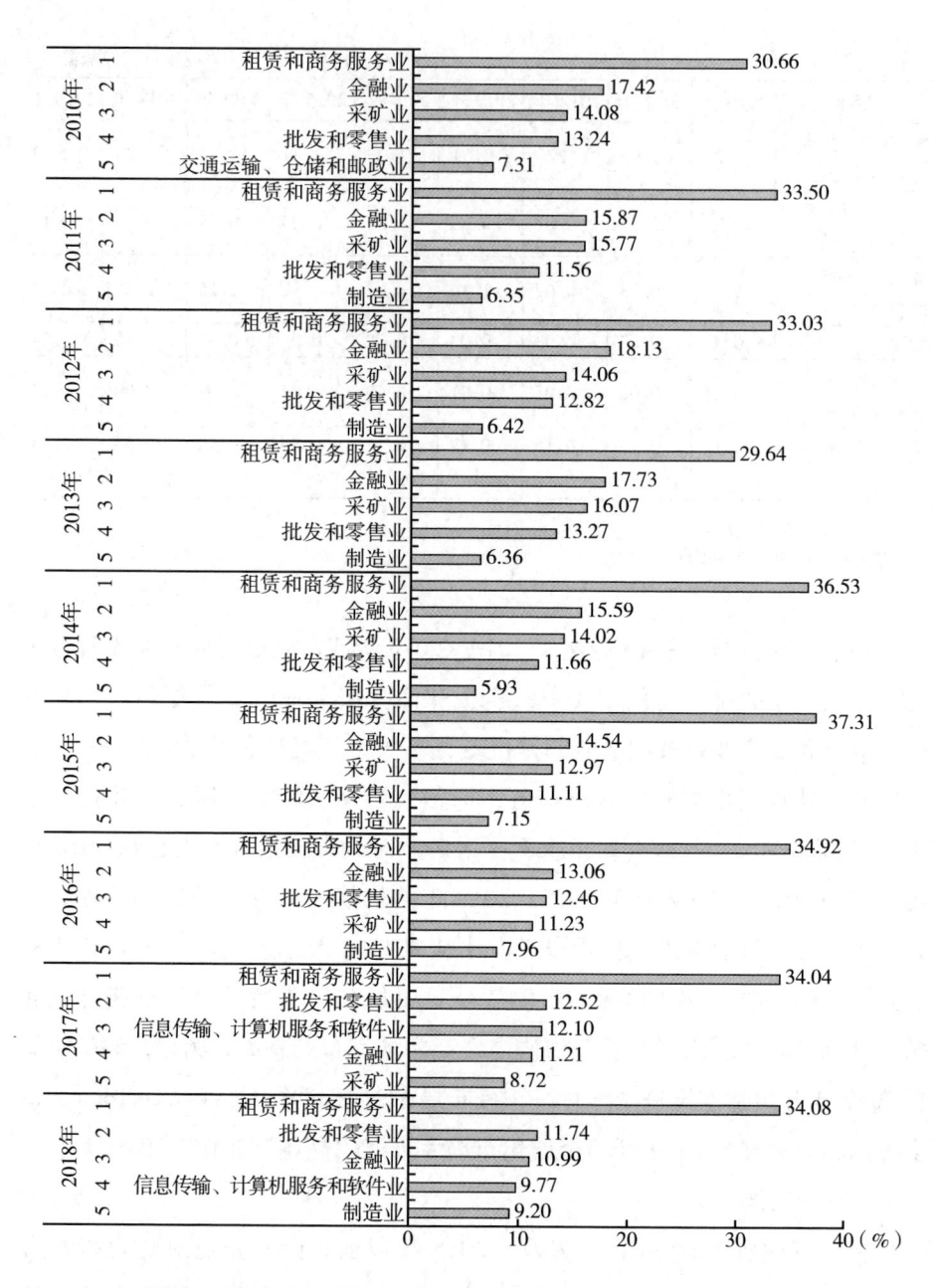

图10 2010～2018年中国企业对外直接投资额占比前五大行业

资料来源：Wind数据库。

不认为中美贸易摩擦对我国企业海外投资的国有与非国有主体构成了明显影响。

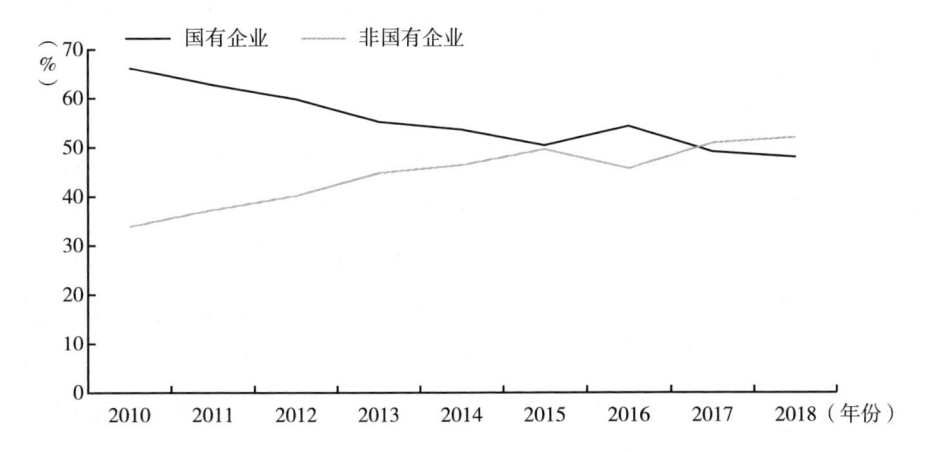

图11　2010~2018年中国企业对外直接投资主体（国企和非国企）构成

资料来源：商务部《中国对外投资发展报告》。

从中央企业（单位）和地方企业来看。图12显示，2016年之前，中央企业（单位）对外直接投资份额总体呈下降趋势；2017年，这一趋势逆转；

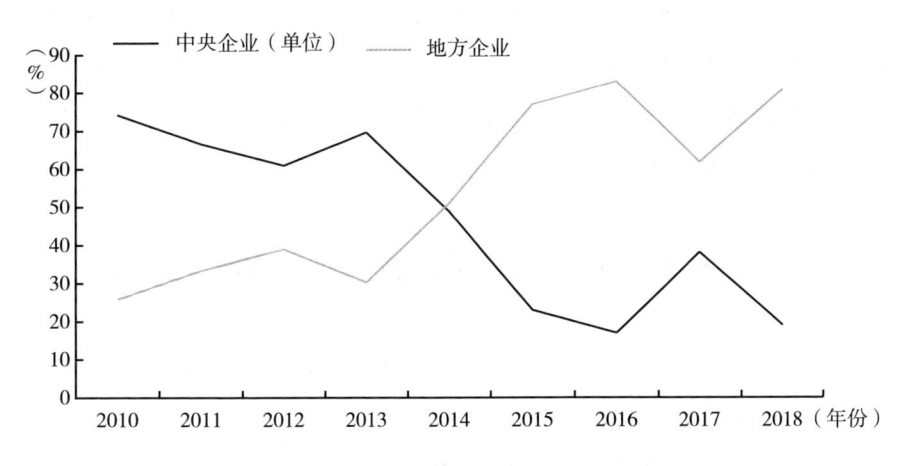

图12　2010~2018年中国企业对外直接投资主体[中央企业（单位）和地方企业]构成

资料来源：商务部《中国对外投资发展报告》。

2018年，中央企业（单位）对外直接投资份额再次下降。总体而言，在我国对外直接投资中，地方企业发挥着越来越重要的作用。与国有和非国有主体类似，本报告不认为中美贸易摩擦对我国海外投资企业的中央与地方主体构成产生了明显影响。

4. 投资方式

根据2018年美国《外国投资风险评估现代化法案》，CFIUS审查的重要范围之一是"控制权变更"。而日本2019年修订的新版《外汇与外国贸易法》也将"外国投资者持有日本涉及国家安全上市公司一定股权后应向日本政府申报"的比例限制由10%下调为1%。这表明中美贸易摩擦可能对我国企业海外投资方式产生影响，因为不同的投资方式意味着投资交易中不同的股权或控制权安排，而中美贸易摩擦期间，欧美日等都强调加强对本国国家安全、关键技术等的控制。

图13根据2013~2019年商务部投资项目信息库发布的"对外投资项目"信息对各项目的项目类型（投资方式）进行了汇总和绘制。① 图13显示，2013~2019年，外方向中国招商的投资项目中，2013年仅有股权投资类项目，而后续年份中，投资方式越来越呈现多样化的特点。值得注意的是，2018年以前，股权投资项目占绝大比例，占比均值为82.8%，而2018~2019年，股权投资项目占比急剧下降为21%和8%，而技改扩建类项目和其他类型项目所占比重明显增加。这表明，中美贸易摩擦背景下，外方招商项目对控制权的重视明显加强。

四 "一带一路"倡议下海外投资新形势的影响

"一带一路"是国家级顶层合作倡议，对于中美贸易摩擦背景下我国企业海外投资具有重要意义。

一方面，"一带一路"倡议为中美贸易摩擦下我国企业资本输出提供了

---

① 该数据体现了外方向中国招商项目对投资方式的偏好变化。

中美贸易摩擦对中国企业海外投资的影响及应对研究

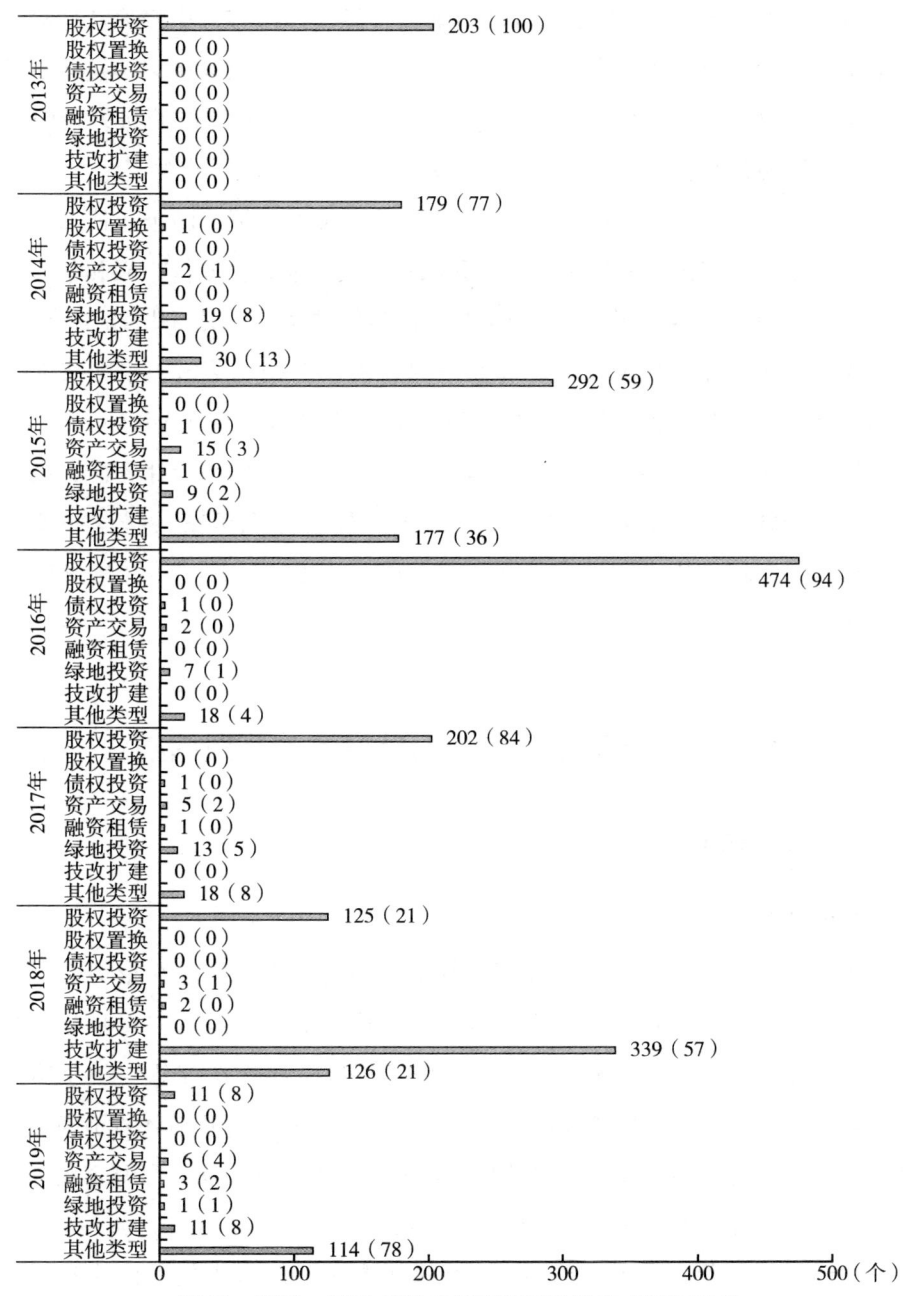

年份	投资方式	数值
2013年	股权投资	203（100）
	股权置换	0（0）
	债权投资	0（0）
	资产交易	0（0）
	融资租赁	0（0）
	绿地投资	0（0）
	技改扩建	0（0）
	其他类型	0（0）
2014年	股权投资	179（77）
	股权置换	1（0）
	债权投资	0（0）
	资产交易	2（1）
	融资租赁	0（0）
	绿地投资	19（8）
	技改扩建	0（0）
	其他类型	30（13）
2015年	股权投资	292（59）
	股权置换	0（0）
	债权投资	1（0）
	资产交易	15（3）
	融资租赁	1（0）
	绿地投资	9（2）
	技改扩建	0（0）
	其他类型	177（36）
2016年	股权投资	474（94）
	股权置换	0（0）
	债权投资	1（0）
	资产交易	2（0）
	融资租赁	0（0）
	绿地投资	7（1）
	技改扩建	0（0）
	其他类型	18（4）
2017年	股权投资	202（84）
	股权置换	0（0）
	债权投资	1（0）
	资产交易	5（2）
	融资租赁	1（0）
	绿地投资	13（5）
	技改扩建	0（0）
	其他类型	18（8）
2018年	股权投资	125（21）
	股权置换	0（0）
	债权投资	0（0）
	资产交易	3（1）
	融资租赁	2（0）
	绿地投资	0（0）
	技改扩建	339（57）
	其他类型	126（21）
2019年	股权投资	11（8）
	股权置换	0（0）
	债权投资	0（0）
	资产交易	6（4）
	融资租赁	3（2）
	绿地投资	1（1）
	技改扩建	11（8）
	其他类型	114（78）

图13 2013~2019年外方招商项目投资方式偏好变化

注：图13括号内为采用该投资方式的外方招商项目占全年外方招商项目总数的比重。
资料来源：根据商务部"对外投资项目"信息整理。

回旋空间。"一带一路"横贯欧亚非大陆，涉及众多国家。这些国家自然资源丰富；政治局势整体稳定；经济上多为发展中国家，百业待兴、发展空间大；文化上自古以来与中国兼容并包。这为我国企业开辟新的海外投资市场、寻求资源优势合作互补以及拓展海外贸易空间提供了新的机会。

另一方面，"一带一路"倡议为中美贸易摩擦背景下我国企业技术输出提供了新方案。美国等发达国家封锁我国技术类企业，如断供中兴和华为芯片、考虑禁用 TikTok 和微信等，给我国企业的技术出海之路增添了壁垒。而共建"一带一路"国家在技术和互联网等领域上相对落后，中国技术和中国经验可以大有作为。例如，阿里巴巴通过全球速卖通（AliExpress）构建"网上丝绸之路"，蚂蚁金服将移动支付技术、大数据和云计算输出到共建"一带一路"国家，广汽集团加快"中国智造"汽车在共建"一带一路"国家的布局，华为和三大通信运营商参与共建"一带一路"国家的信息化建设等。

五 新形势下中国企业海外投资的应对措施

（一）总体方案

1. 指导思想

2020 年 4 月 8 日，就国内外新冠肺炎疫情防控和经济运行形势，习近平总书记在中共中央政治局常务委员会发表重要讲话，提出"要坚持底线思维，做好较长时间应对外部环境变化的思想准备和工作准备"的总体要求。在当前中美贸易摩擦叠加新冠肺炎疫情导致世界经济政治环境不确定的新形势下，这为我国企业谋求海外投资发展提供了指导思想。出海企业应当居安思危，做好长期应对海外市场困难和挑战的准备。

2013～2017 年，习近平总书记多次在重要国际演讲中先后论述和阐明了新时期的丝路精神。丝路精神以"和平合作、开放包容、互学互鉴、互利共赢"为核心，以共商、共建、共享为原则，为我国企业调整海外投资战略布局、寻求海外市场结构调整、创新国际经贸合作新模式提供了指引。

2.具体举措

在习近平总书记有关当前新形势做出的要求和丝路精神重要思想的指引下，为进一步推动我国企业"走出去"，本报告认为，可从引导性、支持性和保障性三个方面提出应对举措。

(1) 引导性举措

创新企业对外投资合作方式。2017年11月21日《人民日报》刊文，指出商务部将创新对外投资方式，引导企业通过绿地投资、跨国并购、联合投资等方式"走出去"。绿地投资、联合投资等模式将直接产生经济欠发达东道国生产能力、产出和就业的增长，同时跨国公司不易受东道国法律和政策的限制。

搭建投资商机发现平台。商务部投资项目信息库的"对外投资项目"板块为企业提供了海外投资商机信息，也为搭建投资商机发现平台提供了示范作用。正如前文所述，在新形势下，地方企业、非国有企业以及中小企业在海外投资中发挥着越来越重要的作用，可以引导地方政府、民间团体和机构搭建类似的海外投资商机发现平台，为上述企业积极"走出去"提供更多机会。

推动中国技术、标准"走出去"。"走出去"的关键不仅在产品，还在标准，因为标准在国际投资贸易中起基础性作用。例如，国家电网公司在"走出去"中尤其重视技术创新和标准引领，形成了良好的标杆示范作用。

(2) 支持性举措

建立外经贸担保服务平台和设立外经贸发展引导基金。2016年，北京市商务局成立外经贸担保服务平台，设立外经贸发展引导基金，支持企业加快"走出去"。云南、江西、江苏、宁夏等省份和自治区也不断创新外经贸企业融资模式，解决外经贸企业融资难题。政府可以引入市场化运作模式，让市场发挥主导作用，实现财政资金逐步与金融资本结合，并引导带动社会资本投入，为我国企业（尤其是中小企业）海外投资提供融资支持。

加快和完善对外投资合作服务支撑平台建设。2006年，商务部设立

"中国企业境外商务投诉服务中心",以促进和保障公平贸易,维护我国企业在境外的合法权益。2015年12月9日,商务部上线"走出去"公共服务平台,提供了服务"一带一路"、国别(地区)指南、境外经贸合作区、境外安全风险防范、投资合作促进、统计数据、政策法规及业务指南、在线办事等多方面的信息和服务。当前国际经济政治局势复杂,例如中美贸易摩擦背景下中兴、华为、TikTok等企业在欧美国家面临政策限制和技术封锁,中国企业在美原审立案数不断攀升等,参考上述举措,可加强和完善我国对外投资合作服务平台在企业出海面临新问题、新矛盾时的政策指引和支撑。

(3)保障性举措

持续推进简政放权。2017年12月,国家发展和改革委员会发布《企业境外投资管理办法》,《境外投资项目核准暂行管理办法》废止。该管理办法突出了简政放权,有助于企业海外投资的便利化。中美贸易摩擦下,企业对外投资发展面临市场与行业、投资模式、技术等方面的新问题,应当持续推进简政放权,降低交易成本,完善现行管理制度,提高公共服务质量,为进一步推动和服务企业海外投资提供制度性便利。

建设风险预警防范平台。根据普华永道《2019年"一带一路"境外投资风险防控现状与对策》,企业重点关注的境外投资风险有政治风险、外汇风险、运营风险、资产保值增值风险、税务风险等11种。中美贸易摩擦背景下,中美、中印等政治关系紧张导致的政治风险,以及欧美东道国外国投资审查政策变动引发的合规风险变得尤为突出。建设企业海外投资风险预警防范平台,有助于企业对境外投资总体风险与战略进行考量,并合理考虑境外投资项目的拓展与退出。

(二)重点布局

1. 重点市场布局

共建"一带一路"国家。"一带一路"沿线腹地宽广,共建"一带一路"国家发展潜力巨大。然而,正如本报告图9数据所示,2019年,我国企业在东亚、南亚、中亚、西亚地区的项目投资额占比仅为5.9%,而这些地区在基础设施、能源资源勘探开发、农林牧渔业、新一代信息技术、生物、新能源等领域具有很大的投资合作潜力。在外部发达国家和地区投资市场收缩,国内产能过剩、资源短缺的现状下,我国企业局限于国内的发展和扩张空间有限。而共建"一带一路"诸多发展中国家百业待兴,投资共建"一带一路"国家,有利于我国企业海外产业转移承接,也有助于企业转移过剩产能。

买晓森从经济潜力、营商便利性、风险阻力三大维度考量,构建了涵盖11个二级指标和46个三级指标的投资潜力国别筛选体系,对共建"一带一路"国家投资优先度进行了排序(见表7)。

表7 共建"一带一路"重点投资促进国家

区域	国家
东南亚	新加坡、印度尼西亚、马来西亚、越南、泰国、文莱
南亚	印度、斯里兰卡
中亚	哈萨克斯坦、土库曼斯坦
西亚、北非、东非	阿联酋、沙特阿拉伯、以色列、卡塔尔、科威特、阿曼、肯尼亚、埃塞俄比亚
中东欧	罗马尼亚、波兰、克罗地亚、捷克、爱沙尼亚、匈牙利、拉脱维亚、立陶宛、马其顿、斯洛文尼亚、斯洛伐克
独联体及其他	俄罗斯、白俄罗斯、蒙古国、阿塞拜疆

注:投资优先度从左至右依次降低。
资料来源:《买晓森:"一带一路"沿线哪些国别和产业更具投资潜力》,网易网,http://dy.163.com/article/E2H3LJIO05355XSP.html。

非洲地域广阔,人口众多,自然资源丰富,中非合作历史长久。就投资水平而言,2018年,中国对非洲FDI流量为53.9亿美元,占当年FDI流量的3.8%;中国对非洲FDI存量为461亿美元,占中国对外FDI存量的2.3%。尽管如图9所示,在中美贸易摩擦背景下非洲地区是中国企业海外投资的主要产业转移和承接市场,但总体而言,中国企业在非洲的投资水平仍然偏低。就投资领域而言,中国企业在非投资行业相对集中,主要分布在建筑业、采矿业、制造业、金融业以及租赁和商务服务业。中国对外直接投资行业领域仍有很大的拓宽空间,如基础设施、消费、电子商务、房地产等产业。表 8 列出了非洲地区营商环境得分排名前 10 国家，中国企业可重点考虑在排名靠前的国家投资。

表 8 2019 年非洲营商环境 TOP10 国家

非洲国家	非洲排名	营商环境得分
毛里求斯	1	79.58
卢旺达	2	77.88
摩洛哥	3	71.02
肯尼亚	4	70.31
突尼斯	5	66.11
南非	6	66.03
博茨瓦纳	7	65.40
赞比亚	8	65.08
塞舌尔	9	62.41
吉布提	10	62.02

资料来源：世界银行《2019 年营商环境报告》。

作为发展中国家和新兴市场国家分布地区，拉丁美洲和加勒比地区在推动世界多极化和共建人类命运共同体中发挥着越来越重要的作用。2018 年，中国对该区域的 FDI 流量小幅增长。就投资水平而言，主要投资流向英属维尔京群岛、开曼群岛、巴西、墨西哥、委内瑞拉等，国别分布不均衡。就投资行业而言，布局较为集中，主要为信息传输、计算机服务和软件业，租赁和商务服务业，批发和零售业，金融业和采矿业。总体上，拉丁美洲地区政局总体稳定，经济发展态势良好。表 9 列出了拉丁美洲及加勒比地区营商环境得分排名前 10 国家。

表 9 2019 年拉丁美洲及加勒比地区营商环境 TOP10 国家

拉丁美洲及加勒比国家	拉丁美洲及加勒比排名	营商环境得分
墨西哥	1	72.09
波多黎各	2	69.46
哥伦比亚	3	69.24
哥斯达黎加	4	68.89
秘鲁	5	68.83

续表

拉丁美洲及加勒比国家	拉丁美洲及加勒比排名	营商环境得分
牙买加	6	67.47
巴拿马	7	66.12
萨尔瓦多	8	65.41
圣卢西亚	9	63.02
乌拉圭	10	62.60

资料来源：世界银行《2019年营商环境报告》。

2. 重点行业布局

《第44次中国互联网络发展状况统计报告》指出，截至2019年6月，我国网民规模和手机网民规模分别达到8.54亿人和8.47亿人，互联网普及率和手机上网率分别达61.2%和99.1%。我国互联网发展呈现"IPv6地址数量全球第一，.CN域名数量持续增长""互联网普及率超过六成，移动互联网使用持续深化""下沉市场释放消费动能，跨境电商等领域持续发展""网络视频运营更加专业，娱乐内容生态逐步构建"等显著趋势和特点。伴随我国互联网发展的不断突破和数字经济的领跑全球，我国互联网企业出海也已从早期的粗放布局走向精细深耕，游戏、社交与娱乐、电商与金融科技、云计算和云服务等细分赛道都具有巨大的海外投资空间。

为响应"一带一路"倡议，中国建筑企业积极参与国际基础设施合作，"中国建设"这张名片越来越亮丽。当前，中国对外承包工程业务呈现的变化有："一带一路"基础设施互联互通建设成为重点，业务转型升级和模式创新成效显著，跨界合作与多方联合成为新趋势。中国企业在基础设施建设中积累的丰富经验，共建"一带一路"国家、非洲和拉丁美洲地区在基础设施建设方面的薄弱，为中国企业海外投资该领域提供了广阔机会，例如继续推进共建"一带一路"国家交通基础设施互联互通，积极开发各类BOT、PPP等特许经营类项目，整合不同类型企业、产业链上下游企业的优势，打

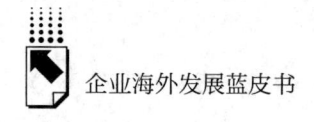

造海外基础设施投资"联合舰队"等。

批发与零售业在我国企业对外投资中占据重要地位。如图10所示，2013~2018年，批发和零售业一直居我国企业海外投资行业排名的前五位。该行业海外投资呈现规模扩大、市场分布集中、份额有所波动、分布国家发展加快等特点。在中美贸易摩擦叠加新冠肺炎疫情的背景下，批发和零售业构成了以国内大循环为主体、国内国际双循环相互促进新发展格局的关键环节。因此，要继续推动中国企业海外投资批发和零售业，推动中国产品及中国标准"走出去"，重塑中国在国际分工合作中的定位。

2019年，我国信息传输、软件和信息技术服务业高速发展，生产指数同比增速20.4%，拉动服务业生产指数比1.8个百分点。2016年工信部《软件和信息技术服务业发展规划（2016—2020年）》指出："世界产业格局正在发生深刻变化，围绕技术路线主导权、价值链分工、产业生态的竞争日益激烈，发达国家在工业互联网、智能制造、人工智能、大数据等领域加速战略布局，抢占未来发展主导权，给我国软件和信息技术服务业跨越发展带来深刻影响。"2016年以来，信息传输、计算机服务和软件业成为中国企业海外投资新的增长点，而中国制造2025、"一带一路"倡议、"互联网+"行动计划、大数据等的推进实施，以及国家网络安全保障的战略需求，赋予软件和信息技术服务业新的使命和任务。

参考文献

边泉水、段小乐、林玲、邱鼎荣：《加大开放力度应对美国301调查——美国301调查研究：从历史到现实》，国金证券《宏观专题研究报告》，2018。

龚芳、陆媛媛：《中国企业跨境并购数量及规模增速明显放缓——2017年度中国企业跨境并购报告》，申万宏源研究，2018。

蒋健蓉、龚芳、袁宇泽：《跨境并购寒冬中的星星之火——2018年度中国境内企业跨境并购报告》，申万宏源研究，2019。

蒋健蓉、袁宇泽：《跨境并购持续遇冷，未来将现五大趋势——中国境内企业跨境并购报告（2020）》，申万宏源研究，2020。

《收紧！！！总体态势已明》，百家号网站，https：//baijiahao.baidu.com/s？id＝1670911666041541976&wfr＝spider&for＝pc。

B.8 "一带一路"倡议下的"第三方市场合作"国际合作新模式研究

陈帅 杨道广[*]

摘　要： 本报告主要以我国"一带一路"倡议下的"第三方市场合作"国际合作新模式为研究对象。在总体介绍"第三方市场合作"提出背景的基础上，首先选取了以中法、中日和中英为代表的"第三方市场合作"典型模式进行专题分析；其次，分别从合作伙伴与平台、合作领域与模式以及发展前景与挑战三个维度对我国"第三方市场合作"的发展概况进行总体研究；最后，为帮助我国企业"走出去"，把"第三方市场合作"推向更高层次，还从国家层面、行业层面和企业层面提出了相关建议。

关键词： "一带一路"倡议　"第三方市场合作"　国际合作

一 "一带一路"倡议下"第三方市场合作"提出的背景

随着全球经济进入深刻调整期，为进一步加强区域经济合作，促进经济发展，国家主席习近平于2013年先后提出了共建"丝绸之路经济带"和

---

[*] 陈帅，对外经济贸易大学国际商学院博士研究生，主要研究方向为会计信息与资本市场；杨道广，管理学博士，对外经济贸易大学国际商学院讲师，主要研究方向为内部控制与公司财务。

"一带一路"倡议下的"第三方市场合作"国际合作新模式研究

"21世纪海上丝绸之路"的伟大倡议（以下简称"一带一路"倡议）。"一带一路"倡议以和平合作、开放包容、互学互鉴、互利共赢为理念，以共商、共建、共享为原则，力求打造融政治、经济和文化于一体的命运共同体。"一带一路"倡议自提出以来，逐渐得到世界各国的支持和认同。如表1所示，同我国签署共建"一带一路"合作协议的国家越来越多。在此情形下，为进一步地深化区域经济合作，我国还以"一带一路"倡议为引领，开创性地提出国际合作新模式，即"第三方市场合作"。作为我国首创的国际合作方案，"第三方市场合作"的提出有深刻的政治经济背景。

表1 与我国达成共建"一带一路"协议的国家名单

序号	非洲	亚洲	欧洲	大洋洲、南美洲与北美洲
	（44个）	（37个）	（27个）	（30个）
1	苏丹	韩国	塞浦路斯	新西兰
2	南非	蒙古国	俄罗斯	巴布亚新几内亚
3	塞内加尔	新加坡	奥地利	萨摩亚
4	塞拉利昂	东帝汶	希腊	纽埃
5	科特迪瓦	马来西亚	波兰	斐济
6	索马里	缅甸	塞尔维亚	密克罗尼西亚联邦
7	喀麦隆	柬埔寨	捷克	库克群岛
8	南苏丹	越南	保加利亚	汤加
9	塞舌尔	老挝	斯洛伐克	瓦努阿图
10	几内亚	文莱	阿尔巴尼亚	所罗门群岛
11	加纳	巴基斯坦	克罗地亚	基里巴斯
12	赞比亚	斯里兰卡	波黑	智利
13	莫桑比克	孟加拉国	黑山	圭亚那
14	加蓬	尼泊尔	爱沙尼亚	玻利维亚
15	纳米比亚	马尔代夫	立陶宛	乌拉圭
16	毛里塔尼亚	阿联酋	斯洛文尼亚	委内瑞拉
17	安哥拉	科威特	匈牙利	苏里南
18	吉布提	土耳其	北马其顿（原马其顿）	厄瓜多尔
19	埃塞俄比亚	卡塔尔	罗马尼亚	秘鲁
20	肯尼亚	阿曼	拉脱维亚	哥斯达黎加
21	尼日利亚	黎巴嫩	乌克兰	巴拿马

续表

序号	非洲（44个）	亚洲（37个）	欧洲（27个）	大洋洲、南美洲与北美洲（30个）
22	乍得	沙特阿拉伯	白俄罗斯	萨尔瓦多
23	刚果布	巴林	摩尔多瓦	多米尼加
24	津巴布韦	伊朗	马耳他	特立尼达和多巴哥
25	阿尔及利亚	伊拉克	葡萄牙	安提瓜和巴布达
26	坦桑尼亚	阿富汗	意大利	多米尼克
27	布隆迪	阿塞拜疆	卢森堡	格林纳达
28	佛得角	格鲁吉亚	—	巴巴多斯
29	乌干达	亚美尼亚	—	古巴
30	冈比亚	哈萨克斯坦	—	牙买加
31	多哥	吉尔吉斯斯坦	—	—
32	卢旺达	塔吉克斯坦	—	—
33	摩洛哥	乌兹别克斯坦	—	—
34	马达加斯加	泰国	—	—
35	突尼斯	印度尼西亚	—	—
36	利比亚	菲律宾	—	—
37	埃及	也门	—	—
38	赤道几内亚	—	—	—
39	利比里亚	—	—	—
40	莱索托	—	—	—
41	科摩罗	—	—	—
42	贝宁	—	—	—
43	马里	—	—	—
44	尼日尔	—	—	—

资料来源：根据中国一带一路网公开资料整理。

（一）合作共识不断增进

自经济全球化以来，世界各国和地区之间的经济联系日益加强，相互之间的经济依赖程度也明显提升，特别的，随着国际贸易经济规则不断趋于一致，基于贸易分工、对外投资、要素流动等方式，世界各国的市场也逐渐趋于融合。尤其是近年来随着世界经济进入深刻调整期，为应对全球经济下行压力,加强区域经济合作、共同推进合作领域的纵深发展已经成为世界各国的普遍共识。事实上,在"第三方市场合作"国际合作新模式提出之前,包括亚太经济合作组织、上海合作组织等在内的区域经济合作组织已经凸显了强大生命力。尤其是自我国提出"一带一路"倡议以来,该倡议在优化共建国家生产要素流动和资源配置方面发挥了重要作用,实现了不同国家之间的优势互补。在此过程中,共建国家对共建"一带一路"倡议的积极性和参与度不断增强。因此,在全球化背景下,世界各国之间不断扩大的合作共识成为顺利开展"第三方市场合作"的重要前提。

(二)合作主体趋于多元

合作主体趋于多元是开展"第三方市场合作"的重要基础,也是区域经济合作的重要趋势。基于"一带一路"倡议,我国基于多边合作等各种形式,鼓励更多的国家和地区参与进来,共享经济合作成果。随着各国经济之间的联系日趋紧密,为应对单边主义和贸易保护主义对全球贸易的冲击,倡导国际合作、维护多边主义成为国际社会的普遍共识。比如,目前已有130多个国家同我国签署了共建"一带一路"合作协议。因此,我国现有的"一带一路"倡议及其实施奠定了"第三方市场合作"开放、包容与共赢的基础,也为我国提出"第三方市场合作"模式提供了稳定的政治互信基础与经济合作环境。

(三)合作效果逐渐显现

从合作效果来看,作为"一带一路"倡议的重要参与者,目前,共建国家已经成为推动全球经济发展的重要组成部分,并且,基于区域经济合作的红利也逐渐显现出来。集中表现在以下四个方面:一是各国间的合作共识得到了深化,有助于实现顺畅的政策沟通;二是注重推进重点项目,实现了基建领域的互联互通;三是对外投资范围扩大,推进了国际贸易的便利化与自由化;四是资金融通途径更加多元。随着区域经济合作与政治互信的不断加深,亚洲金融合作协会会员和丝路基金新增资金不断增加。如表2所示,2018~2019

年"一带一路"航贸指数整体呈上升趋势。基于上述分析,"一带一路"倡议所实现的丰富合作成果是催生"第三方市场合作"新模式的重要动力。

表2 2018~2019年"一带一路"航贸指数

时间	"一带一路"贸易额指数	"一带一路"货运量指数
2018年1月	127.79	116.41
2018年2月	125.59	122.50
2018年3月	112.39	112.78
2018年4月	109.14	104.89
2018年5月	121.29	123.44
2018年6月	126.86	126.45
2018年7月	124.61	125.94
2018年8月	124.88	131.63
2018年9月	126.63	130.42
2018年10月	133.29	131.76
2018年11月	127.01	131.07
2018年12月	134.91	125.03
2019年1月	123.57	121.23
2019年2月	129.35	130.42
2019年3月	96.57	110.32
2019年4月	121.77	130.06
2019年5月	128.74	133.25
2019年6月	129.01	131.24
2019年7月	130.00	141.15
2019年8月	132.84	151.74
2019年9月	133.67	144.87
2019年10月	139.80	158.50
2019年11月	131.35	139.66
2019年12月	144.82	145.22

资料来源:上海航运交易所网站和中国一带一路网。

(四)合作模式有待改进

"第三方市场合作"提出的一个重要现实背景是,需要利用多边、多元、多层次的合作机制来更好地实现"一带一路"倡议的可持续发展。已有的国际合作成果表明,"一带一路"倡议的经济贡献日益凸显,不仅为共建地区的社会发展和稳定带来了经济利益,而且基于基础设施建设的发展思路也凸显了未来发展潜能。但值得注意的是,囿于既有合作模式,参与主体与参与方式仍主要局限在共建"一带一路"的主要国家层面,这在一定程度上不利于合作空间的进一步开发和要素流动。在此背景下,如何构建并利用好一种国际合作新模式来促进我国企业和各国企业的优势互补成为亟须解决的问题。与之相适应,由我国首创的"第三方市场合作"国际合作新模式较好地解决了市场需求与供给问题,有利于共同推动第三方发达国家、共建"一带一路"发展中国家与我国产业的发展,并最终推进区域经济合作的可持续发展。

二 "一带一路"倡议下"第三方市场合作"典型模式分析

(一)中法两国"第三方市场合作"模式分析

2015年6月,我国正式同法国政府发表了《中法政府关于第三方市场合作的联合声明》,这标志着由我国首创的中国方案——"第三方市场合作"国际合作新模式正式形成,法国也成为第一个与我国进行"第三方市场合作"的国家。在此基础上,我国国家发改委和法国财政总局共同成立了指导委员会,通过设立示范项目清单机制来积极探索和发掘优秀合作范例。总体看来,中法两国"第三方市场合作"模式主要有以下三个方面的特点。

首先,从合作过程的资源配置方式来看,中法两国在"第三方市场合作"中基本形成了"文化优势"与"资金优势"的互补格局。一方面,受历史等多重因素的影响,社会文化和传统利益要素是联结法国与非洲的重要纽带,比如,法国与非洲国家在社会文化方面有较高的一致性。但是,中非之间既无传统利益也不存在文化上的渊源,甚至在语言沟通上还存在较大的障碍,就该方面而言,法国在非洲的文化优势反而是我国相对薄弱的劣势。

另一方面，我国政府在合作项目的资金支持上力度较大，为资金融通提供了可靠保障。因此，从中法两国"第三方市场合作"的比较优势来看，我国可以利用法国在非洲的长期影响力为我国在非洲的发展提供支持和帮助；同时，法国可以借助我国为非洲提供的大量资金、劳动力与我国展开合作，并为在非洲的合作提供先进的管理经验。①

其次，从合作领域的分布来看，中法两国在第三方国家开展的项目合作主要呈现投资领域多元化的特征。两国企业除了在能源和重大基础设施建设领域开展合作外，根据中法双方拟定的合作协议项目，双方还将民用航空器、粮食安全、卫生、气候变化等领域的合作作为中法两国拓展"第三方市场合作"的重点。

最后，从合作地域的分布来看，中法两国"第三方市场合作"主要集中在非洲市场。法国在非洲经验丰富，尤其是与非洲法语国家有深厚的政治、社会和文化联系，根据联合国贸发会议数据，2019年，法国是非洲第一大投资国。同时，我国与非洲也有长期的交流合作，比如，作为向西推进"一带一路"倡议和承接我国国际产能的重要地区，一直以来，非洲国家是促进区域经济互联互通的重要方向和落脚点，因此，将非洲作为重点合作区域是中法两国布局"第三方市场合作"的特征。

（二）中日两国"第三方市场合作"模式分析

随着中日两国政治与经贸关系回暖，在我国与法国、新加坡等多个发达国家达成"第三方市场合作"共识并取得显著成效的背景下，中日两国于2018年就"第三方市场合作"取得重要共识，并于当年5月共同签署了《关于中日第三方市场合作的备忘录》，至此，日本成为同我国开展"第三方市场合作"的又一重要国家。尽管中日两国开展"第三方市场合作"起步较晚，但依托"中日第三方市场合作论坛"等重要合作平台和工作机制，

---

① 张菲、李洪涛：《第三方市场合作："一带一路"倡议下的国际合作新模式——基于中法两国第三方市场合作的分析》，《国际经济合作》2020年第2期。

中日两国与共建"一带一路"国家在互利共赢方面取得了卓有成效的合作,为我国与其他发达国家开展"第三方市场合作"做出了积极示范。具体而言,中日两国"第三方市场合作"新模式主要表现以下三个方面的特征。

首先,从合作过程中的资源配置方式来看,"技术+资金"模式是中日两国"第三方市场合作"优势互补的重要特征。由于共建"一带一路"国家多为经济发展水平相对较低、工业化程度不高的发展中国家,在加快基础设施建设过程中,技术缺乏和资金不足成为其面临的重要问题。作为"第三方市场合作"的重要参与主体,我国企业与日本企业有各自的比较优势:由于产业政策的支持,我国海外投资企业往往具有充足的资金支持;相对而言,日本企业的优势在于风险管控和对共建项目的运营与管理水平较高。

其次,从合作过程中的分工方式来看,中日两国"第三方市场合作"分工方式具有高度的灵活性和多样性。具体包括:共同接受订单,共同运营基础设施;接受订单方为日企,工程承包与机器设备提供则由中企负责;利用第三方市场销售中日合资企业产品;日企向中企提供零部件,并将制品销往第三方市场;中日企业合作向第三方输出。①

最后,从合作领域来看,一方面,中日两国在第三方国家开展合作的领域主要集中在基础设施建设方面。比如,日本政府于2018年6月发布了新的基础设施出口战略,首次提出"推动中日企业在第三国推进基础设施建设合作"。另一方面,从中日两国开展"第三方市场合作"的地域分布来看,两国的签约项目主要分布在东南亚地区。由于东南亚地区正处于工业化进程中,急需发展基础设施,其面临的技术和资金压力为中日展开"第三方市场合作"提供了合作机会。此外,在东南亚地区,中日两国与东盟较好的经济合作基础以及稳定的地缘政治关系使其成为中日两国"第三方市场合作"的优先选择区域。目前,以泰国"经济走廊项目"为例,该项目已经成为中日双方在第三方国家开展合作的示范项目。

---

① 徐梅:《从"一带一路"看中日第三方市场合作的机遇与前景》,《东北亚论坛》2019年第28期。

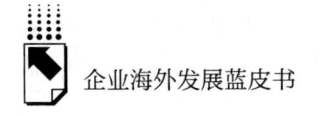

（三）中英两国"第三方市场合作"模式分析

根据中英两国共同签署的《关于开展第三方市场合作的谅解备忘录》，2019年6月，英国成为继法国、意大利、奥地利等国之后，与我国正式开展"第三方市场合作"的又一欧洲国家。尽管中英两国在第三方国家开展正式合作起步较晚，但由于中英两国在开放市场和推进自由贸易方面有相近的理念、较强的产业互补性，所以中英两国"第三方市场合作"模式在国际合作模式推广过程中具有一定的代表性和政策启示。具体而言，主要表现出以下三个方面的特点。

首先，从合作过程的资源配置方式来看，中英两国在产业合作，尤其是基础设施建设领域互补性特征明显。一般而言，相较于我国，英国在工程设计、法律、咨询、管理等方面具有显著优势，该方面的经验能够促进我国企业的跨越式发展；而我国在施工效率、成本管控、供应链管理、性价比等方面具有较强的国际竞争力，值得英国企业加以借鉴。因此，发挥各自比较优势，共同促进项目实施是中英两国在第三方开展项目合作的重要特征。同时，根据签署的谅解备忘录，基建领域的投融资项目将是中英企业双方合作的重点，因此，此类特征在基础设施建设领域更为凸显。

其次，以金融领域为依托的项目合作成果突出。由于英国是传统的国际金融中心，其在国际金融领域具有丰富经验，并且与诸多共建"一带一路"国家都有一定的合作基础。因此，在"第三方市场合作"过程中，中英两国在金融领域的合作一直走在其他西方国家的前列。事实上，在中国正式提出"第三方市场合作"新模式之前，英中已经有较为紧密的合作基础，比如在参与亚投行、向亚投行特别基金注资方面，英国均为首位申请加入的发达国家，此外，英国还是首个签署《"一带一路"融资指导原则》协议的成员国。因此，中英两国"第三方市场合作"模式，在扩展新兴合作领域的同时，还延续着已有的合作领域，其中，以金融领域为依托的项目合作成果尤为突出。

最后，从合作地域的分布来看，东非国家将成为中英两国开展"第三方市场合作"的重要市场。中英两国对于东非市场的关注,具有较高的契合度。比如,近年来,我国、英国及肯尼亚商会签署了促进三方合作开发基础设施项目的合作备忘录;中英两国在埃塞俄比亚举办了推动三国合作开展基础设施合作的圆桌会议,并着手推动亚的斯亚贝巴机场及液化天然气项目实施等。因此,中英两国合作拓展东非国家市场得到了两国企业及东道国政府的大力支持,中英两国在东非国家的基础设施开发合作将成为各方关注的新亮点。

三 "一带一路"倡议下"第三方市场合作"的发展现状

(一)合作伙伴与平台

开展"第三方市场合作",顺应了全世界不同发展阶段国家的自身需求。因此,作为我国首创的国际合作新模式,"第三方市场合作"得到了国际相关国家的广泛认同和欢迎。如表3所示:截至2019年底,以法国、日本、英国等为代表的14个国家同我国正式建立了开展"第三方市场合作"的机制,并签订了相关合作文件。与此同时,以"中法第三方市场合作基金"等为代表的合作平台也在不断涌现。

表3 与我国正式开展"第三方市场合作"的国家及相关信息

序号	国家	签署文件	合作平台
1	中国—澳大利亚	《关于开展第三方市场合作的谅解备忘录》	中澳战略经济对话
2	中国—奥地利	《关于开展第三方市场合作的谅解备忘录》	中奥第三方市场合作工作组
3	中国—比利时	《关于在第三方市场发展伙伴关系与合作的谅解备忘录》	—
4	中国—加拿大	《关于开展第三方市场合作的联合声明》	—

续表

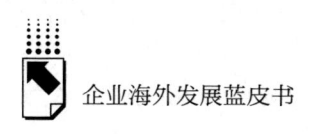

序号	国家	签署文件	合作平台
5	中国—法国	《中法政府关于第三方市场合作的联合声明》 《中法第三方市场合作示范项目清单》	中法第三方市场合作指导委员会 中法第三方市场合作论坛 中法第三方市场合作基金
6	中国—意大利	《关于开展第三方市场合作的谅解备忘录》	中意第三方市场合作论坛 中意第三方市场合作工作组
7	中国—日本	《关于中日第三方市场合作的备忘录》	中日第三方市场合作论坛 中日第三方市场合作工作机制
8	中国—荷兰	《关于加强第三方市场合作的谅解备忘录》	—
9	中国—葡萄牙	《关于加强第三方市场合作的谅解备忘录》	中葡第三方市场合作工作组
10	中国—韩国	《关于加强第三方市场合作的谅解备忘录》	中韩共同开拓第三方市场联合工作组
11	中国—新加坡	《关于加强第三方市场合作的谅解备忘录》 《关于加强中新第三方市场合作实施框架的谅解备忘录》	中新第三方市场合作工作组 中新"一带一路"投资合作论坛
12	中国—西班牙	《关于加强第三方市场合作的谅解备忘录》	中西第三方市场合作工作组
13	中国—瑞士	《关于开展第三方市场合作的谅解备忘录》	中瑞第三方市场合作工作组 "一带一路能力建设中心"
14	中国—英国	《关于开展第三方市场合作的谅解备忘录》	中英第三方市场合作工作组

资料来源：《第三方市场合作指南和案例》。

（二）合作领域与模式

随着区域经济合作伙伴的不断增加，"第三方市场合作"的领域也在不断地深化和细分，并呈现多元化特征。目前，合作主要涉及基建行业、能源行业等多个领域。与此同时，根据我国发布的《第三方市场合作指南和案例》，目前"一带一路"倡议下"第三方市场合作"新模式具有明显的灵活性和多样性，主要可划分为产品服务、工程合作、投资合作、产融合作和战略合作五大类别。

1. 产品服务类

产品服务类一般是指：中方企业与外国企业以采购设备、法律商务咨询等方式，在共建"一带一路"国家中开展合作，并据此为发展中国家的发展建设提供解决方案。以中德两国在莫桑比克马普托大桥项目中的合作为例，我国交建公司负责承建莫桑比克马普托大桥项目，德国GUAFF公司主要负责设计、质量安全控制等方面的咨询服务工作。该项目不仅大大改善了当地的交通运输环境，还通过创造就业岗位的方式，缓解了当地的就业难题。

2. 工程合作类

工程合作类一般是指：中方企业与外方企业利用联合竞标等方式，实现在第三方发展中国家开展合作。以埃塞俄比亚吉布三水电站项目中的中意两国的合作模式为例。吉布三水电站项目是中国东方电气公司与意大利企业共同承建的第三方市场项目。在该项目合作中，中国东方电气公司主要负责设备供应与服务部分，工作范围包括10台混流式水轮发电机组及其全部附属设备和所有金属结构设备的设计、制造、运输、安装、调试等，项目的具体土建工作则由意大利的公司负责。在中意两国合作互利的基础上，此项目有效缓解了当地电力极度短缺的情况，促进了当地经济发展和民生改善，同时为埃塞俄比亚提供了可观的外汇收入。

3. 投资合作类

投资合作类一般是指：为实现风险转移、减少投资风险，中方企业利用参股、并购或者合资的方式与外方企业合作投资，从而实现风险共担与利益共享。以中国的中石油公司与法国的道达尔公司在亚马尔液化天然气项目中的合作为例，该天然气项目由两国共同投资建立，2018年前三条生产线已实现投产。

4. 产融结合类

产融结合类一般是指：为缓解项目资金面临的融资约束问题，中国与外国的金融机构通过贷款、融资等形式在发展中国家的建设项目中开展的业务合作。比如，以开拓拉美市场项目中的中意两国合作模式为例，中国信保公司是承办出口信用保险业务的政策性保险公司，主要为货物出口、技术与服务输出提供保险支持。2016年1月，中国信保公司与意大利国家电力公司签署框架合作协议，旨在加强在电力、新能源等领域的项目开发，打开拉丁美洲等第三方市场。根据签署的协议，中国信保公司需要向意大利公司的银行贷款提供信用保险支持，从而缓解其融资能力不足的问题。

5. 战略合作类

战略合作类一般是指：为实现资源要素的充分流动和优化配置，中方企业与外方企业以合作协议或战略合作的方式，稳定双方企业在第三方市场的长期合作关系。以几内亚矿产资源项目的开发模式为例，以中国宏桥集团为代表的中方企业与以韦立集团为代表的新加坡企业，共同联合几内亚国内公司开发铝矿资源。在该过程中，中国企业负责港口运输，新加坡公司负责海运，几内亚公司负责陆运。

（三）发展前景与挑战

作为国际合作领域的重要创新，我国提出的"第三方市场合作"方案为不同发展阶段的国家开展经济合作提供了新思路。同时，囿于复杂的国际环境、贸易规则及文化差异等，"第三方市场合作"也面临诸多挑战。因此，发展前景与挑战并存将是我国开展"第三方市场合作"必须面对的情况。

1. "第三方市场合作"国际合作新模式的发展前景

其一，对于共建"一带一路"国家而言，诚如前文所述，许多国家仍处于工业化初期阶段，尽管具有丰富的自然资源，但资金匮乏，产业技术、装备产能和投融资等外部支持环境较差，严重掣肘了其对外贸易和本地可持续发展。在此情形下，基于"第三方市场合作"，中国可以将中高端制成品以较为低廉的价格输送给共建"一带一路"国家，同时，西方发达国家的企业可以帮助发展中国家学习先进的管理理念和前沿技术。

其二，对于"第三方市场合作"的发达国家而言，目前，发达国家处于高度发展阶段，如何将先进的管理经验和工业技术与发展中国家的市场进行有效对接、降低整体成本是发达国家及企业普遍面临的难题。随着我国对外开放程度的加深，由于我国和发达国家企业的合作已经具备了良好的基础，因此，与产品、服务价格相对低廉的中方企业进行"第三方市场合作"的，可以有效推动发达国家的产品与服务出口，实现多方互利共赢。

其三，对于我国而言，"第三方市场合作"有利于促进我国产业链转型升级。尽管我国已成为继美国之后的第二大经济体，但由于我国在高端技术等领域仍落后发达国家，因此，凭借"一带一路"倡议下"第三方市场合作"平台，我国可以在国际经济合作中学习发达国家的先进技术、管理理念。

整体而言，"第三方市场合作"是对以往区域经济合作方式的大胆创新和突破，满足了处于不同发展阶段的国家相互之间的合作需求。因此，"第三方市场合作"为各个参与主体提供了广阔的发展前景。

2. "第三方市场合作"国际合作新模式面临的挑战

其一，缺乏可以参照的样本经验。如前文所述，"第三方市场合作"国际合作新模式是在经济全球化背景下提出的中国方案，旨在实现发达国家、其他发展中国家与我国之间的优势互补。然而，由于在以往国际经济交流和合作中，并未有类似的经验可供参考，这使"一带一路"倡议下"第三方市场合作"国际合作新模式的开局推广和企业积极参与国际经济合作面临巨大压力。比如，部分合作伙伴是在我国与其他发达国家在一系列重大项目上取得了务实成果的基础上，才开始积极参与"第三方市场合作"的，这在一定程度上影响合作模式的推广。此外，"第三方市场合作"对企业提出了更高的要求，对外投资企业要了解国际规则和其他国家的政策法规，对于对外合作较少的企业而言，这在一定程度上加大了我国企业与其他外资企业合作的难度。

其二，普遍存在文化差异和制度距离。与其他区域经济合作模式不同，"第三方市场合作"国际合作新模式需要更多不同国家的企业参与共建"一

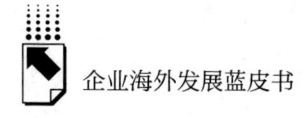

带一路"国家的发展建设，毋庸置疑，参与主体越多，在合作过程中，可能存在的政治经济因素越为复杂。因此，不同国家之间普遍存在的文化差异和制度距离将加剧贸易摩擦和争端纠纷，甚至影响"第三方市场合作"长期稳定伙伴关系的形成。

其三，地缘政治因素不稳定。地缘政治波动是影响国际经济合作程度的重要因素，在"第三方市场合作"过程中，不仅要关注共建"一带一路"国家的地缘政治稳定性，还要统筹考虑我国与西方发达国家在政治安全领域的政治互信水平。目前，全球经济正进入深度调整期，以贸易保护主义、单边主义等为主的"逆全球化"行为严重阻滞了全球经济恢复的进程，特别是近年来中美摩擦引致的外部市场波动，使得国际经济金融环境日趋复杂。此外，宗教冲突、种族矛盾、制度转型等因素交织在一起，也将使这些地区的风险不断积聚激增，从而对区域经济合作的开展造成冲击。

四 经验总结与展望

（一）国家层面

1. 建立好"第三方市场合作"的长效工作机制，维护多边合作

作为国际经济合作的新模式，"第三方市场合作"无论在理论上还是在实践上均缺乏可以参照的样本经验，能否协调好处于不同发展阶段国家之间的区域经济合作，并形成长期稳定的"第三方市场合作"关系，严重影响合作的宽度与深度。因此，要积极维护多边合作、促进多边关系稳定发展，必须与参与方制定一个常态化的工作机制。比如，可以在多领域为各国提供一个普遍认同的相互交流平台，鼓励各参与国和企业通过开展层次不同的多边合作和交流，缓解多边关系中存在的问题。

2. 建立健全重点国别企业库和项目信息库，注重经验积累

为更好地发挥合作机制的平台作用，在项目进行过程中或完成项目之后，我国可以围绕"第三方市场合作"的重点领域和行业，利用以政府部

门为代表的多个信息获取主体,不断推进重点项目的信息收集工作,并形成项目信息库和典型企业信息库,定期开展项目对接,交流合作信息,为以后相关的国际合作提供宝贵经验,降低前期的探索成本。

3. 设立并利用好第三方共同投资基金,发挥金融支撑作用

在经济发展水平相对较低的共建"一带一路"国家中,与第三方国家开展合作,往往面临缺乏技术和资金的问题。为此,对于资金需求较大的项目而言,缓解合作项目的融资约束问题尤为重要。在此情形下,为确保合作项目的正常运行,我国需要充分发挥金融机构在其中的积极作用,比如,可以借鉴既有的中法两国合作方案,设立共同投资基金。

(二)行业层面

1. 积极拓宽合作领域,为长期经济增长赋能

"第三方市场合作"涉及不同的行业领域,积极形成全面的合作伙伴关系,有助于加强参与各方在"第三方市场合作"中的经济纽带联系。从比较优势来看,一般而言,我国企业拥有相对更强的市场能力、全球战略经营能力及资金优势,而发达国家在技术创新领域实力较强。因此,为持续向经济增长赋能、积极拓宽合作领域,形成行业优势互补是维护"第三方市场合作"长久稳定的重要经验。

2. 重点打造标杆合作项目,发挥引领示范作用

为进一步巩固和推广"一带一路"倡议下"第三方市场合作"的成果,在不同行业领域打造标杆和示范项目具有多重意义。一方面,可以通过借鉴各行业的标杆项目、成功经验和运行模式,来激发更多国家和地区参与"第三方市场合作"建设。另一方面,典型合作项目有助于将中国方案与国际标准不断对接,提升国际影响力。由于在部分行业领域中,我国起步较晚,在项目管理、技术支撑等方面还缺乏足够的经验,需要和国际标准对接。在此背景下,重点打造标杆合作项目有助于推进"中国标准"不断地"走出去",进一步提高受众国对我国相关合作技术与能力的认可度。

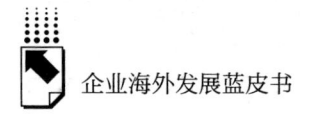

3. 加快产业优势升级，缓解产业链合作中的"中低端"困局

从我国与发达国家在"第三方市场合作"中的产业链来看，加快我国产业优势升级，把"第三方市场合作"推向更高层次是持续增强我国国际合作实力的重要启示。比如，与我国签署"第三方市场合作"协议的国家主要为发达国家，其拥有较为先进的技术和装备，而我国仍处于工业化中端水平，在高端制造方面有待提升。鉴于我国与发达国家在"第三方市场合作"领域中主要采取"高中低端融合"的分工模式，对高端领域项目的管理经验较少，因此我国需要注重产业升级，力争通过丰富的合作经验和不断增强的互信使双方在新兴产业如人工智能、数字经济、节能环保、生物医疗等领域进行深度合作，从而将"第三方市场合作"推向更高层次。

（三）企业层面

随着国际经济环境日趋复杂，我国企业还需要从以下方面维护区域经济合作的成果，降低经营风险。首先，增强风险意识，注重对相关国际法规的学习，通过充分了解和掌握相关法规建设内容来提高对外经济合作的适应能力；其次，在平等互惠的前提下，注重本国产业技术的提高和完善，积极培育企业核心优势，增强国际竞争力和比较优势；最后，注重对产业结构的优化升级，由于在某些产能领域，国内市场处于较为饱和状态，这就需要对外投资企业有针对性地通过输出、吸收与消化的方式，不断推动产业布局的优化。

B.9
中国企业在东南亚的投资布局研究

杨晴贺　刘思义*

摘　要： 随着国际经济全球化的周期性调整、中美贸易摩擦的不断加剧，我国企业在东南亚的投资面临新的机遇与挑战，重新审视我国企业在东南亚的投资布局具有重要意义。基于此，本报告分析我国企业在东南亚投资的政策背景、外部环境、投资现状及问题，并从国家和企业层面提出相应建议。总体而言，东南亚国家资源丰富、市场发展潜力大、营商环境较好，但风险较高，个别国家法治体系不完善、市场体系不成熟。我国对东南亚国家投资的平均规模较小、分布不均衡，但规模日益扩大，投资更加多元化。尽管国家实施诸多举措支持企业在东南亚投资，但仍需完善双边贸易和对外投资保险制度、发挥优势互补、加强文化交流，企业也应深入考察投资环境、了解当地法律、加强本土化经营。

关键词： 东南亚　对外投资　投资布局

自我国与东盟建立中国—东盟自由贸易区以及"一带一路"倡议提出以来，中国与东南亚国家的经济合作日益加深，中国企业在东南亚的投资规

---

* 杨晴贺，对外经济贸易大学国际商学院博士研究生，主要研究方向为会计信息与资本市场；刘思义，管理学博士，对外经济贸易大学国际商学院讲师，主要研究方向为内部控制与公司财务、审计与公司治理、资本市场会计问题。

模不断扩大。随着全球经济下滑、国际经济全球化面临结构性调整、中美贸易摩擦不断加剧，我国企业在东南亚的投资面临新的机遇与挑战。总体而言，中国企业对东南亚投资的平均规模较小，投资地区和产业分布不均。但近年来，中国企业投资东南亚的意愿不断提升，投资规模扩大明显，投资产业日益多元化。随着越来越多的中国企业在东南亚进行投资，我国政府应及时更新中国与东盟各国的双边贸易协定，完善对外投资保险制度，充分发挥产业合作优势互补，加深文化交流；中国企业在投资时要深入考察投资环境、加强对当地法律政策的了解，完善海外投资后的本土化经营。

一 中国企业在东南亚投资的政策背景

2001年，我国正式加入世界贸易组织（World Trade Organization，WTO），并提出"走出去"战略。该战略鼓励中国企业通过对外直接投资、对外承包工程、对外劳务合作等投资合作方式，充分利用国内外市场与资源，扩大开放领域，优化开放结构，与其他国家互利共赢。"走出去"战略的实施为中国参与经济全球化创造了重要的条件，推动中国企业积极参与国际竞争与合作、开拓国际市场。东南亚作为与我国地缘相邻、文化相近的地区，是中国企业海外投资的重点对象。多年来，随着两国经贸往来的不断深入，我国出台了一系列旨在加强与东南亚地区密切合作的相关举措，包括举办博鳌亚洲论坛、建立中国—东盟自贸区、提出"一带一路"倡议、建立多个东南亚境外经贸合作区等。这些举措为我国企业积极参与当地投资增加了信心、提供了有利支持。

（一）博鳌亚洲论坛

博鳌亚洲论坛（Boao Forum for Asia，BFA）成立于2001年2月，是一个非官方、非营利性国际组织，总部设立在中国，每年于海南省琼海市博鳌镇举行年会。随着经济全球化和区域一体化的不断推进，亚洲的各个国家都面临巨大的机遇与挑战，更加需要加强与其他国家的交流与合作，而博鳌亚洲论坛建立的宗旨便是促进亚洲的经济一体化。每年举办的年会为亚洲企业、学者、政府等提供了一个交流对话平台，供其共商亚洲与世界经济、环境、社会等重要问题。

《博鳌亚洲论坛宣言》指出，论坛将努力增进亚洲经贸联系，深化亚洲跨文化间的理解包容，加强区域内和区域间战略联盟，为亚洲国家提供更多对外贸易与投资机会。近年来，博鳌亚洲论坛的规模和影响不断扩大，参与各国不断凝聚共识、深化合作、共同发展、推动全球化。对中国而言，博鳌亚洲论坛成为连接中国和世界的重要桥梁，使相关国家更加了解中国实力，扩大了中国的世界影响力，推动了中国与他国的友好和务实合作。在论坛历届年会期间，中国与来访国家相互加深了解，签署包括经济、贸易等领域的多项合作协议，不断为中国企业对外投资创造便利条件、提供大力支持和有力保障。

（二）中国—东盟自由贸易区

为应对当前世界的经济全球化和区域经济一体化，中国与东盟于2010年正式建立中国—东盟自由贸易区（CAFTA）。1991年，中国与东盟开展正式对话，标志着中国与东盟合作的开始。2002年，中国与东盟签署了《中国—东盟全面经济合作框架协议》，该协议提出中国与东盟应加强经济、贸易、投资合作，促进货物和服务贸易，创造透明、自由、便利的投资机制。此后，中国与东盟先后签署了《货物贸易协议》、《服务贸易协议》和《投资协议》。

2010年1月1日，中国—东盟自由贸易区正式全面启动，成为发展中国家间最大的自贸区，也是世界上人口最多的自贸区。2015年，双方签署《中华人民共和国与东南亚国家联盟关于修订〈中国—东盟全面经济合作框架协议〉及项下部分协议的议定书》，丰富、完善、补充了原有的协议，包括扩大经营范围及服务开放领域，放宽设立公司的股份比例限制，允许对方设立独资或合资企业等。2018年，双方通过《中国—东盟战略伙伴关系2030年愿景》，指出要深化战略关系，加强政治安全合作、经济合作及人文交流，反对保护主义和全球化思潮等。2019年，中国—东盟自贸区进一步升级。表1列出了自提出建立中国—东盟自由贸易区以来,中国与东盟签订的主要协议及内容。

2003年10月8日,中国国务院总理温家宝在中国与东盟（10+1）领导人会议上倡议在中国南宁举办中国—东盟博览会,得到东盟十国领导人的欢迎。中国—东盟博览会的宗旨是促进中国—东盟自由贸易区建设,共享合作与发展机遇,博览会包括商品贸易、投资合作、服务贸易、高层论坛、文化交流等专题。中国—东盟博览会成为中国企业投资东盟的平台。

中国—东盟自由贸易区的建立为中国企业扩大了市场,中国企业进入东南亚市场的门槛降低,限制减少,可享受各国优惠政策,且在任一东盟成员国投资的中国企业都能以较低的成本进入其他成员国市场。此外,自贸区的建立提升了双方之间投资规则和管理的透明度,为中国企业在东南亚投资提供了更大的自由和更高的便利性,降低法律与政治风险。自中国—东盟自由贸易区建立以来,中国与东南亚国家的经贸合作发展迅速,截至2018年,中国对东南亚直接投资流量为136.83亿美元,同比上涨3.22%。

表1　中国—东盟主要协议

年份	签署协议	主要内容
2002	《中国—东盟全面经济合作框架协议》	加强双方经贸合作
2004	《货物贸易协议》	降低多个税目下产品税率
2007	《服务贸易协议》	规范市场开放
2009	《投资协议》	给予双方投资者公平公正的待遇
2015	《中华人民共和国与东南亚国家联盟关于修订〈中国—东盟全面经济合作框架协议〉及项下部分协议的议定书》	补充、完善、升级原有协议
2018	《中国—东盟战略伙伴关系2030年愿景》	深化战略关系、加强合作

资料来源：中国—东盟自由贸易区官网,http://www.cafta.org.cn/list.php?catid=51。

（三）"一带一路"倡议

"一带一路"倡议（The Belt and Road, B&R）由国家主席习近平于

2013年提出,包含"丝绸之路经济带"和"21世纪海上丝绸之路",贯穿亚欧非大陆,旨在实现全球化再平衡,开创地区新型合作,促进共建国家的经济发展、互惠共赢。目前,中国已与全球130多个国家签订了"一带一路"合作协议。对中国而言,"一带一路"倡议是我国实施扩大开放的重要举措,该倡议鼓励具有比较优势的中国企业进行对外投资,将中国的产能与技术优势转化为市场与合作优势,加强中国与亚欧非的交流与合作,促进世界经济长期稳定发展。

"一带一路"中,"丝绸之路经济带"的三条支线为中国—中亚/俄罗斯—欧洲(波罗的海),中国—中亚/西亚/波斯湾—地中海,中国—东南亚/南亚/印度洋;"21世纪海上丝绸之路"的重点路线是中国沿海港口—南海—印度洋—欧洲,中国沿海港口—南海—南太平洋。东南亚11国均位于"丝绸之路"沿线上,是推进"一带一路"倡议重大项目合作的重点地区,由于其对基础设施建设需求大,中国企业因此获得了大量投资机会,包括中老铁路、中缅油气管道项目、越南海阳燃煤电厂、印度尼西亚雅万高铁、柬埔寨金边公路、河钢菲律宾钢铁项目等。在"一带一路"倡议中,东盟国家与中国呈现积极合作态势,签署了多个合作备忘录,欢迎并鼓励中国企业到东南亚进行投资。

(四)东南亚经贸合作区

通过在境外设立中资控股的独立法人机构并进行投资,中国企业建设了多个经贸合作区。经贸合作区拥有完备的基础设施、明确的主要产业、健全的公共服务功能,具有集聚和辐射效应,为入园投资企业提供信息咨询服务、运营管理服务、物业管理服务、突发事件应急服务等,为中国企业"走出去"提供帮助。合作区的建设吸引更多企业到东道国投资,增加东道国的就业和税收,扩大中国的出口外汇收入,促进两国经济共同发展。中国在全球建设且通过商务部确认考核的20个境外经贸合作区中,有七个设在东南亚,分别设立于柬埔寨、泰国、越南、老挝、印度尼西亚(见表2),且另有5个合作区正在建设中。

表 2　东南亚经贸合作区名录

	合作区名称	境内实施企业名称
1	柬埔寨西哈努克港经济特区	江苏太湖柬埔寨国际经济合作区投资有限公司
2	泰国泰中罗勇工业园	华立产业集团有限公司
3	越南龙江工业园	前江投资管理有限责任公司
4	老挝万象赛色塔综合开发区	云南省海外投资有限公司
5	中国·印度尼西亚经贸合作区	广西农垦集团有限责任公司
6	中国·印度尼西亚综合产业园区青山园区	上海鼎信投资(集团)有限公司
7	中国·印度尼西亚聚龙农业产业合作区	天津聚龙集团

资料来源：中华人民共和国商务部网站，http://fec.mofcom.gov.cn/article/jwjmhzq/。

二　中国企业在东南亚投资的环境分析

（一）东南亚投资环境概况

东南亚地区共有 11 个国家，包括新加坡、马来西亚、文莱、东帝汶、泰国、柬埔寨、老挝、越南、印度尼西亚、菲律宾、缅甸。东南亚自然资源丰富，土地面积约为 457 万平方千米，人口总数约为 6.6 亿人（2019 年统计），是世界上人口最密集的地区之一，具有巨大的市场潜力。东南亚的地理位置十分特殊且重要，连接亚洲、非洲、大洋洲三大洲，沟通太平洋和印度洋两大洋，成为大国经济竞争的重要战略枢纽。从经济发展水平上看，除新加坡为发达国家外，其余 10 个东南亚国家均属于发展中国家，GDP 增长主要依赖制造业，技术水平较为落后，高素质人力资源缺乏，急需高新科技带动国家经济发展。

自 1977 年签署特惠贸易协定（Preferential Trading Agreement），到 2002 年成立东盟自贸区，再到 2015 年正式建成东盟共同体（ASEAN Economic Community），东盟区域的经济合作越发密切，各国大力加强基础设施建设，逐步减少对投资项目的管制，制定优惠政策以加大外资引进力度。东盟经济一体化越发成熟，各国经济实力不断提升，对全球经济的影响日益扩大。

整体而言，东南亚国家风险较高，但竞争力较强，营商环境较好。东南亚大部分国家法治体系不够完善，市场体系不够成熟，个别国家政治变动频繁，企业投资东南亚面临较多的不确定性因素。根据美国国际国别风险评级指南机构（ICRG）发布的国际国家风险指南，在东南亚国家中，只有新加坡处于低风险级别，其余国家均属于中高风险级别。但东南亚的经济发展比较稳定，自东盟共同体建立后，人均地区生产总值稳步上升。2018年，东南亚地区生产总值达2.76万亿美元，人均地区生产总值为4540美元，地区生产总值增长率为4.76%（见图1）。由于其自然资源与人力资源丰富、市场发展潜力大，东南亚国家的全球竞争力与日俱增。根据世界经济论坛2019年发布的《全球竞争力报告》，东南亚地区的七个国家位列前100名，依次为新加坡、马来西亚、泰国、印度尼西亚、文莱、菲律宾、越南，其中新加坡排名世界第一。此外，东南亚的营商环境也在不断改善。根据世界银行2019年发布的《营商环境报告》，东南亚地区的六个国家位列前100名，依次为新加坡、马来西亚、泰国、文莱、越南、印度尼西亚，其中新加坡位列世界第二。

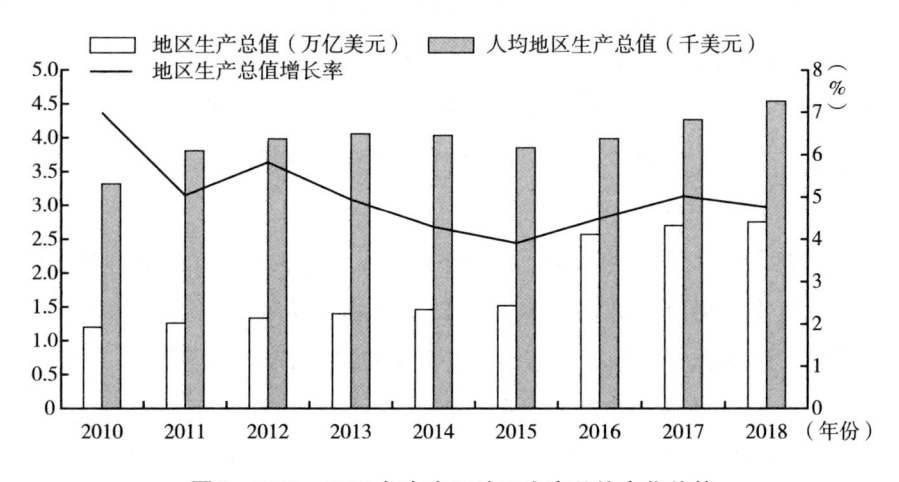

图1 2010~2018年东南亚地区生产总值变化趋势

资料来源：CSMAR 数据库。

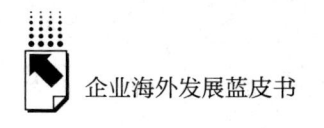

（二）东南亚投资环境国别分析

由于东南亚各国的政治文化背景和经济发展水平存在很大差异，中国企业在进入东南亚市场前要充分了解各国的投资环境。本部分将从东南亚各国的人文地理环境、经济环境、政治法律环境以及与中国的外交关系及经贸合作几个维度分析各国的投资环境。

1. 新加坡

（1）人文地理环境

新加坡地理位置优越，国土面积约为581.5平方千米，自然资源匮乏，主要生活必需品及工业原料依赖进口，总人口约570万人，其中华人占74.3%（2018年统计），在新加坡经济社会中地位较高，有多个规模大、影响广的华人商会。新加坡的官方语言包括汉语、马来语、泰米尔语和英语。华人人口的高占比及汉语作为官方语言之一使得中国与新加坡在合作中存在较少的文化和语言障碍。

（2）经济环境

新加坡经济发达且稳定，是东南亚国家中唯一的发达国家，2018年人均GDP为66189美元，通胀率为0.44%，利率、汇率较稳定，失业率为2.1%，经济增速为3.2%，基础设施完善。新加坡的重点产业包括金融保险业、咨询通信业、商业服务业、批发零售业、运输仓储业、海事工程业、电子工业、精密工程业、石化工业、生物医药业、旅游业。

（3）政治法律环境

新加坡政治社会稳定，政府提倡种族包容，发生大规模骚乱和社会动荡的可能性较小，清廉指数高，2019年的清廉指数全球排名为第四名。新加坡的营商环境优越，实施了很多有利于外商的政策以吸引外资。

（4）与中国的外交关系及经贸合作

自1990年正式建交以来，中国与新加坡一直互利合作；2008年两国签署《中国—新加坡自由贸易区协定》，新加坡成为东南亚国家中首个与中国签署全面自由贸易区协定的国家；2018年，两国签署《中新自贸协定升级议定书》。中新两国的合作已在互联互通、金融支持、第三方合作、专业服务等领域中取得丰硕成果。

2. 马来西亚

（1）人文地理环境

马来西亚地处东南亚中心位置，地理位置优越，原材料产品资源丰富，国土面积约为 33 万平方千米，总人口约 3195 万人，华人约占总人口的 20.6%。马来西亚的官方语言为马来语，通用语为英语，华语的使用较为广泛。马来西亚人民受教育程度高，高素质人力资源丰富。

（2）经济环境

马来西亚经济水平较高，2018 年人均 GDP 为 11373 美元，通胀率为 0.88%，失业率为 3.3%，基础设施比较完善。马来西亚的重点产业包括采矿业、农产品业、制造业、服务业、建筑业。

（3）政治法律环境

马来西亚政局稳定，民族关系融洽，清廉指数较高，2019 年的清廉指数全球排名为第 52 名，法律体系完备，欢迎外来投资。

（4）与中国的外交关系及经贸合作

自 1974 年正式建交以来，中国与马来西亚关系友好，经贸合作发展顺利。2013 年，中马两国建立全面战略伙伴关系。马来西亚央行将人民币纳入其外汇储备，包括中国银行在内的部分中资银行在马来西亚开设子行，为中国企业对马来西亚进行投资提供便利。

3. 文莱

（1）人文地理环境

文莱油气资源丰富，其他资源稀少，国土面积为 5765 平方千米，总人口约 43 万人，其中华人占 10.2%。文莱的官方语言为马来语，通用语为英语。

（2）经济环境

文莱经济依赖油气产业，2017 年原油价格回升后，经济恢复正增长，但增速较慢，2018 年人均 GDP 为 31628 美元，通胀率为 1.03%，失业率为 9.22%，基础设施完善，市场化程度较高，经济结构单一，主要产业包括油

气产业、建筑业、旅游业、贸易业、交通业、金融业。

（3）政治法律环境

文莱政局稳定，社会和谐，政府透明度较高，清廉指数较高，2019年的清廉指数全球排名为第35名。文莱自2017年提出《2035年宏愿》以来，重视基础设施建设和互联互通，大力鼓励经济多元化发展，其吸引外资的政策包括允许外资在高科技和出口导向型工业项目中拥有100%股权。

（4）与中国的外交关系及经贸合作

自1991年建交以来，中国与文莱保持密切的贸易往来。2013年，中文两国建立战略合作关系；2018年，两国关系提升至战略合作伙伴关系。文莱的《2035年宏愿》与中国的"一带一路"倡议对接，文莱与中国广西壮族自治区共建"文莱—广西经济走廊"，双方资源互补，推动种养殖业、旅游业等多个领域的合作。

4. 东帝汶

（1）人文地理环境

东帝汶国土面积近1.5万平方千米，人口约131万人，仅2%为华人，是东南亚国家中华人群体最少的国家。其官方语言为德顿语、葡萄牙语，工作语言为印度尼西亚语、英语。东帝汶缺乏高素质人力资源。

（2）经济环境

东帝汶是东南亚国家中唯一不属于东盟的国家，其经济发展落后，经济结构单一，2018年人均GDP为1237美元，通胀率为2.64%，财政收入的80%为油气收入，失业率为3.0%，基础设施落后。但东帝汶市场比较开放，重视吸引外资，努力完善法律体系以改善投资环境。东帝汶的重点产业为农业，50%以上的劳动人口从事农业活动，其他重点产业包括工业、服务业、矿业。

（3）政治法律环境

东帝汶政局不稳定，政府管理效率低，清廉指数较低，2019年的清廉指数全球排名为第95名，法规体系尚不完善。

（4）与中国的外交关系及经贸合作

自2002年建交以来，中国与东帝汶双边关系发展顺利。2018年，中国成为东帝汶第四大贸易伙伴，大量中国企业在东帝汶开展业务。

5. 泰国

（1）人文地理环境

泰国地理位置优越，国土面积约为51.3万平方千米，总人口约6963万人，华人约占14%，在泰国有较大影响力。其官方语言为泰语和英语，劳动力资源丰富。

（2）经济环境

泰国经济水平较高，2018年人均GDP为7295美元，通胀率为1.06%，失业率为1.1%，整体基础设施较为完善，铁路系统相对落后，经商环境开放包容，对华友好。泰国的支柱产业为农业，其他重点产业包括制造业、汽车工业、旅游业。

（3）政治法律环境

泰国社会较为稳定，政策透明度较高，清廉指数较低，2019年的清廉指数全球排名为第103名。

（4）与中国的外交关系及经贸合作

自1975年建交以来，中国与泰国在各领域合作顺利，签订了多项政府间合作协议，直至2018年，中国已连续6年成为泰国第一大贸易伙伴。泰国于2016年提出的"泰国4.0"战略和"东部经济走廊"发展规划与中国"一带一路"倡议对接，为中国企业带来新的投资机会。

6. 柬埔寨

（1）人文地理环境

柬埔寨自然资源丰富，国土面积约为181035平方千米，总人口约1649万人，其中华人华侨约为110万人，占7.4%。柬埔寨的官方语言为柬埔寨语，英语在政府部门通用，其劳动力资源丰富且成本较低。

（2）经济环境

柬埔寨经济快速发展，经济活动高度自由化，2018年人均GDP为1512美元，通胀率为2.46%，近年来大力推动基础设施建设。柬埔寨的重点产业包括农业、纺织服装产业、建筑业、旅游业。

（3）政治法律环境

柬埔寨政治环境稳定，社会治安总体良好，清廉指数低，2019年的清廉指数全球排名仅为第161名。

（4）与中国的外交关系及经贸合作

自1958年两国建交以来，中国与柬埔寨的经贸合作不断扩大，中国连续多年为柬埔寨最大外资来源国；双方不存在历史遗留问题或现实争端；柬埔寨的"四角战略"及《2015～2025年工业发展计划》与中国的"一带一路"倡议对接，两国在基础设施建设、高新技术产业等领域的合作不断加强。

7. 老挝

（1）人文地理环境

老挝自然资源丰富，国土面积约为23.68万平方千米，人口总数约717万人，其中华侨华人约3万人，其官方语言为老挝语，正逐步普及英语。

（2）经济环境

老挝经济快速发展，2018年人均GDP为2542美元，国内生产总值逐渐由生产导向转向服务导向，通胀率为2.04%，失业率逐年下降，近年来大力推动基础设施建设。老挝的重点产业包括农业、电力行业、采矿业、旅游业。

（3）政治法律环境

老挝政治稳定，清廉指数低，2019年的清廉指数全球排名为第130名，法律体系相对滞后。

（4）与中国的外交关系及经贸合作

老挝与中国毗邻，关系友好，1961年建交，2009年建立全面战略合作伙伴关系。近年来，多家中国企业进入老挝市场，投资领域不断扩大，投资方式多样化。

8. 越南

（1）人文地理环境

越南与中国毗邻，地理位置优越，资源丰富，陆地面积达32.9万平方千米，总人口约9646万人，其中华人约90万人，官方及主要语言为越南语，部分居民讲英语。越南劳动力成本低。

(2) 经济环境

越南经济发展较快，2018年人均GDP为2567美元，通胀率为3.54%，失业率为2%，基础设施较为落后。越南的重点产业包括农林渔业、油气工业、电力工业、电子工业、汽车工业、服务业。

(3) 政治法律环境

越南治安总体状况良好，政府清廉指数较低，2019年的清廉指数全球排名为第97名，对海外投资企业而言，有关投资法案的不断变化，为在越中资企业带来额外负担。

(4) 与中国的外交关系及经贸合作

中国与越南于1950年建交，70年代后期关系恶化，1991年关系正常化，并建立全面战略合作伙伴关系。中越经贸合作稳步发展，但在南海问题上仍存在争议。越南"两廊一圈"战略与中国"一带一路"倡议对接。

9. 印度尼西亚

(1) 人文地理环境

印度尼西亚拥有17508个岛屿，扼守重要国际贸易航道，是全球战略要点；其陆地面积为1904443平方千米，海洋面积为3166163平方千米，联合面积在世界上排名第七。印度尼西亚是世界第四人口大国，总人口约2.71亿人，其中华人约占总数的5%，在商贸领域有重要地位，其官方语言为印度尼西亚语，劳动力丰富且廉价。

(2) 经济环境

印度尼西亚经济发展较快，经济结构较为合理，市场潜力大，市场化程度较高。2018年人均GDP为3894美元，通胀率为3.20%，失业率为5.34%，基础设施相对滞后。印度尼西亚的重点产业包括农林渔业、采矿业、石油天然气业、工业、制造业、旅游业。

(3) 政治法律环境

近年来，印度尼西亚政府积极反贪反腐，推进改革，大力打击恐怖主义，社会秩序总体稳定，民族宗教冲突减少。印度尼西亚清廉指数较低，2019年的清廉指数全球排名为第87名。

（4）与中国的外交关系及经贸合作

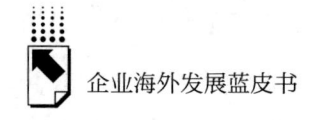

自1990年恢复外交关系以来，两国双边贸易合作全面发展，2013年建立全面战略合作伙伴，中国连续多年为印度尼西亚第一大贸易伙伴，不断推进其基础设施建设。

10. 菲律宾

（1）人文地理环境

菲律宾总面积为29.97万平方千米，总人口约1.08亿人，其中华人约250万人。其通用语言为菲律宾语，官方语言为英语，高素质人力资源丰富。

（2）经济环境

菲律宾经济发展较快，2018年人均GDP为3252美元，通胀率为5.21%，失业率为5.3%，其基础设施落后，一些需要良好基础设施的企业无法落地，限制了中国企业对菲律宾的投资。菲律宾的重点产业为农业、工业、交通、通信及仓储业、旅游业等。菲律宾的农业人口占到了40%，而工业从业人口只有15.6%，其他外汇收入则依靠劳动力输出和旅游业。

（3）政治法律环境

菲律宾政局稳定，但治安不稳定，政府清廉指数低，2019年的清廉指数全球排名为第114名。其法制改革进程慢，对外资限制严格。

（4）与中国的外交关系及经贸合作

中国与菲律宾于1975年建交，在阿基诺总统执政期间，关系曾跌入低谷，但在杜特尔特总统上任后，两国关系全面转圜。2017年，中菲政府签订贸易及经济合作六年发展规划，扩大合作领域，促进双方经济发展。

11. 缅甸

（1）人文地理环境

缅甸与中国毗邻，地理位置优越，自然资源丰富，国土面积为67.66万平方千米，总人口约5405万人，其中华人约250万人，其官方语言为缅甸语和英语，劳动力丰富且廉价。

（2）经济环境

缅甸经济发展迅速，2018年人均GDP为1418美元，通胀率为6.87%，失业率为2.2%，基础设施较差，鼓励外商投资。缅甸的重点产业包括农业、能源业、加工制造业、交通通信业、旅游业。

（3）政治法律环境

缅甸国内政局相对稳定，但仍有恐怖事件和较多刑事案件；其清廉指数较低，2019年的清廉指数全球排名为第132名。

（4）与中国的外交关系及经贸合作

中国与缅甸于1950年建交，2011年建立全面战略合作伙伴关系；中国是缅甸第一大贸易伙伴以及第二大投资来源国。2018年，缅甸公布了《2018~2030年可持续发展规划》，该规划与东盟经济共同体和联合国可持续发展目标一致。

总体而言，东南亚各国发展水平不一，新加坡、马来西亚等国经济相对发达，经济发展较快，基础设施完善，高素质人才丰富，政治相对稳定，政策透明度较高，法律较为健全；而老挝、缅甸等国经济相对落后，基础设施薄弱，劳动力低廉，法律体系不够完备。但整体而言，东南亚各国都追求经济发展，欢迎并鼓励外资进入，并为外资企业提供优惠政策。

（三）中国企业在东南亚投资的优势

我国"走出去"战略的大力实施、"一带一路"倡议的积极推动以及与东盟建立的战略伙伴关系为中国企业在东南亚投资提供了良好契机。我国与东南亚地理接壤，文化背景相近，经济产业结构互补，并且建立了中国—东盟自贸区，为中国企业投资东南亚提供了诸多支持与便利。

从地理区位上看，东南亚与中国毗邻，是中国的好邻居。中国与东南亚之间交通便利，长期以来在政治、经济、文化等领域不断加深合作，为中国企业赴东南亚投资减少了障碍。此外，东南亚是世界上华人最集中的地区之一，在东南亚的华人华侨占全球华人华侨总数的70%，他们在经贸上有重要的地位和影响，且对中国的认同感较强，可以为中国企业对东南亚的投资提供帮助和支持。新加坡、马来西亚等部分国家华语使用广泛，有利于促进中国企业与东南亚各国之间的沟通合作和贸易往来。

从产业结构上看，中国与东南亚在自然资源、产业结构、技术水平等方面具有互补性。随着经济的快速发展，中国正从以第一、第二产业为主向以第三产业为主转型，且由于劳动力、房租、原材料等成本飞速上涨，制造业的海外转移已成大势。东南亚的人口红利、政策红利及资源红利吸引着中国企业，成为中国制造业转移的主要目的地之一。中国企业在东南亚国家投资设厂，供应技术、设备、资金，东南亚国家提供资源、劳动力，双方优势互补，合作共赢。此外，中国在基础设施建设上经验丰富，而大部分东南亚国家的基础设施建设比较落后。由于东盟经济共同体未来的重点建设领域为基础设施建设，为了促进区域合作，东盟将进一步明确需要进行基础设施建设的项目，这与中国的"一带一路"倡议对接，大大增加了中国企业在东南亚投资的机会。

从合作机制上看，2003年，中国与东盟建立了战略伙伴关系，此后双方贸易合作飞速发展，中国自2009年起一直保持为东盟第一大合作伙伴。2010年，中国与东盟建立了世界上经济总量最大的自由贸易区——中国—东盟自由贸易区，并确定了双方的合作重点：农业、信息通信、投资、人力资源开发和湄公河流域开发。此外，自2004年起每年在广西南宁举办的中国—东盟博览会为中国企业搭建了良好的投资平台，帮助企业了解东南亚的行业状况及投资机会，为企业投资东南亚提供更多支持。另外，由于东盟经济共同体的建设正处于起步阶段，各国都迫切希望与其他国家开展合作，抓住机遇，迅速发展，这将有助于中国企业对接当地需求，实现合作共赢。

三 中国企业在东南亚投资的现状分析

（一）中国企业在东南亚投资的整体布局

在中国—东盟自由贸易区建立与"一带一路"倡议的背景下，中国企业逐渐将投资目光投向东南亚国家。根据中国贸易促进会研究院公布的《中国企业对外投资现状及意向调查报告（2019年版）》，东南亚是10.4%

受访企业的第一大投资目的地，8.9%企业的第二大投资目的地以及7.3%企业的第三大投资目的地（见表3）。

表3 中国企业对外投资意向

单位：%

投资国家（地区）	第一大投资国家（地区）	第二大投资国家（地区）	第三大投资国家（地区）
东南亚	10.4	8.9	7.3
美国	10.1	3.6	0.9
非洲	7.4	11.9	14.7
欧洲	2.7	7.7	5.5
印度	2.7	3.0	5.5
俄罗斯	2.4	3.0	1.8
澳大利亚	1.8	1.2	2.8
南美	0.9	2.4	5.5

资料来源：中国贸易促进会研究院《中国企业对外投资现状及意向调查报告（2019年版）》，http://www.gyccpit.org/Article/news_view.asp?newsid=7918。

1. 总体规模

从整体上看：中国对东南亚国家投资的平均规模较小，但投资规模和领域不断扩大；投资分布国家和产业不均衡，但投资行业日益多元化。

首先，从投资规模上看，2018年，中国对外直接投资净额（以下称"流量"）前20的国家中，有六个都位于东南亚，依次为新加坡、印度尼西亚、马来西亚、老挝、越南以及柬埔寨；而在中国对共建"一带一路"国家对外直接投资流量位列前十的国家中，有七个都位于东南亚，依次为新加坡、印度尼西亚、马来西亚、老挝、越南、柬埔寨以及泰国。2018年，中国对东南亚的对外直接投资流量占中国对外直接投资流量的9.57%，同比上涨3.22个百分点，仍有较大提升空间。截至2018年，中国对东南亚直接投资累计净额（以下称"存量"）达1030.25亿美元，占对外直接投资存量总额的5.2%。截至2018年，中国在东盟国家设立的直接投资企业超过5200家，雇用海外员工近43万人，主要分布于新加坡、越南、柬埔寨、泰国。

其次，从投资趋势上看，近几年来，受到全球经济整体投资不活跃以及我国对企业海外投资方向规范化的影响，中国对外直接投资流量萎缩，2016~

2018年连续两年下降，但中国对东南亚的投资热情仍然不减，如图2所示。由此看出东南亚国家的投资潜力巨大。

图2 2010~2018年中国对外直接投资流量走势

资料来源：中华人民共和国商务部、国家统计局、国家外汇管理局《2018年度中国对外直接投资统计公报》，http://fec.mofcom.gov.cn/article/tjsj/tjgb/201910/20191002907954.shtml。

2. 国别布局

中国对东南亚各国的直接投资流量总体呈上升趋势，其中对新加坡、老挝、越南、印度尼西亚、马来西亚的直接投资流量最为明显，如表4所示。新加坡的流量始终保持首位，第二、第三名从2010年的缅甸和泰国转变为2018年的印度尼西亚和马来西亚。中国对印度尼西亚和马来西亚的直接投资流量大幅增加，对泰国、文莱、东帝汶的直接投资流量较为稳定，对缅甸和菲律宾的直接投资流量大幅下降。

表4 2010~2018年中国对东南亚各国直接投资流量

单位：亿美元

国家	2010年	2011年	2012年	2013年	2014年	2015年	2016年	2017年	2018年
新加坡	11.19	32.69	15.19	20.33	28.14	104.52	31.72	63.2	64.11
缅甸	8.76	2.18	7.49	4.75	3.43	3.32	2.88	4.28	-1.97
泰国	7.00	2.30	4.79	7.55	8.39	4.07	11.22	10.58	7.37
柬埔寨	4.67	5.66	5.60	4.99	4.38	4.20	6.26	7.44	7.78

续表

国家	2010年	2011年	2012年	2013年	2014年	2015年	2016年	2017年	2018年
老挝	3.14	4.59	**8.09**	7.81	**10.27**	5.17	3.28	**12.20**	12.42
越南	3.05	1.89	3.49	4.81	3.33	**5.60**	12.79	7.64	11.51
菲律宾	2.44	2.67	0.75	0.54	2.25	-0.28	0.32	1.09	0.59
印度尼西亚	2.01	**5.92**	**13.61**	**15.63**	**12.72**	**14.51**	**14.61**	**16.82**	**18.65**
马来西亚	1.64	0.95	1.99	6.16	5.21	4.89	**18.30**	**17.22**	**16.63**
文莱	0.17	0.20	0.01	0.09	-0.03	0.04	1.42	0.71	-0.15
东帝汶	0.00	0.00	0.00	0.02	0.10	0.34	0.55	0.20	-0.10
合计	44.05	59.05	61.00	72.69	78.19	146.38	103.34	141.38	136.83

注：表中加黑项代表当年中国对东南亚各国直接投资流量的前三名。

资料来源：中华人民共和国商务部、国家统计局、国家外汇管理局《2018年度中国对外直接投资统计公报》，http://fec.mofcom.gov.cn/article/tjsj/tjgb/201910/20191002907954.shtml。

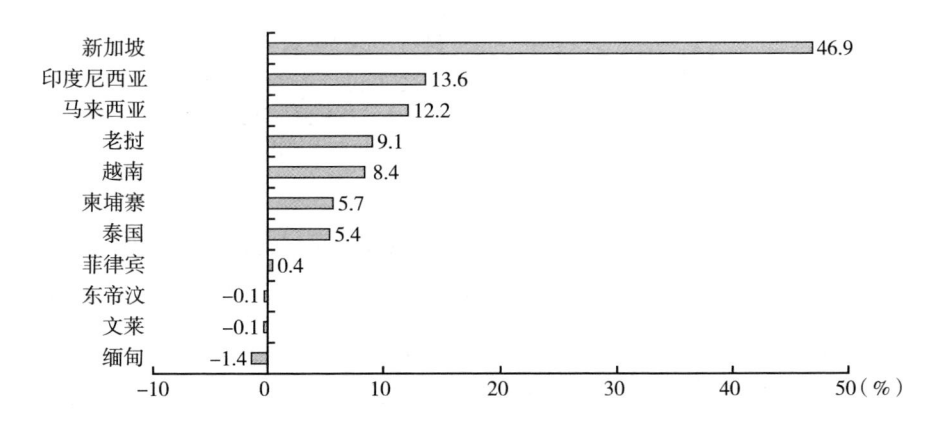

图3给出了2018年中国对东南亚各国直接投资流量的占比，从图中不难看出，中国对东南亚各个国家的投资分布不均。2018年，中国对新加坡的直接投资流量为64.11亿美元，远远高出中国对其他东南亚国家的直接投资流量，几乎占中国对东南亚整体投资的一半。中国对印度尼西亚的直接投资流量排在第二位，约为18.65亿美元，占13.6%。中国对马来西亚的直接投资流量位列第三，约为16.63亿美元，占12.2%。而中国对东帝汶、文莱、缅甸的直接投资流量为负，表明有投资撤回情况。

图3 2018年中国对东南亚各国直接投资流量占比

资料来源：Wind数据库。

中国对东南亚各国直接投资存量总体呈上升趋势。2010年，中国对东南亚直接投资存量最多的三个国家依次为新加坡、缅甸和印度尼西亚，而2018年依次为新加坡、印度尼西亚和马来西亚（见表5）。由此可见，中国企业一直以来热衷于对新加坡的投资，这与其经济发展程度高、政策法律完善，营商环境良好有很大关系。印度尼西亚作为东南亚最大的经济体，其市场潜力大，越来越受到中国企业的关注。马来西亚为实现《2020年宏愿》，加大外资引进力度，积极推出优惠政策，吸引大量中国企业赴马来西亚投资。

表5　2010～2018年中国对东南亚直接投资存量

单位：亿美元

国家	2010年	2011年	2012年	2013年	2014年	2015年	2016年	2017年	2018年
新加坡	60.69	106.03	123.83	147.51	206.40	319.85	334.46	445.68	500.94
缅甸	19.47	21.82	30.94	35.70	39.26	42.59	46.20	55.25	46.80
印度尼西亚	11.50	16.88	30.98	46.57	67.94	81.25	95.46	105.39	128.11
柬埔寨	11.30	17.57	23.18	28.49	32.22	36.76	43.69	54.49	59.74
泰国	10.80	13.07	21.27	24.72	30.79	34.40	45.33	53.58	59.47
越南	9.87	12.91	16.04	21.67	28.66	33.74	49.84	49.65	56.05
老挝	8.46	12.76	19.28	27.71	44.91	48.42	55.00	66.55	83.10
马来西亚	7.09	7.98	10.26	16.68	17.86	22.31	36.34	49.15	83.87
菲律宾	3.87	4.94	5.93	6.92	7.60	7.11	7.19	8.20	8.30
文莱	0.46	0.66	0.66	0.72	0.70	0.74	2.04	2.21	2.20
东帝汶	0.07	0.07	0.07	0.09	0.16	1.00	1.48	1.74	1.67
合计	143.58	214.69	282.45	356.77	476.48	628.16	717.02	891.88	1030.25

资料来源：中华人民共和国商务部、国家统计局、国家外汇管理局《2018年度中国对外直接投资统计公报》，http://fec.mofcom.gov.cn/article/tjsj/tjgb/201910/20191002907954.shtml。

图4给出了2018年中国对东南亚各国直接投资存量占比，可以看出，中国对东南亚各国的投资存量之间也存在较大差距。中国对新加坡的投资存量为500.94亿美元，占48.6%。印度尼西亚位列第二，存量为128.11亿美元，占12.4%。马来西亚位列第三，存量为83.87亿美元，占8.1%。中国对菲律宾、文莱以及东帝汶三国的直接投资存量仅占中国对东南亚直接投资总存量的1.2%。

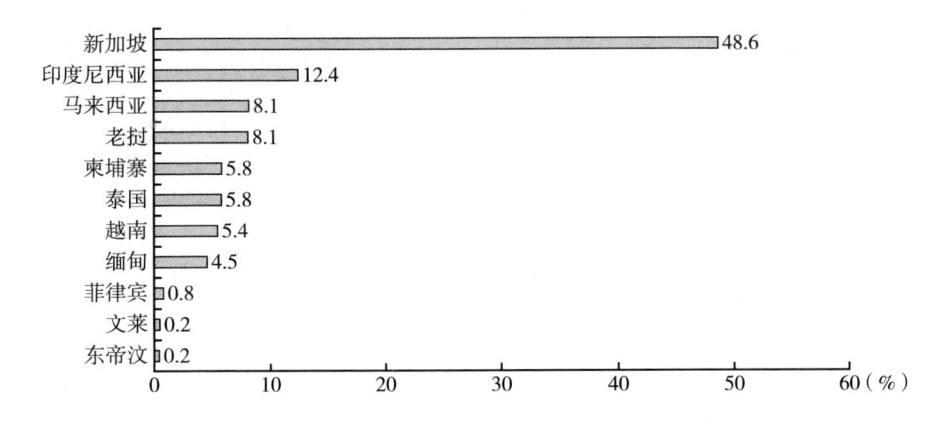

新加坡		48.6
印度尼西亚		12.4
马来西亚		8.1
老挝		8.1
柬埔寨		5.8
泰国		5.8
越南		5.4
缅甸		4.5
菲律宾		0.8
文莱		0.2
东帝汶		0.2

图4　2018年中国对东南亚各国直接投资存量

资料来源：Wind 数据库。

表6列举了中国企业对东南亚各国的重点投资领域及主要投资项目。

表6　中国企业对东南亚各国投资的主要领域及项目

国家	主要投资领域	主要投资项目
新加坡	金融业，贸易业，物流业，航运业，基础设施业，房地产	中银集团收购新加坡飞机租赁公司；华能国际收购新加坡大图能源；中石油收购新加坡石油公司；海航集团收购飞机租赁公司；中国建研院收购新加坡CPG集团；中国Nesta财团收购普洛斯
马来西亚	制造业，电力、煤气及水的生产和供应业	马中关丹产业园；中国银行马来西亚分行；中国工商银行马来西亚分行；中国建设银行马来西亚分行；华为技术有限公司；中兴通讯马来西亚有限公司；中车轨道交通装备东盟制造中心项目；广垦橡胶种植培育项目；厦门大学马来西亚分校
文莱	石油化工业，农业，渔业，食品加工业，交通物流业	中国交建大摩拉岛大桥；浙江恒逸大摩拉岛综合炼化项目；中海油田投资油气开采；北京同仁堂设立分店；葫芦岛七星钢管生产项目；广西海世通渔业合作项目；北京芝视界研发基地等
东帝汶	百货业，服务业，餐饮业，旅店业，建材业	农业合作产业园区；上海建工东帝汶警察局大楼、小型道路项目；中铁国际东帝汶包考—维可可公路项目
泰国	制造业，建筑业，金融业，房地产	中国石化泰国石油精制石油化学企业（IRPC）聚丙烯项目；中国铁建中泰铁路项目；江苏通用泰国罗勇府中泰工业园区

续表

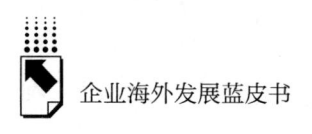

国家	主要投资领域	主要投资项目
柬埔寨	能源矿产业,农业,烟草业,纺织业,医药业,水电站,信息通信,服务业	中国华电额勒赛下游水电站;中国大唐斯登沃代水电站;中国重机230kV暹粒变电站;中国电建桑河电站;中国路桥57B号公路;红豆集团红豆工业园
老挝	矿产,农业,铁路,水电站,电网,通信卫星,房地产	上海万峰集团万象塔銮湖专属经济区;山东太阳纸业林浆纸一体化;中电装备500/230kV万象环网输变电;葛洲坝老挝南空3号水电站;中国航天"老挝一号"通信卫星;中国铁建中老铁路
越南	加工制造业,电力生产,房地产	潜江投资管理有限责任公司龙江工业园;深投控深圳—海防经贸合作区;赛轮(越南)有限公司;百隆东方越南子公司;天虹银龙科技有限公司;南方电网永兴一期火电厂;越南光伏生产基地
印度尼西亚	矿冶,农业,电力,家电与电子,数字经济,地产	国际集团风港电站;中国能建爪哇7号;中国神华南苏1号项目;鼎信集团青山镍铁工业园;中国电建巴丹多鲁水电站;中铁国际中加运煤铁路特许经营权;中国交建泗水—马杜拉海峡大桥
菲律宾	矿业,制造业,电力	河钢集团河钢菲律宾钢铁;中信国安覆盖全国的Wi-Fi互联网基础设施;沣元控股石化炼油加工厂;新华联集团亚泰工业园;中国港湾轻轨列车、房屋和道路建造;中国华信250MW特南Pulangi水电站项目
缅甸	油气,矿业,电力能源开发,资源开发,加工制造业	北方工业蒙育瓦铜矿项目;中机公司缅甸铁路机车、车厢厂承包工程项目;云南能投联合外经仰光达吉达106MW天然气联合循环电站;中国港湾木姐—提坚—曼德勒高速公路、内比都—皎漂高速公路;中交建仰光新城开发;云南建投仰光新会展中心

资料来源:商务部国际贸易经济合作研究院、中国驻东南亚各国大使馆经济商务参赞处、商务部对外投资和经济合作司《对外投资合作国别(地区)指南(2019年版)》,http://fec.mofcom.gov.cn/article/gbdqzn/;中华人民共和国商务部、国家统计局、国家外汇管理局《2018年度中国对外直接投资统计公报》,http://fec.mofcom.gov.cn/article/tjsj/tjgb/201910/20191002907954.shtml;相关新闻报道。

3. 产业布局

近年来,中国企业对东盟的投资结构不断优化,投资更加理性。中国对东盟投资的重点产业从金融业、采矿业以及电力、煤气及水的生产和供应业逐渐转移至批发和零售业、制造业以及租赁和商务服务业,其中租赁和商务服务业比重在2015年达到巅峰，随后迅速下跌，但仍占据重要地位。表7列出了2010~2018年中国对东盟各产业的直接投资流量，其中中国企业对采矿业的直接投资流量大幅减少，对制造业，批发和零售业，农林牧渔业，租赁和商务服务业，交通运输、仓储和邮政业的直接投资流量大幅增加。

表7　中国对东盟直接投资流量产业分布

单位：亿美元

产业	2010年	2011年	2012年	2013年	2014年	2015年	2016年	2017年	2018年
金融业	**10.79**	6.2	0.94	5.42	6.73	9.12	4.54	7.39	7.34
采矿业	**8.98**	4.46	**17.14**	**12.34**	6.74	0.39	2.41	3.7	0.03
电力、煤气及水的生产和供应业	**7.91**	**10.06**	**10.82**	8.22	6.46	3.11	6.64	6.33	8.61
制造业	4.86	5.69	**9.88**	**11.89**	**15.22**	**26.39**	**35.44**	**31.74**	**44.97**
建筑业	3.46	4.43	6.01	6.98	7.97	5.73	6.35	18.96	3.2
批发和零售业	1.71	**7.53**	6.83	**12.34**	11.18	17.43	**19.63**	**24.49**	**34.73**
农林牧渔业	1.68	1.91	3.00	5.43	7.83	5.04	3.74	6.23	5.87
科学研究、技术服务和地质勘查业	1.67	1.49	0.25	0.82	0.23	0.85	0.74	2.00	1.83
租赁和商务服务业	1.56	5.67	4.4	6.21	**12.39**	**66.74**	13.71	21.42	15.02
交通运输、仓储和邮政业	0.82	**10.88**	0.93	1.46	1.11	0.61	-6.7	7.58	8.26
房地产业	0.47	0.27	0.45	0.51	2.42	1.76	12.46	7.11	2.40
其他行业	0.09	0.15	0.05	0.17	0.1	7.71	0.19	—	0.58
居民服务和其他服务业	0.01	0.27	0.12	0.20	0.52	0.39	1.55	0.61	1.03
信息传输、计算机服务和软件业	0.01	0.05	0.06	0.15	-0.85	0.63	1.91	1.16	0.79
住宿和餐饮业	0.01	0.00	0.12	0.52	0.04	0.13	0.18	0.07	—

注：表中加黑项代表当年中国对东盟直接投资流量的前三名。
资料来源：Wind数据库。

2018年，中国企业对东盟直接投资的第一目标产业为制造业，直接投资流量为44.97亿美元，同比增长41.7%，占比32.8%，主要流向马来西亚、印度尼西亚、越南、新加坡和泰国；第二目标产业为批发和零售业，直接投资流量为34.73亿美元，同比增长41.8%，占25.4%，主要流向新加坡；第三目标产业为租赁和商务服务业，直接投资流量为15.02亿美元，同比下降29.9%，占11.0%，主要流向新加坡、老挝和印度尼西亚。

产业	占比（%）
制造业	32.8
批发和零售业	25.4
租赁和商务服务业	11.0
电力、煤气及水的生产和供应业	6.3
交通运输、仓储和邮政业	6.0
金融业	5.4
农林牧渔业	4.3
建筑业	2.3
房地产业	1.8
科学研究、技术服务和地质勘查业	1.3
居民服务和其他服务业	0.7
信息传输、计算机服务和软件业	0.6
其他行业	2.1
采矿业	0

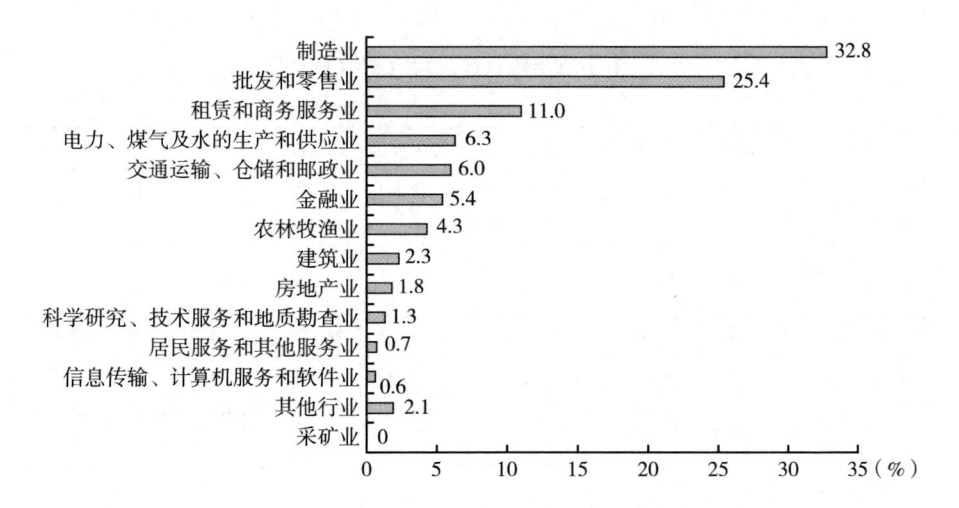

图5　2018年中国对东盟直接投资流量产业占比分布

资料来源：中华人民共和国商务部、国家统计局、国家外汇管理局《2018年度中国对外直接投资统计公报》，http://fec.mofcom.gov.cn/article/tjsj/tjgb/201910/20191002907954.shtml。

表8列出了2010~2018年中国对东盟直接投资存量的产业分布，其中中国对东盟直接投资存量最大的产业由电力、煤气及水的生产和供应业转为制造业，体现出中国制造业的转移。2018年中国对东盟制造业、租赁和商务服务业、批发和零售业的投资存量分别比2010年增加了1026.08%、1509.04%和722.93%。

表8　2010~2018年中国对东盟直接投资存量的产业分布

单位：亿美元

产业	2010年	2011年	2012年	2013年	2014年	2015年	2016年	2017年	2018年
电力、煤气及水的生产和供应业	27.77	38.03	51.20	60.39	72.26	78.66	91.21	96.19	100.05
制造业	19.02	25.66	33.48	46.73	61.33	93.59	131.50	155.69	214.18

续表

产业	2010年	2011年	2012年	2013年	2014年	2015年	2016年	2017年	2018年
批发和零售业	18.75	26.99	35.58	47.63	59.00	75.37	96.90	118.77	154.30
采矿业	18.43	23.85	40.33	52.81	60.53	62.47	101.69	103.20	97.63
金融业	17.62	22.81	25.77	28.10	58.79	43.56	45.73	52.40	56.76
租赁和商务服务业	11.73	27.59	33.88	39.20	68.43	160.89	112.23	174.83	188.74
建筑业	11.60	16.24	22.16	29.34	33.62	38.62	45.07	65.6	68.77
交通运输、仓储和邮政业	8.42	19.40	20.98	13.86	14.68	17.83	18.23	25.04	33.36
农林牧渔业	5.28	7.09	9.97	15.97	24.44	23.14	31.38	45.32	49.26
科学研究、技术服务和地质勘查业	2.95	4.15	4.52	5.39	6.62	7.44	7.19	8.39	10.77
房地产业	1.20	1.45	1.82	13.33	11.68	11.62	19.88	22.38	31.27
其他行业	0.20	0.38	0.43	0.94	1.04	8.70	1.67	0.00	3.23
信息传输、计算机服务和软件业	0.18	0.29	1.20	1.34	1.70	2.46	6.00	9.39	7.60
居民服务和其他服务业	0.17	0.50	0.75	0.84	1.33	1.83	5.66	6.26	7.05
住宿和餐饮业	0.17	0.17	0.29	0.82	0.86	1.00	1.20	1.12	0.00

资料来源：Wind 数据库。

图 6 为 2018 年中国对东盟直接投资存量的产业占比分布，其中制造业为 214.18 亿美元，占 20.8%，主要分布于印度尼西亚、马来西亚、越南、泰国、新加坡、柬埔寨、老挝；租赁和商务服务业为 188.74 亿美元，占 18.3%，主要分布于新加坡、印度尼西亚、老挝、柬埔寨、越南、马来西亚；批发和零售业为 154.30 亿美元，占 15.0%，主要分布于新加坡、马来西亚、泰国、印度尼西亚、越南。

（二）中国企业在东南亚投资的典型案例

随着国家政策对"走出去"支持力度的不断加大，中国与东盟的经贸

行业	占比(%)
制造业	20.8
租赁和商务服务业	18.3
批发和零售业	15.0
电力、煤气及水生产和供应业	9.7
采矿业	9.5
建筑业	6.7
金融业	5.5
农林牧渔业	4.8
交通运输、仓储和邮政业	3.2
房地产业	3.1
科学研究、技术服务和地质勘查业	1.1
其他行业	0.9
居民服务和其他服务业	0.7
信息传输、计算机服务和软件业	0.7

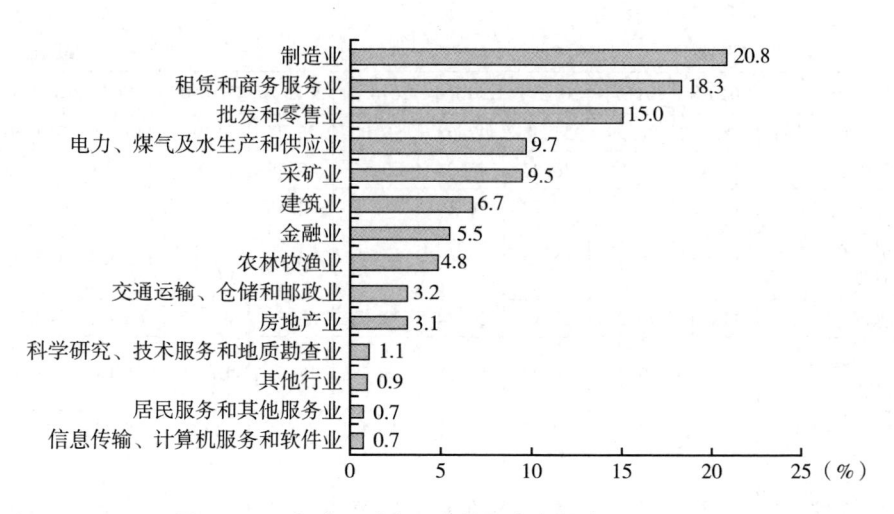

图6 2018年中国对东盟直接投资存量产业占比分布

资料来源：中华人民共和国商务部、国家统计局、国家外汇管理局《2018年度中国对外直接投资统计公报》，http：//fec. mofcom. gov. cn/article/tjsj/tjgb/201910/20191002907954. shtml。

协议为中国企业提供更多支持与保护，越来越多的中国企业采用承包工程、设立分（子）公司、收购当地企业、建厂等方式到东南亚进行投资。本部分选取了不同区域、不同行业、不同规模的典型企业进行分析，包括中国电信、葛洲坝、申洲国际、阿里巴巴、华天科技。

1. 中国电信

（1）公司概况

中国电信即中国电信集团有限公司，成立于2000年，总部位于北京市，是国资委管理的中央国有企业，旗下有三家上市公司，连续多年位列《财富》杂志全球500强。中国电信的主要经营业务包括固定和移动电信服务，互联网、通信网络资源及服务，信息及应用服务等，在亚太、欧洲、非洲、南美洲及北美洲部分国家提供国际电信服务。其2019年资产规模达到7031亿元，经营收入达到3757亿元，移动电话、有线宽带、天翼高清、物联网、固定电话等各类用户总量近9亿户。随着世界经济一体化的发展，中国电信积极响应"走出去"战略，拓展海外市场，扩大对外合作，提升服务水平，拓展用户规模，推进企业高质量发展。

（2）对东南亚投资情况

中国电信积极落实"客户延伸、业务延伸、网络延伸"，于 2006 年 11 月正式开始拓展东南亚市场。新加坡是亚太地区重要的商业金融和信息通信中心，连接着东南亚各国，中国电信于 2007 年 1 月率先设立中国电信（新加坡）有限公司，与当地互联网服务提供商及电信运营商积极合作，大力发展互联网及增值业务，显著提高了中国电信在东南亚的综合竞争力。随后，中国电信相继在越南（2009 年）、马来西亚（2011 年）、泰国（2011 年）、印度尼西亚（2013 年）、缅甸（2016 年）、菲律宾（2017 年）成立子公司或代表处。2018 年 11 月 19 日，由中国电信及其菲律宾本地合作伙伴 Udenna 等组成的联合体在菲律宾第三家电信运营商竞标中标，这对中国电信国际化至关重要。

（3）经验启示

优秀的服务品质和较高技术水平始终是进入新市场的不二法门。由于近年来中国电信运营商陷入增收不增利的瓶颈，中国运营商需要到海外市场布局，但由于欧美国家设置了严格的入门条件，中国运营商因此将目标瞄准亚非国家。从中国电信正式进入菲律宾市场的例子来看，菲律宾本地电话经常掉线、网速缓慢，不能满足消费者的需求，而相较菲律宾国内其他电信公司，中国电信的宽带质量和终端网络综合能力更强，受到菲律宾政府的青睐和信任。由此看来，企业在行业中拥有技术优势和可以提供高质量的服务十分重要，可由此获得东道国的信任。

2. 葛洲坝

（1）公司概况

葛洲坝即中国葛洲坝集团公司，成立于 1970 年，总部位于湖北省武汉市，是中国能建旗下的核心子企业集团，是国资委管理的中央国有企业。其主要业务包括工程建设、工业制造、投资运营，2019 年资产规模为 1168 亿元，经营收入为 1099 亿元。公司坚持工程承包与投资双轮驱动、国际国内协调发展、工业制造创新转型、金融贸易助力升级，形成了新的战略格局。葛洲坝积极履行央企"走出去"的社会责任，参与"一带一路"建设，加紧布局海外投资市场,加大海外投资力度,实现了与东道国的和谐共赢。葛洲坝在未来将进一步推动海外水电、水务等基础设施项目控股投资,积极推动水泥、民爆、高端装备、环保、旅游等非建筑业投资,使海外投资多元化。

(2) 投资东南亚的重点项目

葛洲坝主要参与投资了缅甸、柬埔寨、印度尼西亚等基础设施相对落后的东南亚国家。葛洲坝自 2006 年进入印度尼西亚市场以来,先后承建了一批印度尼西亚国家战略项目,包括中国投资印尼的第一个水电项目——阿萨汉一级水电站。葛洲坝在柬埔寨的第一个火电总承包项目是 200MW 双燃料电站,项目建成后将为柬埔寨电网提供年均 17.5 亿 kW·h 的发电量,有效改善其电力供应紧张的现状。2019 年,葛洲坝签约了马来西亚巴勒水电站项目,这是中马两国成功合作的典范,促进了区域经济发展。表 9 列出了葛洲坝对东南亚国家的主要投资项目。

表 9　葛洲坝对东南亚国家的最新投资项目

启动时间	国家	项目
2018 年 12 月	老挝	南屯 500kV 输电线路项目
2019 年 3 月	缅甸	东吁至甘马纳 500kV 输电线路项目
2019 年 10 月	柬埔寨	200MW 双燃料电站项目
2019 年 11 月	马来西亚	巴勒水电站
2020 年 7 月	泰国	一期 20MW 混合电站项目
2020 年 8 月	印度尼西亚	红土镍矿开采与运输现汇项目

资料来源:相关新闻报道。

(3) 经验启示

葛洲坝开展海外投资业务的高起点得益于其良好的国际市场声誉、丰富的国际工程经验、雄厚的资本资源、扎实的市场研究成果、高端的专业人才储备。葛洲坝积极推行本土化经营战略,着重投资建设基础设施相对落后的东南亚国家,利用技术和资金优势承建了一大批发展中国家项目,成功在这些国家塑造了中国品牌形象。此外,葛洲坝公司在东南亚的投资经营依法合规,履行社会责任,注重生态可持续发展,在实现企业健康发展的同时,努力为投资项目所在地的经济社会发展贡献力量,收获了良好口碑。

3. 申洲国际

(1) 公司概况

申洲国际即申洲国际集团控股有限公司,成立于1990年3月28日,总部位于浙江省宁波市,为中国最具规模的纵向一体化针织制造商,是阿迪达斯、耐克、优衣库、彪马等国际品牌的最大OEM供应商,主要产品包括运动类、休闲类、内衣类,出口额连续多年居中国针织服装出口企业第一位。2019年申洲国际资产规模达到318亿元,经营收入达到226亿元。其发展战略为"国际化、专业化、平台化",并持续扩张保持规模优势,通过国际化布局实现产能、业务的统筹优化,减少国内劳动力成本上升带来的压力。

(2) 对东南亚投资情况

申洲国际多年来积极推进在东南亚建厂的进程,将产能向成本较低的越南和柬埔寨转移,享受当地税收优惠和人口红利,目前已在柬埔寨和越南实现了垂直一体化的产能布局。近年来,申洲国际在越南的工厂陆续投产,产能大幅增加,主营收入持续增长。表10列出了申洲国际对东南亚的主要投资项目。

表10 申洲国际对东南亚的主要投资项目

年份	国家	主要投资项目
2005	柬埔寨	制衣工厂
2013	越南	越南面料工厂
2015	越南	成衣制造工厂、面料工厂二期
2018	柬埔寨	成衣工厂
2018	越南	成衣工厂
2019	越南	阿迪达斯专属服装工厂

资料来源:相关新闻报道。

(3) 经验启示

申洲国际在越南和柬埔寨的投资中遇到很多问题,包括劳动效率低,工会罢工、示威等活动频繁，对外资企业有较大抵触等。但申洲国际在柬埔寨和越南的布局依旧获得成功，其原因在于成功进行本土化、重视环境保护、派驻管理人员等。首先，工厂招工顺利，一方面是由于公司给予员工的待遇和福利比其他工厂更具吸引力，另一方面是由于其他中小工厂的关闭为申洲国际提供了熟练工人。目前，越南和柬埔寨的中方管理人员数量逐渐缩减，国际员工人数占总体的1/3。其次，东南亚国家非常重视环境保护问题，对排污指标等有严格的规定，且土地、排污权等资源资质获得有不确定性，申洲国际自建污水处理厂，高质量完成当地政府环保要求。最后，虽然当地劳动力素质和文化习俗等原因影响产能效率，但申洲国际派驻国内管理人员，借鉴国内的生产经验，扩大自动化设备的使用领域，在生产操作方法上不断创新，使柬埔寨和越南员工的效率不断提升。中国企业于东南亚投资需要注重本土化改造，因地制宜，从而适应东南亚各国当地的实际商业环境。

4. 阿里巴巴

（1）公司概况

阿里巴巴即阿里巴巴网络技术有限公司，成立于1999年，总部位于浙江省杭州市，主营业务包括核心商业、数字媒体、云计算等，旗下有淘宝、天猫、全球速卖通（Aliexpress）、阿里云、蚂蚁金服、菜鸟网络等，是中国最大的电子商务平台。自2014年9月19日在纽约证券交易所上市后，阿里巴巴加速推进公司全球化，致力于构建一个"全球买、全球卖"的商业生态平台，服务于20亿消费者和数千万企业，其《全球化战略分析报告》指出要将阿里巴巴电商、菜鸟网络、蚂蚁金服、阿里云全球化，同时让文娱板块迈向全球。

（2）对东南亚投资情况

中国市场竞争激烈，新增市场空间日益缩小，阿里巴巴便开始在东南亚布局，以电商为主、金融科技为辅，逐渐展开对东南亚各领域的投资，成为东南亚电子商务的主要驱动者。在电商领域，阿里巴巴通过收购东南亚本土电商企业，加强对东南亚电商的布局。在物流领域，阿里巴巴与多家物流公司搭建中国境内和全球化的物流服务网站——菜鸟网络，并投资新加坡邮政等多个国家邮政企业，推出全球速卖通，借助大数据推动快递业务数据化，从而提供便捷的跨境物流服务。在金融领域，阿里巴巴推动蚂蚁金服全球化，以解决东南亚国家跨币种结算问题。阿里巴巴还在泰国建立电商园区，将之作为其在东南亚的物流中心，助力阿里巴巴进一步打开柬埔寨、老挝、缅甸和越南的市场。表11列出了阿里巴巴对东南亚的主要投资项目。

表11　阿里巴巴对东南亚的主要投资项目

领域	年份	投资国家	投资项目
电商	2012	泰国	开设海外电商学校
	2016	新家坡	认购 Lazada（来赞达）——覆盖东南亚六个国家的电商平台
	2017	马来西亚	成立世界电子贸易平台 eWTP
	2018	印度尼西亚	投资 Tokopedia——印度尼西亚最大的电商平台
	2018	缅甸	收购 Daraz Group——缅甸最大的电子商务平台的母公司
物流	2013	新加坡	投资新加坡邮政
金融	2016	新加坡、菲律宾	推出 HelloPay 线上支付平台
	2017	马来西亚	投资 Touch'n Go（一触即卡通）
电商园区	2017	泰国	建立电商园区

资料来源：阿里巴巴集团官网，https://www.alibabagroup.com/cn/global/home；相关新闻报道。

（3）经验启示

在对东南亚市场布局时，中国企业可以考虑通过直接收购成熟的当地企业进入当地市场。阿里巴巴就是一个典型的例子，它对东南亚的投资布局是分层次的，对电商、物流、金融逐步进行了布局。首先，阿里巴巴通过收购东南亚最大的电商企业，快速获取市场；随后，阿里巴巴收购新加坡邮政股份，建立"国际电商物流平台"，并将旗下菜鸟网路整合到电商平台上，提供物流支持；最后，阿里巴巴推出 HelloPay，与支付宝对接，解决跨币种结算的问题。由此，阿里巴巴通过其雄厚的资金和有层次的布局迅速成功打开了东南亚市场。此外，阿里巴巴的"本土化"战略使其经营的各个方面都融入东南亚经济，有助于其在东南亚树立良好形象，获得东道国的资源及帮助，了解并遵守政策法规，灵活应对市场变化。

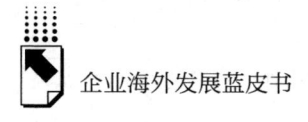

5. 华天科技

（1）公司概况

华天科技即天水华天科技股份有限公司，成立于2003年12月25日，总部位于甘肃省天水市，于2007年11月20日在深交所上市。其主要业务为集成电路封装测试，主要产品为DIP、SOT、SOP、SSOP、TSSOP、LQFP、MCM（MCP）、MEMS、BGA、LGA、SiP、TSV–CSP等多个系列，主要应用于计算机、网络通信、消费电子及智能移动终端、物联网、工业自动化控制、汽车电子等电子整机和智能化领域。2019年华天科技资产规模达160亿元，营业收入规模达81亿元。近几年来，华天科技逐步扩大国际市场的开发及境外并购范围，积极响应国家"走出去"战略，有效拓展了国际市场，已形成布局全球的销售格局，为公司的国际化发展提供了有力的保证，同时也降低了市场风险。华天科技主要通过并购重组以及资源整合，不断完善公司产业发展布局，有效推进公司的海外投资和国际化目标的实现。

（2）对东南亚投资情况

近年来，全球半导体经济放缓，华天科技积极实施"走出去"战略，在自身发展的同时，实施并购重组，创建海外公司及办事处。马来西亚在半导体产业方面具有一定的技术和规模，拥有足够的人力和成本优势，是全球封测的主要中心之一。2019年1月18日，华天科技完成对世界知名的马来西亚半导体封测供应商Unisem 58.94%股权的收购，进一步完善公司全球化产业布局，拓展公司在射频和汽车电子等领域的市场优势，加深国际化程度，提升国际市场竞争力。

（3）经验启示

企业在东南亚进行投资时，选择合适的目标公司尤为重要。华天科技在选择海外投资标的公司时，选择了亚洲最重要的半导体出口市场之一、全球封测主要中心之一的马来西亚本土公司Unisem。马来西亚在半导体产业上积累了一定的技术和规模，拥有相对完善的产业链，同时有足够的人力和成本优势。Unisem在马来西亚霹雳州怡保、中国成都、印度尼西亚巴淡设有三个集成电路封装基地，拥有先进封装技术和较高的生产能力，有实力强劲的合作伙伴，客户遍布世界。收购 Unisem 提升了华天科技封测的技术和生产能力，有助于化解经贸摩擦风险，进一步完善科技全球化的产业布局，提升全球市场竞争力。

（三）中国企业在东南亚投资的主要问题

1. 中国与东盟各国的双边投资贸易协定落后于中国与东盟的合作协议

1985~2001 年，中国与东盟国家相继签订了双边投资贸易协定。但由于当时的中国处于刚开始接触双边投资保护协议的阶段，缺乏经验，协议内容较为模糊，待遇偏低，范围狭窄；且当时的侧重点在于吸引外资，因此更注重维护自身作为东道国的利益，而非作为投资方的利益。随着近几十年来中国经济的高速发展，越来越多的中国企业"走出去"，选择在东南亚投资。此时，这些协议的内容已落后于《中国—东盟全面经济合作框架协议投资协议》，难以适用当前我国企业海外投资的发展需求，很难为参与东南亚投资的企业提供有力的支持。

2. 中国对外投资保险制度不完善

中国企业对外投资面临的主要风险之一为政治风险，主要原因为东道国社会政治状况及法律政策发展有极大的不确定性，东道国的政治环境将直接影响投资者的利益。东南亚各国的政治稳定性和法制水平参差不齐，企业投资面临很大的不确定性。例如，在缅甸密松水电项目实施一年多，已投入 20 多亿美元后，受缅甸国内民族关系紧张、民族主义情绪上升、新政府与反对该项目的反对党和谈等政治因素的影响，缅甸政府提出搁置该项目，这导致中国投资方——中电投云南电力投资有限公司遭受巨额损失。

目前中国尚未形成专门的对外投资保险法律制度，而由于担保容量有限、投资规模门槛较高、担保范围有限，依据《多边投资担保机构公约》设立的多边投资担保机制（Multilateral Investment Guarantee Agency，MIGA）也无法满足中国企业海外投资的需求。截至 2017 年，中国仅有四个项目由 MIGA 担保。我国对中国企业对外投资保险的立法只有两个规范性文件，其法律效力不高，表述笼统，可操作性不强，无法满足投资规模和金额日益增

大的对外投资的需求。

3. 中国企业投资产业层次不高、国别分布不均

目前中国对东南亚的投资主要集中在对技术要求较低的行业，如制造业和商品流通业，两者均为市场密集型与劳动密集型产业；对高新技术企业的投资较少，如信息传输、计算机服务和软件业，金融业等。中国对东南亚不同国家的投资情况差异较大，主要流向少数具有区位优势的国家，如新加坡、印度尼西亚，但中国对新加坡的直接投资流量几乎占东南亚的一半，而东南亚经济体量最大的印度尼西亚只占13%。

4. 中国企业对投资地的政策法规了解不足

东南亚各国的政策导向和法律体系与中国有很大差异，中国企业不了解当地政策、不遵守当地法律，会导致投资失败。此外，尽管东南亚各国设立了多项优惠政策吸引外资，但企业对这些优惠政策的了解不够、利用率低。

5. 中国企业对当地人文环境的融入不够充分

尽管东南亚毗邻中国，经常往来，但仍存在文化差异。东南亚各国均为多民族、多宗教信仰、多语言国家，且人们的某些思维和习惯根深蒂固。有些国家对外来经济欢迎包容，而有些国家对外来经济比较排斥，给中国投资者带来风险。如果企业不了解当地的宗教和民族文化，且语言不通，缺乏沟通，就很难融入当地社会，甚至引发冲突，对投资造成不利影响。在东南亚投资项目不能只重视与政府部门之间的交流，而忽略与本地人的有效沟通及对当地文化的了解与尊重。

四 东南亚投资发展建议

（一）国家层面

1. 更新双边贸易协定

中国与东南亚国家的共同发展依赖双边贸易协定和多边贸易协定作用的发挥，由于中国与东南亚各国签订的双边贸易协定长时间未进行更新，其中的规定已不能适应当前的政治经济环境。尽管中国与东盟于 2009 年签订了《中国—东盟全面经济合作框架协议投资协议》，但仍不可忽视双边贸易协定的影响。首先，两者之间存在很多不一致的规定；其次，自贸区协议规定该协议不能减损任一方在其他国际协议中的权利与义务，即中国与东南亚各国签订的双边贸易协定优先于自贸区协定。因此，针对当前的投资形式和未来发展，中国应与东南亚国家积极更新完善双边贸易协定规则，使其追赶上《中国—东盟全面经济合作框架协议投资协议》，从而切实保护中国投资者的利益。

2. 健全对外投资保险制度

对外投资面临的政治风险复杂、不可控，这会导致很多投资者望而却步。健全对外投资保险法律制度有利于优化投资环境，增强投资者对外投资的信心，减少对外投资风险造成的损失。借鉴发达国家的模式，中国应在双边贸易保护协定中建立双边模式的投资保险制度，确保保险公司可行使代位求偿权。由于中国进行海外投资的主要为中小型企业，应对能力较低，在双边模式下，承保的风险发生后，投资者不仅能及时得到赔偿，还能摆脱与东道国之间的投资争议，保险公司也能从海外获得赔偿、降低成本。与此同时，中国应对海外投资保险机构的设置进行立法，分离制立法将审批机构和执行机构分离，由审批机构负责海外投资的审核批准，由执行机构负责承保事务的管理，由此可更好地维护海外投资者的利益。

3. 充分发挥优势互补

东南亚能源资源丰富，中国在石油开采和小水电发展方面的经验和技术较为丰富，应积极参与马来西亚、文莱、印度尼西亚等产油国的石油勘探开发，增加对泰国、缅甸、越南、老挝、柬埔寨等具有丰富水力资源国家的小型水电的投资；东南亚有丰富的资源和广阔的市场，而中国在农机方面有产品和技术管理经验，其应与东南亚国家持续开展多种形式的农业合作；老挝、缅甸、越南、柬埔寨自然资源丰富，而中国在家用电器、纺织、轻工等行业具有比较优势，应支持鼓励企业到东南亚投资办厂；东南亚大部分国家科技水平较低，中国应发挥在信息传输、计算机服务和软件业等行业的技术

和价格优势，鼓励相关企业投资东南亚。

4. 加强文化交流

中国与东南亚各国在文化习俗之间的差异会增加中国企业对东南亚投资的风险，削弱投资对贸易的促进效应。中国国际贸易促进委员会、中国国际商会的海外分支机构等组织应积极帮助企业了解当地文化、政策、法律等，同时加强与当地商会之间的沟通，协助企业进行投资。由于东南亚有大量华人华侨，中国可以充分利用华人华侨资源，通过举办主题活动、设立民间组织等，大力宣传中华文化，加强民间文化交流，传播中国文化中的优良传统，正确传达"一带一路"倡议的理念，提升当地人民对中华文化的认同感以及对中国的信任度，减少文化差异或对中国的偏见造成的投资风险。

（二）企业层面

1. 深入考察投资环境

东南亚各国经济水平不一，产业结构也不尽相同，尤其是各个国家的政治宗教体系不一样，因此在投资前，企业需要详细考察东南亚各国的具体情况，充分评估风险。

一是考察经济及产业结构。在东南亚各国之中，泰国和越南以制造业和旅游业为主，劳动力价格相对较低，适合中国企业投资并开拓市场。新加坡、马来西亚经济相对发达，欧美企业已经耕耘很久，竞争环境激烈，但消费水平较高，高学历人才较多，适合高新技术企业投资。菲律宾、印度尼西亚、缅甸等国经济基础薄弱，基础设施建设程度低，为中国企业提供了更多的投资机会。

二是考察政治环境。东南亚各国临近中国，多个国家跟中国有南海问题纠纷，但随着中国经济发展，中国成为东南亚最大的贸易伙伴，同时，在中国"求同存异，共同发展"方针的影响下，近年来，中国与东南亚各国关系稳中有进，受到政治环境影响的可能性相对较小。

三是考察文化环境。东南亚是多民族、多宗教地区，在进入东南亚各国的市场前,企业需要认真考察当地民族及宗教情况,了解并尊重当地信仰。例如,东南亚很多国家为伊斯兰国家,在食品加工行业需要考虑到当地习俗。在进入东南亚市场后,企业要学习当地的风俗习惯、风土人情,招聘翻译,加强与当地人民的有效交流与沟通,减少其顾虑,消除其抵触情绪,主动承担社会责任,树立良好形象,取得当地居民的信任,获得其支持与帮助。

2. 加深对当地法律政策的学习和了解

东南亚各国的法律法规不同,企业在进入东南亚国家时,应充分了解其政策和法律,抓紧政策优惠,遵守法律。

了解优惠政策。东南亚各国都大力推行优惠政策,吸引外资,但各国对外投资优惠政策对不同地区、不同行业、不同贡献的企业标准不同,企业在进入市场前应当全面、客观地考察各国的优惠政策,包括适用行业、规模等要求,根据自身条件和业务专长选择合适的国家和适当的投资方式,以争取最大的优惠,降低进入成本和海外经营成本,规避政策风险。

熟悉法律法规。企业展开投资活动,须了解东道国法制环境,遵守当地的相关法律法规,做到守法、依法,履行社会责任。中国企业到东南亚投资要严格遵守当地法律,遇到问题首先想到找专业的服务机构。此外,一些国家对外资企业有诸多限制和规定,例如投资方式中对本地股份占比的规定、禁止投资的行业等,企业要考虑到这些限制和规定对未来发展的潜在影响。有些国家制定了针对外商投资的法律,比如菲律宾的《1987年外国投资法》和老挝的《关于促进和管理外国在老挝人民民主共和国投资法》,而一些国家没有针对外商投资的法律,需要参考其国家自身的投资法。建议企业在投资前联系当地会计师事务所或律师事务所,了解当地的限制条款,关注投资限制和土地、担保、知识产权等资本要素,提前做好预案,防范风险。投资后,企业仍须关注最新法律、政策的出台和修订,并做出相应调整。

3. 加强海外投资后的本土化经营

中国企业在进入东南亚市场后,要适应当地的政治、文化、经济环境,将中国企业经营中的各个方面融入东道国。由于东南亚国家的风俗、语言、习惯、法律等存在差异，若想参与东南亚市场，企业要依据当地法律制度管理企业，履行社会责任，融入当地的经济发展，同时将自身利益与东道国的利益紧密结合，提高雇用当地员工的比例，增加企业内外的沟通交流，树立良好形象，减少跨文化摩擦的风险。例如，占据北美市场的 Uber 最终未能在东南亚站稳脚跟，而成立于马来西亚的 Grab 却能紧紧攥住东南亚市场，覆盖东南亚八个国家的 188 座城市，并最终吞并了 Uber，这主要是因为 Grab 本土化做得更好，包括有本地化的支付方式、考虑本地司机和乘客的有效沟通等。中国企业投资东南亚市场应注重了解本土人文环境，顺应本土消费者和市场，了解如何满足当地客户的习惯和需求。

参考文献

陈文：《优势互补　共同发展——中国"入世"对中国与东南亚双边经贸关系的影响》，《东南亚纵横》2001 年第 11 期。

陈昕悦：《阿里巴巴在东南亚投资战略及其影响》，《唯实：现代管理》2018 年第 5 期。

李晨阳：《缅甸政府为何搁置密松水电站建设》，《世界知识》2011 年第 21 期。

刘晓炜、张慧：《企业对东南亚投资与贸易的法律风险控制》，《中国律师》2013 年第 11 期。

聂槟：《试析东南亚各国投资环境及中国企业对东南亚的投资》，《东南亚纵横》2009 年第 9 期。

于晓、矫磊：《"走出去"战略概述》，《侨务工作研究》2011 年第 2 期。

区域篇
Regional Reports

B.10
北京市促进企业境外投资政策分析

韩紫轩 杨道广*

摘 要： 本报告以北京市促进企业境外投资政策为研究对象，对其演进过程进行了系统梳理与全面总结。首先，将北京市促进企业境外投资政策的整体演变历程分为探索起步、初步发展、调整与提升、快速发展、健康规范发展五个阶段。其次，对外汇管理体制、投资审批程序、财政金融保险政策、保障性政府服务体系等境外投资的各项具体政策从无到有的转变过程进行了探讨。本报告分析认为，虽然北京市近年来在境外投资规模、投资区域、投资行业等方面都取得了显著成果，

---

* 韩紫轩，对外经济贸易大学国际商学院博士研究生，主要研究方向为会计信息与资本市场；杨道广，管理学博士，对外经济贸易大学国际商学院讲师，主要研究方向为内部控制与公司财务。

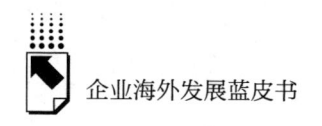

但在新的国际形势下，境外投资促进政策体系仍存在一系列问题，一定程度上制约了北京企业"走出去"。北京市应进一步从优化投资环境、加强国际协调、完善保障支持体系、加强监管等方面对境外投资促进政策体系予以完善。

关键词： 北京市　境外投资　制度演进

一　北京市促进企业境外投资政策体系整体演变历程

随着经济水平的提高与经济体制的不断改革，北京市促进企业境外投资政策[①]体系也不断变化，经历了一个调整更新、逐步开放的过程。总体上，北京市促进企业境外投资政策体系受到国家政策的影响，基本与国家境外投资政策同步，按时间顺序，大致可分成以下五个阶段。

（一）探索起步阶段（1979～1984年）

改革开放初期，我国生产力水平不高，经济发展水平与发达国家相比较为落后，境外投资也处于起步阶段，规模一直较小。我国于1979年首次在经济改革措施中明确允许境内投资主体到境外设立企业，自此，境外投资作为一项政策得以确立；随后，于1981年提出推行境内企业在境外开设合营企业试点工作，详细规定了境内投资主体进行境外投资时的具体审批过程、融资方式以及对境外所设立企业的管理方式。由于此阶段我国境外投资刚刚起步，为了避免外汇风险、防止国有资产流失，国家在1979～1984年对境外投资活动进行了严格限制。根据相关规定，企业的境外投资项目需要报送国

[①] 鉴于北京市的政策是对国家政策的执行、延续或拓展，因此在本报告中当北京市未专门出台具体政策时以国家政策为分析对象。

务院，由国务院负责对每个项目进行审批。由于此阶段我国境外投资经验不足且外汇储备短缺，国务院对境外投资的审批极为严格，仅有极少数符合条件的企业可以通过国务院的审查并开始进行境外投资活动的尝试。

在此期间，北京市促进企业境外投资政策体系也处于初步建立阶段。一方面，境外投资相关的政策法规体系尚未完善；另一方面，境外投资所面临的外部环境时刻处于变动中，具有较大的不稳定性。1979年，我国开始尝试在境外开办企业，在日本东京成立了我国首家中外合资企业（京和股份有限公司）。1979年12月，"北京经济建设总公司"成立。该公司的主要任务是开展对外经济合作、组织合资企业、发展对外贸易等。1980年，北京市对外贸易总公司经北京市人民政府批准后成立，北京市外贸局继续保留，北京市对外贸易总公司与北京市外贸局虽然是两个部门，但属于同一机构，二者共同管理境外投资业务。1982年，对外开放力度随改革开放的进行逐步加大，北京市人民政府建立了中国北京国际经济合作公司，致力于向境外企业学习先进的技术与管理经验。京内企业的境外投资水平有所提高，但北京市在此期间对境外投资持非常保守的态度，在此背景下所形成的政策体系也具有很大的局限性，管理上仍沿袭中央高度集中的统一管理。受限于政府严格的审批制度，北京市境外投资发展比较缓慢，突出表现在参与境外投资的主体并不多且规模较小，投资的区域分布和行业分布也呈现较为单一的特点。投资目的地主要分布在中国香港、中国澳门、苏联等，投资行业主要集中在餐饮、贸易、境外工程承包等，境外投资的主体基本上是北京市少数大型的贸易集团，例如中信公司、中粮集团和中石化等。同时，在此阶段北京市并没有形成专门的境外投资的管理机关，不同职能部门之间分工也不明确。例如，北京市外贸局与北京市对外贸易总公司共同管理境外投资业务，两个机构的业务内容存在相互重叠的部分，降低了企业境外投资的效率。

（二）初步发展阶段（1985~1991年）

随着改革开放的推进，企业境外投资的审批程序与审批机关逐步明确，相关的法规也陆续出台。对外经济贸易部（以下简称"外经贸部"）于

1985年相继制定并颁布了相关法规，标志着境外投资的审批开始迈入规范化发展的新阶段。1986年，外经贸部经国务院授权，正式成为境外投资的管理部门，负责境内企业在境外开设合资经营企业的审批，同时对境内投资主体进行监管。据此，外经贸部也对境外投资审批做出了进一步规定。境外投资真正实现了从国务院个案审批到规范性审批的转变，建立起以外经贸部为审批主体，其他部门和省区市相关部门层层审批上报的管理体制。在审批权限的转移与审批流程的简化下，境外投资规模增长迅速，但同时也伴随投资失败、资本外逃等一系列问题。另外，由于我国的外汇储备水平较低且境外投资经验不足，为了避免外汇风险，确保用汇安全，我国对境外投资过程中的外汇进行严格管控，并颁布了具体的管理办法，严格规定了中国对外投资合作企业的外汇管理制度。总体来看，国家认为在20世纪90年代初期的投资环境下，企业进行大规模的境外投资将面临较高的风险，也就是说，我国对境外投资持不鼓励态度。在此背景下，国家出台了相关法规，严格限制境内企业在境外的投资规模与投资地域。

在这一阶段，北京市境外投资管理体制开始初步形成。相对于探索起步阶段，北京市境外投资的管理机关开始设立，并开始逐步规范审批程序。1986年，根据国务院指示精神，经外经贸部同意，北京市人民政府决定对机构职责进行调整，原由北京市对外贸易总公司承担的工作改由北京市对外经济贸易委员会一并负责。机构调整后，北京市对外经济贸易委员会统一管理全市境外投资工作。1989年，北京市政府决定加强对京内企业境外投资的管理。根据有关规定，北京市对外经济贸易委员会负责管理全市海外企业；对符合条件企业的境外投资项目的可行性报告与合同进行审批；对于限额以上和设在苏联、东欧、未建交国家及港澳地区的海外企业，经初审后申报外经贸部审批；审批海外企业的中方高级管理人员及外派人员，任免海外企业的中方董事会成员等。机构调整后多头管理的局面在一定程度上得到了解决，但各部门之间的沟通协调仍然存在一定的问题，审批内容也有所重叠，导致境外投资存在审批程序复杂、管理分散等问题。同时，在国家外汇储备短缺的背景下，北京市对境外投资外汇实行集中统一管理。1985年，北京市人民政府做出加强外汇管理的补充规定,市政府首先对用汇计划进行审批,国家外汇管理局北京外汇管理部根据计划拨出外汇额度,随后,中国银行北京分行根据用汇额度办理开证、付汇等相关手续。外汇管理局北京分局还应按月按季向市政府报告本市留成外汇额度收支、变化情况。综上,由于我国企业的国际化经营能力还比较弱,且国家对于境外投资严格监管,北京市在此期间的境外投资管理体系并不完善。集中的外汇管理与烦琐的审批程序在很大程度上阻碍了在京企业境外投资规模和数量的发展。虽然这一期间北京市境外投资的规模与探索起步阶段相比有所增长,境外投资的行业也由餐饮、咨询、航运等服务业向资源开采、运输业、加工制造等行业扩展,参与境外投资的投资主体数量也有所增长,但境外投资总额仍然较小,增长幅度不大。

(三)调整与提升阶段(1992~2003年)

1992年初,国务院开始将生产型企业境外投资的权限下放。1997年,党的十五大提出在利用好国内市场的同时,也要向国外市场发展,积极鼓励具有优势的企业在境外进行投资活动。2000年以来,在"走出去"战略公开提出的背景下,中国对外开放程度的日益加深,为境外投资创造了有利条件。国家在此阶段陆续颁布了一系列调整及管理境外投资的法规,对境外投资外汇管理、审批程序、税收优惠、信贷支持等方面做出了详细规定。另外国家对境外投资监管工作也开始规范化,2002年对外贸易经济合作部发布了关于境外投资绩效评价制度的规定。

在国家相关政策的指导下,北京市对境外投资政策进行了进一步调整与提升。首先,北京市在此阶段对境外投资管理机构进行了改革,明确了不同机构的职责范围。1995年,北京市在党中央、国务院的指导下,出台了机构改革的相关方案,自此,北京市企业境外投资的有关政策制定及境外开办企业的审批工作由北京市对外经济贸易委员会(以下视情简称"市对外经贸委")负责。2003年,北京市商务局成立(以下视情简称"市商务局")并负责境外投资的指导工作。北京市发展计划委员会改组为北京市发展和改革委员会（以下视情简称"市发改委"），负责研究提出境外投资的发展战略、目标，组织制定有关政策等工作。其次，在国家鼓励企业"走出去"的背景下，北京市境外投资相关政策也逐渐由限制向鼓励转变。1997年，党的十五大明确提出要鼓励、引导个体、私营等非公有制经济持续健康发展。在此基础上，1998年北京市政府等相关部门联合提出鼓励、支持具有优势的私营企业到国际资本市场融资。对具备条件开展境外投资活动，从事国际商贸、劳务、工程承包等业务的私营企业，市有关部门在审批手续上将其与国有、集体企业同等对待。2001年《北京市"十五"时期对外贸易发展规划》也提出鼓励和引导企业到海外投资，重点开展对非洲和广大发展中国家的投资活动，带动国产设备和原材料的出口，获得发展首都经济所需的战略资源。2002年11月，市对外经贸委发布《关于鼓励境外投资和对外承包工程与劳务合作的意见》，鼓励和支持有条件及有实力的企业积极利用境外的资金、技术优势，在境外设立研发机构、开展高科技项目、建立生产基地、开展对外承包工程等。最后，北京市境外投资审批程序进一步简化。2003年，北京市对外经济贸易委员会制定《北京市境外投资审批管理暂行办法》，将部分境外投资项目的审批权下放到市对外经贸委，规定其负责京内投资主体对境外投资项目的申请工作。从以上政策演变可以看出，这一阶段政府对境外投资的态度发生了根本性的转变，北京市从最开始的严格管理转变为逐步放松权限，开始对境外投资持积极鼓励态度。政府在此期间对企业开展境外投资提供服务与政策支持，起到了积极引导作用，有利于促进这一阶段境外投资的发展。这一时期，北京市促进企业境外投资政策体系进入调整与提升阶段，投资规模迅速增长，投资行业与投资领域也进一步向多元化扩展。

（四）快速发展阶段（2004~2011年）

2004年7月，国家开始对投资体制进行改革，并颁布了具有里程碑式意义的相关规定。规定明确了企业进行投资决策的主体地位，对于政府不参与投资建设的项目，由核准制和备案制替代原有的审批制。2004年10月，国家对境外投资的核准管理出台了相关政策，进一步明确了企业具有自主决策权，政府主要发挥引导、服务和支持作用。同年，商务部对境外投资设立企业的核准事项作出了详细规定。2009年，商务部又进一步放松了对境外投资核准权限。上述管理措施为企业进一步明确、简化境外投资程序提供了政策依据，政府逐步放松对境外投资的管控，有效促进了企业的境外投资活动。

北京市在此阶段的政策也积极鼓励境外投资，建立起了新的政策体系。2004年，北京市人民政府在国家政策的指导下，对投资项目审批制度进行改革，持续推动了境外投资便利化发展。2005年，北京市发改委明确了境外投资项目的申请内容、核准程序与回复时限。同年，北京市发改委进一步推动本市企业投资项目管理制度改革。与此同时，境外投资相关的一系列具体配套政策也逐步出台，从外汇管理、税收、信贷等各个方面为境外投资提供保障与支持。总体上，在此期间北京市境外投资审批的程序不断发展优化，政府的职能定位也由以管理职能为主转变为以引导服务职能为主。新型投资体制逐步建立，境外投资以市场为主导，企业具有较大的自主决策权，同时银行可以独立对境外投资企业进行审查与贷款。政策导向的转变大大提高了企业参与境外投资的积极性，在此阶段北京市投资目的地分布在全球各个国家，境外投资规模与投资主体个数也实现了跨越式增长。

（五）健康规范发展阶段（2012年至今）

在实施"一带一路"倡议的背景下，开放型经济体制开始建立，党中央倡导积极参与全球经济治理，发展开放型经济，这为我国对外投资发展创造了良好的外部机遇。这一时期，我国积极鼓励有条件的企业开展对外直接投资活动，致力于打造和培育跨国企业发展，提高企业的国际竞争力。同时，我国加强了对境外投资的规范性管理，注重放管结合，优化服务，进一步促进了境外企业投资行为的规范合理有序发展。2014年4月，国家发改委大幅下放境外投资项目管理权限。境外投资项目原来以核准制为主，目前则开始向以备案为主、核准为辅进行转变。同年5月，北京市发改委明确了关于境外投资项目核准、备案和信息报告申请文件及附件的要求，提升了境外投资项目管理的便利化和透明度。同年12月，国家发改委进一步下放境外投资项目管理权限，地方企业境外投资项目核准与备案不必通过多层申报，大大简化了管理程序。2015年，商务部提出对企业境外投资备案实行无纸化管理，并于2017年建立了线上服务平台。

在供给侧结构性改革不断推进的背景下，北京市在此阶段深入推进"放管服"改革工作，借助现代信息技术，不断完善境外投资线上管理平台建设。从简政放权的角度来看，境外投资备案流程进一步简化，逐步推行线上办理，并对重点项目开通了专门的"绿色通道"。2013年，北京市发改委提出进一步简化企业境外投资项目的管理程序，即减少地方企业境外投资项目申报环节，压缩企业申报材料与填报事项，全面实行地方企业小型境外投资核准项目便利化。2015年，企业境外投资的主体地位进一步明确，境外投资核准程序不断简化。同年10月起，北京市商务委员会推出了无纸化备案服务。2016年，北京市成功搭建"境外投资直通车"在线备案平台，受理、审核、备案等流程率先在全国实现线上办理。2018年，为促进北京市境外投资持续健康发展，北京市发改委制定《北京市企业境外投资管理办法》，进一步扩大了市发改委的权限范围。2020年，北京市继续完善企业境外投资项目备案管理制度，规定自2020年6月1日起，投资主体在办理市发展改革委权限内的境外投资项目备案时，原则上将采取无纸化方式申报。市发展改革委收到投资主体申请后，将审查申请材料是否齐全、合法有效，是否符合《企业境外投资管理办法》和《北京市企业境外投资管理办法》的相关规定，符合条件后将在线予以受理，并完成备案。从监管角度来看，《企业境外投资管理办法》提出实施全流程管理、完善管理框架、引入监管工具、完善境外投资违规行为惩戒措施。从服务的角度看，北京市政府在此阶段进一步对服务内容进行优化，加强国际投资形势分析，提供政策咨询服务，发布境外投资数据等信息，同时，政府不同管理机构之间合作机制的建立可以为企业实施境外投资项目创造有利的外部环境。总之，北京市在此阶段不仅从时间、流程上方便了企业办理相关手续，也在服务内容上进行了优化，体现了放管服相结合的管理理念，促使企业境外投资快速发展，投资结构不断优化。北京市境外投资进入健康规范发展阶段，主要表现为投资规模与投资主体数持续稳定增长，投资结构不断优化。

二 北京市促进企业境外投资各类具体政策的演进历程

改革开放以来，我国经济发展水平不断提高，境外投资的各项具体相关政策也由最初的严格管控转为渐进式下放权限，境外投资的管理框架开始形成。北京市促进企业境外投资政策体系可以大体分为外汇管理体制、境外投资审批程序、财政金融保险政策、保障性政府服务体系等。在国家境外投资促进体系不断发展的背景下，北京市促进企业境外投资各类具体政策也经历了一个不断改进的过程。

（一）境外投资外汇管理体制演进

北京市境外投资外汇管理体制的演变总体上与国家同步，按时间顺序大致可分成严格管控、逐步开放与全面开放三个阶段。

1. 严格管控阶段（1979～1993年）

改革开放初期，国家对外汇实行严格管控。国家外汇管理局集中对外汇进行管理。1989年，国家外汇管理局对外汇资金使用的相关问题作出了严格限制，规定境内投资者以外汇资金进行境外投资，需要提交外汇资金来源证明，并由我国外汇管理部门进行审查。境内企业在境外投资过程中获得的收益需要在规定期限内调回境内。同时，境内投资者在登记境外投资时，应向有关部门缴纳利润保证金。

在此背景下，北京市对外汇也实行统一管理、从严控制。根据《国务院关于加强外汇管理的决定》，1985年北京市人民政府对《国务院关于加强外汇管理的决定》作出补充，规定待国家下达本市用汇控制指标后，由北京市计委区别轻重缓急，重新编制用汇计划，报经市政府审查批准后实行。

国家外汇管理局北京外汇管理部和中国银行北京分行严格按规定用途监督使用。各部门、各单位的各类外汇额度，全部由国家外汇管理局北京外汇管理部管理。各部门、各单位用汇时，由国家外汇管理局北京外汇管理部根据市政府批准的用汇计划或市计委的用汇通知拨出外汇额度，通知中国银行北京分行营业部具体办理开证、付汇手续。这一时期严格的外汇管理制度在一定程度上阻碍了北京市境外投资的发展。

2. 逐步开放阶段（1994～2005年）

随着我国经济水平的提高，在此阶段我国外汇储备规模稳定持续扩大（见图1），为外汇管理制度逐步放松奠定了基础。1996年，国家明确规定取消外汇留成制度，实行银行结售汇制度。2001年，中国加入世界贸易组织，积极参与全球合作，对外开放持续推进，对外贸易也进入了全新的发展阶段。在此背景下，我国顺应全球化潮流，进一步放松外汇管制，出台了一系列相关法规。2003年，国家深化境外投资外汇管理体制的改革，取消境外投资风险审查，推行境外投资外汇管理改革试点，试点地区在一定额度内可以自主进行购汇。2005年，国家对境内银行为境外投资企业提供担保的方式进行调整，规定银行在一定范围内具有为境外投资企业提供融资担保的自主决策权，无需向国家外汇管理局及分局逐笔报批。这一措施为企业提供了资金支持，大大缓解了企业境外投资融资难的问题。

在此期间，北京市也积极进行外汇改革，由早期严格控制、严格审批的外汇管理转为逐步放宽外汇管制。2002年，北京市对外经贸委《关于鼓励境外投资和对外承包工程与劳务合作的意见》提出，取消境外加工贸易项目的汇回利润保证金。2003年，北京市成为外汇制度改革试点地区之一，拥有一定的境外投资购汇额度，允许投资企业在境外保留一部分利润，不必再全部调回国内。同时为深入贯彻实施"走出去"战略，北京市商务局可以直接对外汇投资额不超过300万美元的境外投资项目进行审查；外汇投资额100万美元以下的，可由试点分局授权辖内支局出具审查意见。企业用汇便利化程度提高与外汇审批手续的简化提高了企业参与境外投资的积极性。

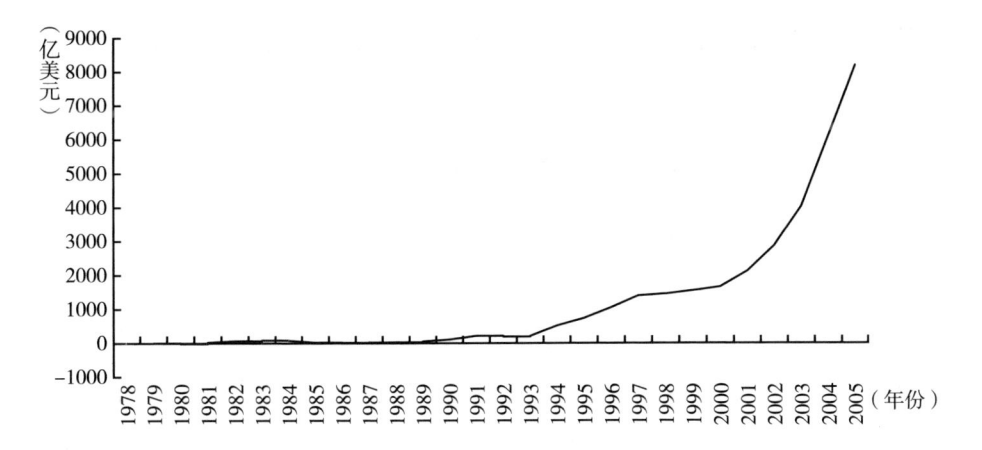

图1　1978～2005年我国外汇储备变化

资料来源：《中国商务年鉴2006》。

3. 全面开放阶段（2006年至今）

2006年，国家外汇管理局取消了全国境外投资用汇规模与购汇额度限制，简化外汇办理手续的同时，对境外投资外汇资金来源的审查权进行下放。2009年7月，国家外汇管理局规定对境内企业在境外投资时形成的资产、权益等实行备案制。同时境内机构可以通过经常项目外汇账户将所得境外投资利润直接汇回境内，大大简化了企业境外投资收益汇回境内的手续。

北京市在此期间也立足于首都城市战略定位，进一步简化外汇备案手续，全面实行外汇管理体制改革创新。2015年6月1日起，北京对境外投资外汇管理政策实施改革，简化和改进直接投资外汇管理，规定境内投资主体可直接到银行办理境外投资项目的相关外汇登记，这取代了境外再投资外汇备案制度。另外，境内投资主体新设境外企业或对境外企业进行再投时，也无需办理外汇备案手续。2019年，北京市积极践行服务业扩大开放综合试点的工作方案，方案中提出持续优化跨境人民币业务。同时在北京市设立基金，用于人民币在境外进行的投资与贷款业务，积极推动金融业深度融入国际市场。允许符合条件的机构向投资者募集人民币资金，并投资于海外市场。北京市外汇制度的一系列改革为企业境外投资提供了用汇便利，

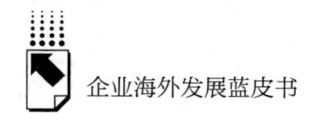

有助于促进京内投资主体更好地"走出去",大大提高了境外投资企业的投资效率。

(二)北京市境外投资审批程序演进

1991年至今,国家境外投资的审批程序发生了巨大转变,经历了不断调整与优化的过程。首先,审核制度由1991年开始实行的审批制转变为核准制与备案制相结合,2004年又转变为根据不同情况对境外投资项目分别实行核准制和备案管理。其次,在审核环节与审核内容方面,最初企业需要提交项目的可行性报告与审批项目建议书,管理部门对项目投资主体、政策合规性、财务合理性以及技术先进性等方面进行严格审核。2004年,境外投资审核环节更加简化,企业只需要提交书面信息报告,无需提交可行性研究报告,管理部门仅对投资项目背景、风险收益、投融资方案等基本情况进行审核。另外,中央及地方的审批权限也逐步放宽,核准的投资规模大幅增长。最后,从批复时间来看,政府的工作效率也逐步提高,回复期限由最初的60日减少为20个工作日内完成,有效提高了企业的境外投资效率。

在国家境外投资项目审批程序的不断改革下,北京市深入贯彻"放管服"改革精神,境外投资审批程序由早期严格的审批向逐步便利化发展。2003年,北京市境外投资实行审批制,市对外经贸委完成境外投资项目初审后报送市政府,经市政府审核后报送商务部审批。2004年,北京市对投资项目审批制度进行改革,政府对其未参与投资建设的项目实行核准制与备案制,取代了之前的审批制。2009年,北京市商务委员会印发《北京市境外投资管理暂行办法》,规定北京市企业可以直接向北京市商务委员会提出境外投资申请。

2016年,北京市对境外投资备案管理方式进行改革,实行投资管理网上"一口受理",并搭建线上平台。企业境外投资备案申请环节实现网上办理,备案审核时限也大幅缩短。2020年,北京市商务局提出北京市企业办理境外投资备案(核准)可进行线上无纸化报送。总体来看,北京市境外投资由审批制向核准制、备案制转变，审批环节更加简洁，境外投资备案实现无纸化管理；审批权限大幅度放宽，主管部门批复时间逐渐缩短。这些变化极大地提高了北京境外投资管理效率，对外投资便利化水平也得到进一步提升。

（三）境外投资财政金融保险政策演进

1. 信贷支持政策演进

2002年，北京市对外经贸委《关于鼓励境外投资和对外承包工程与劳务合作的意见》，提出设立对外经济合作专项资金，用于境外投资项目在国内的贷款贴息。针对目前海外企业发展资金不足的矛盾，设立海外投资发展基金，发展基金可作为企业境外投资的初始本金，也可用于境外投资项目资本金贷款时的利息贴补。2004年，京内企业境外投资项目贷款贴息的范围进一步扩大，如北京市企业赴非洲投资开发资源类项目贷款可以获取贴息。2018年，北京市商务委员会、北京市财政局印发《北京市外经贸发展资金支持北京市对外投资合作实施方案》，对在共建"一带一路"国家新设或并购企业、能够带动北京市企业技术转型升级等的境外投资项目提供贷款贴息与一次性直接补助。

2. 税收促进政策演进

为了加快拓展海外市场，帮助企业适应新的发展形势，政府不断出台并完善企业境外所得税收抵免政策，降低企业负担，为企业提供税收支持。1997年11月，国家规定，境内投资者在东道国获得税收减免时，可以在回国后对已交所得税进行抵免，有效避免了双重征税；2004年，为了促进和扶持境外投资企业的发展，我国对境外投资企业在税收上给予了一定的优惠政策，规定5年内对境外投资企业中方分得的税后利润免征所得税；2008年，国家规定企业境外投资所得已在境外投缴纳所得税的部分可以抵免其当期应纳税额；2018年，国家规定境内投资主体在境外投资过程中所得的利润分配若用于直接投资，则不征收预提所得税。

为进一步推动境外投资高质量发展，北京市也陆续出台税收支持政策，为符合条件的企业减税降负。2019年1月，《北京市服务贸易创新发展试点工作实施方案》落实服务贸易类技术先进型服务企业所得税优惠政策，落实跨境应税服务免征增值税，以及技术贸易、影视服务、离岸服务外包等出口服务适用增值税零税率政策。同时北京市作为试点，积极与不同国家签订双边协定，有效缓解了企业在境外投资过程中被征收多个税种或多次征税的问题，为京内企业"走出去"创造了公平良好的税收环境。

3. 保险促进政策演进

随着我国境外投资规模逐渐扩大，投资区域与投资行业呈现多样化发展，复杂的国际形势与外部环境导致企业面临的投资风险日益增加，因此，境外投资保险体系的建立具有重要意义。2005年，国家逐步建立起境外投资重点项目的风险保障机制，为我国的境外投资提供政策性保险支持。同时，在国家政策的指导下，北京市也出台了相关政策，帮助京内企业适应境外投资发展的新形势。2018年，北京市商务委员会等部门联合印发了《北京市外经贸发展资金支持北京市企业高风险国别投资项目海外投资保险统保平台实施方案》，加大对北京市企业高风险投资项目的金融保险支持力度，在境内企业在东道国因政治风险、环境变化等不可抗力遭受损失时，为企业提供坚实的保障与支撑。

（四）境外投资保障性政府服务体系演进

在促进企业境外投资政策体系不断发展的过程中，政府的职能逐步由管理型向服务型转变。北京市境外投资保障性政府服务体系逐步发展完善，为企业开展境外投资提供服务与政策支持。2006年，北京市成立中国企业境外商务投诉服务中心，帮助我国境外投资企业解决各类问题，大大降低了中国企业境外投资所面临的风险。2008年，北京市发改委在北京市政府规定的职责范围内，进一步对境外投资服务与监管体系进行完善，为境内投资主体提供国际环境、相关数据、项目内容等有效信息，为企业创造有利的投资环境。2017年，北京市致力于打造全球投资贸易服务综合性平台，建立了集境外投资、对外合作、基础设施建设等板块于一体的国际贸易投资网，方便境内外投资主体的信息交流，为京内投资主体提供专业化服务，实现多方共赢。2019年，北京市人民政府办公厅发布《关于印发〈北京市服务贸易创新发展试点工作实施方案〉的通知》，该文件提出强化财税政策引导，加大重点项目的财政支持力度，完善服务平台建设。2020年，北京市商务局联合中国建设银行合作建立京企"走出去"综合服务系统，该服务系统以开放共享的理念，为北京市企业"走出去"提供资讯、政务、金融、商务等综合服务。通过提升企业对外投资便利化水平，激发潜在投资需求，帮助企业积极稳妥开展对外投资合作，提升国际竞争能力，构建开放共享、互惠多赢的新生态。综上，北京市在信息披露、服务平台建立、境外投资风险预警等方面不断完善，为京内投资主体提供了良好的服务，促进了境外投资规范化发展。

三 北京市促进境外投资政策体系演进效果分析

在国家整体经济结构调整与境外投资政策变迁的基础上，北京市境外投资政策体系经历了一个从无到有，由限制到鼓励，并不断完善的过程。由于境外投资促进体系的不断演进，北京近年来在境外投资层面取得了较大的发展，境外投资方式、投资地区、投资目标、投资主体的多元化趋势明显，呈现出增长迅速、区域广泛、领域多元的特点。

（一）境外投资持续快速增长

随着境外投资促进体系逐渐发展，1979~2011年，北京市境外投资企业数总体上呈现迅速增长的态势（见图2）。从具体各个阶段来看，1979~1984年，北京市境外投资促进政策体系尚处于探索起步阶段，政策法规和投资环境尚不完善，对境外投资限制较多。这一阶段投资项目较少且投资规模不大，参与境外投资的企业个数在此期间也仅在1~4家范围内波动。1985~1991年，改革开放初具成效，经济水平有所提高，北京市在境外投资方面也积累起了一些经验，境外投资的审批程序以及外汇管理制度逐渐放松。北京市境外投资企业由1985年的5家增长至1991年的23家,但总体投资规模仍然较小。1992~2003年,此阶段的限制性政策体系严重影响了企业境外投资的积极性,北京市参与境外投资的企业数在1993年达到最大值47家,之后便呈现下降趋势。2004~2011年,在"走出去"战略提出以及《国务院关于投资体制改革的决定》发布的背景下,北京市积极鼓励境外投资,北京市境外投资企业数实现了爆发式增长,2010年高达266家。2012年以来,北京市持续推进"放管服"改革,境外投资持续健康发展。2018年全年,北京市境外投资主体高达410家,2019年在国家经济增长放缓的大背景下,境外投资企业数下降至394家。[1]

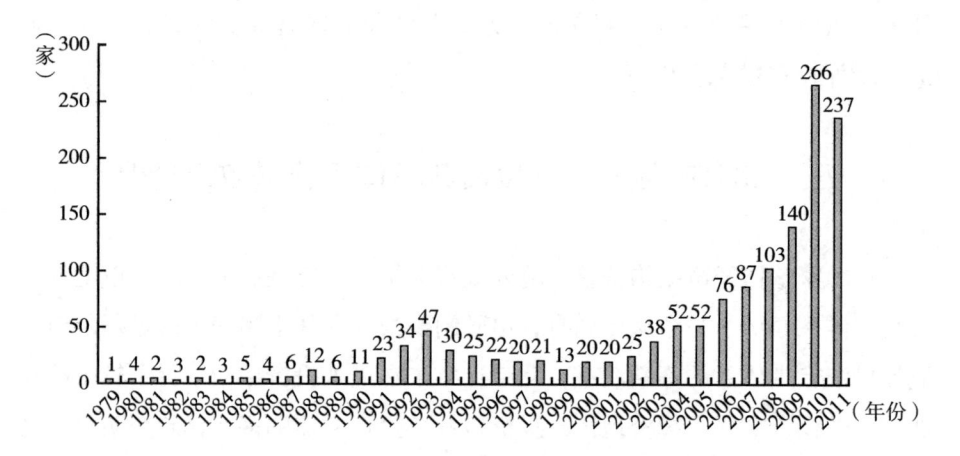

图2　1979~2011年北京市境外投资企业数

注:《北京商务年鉴》中,北京市境外投资企业数据仅更新至2011年。
资料来源:《北京商务年鉴》。

从境外直接投资流量来看,2003~2016年,北京非金融境外直接投资流量整体呈现增长趋势,2003年非金融境外直接投资流量仅为3.01亿美元,2016年非金融境外直接投资流量达到155.70亿美元的历史最大规模,同比增长26.79%,2003~2016年增加额达到152.69亿美元。2017年开始,非金融境外直接投资流量出现大幅下降,由2016年的155.70亿美元下降至

---

[1] 北京市商务局网站。

61.02亿美元，下降幅度高度达60.81%，这主要是由于在国家调控的大背景下，非理性投资得到有效遏制，但对外投资良好发展势头并未改变，2018年北京市非金融境外直接投资流量相比2017年增长15.54%，达到70.50亿美元。2019年，非金融境外直接投资流量为72.60亿美元，比上年增长2.98%，实现了平稳增长（见图3）。

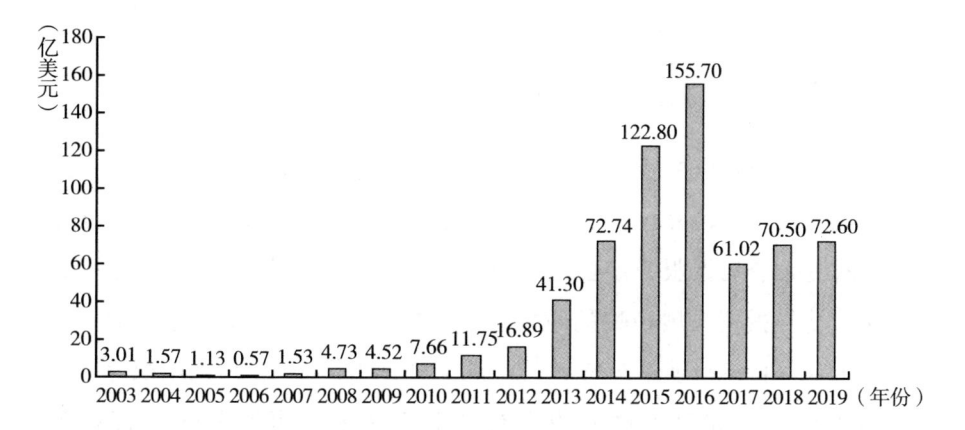

图3 2003~2019年北京非金融境外直接投资流量

资料来源：北京市商务局网站，http://sw.beijing.gov.cn/。

（二）投资区域分布更加广泛

在境外投资的区域方面，北京市呈现区域多元化趋势，2002年北京市境外投资的企业分布在美国、日本、英国、法国等14个国家和地区；2003年，增加至19个国家和地区。2008年，北京市境外投资区域遍布全球，从地区分布来看，亚洲占48.15%，欧洲占11.94%，拉丁美洲占30.36%，非洲占7.1%，大洋洲占2.45%。[①] 2017年，北京市企业共对全球73个国家和地区的618家境外企业进行投资。2018年，北京市410家境内投资主体对全球75个国家和地区的476家境外企业新增直接投资70.50亿美元，同比增长15.54%。其中，民营企业"走出去"设立企业和机构3000余家，

---

① 《北京商务年鉴》。

占北京市80%左右，国有企业"走出去"设立企业和机构498家，占北京市14.0%。2019年，北京市394家投资主体对全球72个国家（地区）的449家境外企业新增直接投资72.60亿美元，同比增长2.98%。从投资分布看，我国企业对美洲、欧洲的投资增速放缓，但对共建"一带一路"国家的投资增长迅速，新加坡、印度尼西亚、马来西亚、老挝、越南、阿联酋、柬埔寨等为我国投资的重点国别。①

（三）投资行业呈现多样化

北京市境外投资的行业覆盖呈现多样化趋势。1996～2000年，"九五"计划期间，北京市境外投资的行业主要有国际贸易、工农业生产、资源开发、科技开发、餐饮服务、工程承包等。2001～2005年，即"十五"时期是北京市境外投资发展最快的时期，境外投资涉及的行业由建筑业、制造业、服务业等传统行业逐渐拓展到高新技术、电子通信、广播电视等新兴行业。2008年，从北京市境外投资行业分布来看，租赁和商务服务业占22.7%，采矿业占17.6%，软件和信息技术服务业占16.7%，批发和零售业占10.6%。② 2017年底，北京企业在租赁和商务服务业的境外投资存量为218亿美元，制造业以及信息传输业为64亿美元，软件和信息技术服务业为52亿美元，三大领域境外投资存量分别占北京企业境外投资存量总额的40.2%、11.7%和9.6%，居行业投资前三位。2018年，据商务部最新统计数据，北京市在制造业的非金融投资规模达到46亿美元，占行业内北京境外投资的30%；新兴技术类非金融投资规模达到31亿美元，占行业内北京境外投资的20%。总体来看，北京市境外投资覆盖第二、第三产业等近20个行业。其中，租赁和商务服务业、制造业以及信息传输业、软件和信息技术服务业为北京市企业境外投资较为集中的行业。③

---

① 北京市商务局网站，http://sw.beijing.gov.cn/zt/dwhzzt/tjsj_1919/202001/t20200119_1618135.html。
② 《北京商务年鉴》。
③ 2019年数据尚未更新。

四 新形势下北京市促进企业境外投资政策体系面临的问题与完善措施

（一）面临的问题

近年来，国际环境发生了复杂变化，我国企业"走出去"过程中所面临的困难和挑战前所未有。具体来说，近年来，许多国家纷纷以国家安全为由出台投资限制政策，对基础设施、高新技术、敏感数据等领域的境外投资限制处于历史较高水平，我国企业面临更大的投资难度与投资风险，企业并购空间急剧收窄，我国企业因此面临更高的境外投资壁垒。另外，各国高度重视在高新技术领域中取得、保持或提高优势地位，我国高科技企业在境外将受到多方限制。

在新的国际形势下，企业"走出去"之路在面临挑战的同时，也面临机遇。此时，促进企业境外投资政策体系的演变也应与时俱进，帮助企业适应外部环境的新变化。目前，北京市作为首都，经济发达且对外开放程度较高，企业境外投资水平处于不断提高时期。虽然北京市促进企业境外投资政策体系已基本形成，但是仍然存在一些问题，阻碍了京内企业"走出去"。首先，北京市企业境外投资缺乏整体规划，存在开发成本较高、资源配置不合理、风险防范体系不够健全等问题，投资主体在境外投资的竞争力和抗风险能力相对较弱。其次，目前北京企业在信息传输、软件和信息技术服务业等新兴技术领域的投资尽管增长较快，但是其规模仍然具有较大的增长空间；另外，北京对外投资主体以民营企业为主，其中处在全球产业链低端的企业占据多数，在行业、实力和素质上千差万别，境外经营管理水平有待提高。最后，北京市对境外投资事前审批形成了较为完备的政策体系，但在事后监管方面仍存在不足，相关的法规也尚未完善。

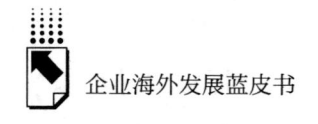

（二）完善措施

在新形势下，北京市应积极采取措施，及时引导企业做好境外风险防范预警，鼓励企业通过技术创新，提高国际竞争力，积极谋求转型升级，不断开拓企业自身更高质量的发展，以应对变幻的国际经济形势。

1. 优化境外投资环境

不断提高对外开放水平，积极顺应全球化趋势，加强国际合作，降低东道国政局和政策变化等带来的系统性投资风险；积极推进"放管服"改革，持续简化境外投资审批流程，规范审批环节；放宽境外投资限制，提高企业自主决策权，鼓励企业通过投资、海外并购、对外劳务、工程承包等多种方式"走出去"；加强引导企业合理配置资源，降低投资成本，为企业提供公平的投资环境。

2. 引导企业价值链布局逐步向高端发展

鼓励北京企业积极进行技术升级与品牌建设，整合国内外优质资源，大力支持高质量京内企业参与国际技术标准体系的建设；不断提高技术水平，展现中国技术要求，不断向高端价值链进行布局，获得并掌握对国际技术标准的发言权和制定权；倡导境外投资企业推广使用中国标准，加强同行业或同领域企业的联合协作，发挥聚合效应，实现标准、产品、服务、技术四位一体关键要素的相互促进、相互配合；加强与共建"一带一路"国家的合作，促进产业链由中低端逐渐向高端延伸。

3. 完善服务保障与支持体系

加强国际合作，深入了解东道国政策法规，积极为境内企业提供法律、税务、风险等相关信息，引导企业建立健全境外投资决策管理体系；建立境外投资服务平台，满足企业的不同需求，在境外投资项目搜寻、可行性研究、融资等整个流程中为企业提供量身定制的综合性服务；完善风险管控体系，建立风险预警系统与相应的防范措施，加强对高风险地区境内企业投资项目的监督与指导，提升企业的风险应对能力。

4. 加大财政金融政策支持

构建财政金融保障支持体系，积极利用中央及地方专项资金，为企业境外投资提供资金支持；加大信贷支持力度，积极为境外企业提供融资渠道，帮助企业解决境外投资过程中融资难的问题；制定并完善税收优惠政策，为企业境外投资提供税收支持，降低企业负担，创造公平的投资环境；解决企业顾虑，完善境外投资保险制度，为企业境外投资的可持续发展提供有力支撑。

5. 加强企业境外投资监管

政府应进一步规范企业境外投资行为，加强对企业境外投资过程的监管，依法对违法违规行为进行严格惩治；在境外投资项目事前合规性与事后投资效果等不同方面制定具体的管理方案，并对企业境外投资的各个环节出台相关的监管法规；进一步完善"境外企业和对外投资监测服务平台"的建设，掌握企业境外投资的变化情况，并及时制定应对措施，形成覆盖事前、事中、事后的完整的管理链条与清晰的管理体系。

参考文献

董彦岭：《我国境外投资促进体系的制度演进分析：1979—2009》，《经济与管理评论》2012年第3期。

高鹏飞、孙文莉、胡瑞法：《中国对外直接投资政策体系演进与政府行为创新——基于国际比较的视角》，《国际贸易》2019年第5期。

孙好雨：《对外投资与对内投资：替代还是互补》，《财贸经济》2019年第6期。

B.11
2019年在京央企在共建"一带一路"国家投资分析

赵文卓 金瑛 刘思义*

摘　要： 作为国家级顶层合作倡议，"一带一路"倡议对于推动我国形成全面开放新格局，维护全球自由贸易体系和开放型世界经济具有深远意义。作为"一带一路"倡议的"领头羊"和"主力军"，在京央企在共建"一带一路"国家投资中发挥着重要的引领和示范作用。本报告以在京央企为研究对象，首先分析在京央企投资共建"一带一路"国家的总体思路和现状，并选取能源、金融和科技领域三家典型企业进行案例研究。基于以上分析，本报告进一步研究了在京央企投资共建"一带一路"国家面临的风险和机遇，并从政府层面和央企层面提出风险应对和制度保障措施。

关键词： 在京央企　"一带一路"　海外投资

一　在京央企在共建"一带一路"国家投资的总体思路

2013年，习近平主席在访问中亚和东南亚国家期间，先后提出共建

---

* 赵文卓，对外经济贸易大学国际商学院博士研究生，主要研究方向为会计信息与资本市场；金瑛，对外经济贸易大学国际商学院博士研究生，主要研究方向为会计信息与资本市场；刘思义，管理学博士，对外经济贸易大学国际商学院讲师，主要研究方向为内部控制与公司财务。

"丝绸之路经济带"和"21世纪海上丝绸之路"的重大倡议（以下简称"一带一路"倡议），并得到国际社会的高度关注。投资是"一带一路"倡议的重点内容，以下将从总体布局和央企定位来概括在京央企在共建"一带一路"国家投资的总体思路。

（一）总体布局

"一带一路"倡议的提出是为了实现中国及共建"一带一路"国家的共同发展和共同繁荣，同时增进彼此之间的理解信任，加强全方位的交流。中国政府倡议，秉持和平合作、开放包容、互学互鉴、互利共赢的理念，全方位推进务实合作，构建政治互信、经济融合、文化包容的利益共同体、命运和责任共同体。"一带一路"贯穿亚洲、欧洲、非洲三大洲，一边是活跃的东亚经济圈，一边是发达的欧洲经济圈，中间国家的经济发展潜力巨大。

从共建"一带一路"国家分布来看，涉及国家65个，其中东北亚2国、东南亚11国、南亚7国、西亚北非20国、中东欧20国以及中亚5国（见表1）。截至2020年1月，中国已经同138个国家以及30个国际组织签署200份共建"一带一路"合作文件，商签范围由亚欧地区延伸至非洲、拉美和南太等相关国家。

表1 共建"一带一路"国家

地区	国家
东北亚2国	俄罗斯、蒙古国
东南亚11国	东帝汶、菲律宾、柬埔寨、老挝、马来西亚、缅甸、泰国、文莱、新加坡、印度尼西亚、越南
南亚7国	巴基斯坦、不丹、马尔代夫、孟加拉国、尼泊尔、斯里兰卡、印度
西亚北非20国	阿富汗、阿联酋、阿曼、阿塞拜疆、埃及、巴勒斯坦、巴林、格鲁吉亚、卡塔尔、科威特、黎巴嫩、沙特阿拉伯、土耳其、叙利亚、亚美尼亚、也门、伊拉克、伊朗、以色列、约旦
中东欧20国	阿尔巴尼亚、爱沙尼亚、白俄罗斯、保加利亚、北马其顿、波黑、波兰、黑山、捷克、克罗地亚、拉脱维亚、立陶宛、罗马尼亚、摩尔多瓦、塞尔维亚、斯洛伐克、斯洛文尼亚、乌克兰、希腊、匈牙利
中亚5国	哈萨克斯坦、吉尔吉斯斯坦、塔吉克斯坦、土库曼斯坦、乌兹别克斯坦

资料来源：中国一带一路网。

根据统计，截至2019年底，我国境内投资者对全球167个国家和地区的6535家境外企业非金融类直接投资累计达到1106亿美元；其中，对56个共建"一带一路"国家的非金融类直接投资累计达到150.4亿美元，占同期非金融类直接投资累计总额的13.6%。从投资目的地来看，我国企业对共建"一带一路"国家的投资主要流向新加坡、越南、老挝、印度尼西亚、巴基斯坦、泰国、马来西亚、阿联酋、柬埔寨和哈萨克斯坦等国家。此外，国家外汇局统计数据显示，截至2019年底，我国全球对外证券投资资产为6460亿美元，其中对共建"一带一路"国家的证券投资规模达到181.3亿美元，同期占比为2.8%。

从产业布局来看。一方面，基础设施互联互通是"一带一路"倡议的重点领域。在"一带一路"倡议下，中国及共建国家聚焦"六廊六路多国多港"主骨架，推动铁路、港口、航空、能源等一批标志性项目取得实质性进展。如在铁路投资方面，中老、中泰、匈塞铁路等扎实推进；在港口投资方面，瓜达尔港、汉班托塔港、比雷埃夫斯港、哈利法港等港口进展顺利；在航空投资方面，空中丝绸之路建设加快，与126个国家和地区签署了双边政府间航空运输协定；在能源投资方面，加大能源资源通信设施合作力度，中俄原油管道、中国—中亚天然气管道保持稳定运营，中缅油气管道全线贯通。与此同时，"互联互通"应实现的是全方位的基础设施建设，不仅包括公路、铁路、航空、港口等交通基础设施，还包括互联网、通信网、物联网等通信基础设施。在此背景下，以信息技术为核心的新一轮技术革命和产业变革正在悄然兴起，在新一代信息技术领域展开深度合作已经成为"一带一路"倡议的重点。中国企业不仅为共建"一带一路"国家带来了高质量以及高科技的产品和服务，同时还为东道国带来了资本和技术。中国企业通过与共建"一带一路"国家的合作和创新，极大地促进了共建国家电子信息产业技术的发展。

另一方面，资金融通是"一带一路"倡议的重要保障。自"一带一路"倡议提出以来，我国金融机构的宗旨是推动构建长期、稳定、可持续、风险可控的多元化融资体系，为"一带一路"建设项目提供充足、安全的资金保障。中国一带一路网公开资料显示，自"一带一路"倡议提出五年来，中国已经与26个国家核准了《"一带一路"融资指导原则》，从而快速推动金融机构的海外布局。目前，我国已有11家银行设立了71家一级机构，其同时与非洲开发银行、泛美开发银行、欧洲复兴开发银行等多边开发银行积极开展联合融资合作。

（二）央企定位

"一带一路"倡议是我国政府从2008年金融危机以来世界经济形势和亚太地缘关系的深刻变化出发，向国际社会提出的区域发展倡议。中央企业代表着国家利益。根据国资委发布的2019年中央企业名单，我国共有97家实体类和27家金融类央企。其中，在京央企共计102家（实体类75家、金融类27家）（见表2）。

表2 在京央企主要行业分布

行业	数量	在京央企名录
金融	27家	中国国新控股有限责任公司,国家开发银行,中诚信托有限责任公司,中国保险保障基金有限责任公司,中国出口信用保险公司,中国东方资产管理公司,中国工商银行,中国光大集团总公司,中国华融资产管理公司,中国建设银行,中国建银投资有限责任公司,中国进出口银行,中国科技证券有限责任公司,中国农业发展银行,中国农业银行,中国人民保险集团公司,中国人寿保险集团公司,中国太平保险集团公司,中国投资有限责任公司,中国信达资产管理公司,中国银行,中国银河金融控股有限责任公司,中国再保险(集团)股份有限公司,中国长城资产管理公司,中国证券投资者保护基金有限责任公司,中国中信集团公司,中国中央国债登记结算有限责任公司
能源	18家	中国石油天然气集团有限公司,国家电力投资集团有限公司,国家电网有限公司,国家能源投资集团有限责任公司,中国大唐集团有限公司,中国电力建设集团有限公司,中国海洋石油集团有限公司,中国华电集团有限公司,中国华能集团有限公司,中国化工集团有限公司,中国化学工程集团有限公司,中国煤炭地质总局,中国煤炭科工集团有限公司,中国能源建设集团有限公司,中国石油化工集团有限公司,中国长江三峡集团有限公司,中国中化集团有限公司,中国中煤能源集团有限公司
交通运输	10家	中国航空发动机集团有限公司,中国航空集团有限公司,中国航空器材集团有限公司,中国航空油料集团有限公司,中国交通建设集团有限公司,中国民航信息集团有限公司,中国铁道建筑有限公司,中国铁路工程集团有限公司,中国铁路通信信号集团有限公司,中国中车集团有限公司

续表

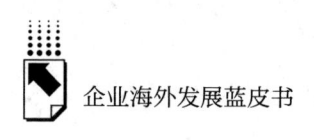

行业	数量	在京央企名录
军工	8家	中国核工业集团有限公司，中国兵器工业集团有限公司，中国兵器装备集团有限公司，中国船舶工业集团有限公司，中国船舶重工集团有限公司，中国航空工业集团有限公司，中国航天科工集团有限公司，中国航天科技集团有限公司
地产建筑	7家	中粮集团有限公司，中国安能建设集团有限公司，中国保利集团有限公司，中国建材集团有限公司，中国建设科技有限公司，中国建筑集团有限公司，中国建筑科学研究院有限公司
通信与信息	6家	中国电信集团有限公司，中国电子科技集团有限公司，中国电子信息产业集团有限公司，中国联合网络通信集团有限公司，中国普天信息产业集团有限公司，中国移动通信集团有限公司
有色金属	6家	北京矿冶科技集团有限公司，有研科技集团有限公司，中国铝业集团有限公司，中国五矿集团有限公司，中国冶金地质总局，中国有色矿业集团有限公司
机械装备	4家	中国机械工业集团有限公司，机械科学研究总院集团有限公司，中国通用技术（集团）控股有限责任公司，中国中钢集团有限公司
农业	3家	中国储备粮管理集团有限公司，中国林业集团有限公司，中国农业发展集团有限公司
纺织	1家	中国中丝集团有限公司
钢铁	1家	中国钢研科技集团有限公司
其他	11家	国家开发投资集团有限公司，新兴际华集团有限公司，中国诚通控股集团有限公司，中国国际工程咨询有限公司，中国国际技术智力合作有限公司，中国华录集团有限公司，中国黄金集团有限公司，中国节能环保集团有限公司，中国铁路物资集团有限公司，中国盐业有限公司，中国医药集团有限公司

资料来源：根据公开信息整理。

中央企业应当紧密围绕国家核心目标和国家发展战略，应当以国家战略目标为最优先的战略目标、以国家战略方向为自身优先发展方向。

从定位要求来看。中共十八大提出"不断增强国有经济活力、控制力、影响力和抗风险能力"，中央企业要在"一带一路"倡议下中加强自身科技创新能力，加快推动转型升级，加大国际化经营力度，提升中央企业发展的质量和效益，推动中央企业在市场竞争中不断发展壮大，真正成为中国"一带一路"倡议的"主力军"。第一，要在实现共建国家互联互通中当好"主力军"。中央企业在轨道交通、电网建设、移动通信等领域取得了一批具有世界先进水平的重大科技创新成果、掌握了一大批关键核心技术，具有丰富的建设运营经验，因此应在共建"一带一路"国家全球能源互联网建设、中西部高铁及欧亚高铁建设、国际大通道建设、大容量高速率通信设施建设等方面发挥重要作用，推动四位一体的联通。第二，要在推进国际产能合作中当好"主力军"。中央企业作为国际产能合作的"国家队"，要深化能源资源合作，与更多共建国家加强上下游领域合作，努力建设一批境外能源生产基地。拓展产业投资，主动到共建国家投资兴业，推动相关技术和标准"走出去"。通过专业化园区经营，整合各类要素资源，搭建合作平台，吸引企业入园投资，促进集群发展。第三，要在促进创新合作中当好"主力军"。中央企业应与共建"一带一路"国家在数字经济、人工智能、纳米技术、量子计算机等前沿领域展开广泛的合作，从而连接成为21世纪的"数字丝绸之路"。与共建"一带一路"国家深入开展生态环保合作，践行绿色发展新理念，从而共同推动2030年可持续发展目标的实现。此外，应通过并购、联合研发、设立海外研发机构等多种方式，学习借鉴国外先进技术，推动我国技术标准国际化。第四，要在履行社会责任中当好"主力军"。央企要始终坚持依法诚信经营，坚持本土化发展，积极投身公益事业，努力在改善当地民生、推动协调发展、促进文化交流等方面发挥积极作用。积极参与东道国的教育、文化、医疗等服务设施建设，大力建设公益项目，从而真正惠及共建"一带一路"国家和人民，使其共享"一带一路"发展的红利。

从实施效果来看。自"一带一路"倡议提出以来，央企充分发挥自身优势，与共建"一带一路"国家在基础设施建设、能源资源开发、国际产能等领域积极展开合作，建设了一批具有示范性和带动性的重大项目和标志性工程。截至2019年底，已有81家央企在共建"一带一路"国家承担了超过3400个项目。央企在"一带一路"建设中主要发挥了三方面的作用。第一，推动共建"一带一路"国家的基础设施建设。在"一带一路"已经开工和计划开工的基础设施项目中，央企占比高达60%，合同投资额超过80%，建设了一批具有标志性的工程项目。第二，深化能源资源合作。央企根据共建国家经济发展的实际需求，先后在20多个国家开展60多个油气合作项目，在参与矿产资源开发中加强技术交流和共享，有效提升了共建国家能源矿产资源开发的能力和水平。第三，积极投身当地社会建设。目前在央企海外分支机构中，85%的员工来自东道国，除直接提供工作岗位外，央企在共建"一带一路"国家的投资还间接带动当地人民的就业。同时，积极投身当地社区文化建设和公益事业，解决当地就医难、上学难等问题。

二 在京央企在共建"一带一路"国家的投资情况

随着"一带一路"倡议的不断推进，央企的国际化程度不断加深。无论是从央企的境外资产规模还是从营收规模来讲，央企总体投资和营业收入占比都在持续扩大。投资地区主要集中在周边地区，投资领域主要集中在交通和能源两大行业，上述基础建设投资为后续其他企业跟进创造了有利条件。本部分将从投资规模、投资区域、投资行业、投资主体和投资方式五个维度对在京央企在共建"一带一路"国家的投资现状展开分析。

（一）投资规模

2015～2019年，在京央企在共建"一带一路"国家的投资额整体呈上升趋势。具体来看，2016年在京央企投资出现暂时性回落，同比下降23.36%，而2017～2019年在京央企在共建"一带一路"国家的投资额逐年增加。其中，2017年在京央企投资额同比增长18.94%，2018年同比增长22.21%，2019年同比增长44.51%，达到1199亿元（见图1）。

（二）投资区域

1. 区域分析

从投资区域来看，2015～2019年在京央企在共建"一带一路"国家的投资主要集中在东南亚地区，如印度尼西亚、老挝、柬埔寨和新加坡等国家；南亚地区，如巴基斯坦、孟加拉等国家（见图2）。

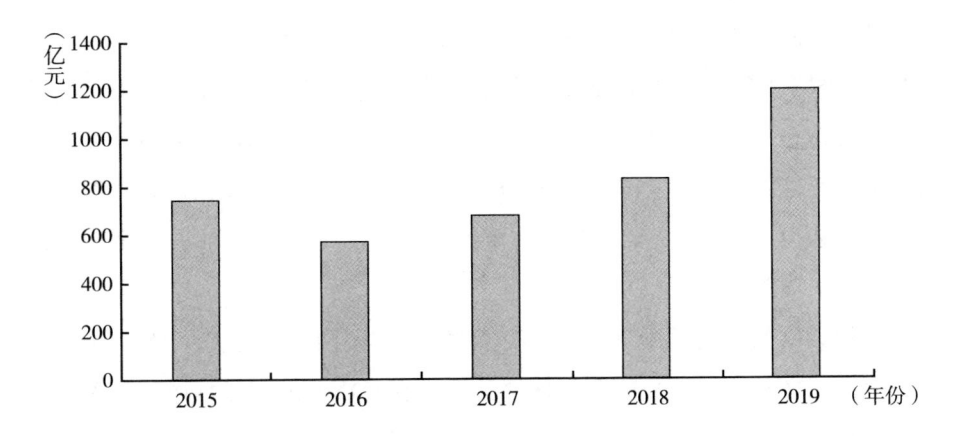

图1　2015~2019年在京央企在共建"一带一路"国家的投资额

资料来源：Wind数据库、CSMAR数据库以及China Global Investment Tracker。

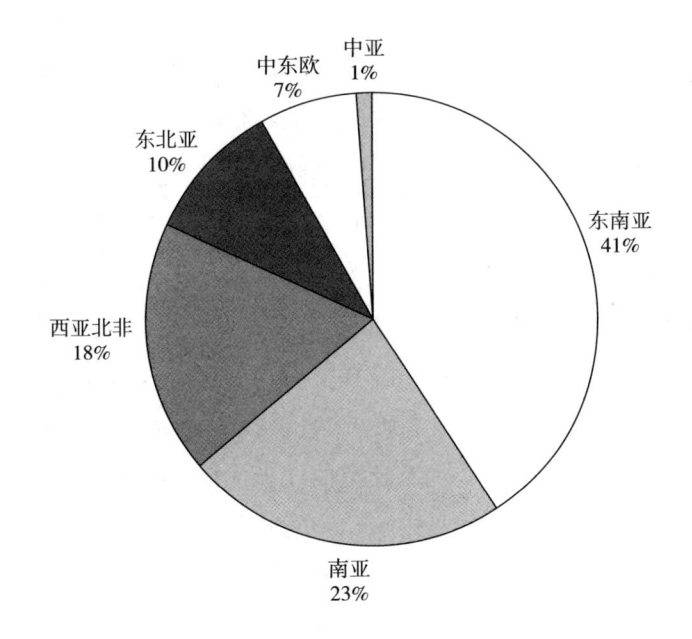

图2　2015~2019年在京央企在共建"一带一路"国家投资的区域分布

资料来源：Wind数据库、CSMAR数据库以及China Global Investment Tracker。

其中，对东南亚地区的投资占41%，居在京央企在共建"一带一路"国家海外投资的第一位。以老挝、新加坡为代表，老挝是一个资源丰富的国家，能源行业市场潜力大、农业资源条件良好、交通运输行业有较大发展空间，中国与老挝毗邻，具备良好的地缘优势，且两国政治关系友好。新加坡拥有良好的投资环境，《全球营商环境报告2020》显示，新加坡在全球营商环境排名中居第二位。

紧随其后的是南亚地区，占比达23%，代表国家为巴基斯坦。我国与巴基斯坦建立了全天候战略合作伙伴关系，在经济、外交等领域长期深入合作，具有优良的合作基础。此外，作为"一带一路"倡议和"孟中印缅经济走廊"沿线的重要国家，近年来孟加拉吸引越来越多的中国企业在电站、建材、钢铁、金融服务等领域进行直接投资。

2. 国别分析

从共建"一带一路"国家和地区的具体投资规模来看，2015～2019年在京央企在共建"一带一路"国家投资排名前十的国家为：巴基斯坦、印度尼西亚、俄罗斯、老挝、阿联酋、柬埔寨、希腊、新加坡、孟加拉和土耳其（见表3）。其中，2015～2019年在京央企对巴基斯坦的投资额达到647亿元，排名第二的印度尼西亚投资额为575亿元，俄罗斯位居第三。

根据中国央行的统计数据，自2013年"一带一路"倡议提出以来，中国已经连续六年成为巴基斯坦外国直接投资的最大来源国；此外，截至2019年底，中国已成为印度尼西亚外国直接投资的第二大来源国。主要原因在于，一方面，印度尼西亚拥有独特的地理优势。印度尼西亚拥有17000多座岛屿，是世界上最大的群岛国家；印度尼西亚拥有丰富的自然资源，但基础设施发展长期滞后。另一方面，中国与印度尼西亚的外交关系长期保持良好态势，双方达成了全面战略伙伴关系协定，关于建设"21世纪海上丝绸之路"的倡议正是习近平主席在2013年访问印度尼西亚时首次提出的。而作为横跨欧亚大陆的共建"一带一路"国家，俄罗斯是我国进行对外直接投资的重要对象。主要原因在于俄罗斯疆土辽阔，自然资源丰富，社会环境稳定；同时，长期以来俄罗斯在地理、文化、资源等方面的优势，使俄罗斯具有巨大的投资潜力。此外，中俄两国关系长期友好，2015年5月8日，中俄两国就欧亚经济联盟及"一带一路"的联结事项共同签署了协议，标志着中俄两国间睦邻友好关系的进一步加强。

表3 2015~2019年在京央企在共建"一带一路"国家投资排名前十的国家

单位：亿元

国家	地区	投资额
巴基斯坦	南亚	647
印度尼西亚	东南亚	575
俄罗斯	东北亚	362
老挝	东南亚	325
阿联酋	西亚北非	276
柬埔寨	东南亚	217
希腊	中东欧	205
新加坡	东南亚	162
孟加拉	南亚	157
土耳其	西亚北非	141

资料来源：Wind数据库、CSMAR数据库以及China Global Investment Tracker。

（三）投资行业

图3列出了2015~2019年在京央企在共建"一带一路"国家投资的主要行业分布。不难发现，2015~2019年，在京央企的投资主要集中于能源和交通运输行业。

以能源和交通运输业为例，在京央企在共建"一带一路"国家的投资集中在能源行业的原因在于，一方面，"一带一路"经过了俄罗斯、哈萨克斯坦、土库曼斯坦、阿塞拜疆、伊朗等重要油气生产国，且"一带一路"主要能源生产国普遍缺乏开发资金、存在技术短板，因此需要通过扩大投资、引进先进技术等方式来实现自身能源产业的现代化改进。另一方面，我国能源企业经过多年的发展，已经拥有充足的资金和先进的技术，因此可为共建"一带一路"国家能源产业收益的提高带来重大利好。如2019年中国

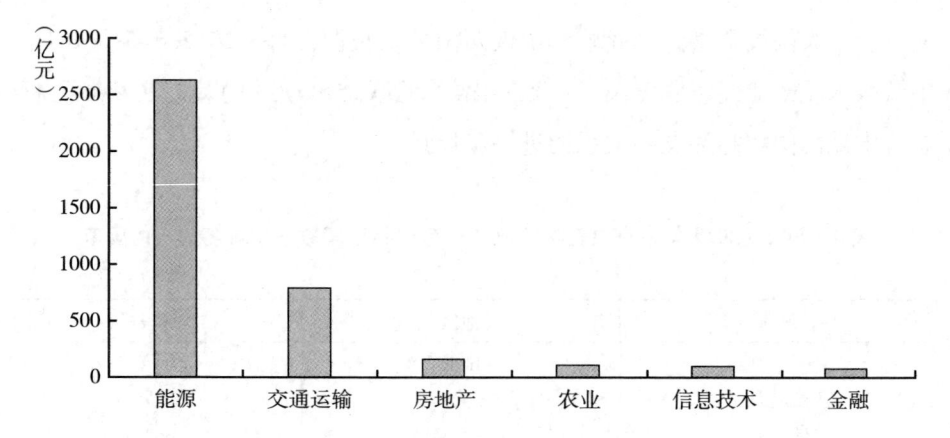

图 3　2015～2019 年在京央企在共建"一带一路"国家投资的行业分布

资料来源：Wind 数据库、CSMAR 数据库以及 China Global Investment Tracker。

企业500强名单显示，中石油、中石化以及国家电网营业收入位居前三；同时，中石化和国家电网的发明专利数量居中国企业500强前两位。

在京央企在共建"一带一路"国家的投资集中在交通运输行业的原因在于，一方面，交通基础设施的完善是"一带一路"倡议实施的先决条件，是共建"一带一路"国家保持设施联通、贸易畅通、民心相通所不可或缺的纽带，同时，交通基础设施更是在京央企在共建"一带一路"国家投资中亟须重点突破的优先战略任务。另一方面，在京央企自身预算软约束以及抗风险能力强等特征，使在京央企有能力加大对共建"一带一路"国家交通基础设施的投资。

图4列出了在京央企在共建"一带一路"国家主要投资行业的国别分布。

能源行业的投资主要集中在俄罗斯、印度尼西亚和阿联酋。2015～2019年，在京央企在俄罗斯的能源投资累计362亿元，在印度尼西亚和阿联酋的能源投资累计达到302亿元和276亿元。以俄罗斯为例，为了保障我国能源供应的安全，2019年，中国海洋石油有限公司全资子公司、中国石油天然气集团公司全资子公司分别与诺瓦泰克签订股权购买协议，各自收购北极LNG 2项目的10%权益。北极LNG 2项目作为中俄两国在北极圈合作的第

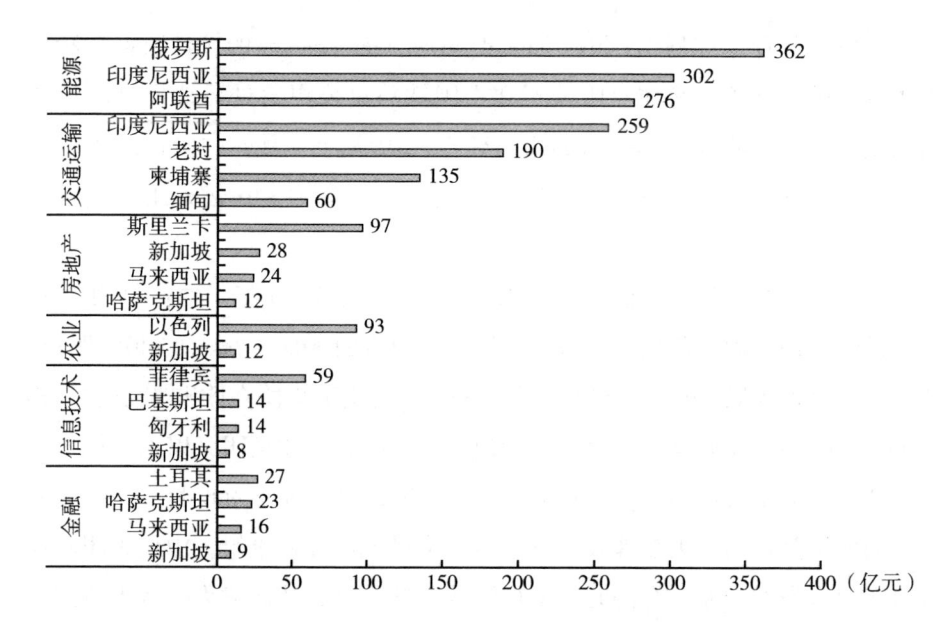

行业	国家	金额（亿元）
能源	俄罗斯	362
能源	印度尼西亚	302
能源	阿联酋	276
交通运输	印度尼西亚	259
交通运输	老挝	190
交通运输	柬埔寨	135
交通运输	缅甸	60
房地产	斯里兰卡	97
房地产	新加坡	28
房地产	马来西亚	24
房地产	哈萨克斯坦	12
农业	以色列	93
农业	新加坡	12
信息技术	菲律宾	59
信息技术	巴基斯坦	14
信息技术	匈牙利	14
信息技术	新加坡	8
金融	土耳其	27
金融	哈萨克斯坦	23
金融	马来西亚	16
金融	新加坡	9

图4　2015~2019年在京央企在共建"一带一路"国家主要投资行业的国别分布

资料来源：Wind数据库、CSMAR数据库以及China Global Investment Tracker。

二个全产业链油气合作项目，将与亚马尔LNG项目一起作为"冰上丝绸之路"的两个重要支点，该项目的建设不仅能够带动俄罗斯能源产业的发展，同时也进一步丰富了中国清洁能源的供应来源，有助于加快推进中国能源结构的调整升级，不仅如此，该项目也有助于进一步优化世界天然气供需市场，向世界提供更多的优质清洁能源。此外，以印度尼西亚为例，尽管印度尼西亚的化石能源资源较为丰富，但面对本国人口和经济社会的飞速发展，印度尼西亚亟须实现本国能源结构的转型升级；同时作为全球第一大地热能储藏国，印度尼西亚也致力于将地热发电作为国家可再生能源发展的重要领域。在此背景下，中资企业积极布局印度尼西亚新能源及电力市场，如2017年中海油向印度尼西亚油气领域投资约70亿元；2018年大唐集团向印度尼西亚煤炭领域投资35.7亿元以不断扩大合作规模、延伸产业链。

交通运输行业投资主要集中在老挝、印度尼西亚、缅甸和柬埔寨。截至2019年底，中国已成为老挝第一大投资来源国、第一大出口市场以及第二大贸易伙伴。如根据 China Global Investment Tracker 的统计数据，2018年4月中国铁路工程集团有限公司和中国铁路总公司通过绿地投资的形式向老挝投资约190亿元用于铁路交通建设。2018年1月，中国铁路工程集团有限公司通过绿地投资的形式向印度尼西亚投资约146亿元用于铁路交通建设。

农业投资主要集中在以色列和新加坡。例如，2016年，中化集团以14亿美元的价格收购以色列 Discount 投资公司持有的 Adama 剩余的40%股权，从而实现全资控股 Adama 公司，同时解除中国化工集团在收购先正达过程中可能面临的违反非竞争协议的诉讼风险。同样，中化集团又以1.8亿美元收购新加坡上市公司 Halcyon 主要股东的股份，并通过要约收购、一系列重组，完成了其境内外天然橡胶业务整合。借助此次并购重组，中化集团不仅可以实现自身的产业整合同时还可以形成优势互补，从而成为全世界范围内最大的天然橡胶供应商。

信息技术行业投资主要集中于菲律宾、匈牙利和巴基斯坦。例如，2019年4月，菲律宾公司 Udenna Corporation 和 Chelsea Logistics 与中国电信正式签署了一份54亿美元的投资协议，用于推出 Mislatel 这家菲律宾第三大电信运营商，其中中国电信持股占比40%。2017年2月，中国进出口银行旗下的投资基金联合中东欧国家以2.02亿欧元的企业估值收购了匈牙利的电信公司 Invitel 集团。Invitel 集团为匈牙利四大电信运营商之一，网络接入和用户群体非常成熟，在B2B层面的数据仓库和IT服务方面具备良好优势。

金融行业投资主要集中于土耳其、哈萨克斯坦、马来西亚和新加坡。例如，2015年5月，中国工商银行收购了土耳其纺织银行（Turkish Textile Bank）75.5%的股权并与土耳其 GSD 控股股份公司完成了股权交割程序。2016年5月，中国银行获得在土耳其营业的资格，成为继中国工商银行后在土耳其运营的第二家中资银行。2017年6月，中信银行联合中国烟草与哈萨克斯坦人民银行（Halyk Bank）签署协议，以收购哈萨克斯坦人民银行的全资子行阿尔金银行（Altyn Bank）60%的股份。

房地产行业投资主要集中于新加坡、马来西亚、斯里兰卡和哈萨克斯坦。例如，2015年9月，中交集团下属中房集团与本公司子公司中国港湾、中国路桥共同在新加坡出资设立中交海外地产公司。2016年8月，中国能建通过绿地投资的形式向哈萨克斯坦的房地产市场投资12亿元。

（四）投资主体

从在京央企参与共建"一带一路"国家的投资来看，2015～2019年累计参与共建"一带一路"国家投资的在京央企数量实现逐年增长。其中，2015年累计参与共建"一带一路"国家投资的在京央企有15家，未参与的在京央企有61家。截至2019年，共有39家在京央企累计参与了共建"一带一路"国家的投资，参与共建"一带一路"国家投资的在京央企数量首次超过未参与在京央企数量，表明随着"一带一路"倡议的不断深化，越来越多的在京央企积极参与"一带一路"的建设（见图5）。

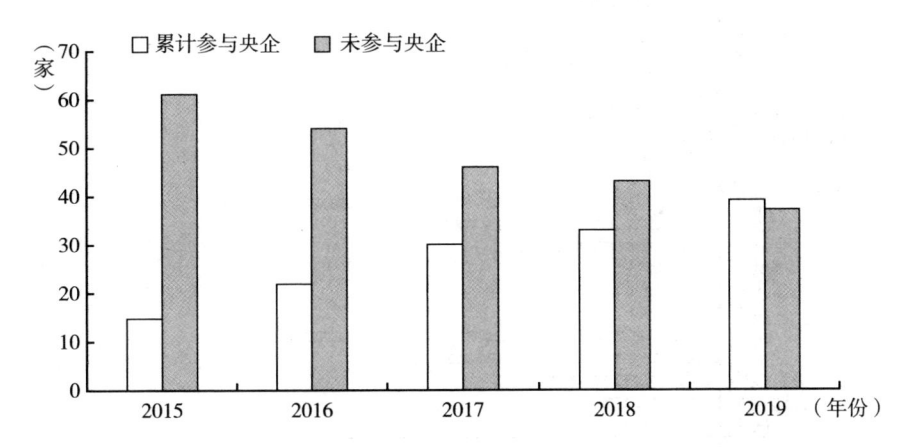

图5 2015～2019年参与共建"一带一路"国家投资的在京央企分布

资料来源：Wind数据库、CSMAR数据库以及China Global Investment Tracker。

从投资主体的行业分布来看，如图6所示，2015～2019年，参与共建"一带一路"国家投资的在京央企主要集中于能源、金融业、制造业和建筑业。其中，能源行业的投资主体数量始终位居首位，典型企业包括中石油、中石化以及国家电网；2018～2019年金融业在京央企数量下降。2015~2019年，建筑业在京央企数量整体呈波动式上升，制造业在京央企数量呈先增后降的态势，信息技术行业在京央企从无到有，数量不断增长。例如，2019年，中国电信、Chelsea Logistics 和 Udenna Corporation 承诺向 Mislatel 投资54亿美元，以拓展在菲律宾的电信业务，从而打破了菲律宾电信市场一直由本土运营商 Smart 和 Globe 两大寡头长期垄断的局面。此外，新加坡强大的光纤网络、独特的地理优势，以及亚洲市场，尤其是新加坡，对数据中心需求的持续增长，推动中国移动在新加坡自建自营数据中心。

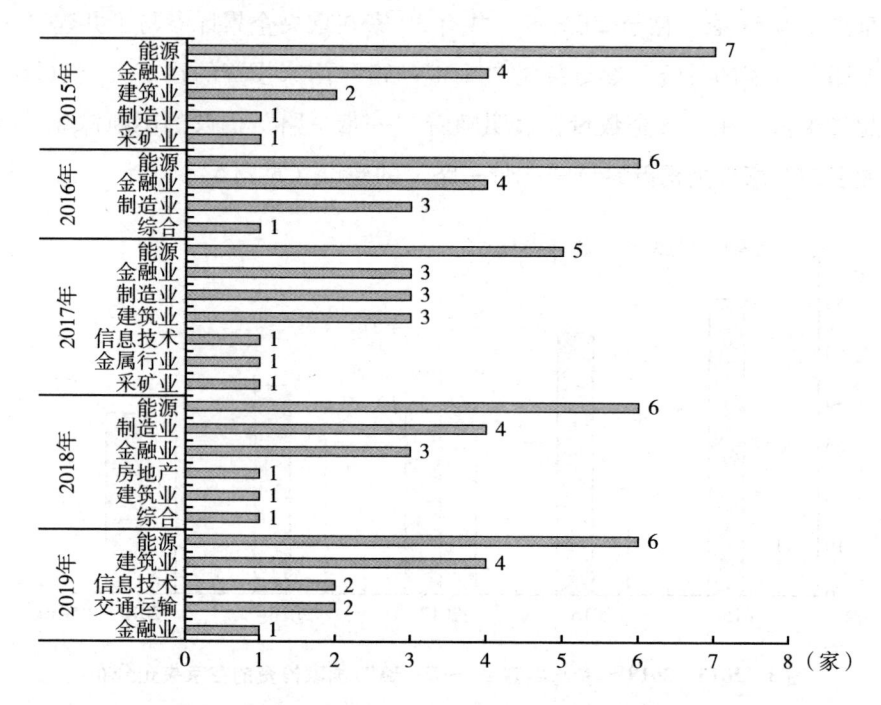

图6 2015~2019年参与共建"一带一路"国家投资的在京央企行业分布

资料来源：Wind 数据库、CSMAR 数据库以及 China Global Investment Tracker。

（五）投资方式

中国企业进入东道国的方式主要有两种，一种是跨国并购，另一种是绿地投资。其中，跨国并购是通过直接兼并国外已存在企业的形式进入东道国，而绿地投资是通过直接在国外建立新企业的形式进入东道国。根据Wind数据库、CSMAR数据库、China Global Investment Tracker公布的资料，2015～2019年，在京央企在共建"一带一路"国家共投资了74个项目。其中，65%的项目在投资时选择了绿地投资的形式，仅有35%的项目在投资时选择了非绿地投资的形式，即通过跨国并购的形式进入东道国。此外，在京央企在共建"一带一路"国家投资采用绿地投资的项目数呈波动性上升趋势，而非绿地投资项目数仅2016年高于绿地投资（见图7）。由此可见，绿地投资是在京央企的主要投资方式。主要原因在于：其一，中国已经培育出诸如高铁、核电、工程水力等在国际上有较高竞争力的优势产业，东道国自身的相关领域和市场往往处于待开发的阶段，因此这些产业正是共建"一带一路"国家，尤其是发展中国家所紧缺的产业；其二，共建"一带一路"国家拥有大量的石油、矿产资源，在京央企在共建"一带一路"国家投资时通过绿地投资的形式不仅有助于资源优化配置，提高我国企业在区域性市场上的影响力，还可以提升我国自身的能源安全保障。

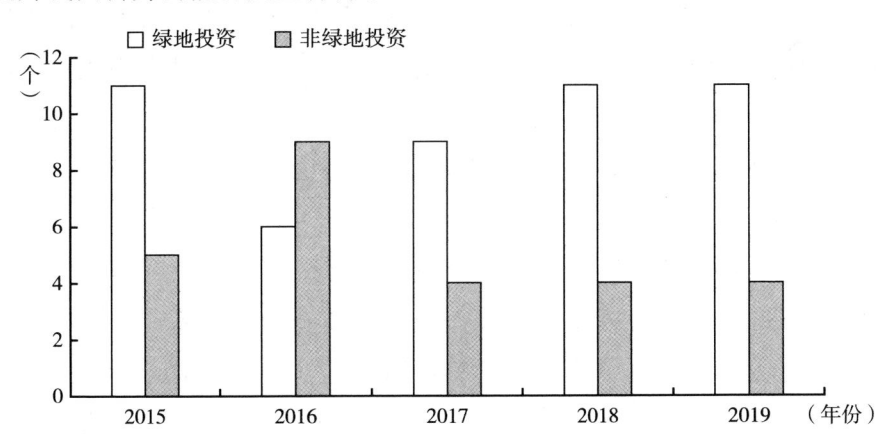

图7　2015～2019年在京央企在共建"一带一路"国家投资项目的方式分布

资料来源：Wind数据库、CSMAR数据库以及China Global Investment Tracker。

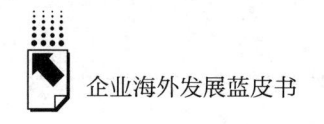

三 在京央企在共建"一带一路"国家投资的典型案例研究

自2013年习近平总书记提出"一带一路"倡议以来，在京央企积极参与共建"一带一路"国家投资，并积累了大量宝贵经验，对后续其他央企和民营企业参与"一带一路"投资具有一定的参考价值。本部分选取了国家电网、工商银行以及中国移动三家具有代表性的在京央企进行案例分析。

（一）国家电网

2013年以来，国家电网积极参与"一带一路"建设，并稳步推动国际化发展战略的实施，在电网互联互通、国际标准制定、国际产能合作、境外投资运营等诸多方面取得了优异成绩。公开资料显示，首先，国家电网一直严格遵循共商、共建、共享原则，先后在巴西、菲律宾、葡萄牙、澳大利亚、意大利、希腊、阿曼、智利等国家投资运营能源网，在世界范围内成功设立10个办事处，海外投资规模高达210亿美元，管理的海外资产规模达到655亿美元，并且投资的所有海外项目均已实现盈利。其次，国家电网还一直积极开发海外绿地输电项目，并先后投资巴西美丽山±800kV高压直流送出一期和二期项目、特里斯皮尔斯水电送出一期和二期项目等；采用"建设—拥有—经营—转让"的投资模式建设巴基斯坦默蒂亚里－拉合尔±660kV直流输电项目。最后，凭借全球领先的技术优势，国家电网加强与共建"一带一路"国家在电力规划、电网运行管理等方面的交流合作；坚持创新驱动发展，凭借自身技术优势积极参与国际标准的制定，并先后建立了完整的特高压交直流、智能电网技术标准体系，从而掌控了国际标准的主导权。

国家电网成功的经验在于，从经济因素来看，国家电网借助自身庞大的资金优势以及国家经济政策的支持，并结合国际经济形势与投资需求进行国际化投资。从技术因素来看，国家电网充分发挥在远距离输电、大电网建设运营、智能电网和微电网等方面的技术优势以及丰富的工程经验、强大的产业链整合能力，积极推动"投资、建设、运营"和"技术、装备、标准"两者"一体化走出去"。从政治因素来看，中国与共建"一带一路"国家营造的良好外交环境为国家电网的海外投资提供了便利的投资环境。从社会因素来看，在服务"一带一路"建设中，国家电网秉持可持续发展理念，坚持长期化、市场化、本土化经营，积极履行企业的社会责任，积极与项目所在国进行人文交流、文化融合，树立起负责任的中国企业形象，增强社会对企业的认同感。

（二）工商银行

作为中国国内最大的商业银行，工商银行在共建"一带一路"国家的国际化进程迅速展开。自倡议提出以来，工商银行积极服务"一带一路"建设，互利合作促进国际产能对接和第三方市场合作，组合海外发债、跨境并购、项目融资、衍生品交易、全球现金管理等多种类型产品，从而使其能够为跨境企业的海外投资提供"一站式"综合金融服务。截至2019年底，工商银行在21个共建"一带一路"国家或地区拥有的分支机构数量达到129家。根据工商银行2019年年报数据，2019年底，中国工商银行在泰国、印度尼西亚、俄罗斯、马来西亚、哈萨克斯坦、土耳其等地的分公司分别实现净利润7356万美元、3108万美元、2250万美元、1229万美元、1202万美元以及1227万美元。图8列出了工商银行在共建"一带一路"国家的投资分布。

工商银行成功的经验在于，从经济因素来看，工商银行自身财力雄厚，根据中国银行业协会发布的《2019年中国银行业100强榜单》，工商银行名列榜首。在世界银行排名中，工商银行以807.91亿美元的品牌价值位居第一，并已连续四年成为全球最具价值银行品牌。因此，无论是雄厚的资产实力还是不断提高的品牌价值，都是工商银行海外并购的优势。从政治因素来看，在"一带一路"倡议下，工商银行充分利用"一带一路"倡议为自身

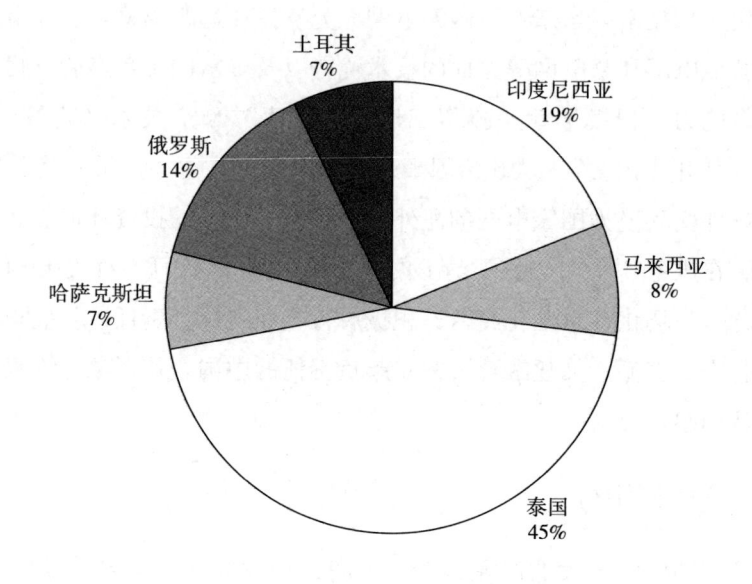

图中数据：
- 土耳其 7%
- 印度尼西亚 19%
- 俄罗斯 14%
- 马来西亚 8%
- 哈萨克斯坦 7%
- 泰国 45%

图8　2019年工商银行在共建"一带一路"国家的投资分布

资料来源：2019年工商银行年报。

全球化布局提供的发展契机。此外，纵观工商银行并购的海外银行，其所在东道国均与我国保持良好的政治、文化以及经济交流合作关系。从技术因素来看，工商银行历年来一直非常重视金融科技的创新，不断巩固自身在科技领域的领先地位，坚持用技术变革推动银行再造，并已成功发布智慧银行生态系统ECOS，从而大大提升了工商银行的服务能力和客户体验。正是工商银行长期以来在金融科技领域的飞速发展为其成功进行海外并购奠定了良好的基础。从社会因素来看，工商银行积极履行自身的社会责任，积极践行绿色信贷发展战略，树立了负责任的大型银行典范。如2019年通过新加坡分行发行首支绿色"一带一路"银行间常态化合作债券，并将其募集到的所有资金用于支持共建"一带一路"国家的可再生能源、低碳及排放交通等绿色资产项目。同时工商银行境外机构积极支持东道国的经济社会发展，服务当地基础设施建设，推动当地中小企业发展，服务当地社会发展。

（三）中国移动

作为立足于"一带一路"倡议的中国通信企业，中国移动努力畅通"信息丝绸之路"，不断通过推动通信基础设施联通、合作开展通信属地运营以及提供高质量信息通信服务等诸多措施，积极参与"一带一路"建设。

首先，自"一带一路"倡议提出以来，中国移动积极推动共建"一带一路"国家通信基础设施的联通，构建全球信息高速公路。具体来看，中国移动将通信设施建设作为设施联通的重要内容，不断加强跨境陆地、海底光缆等通信干线网络建设，从而带动提高共建国家通信设施互联互通的水平。其次，中国移动注重加强与共建"一带一路"国家的业务合作，大大降低了共建国家的信息沟通成本。具体来看，为便于共建国家在经贸、旅游、教育等领域的合作，中国移动与共建"一带一路"国家或地区的运营商展开业务合作，在保证服务质量的同时，不断下调当地的通信资费，从而显著降低了共建国家的信息沟通成本。再次，自"一带一路"倡议提出以来，中国移动一直致力于推动4G TD－LTE的全球发展，使共建国家能够共享中国技术创新的成果。具体来看，中国移动凭借自身在通信领域的影响力和号召力，积极推动TD－LTE技术标准成为世界主流4G技术，并带头成立GTI，促进TD－LTE在全世界范围内的推广。最后，在"走出去"的过程中，中国移动积极实施通信本地化经营战略，致力于构建"一带一路"信息经济走廊。具体来看，在"一带一路"建设过程中，本着互利共赢的原则，中国移动依托自身优势，主动运用本地化运营的模式为东道国提供高质量的通信服务。

中国移动成功的经验在于，从政治因素来看，"一带一路"倡议的提出为中国移动的海外投资提供了良好的政治环境，大大降低了中国移动在国际化布局的过程中面临的政治不确定性。从经济因素来看，无论是企业市值还是企业的营收规模，中国移动在我国三大通信巨头中均居于首位，因此中国移动自身良好的盈利能力为中国移动在共建"一带一路"国家的投资提供了资金支持；部分共建"一带一路"国家通信基础薄弱，共建国家日益增长的通信服务需求为中国移动提供了广阔的海外市场。从社会因素来看，中国移动在共建"一带一路"国家投资中始终秉持互利共赢的原则，通过本地化运营的模式为东道国提供了大量就业机会，同时发挥自身技术优势，协助东道国一同发挥所长，为东道国提供高品质的服务，在海外具有良好的社会声誉。从技术因素来看，中国移动一直重视自身的科技创新。截至2019年底，中国移动全球授权专利接近7800件；从创新质量来看，中国移动发明专利占全部专利数量的比重超过85%，在全球运营商排名中位列第三。

四 在京央企在共建"一带一路"国家投资的风险与机遇

（一）风险因素

共建"一带一路"国家具有独特的社会、文化、经济和政治特征；而在京央企作为我国央企及至所有企业的"排头兵、领头羊"，其本身也具备鲜明的国家层面的政治和经济色彩。基于在京央企面临的这些内外部特征，其在共建"一带一路"国家的投资面临独特的风险因素。

1. 社会文化风险

历史上中国与丝路国家邦交友好、文化互通，然而，由于共建"一带一路"国家民族众多、信仰各异，民族文化和宗教信仰深入地影响社会、政治和经济生活的方方面面。一方面，较多共建"一带一路"国家主要信奉伊斯兰教，可能存在一些在京央企不熟悉的宗教禁忌。另一方面，还有不少佛教国家（例如泰国、老挝、缅甸、柬埔寨、斯里兰卡等）和天主教国家（例如菲律宾、东帝汶等），这些国家也有相应的宗教和文化习俗与禁忌。

周伟和江宏飞通过实证研究发现，我国企业在共建"一带一路"国家进行的直接投资显著受到社会文化风险的影响。[①] 我国央企可能对共建"一带一路"国家的宗教、文化缺乏敏感性，需要学习适应，否则容易产生误解或冲突。

2. 政策变动风险

共建"一带一路"国家多为发展中国家。一方面，各国政治体制和政治稳定性不同；另一方面，在当今中美贸易摩擦和新冠肺炎疫情蔓延的情况下，世界政治经济格局复杂多变。在以上背景下，共建国家如果因政府更迭或外部环境压力而频繁变更经济政策，例如市场准入政策、税收政策等，那么我国企业投资共建国家可能难以达到预期投资目标。

其一，从在京央企投资的项目特点来看。基础设施建设、能源开发等是在京央企在共建"一带一路"国家投资的关键领域，这些项目通常具有建设周期长、资金投入多、融资风险大、投资回报不确定等特点，因而也更需要稳定的政治和经济政策环境。政策的突然改变可能导致我国在京央企面临投资项目被迫搁置、关税负担较重、控制权转移等风险，使投资者的合法权益受到侵害。例如，2016年3月，津巴布韦开始实施"外资本土化"政策，该政策要求全部外资企业均需要在3月底之前向本国投资管理局提交企业的"本土化实施计划"，或者在4月初之前将公司至少51%的股权交予本国公民。这一政策的实施将直接导致企业投资项目控制权的转移。政策不确定性会给在京央企在共建"一带一路"国家投资带来风险。

其二，从我国央企投资面临的准入壁垒来看。由于能源、基础通信等属于国家战略资产，部分共建"一带一路"国家可能设置准入壁垒或政策限制，对在京央企在这些领域的投资造成不便。以哈萨克斯坦为例，哈萨克斯坦不断加强自身对本国石油、天然气等战略资源的控制，而根据哈萨克斯坦2015年出台的《矿产资源和矿产资源使用法》，哈萨克斯坦对本国的矿产品交易以及地下资源利用权转让拥有"优先购买权"。这一政策的出台

[①] 周伟、江宏飞：《"一带一路"对外直接投资的风险识别及规避》，《统计与决策》2020年第16期。

使哈萨克斯坦的地下资源利用者在买卖和转让中失去主动性，对我国央企进入该国矿业市场构成障碍和风险。此外，5G建设涉及一国的通信和互联网安全，外加部分西方势力的渲染和封锁，不排除一些共建"一带一路"国家在此领域设置障碍，影响我国三大运营商等大型企业在共建国家的投资与合作。

3. 营商环境风险

东道国政府提供的公共管理服务等级和质量水平如何，行政审批便利程度如何，以及公共信息体系等级如何，在一定程度上制约企业的海外投资。就在京央企投资的共建"一带一路"国家而言：一方面，从区域本身来看，共建"一带一路"国家整体工业化水平不高、基础设施建设不完善、制度保障不健全，这些均可能给在京央企投资带来阻力，增加在京央企在共建国家的运营成本。根据世界银行发布的《全球营商环境报告2020》，总体上，共建国家营商环境呈现较大的国别差异（见表4），其中中亚、南亚、东南亚以及西亚地区国家的营商环境得分整体偏低。

表4 共建"一带一路"国家2019年营商环境得分与排名

国家	得分	排名	国家	得分	排名
新加坡	86.2	2	阿曼	70.0	68
格鲁吉亚	83.7	7	乌兹别克斯坦	69.9	69
立陶宛	81.6	11	越南	69.8	70
马来西亚	81.5	12	印度尼西亚	69.6	73
阿联酋	80.9	16	约旦	69.0	75
马其顿	80.7	17	卡塔尔	68.7	77
爱沙尼亚	80.6	18	希腊	68.4	79
拉脱维亚	80.3	19	吉尔吉斯斯坦	67.8	80
泰国	80.1	21	蒙古国	67.8	81
哈萨克斯坦	79.6	25	阿尔巴尼亚	67.7	82
俄罗斯	78.2	28	科威特	67.4	83

续表

国家	得分	排名	国家	得分	排名
土耳其	76.7	33	不丹	66.0	89
阿塞拜疆	76.7	34	波黑	65.4	90
以色列	76.7	35	尼泊尔	63.2	94
斯洛文尼亚	76.5	37	菲律宾	62.8	95
波兰	76.4	40	斯里兰卡	61.8	99
捷克	76.3	41	塔吉克斯坦	61.3	106
巴林	76.0	43	巴基斯坦	61.1	108
塞尔维亚	75.7	44	埃及	60.1	114
斯洛伐克	75.6	45	巴勒斯坦	60.0	117
亚美尼亚	74.5	47	伊朗	58.5	127
摩尔多瓦	74.4	48	黎巴嫩	54.3	143
白俄罗斯	74.3	49	柬埔寨	53.8	144
黑山	73.8	50	马尔代夫	53.3	147
克罗地亚	73.6	51	老挝	50.8	154
匈牙利	73.4	52	缅甸	46.8	165
塞浦路斯	73.4	54	孟加拉	45.0	168
罗马尼亚	73.3	55	伊拉克	44.7	172
保加利亚	72.0	61	阿富汗	44.1	173
沙特阿拉伯	71.6	62	叙利亚	42.0	176
印度	71.0	63	也门	31.8	187
乌克兰	70.2	64	土库曼斯坦*	—	—
文莱	70.1	66			

* 土库曼斯坦于2020年6月加入世界银行的营商环境报告。
资料来源：世界银行《全球营商环境报告2020》。

另一方面，从在京央企的需求来看，在京央企在共建"一带一路"国家承担建设的往往是基础设施、能源开发等大型项目，这些项目在市场准入、法律法规保障、劳工关系等方面面临更复杂的情形和要求。

4. 劳工雇用风险

从劳工数量的角度来看，在京央企在共建"一带一路"国家承担的项目数量多，投资体量大，越来越多采用绿地投资模式，投资方向也主要为能源、建筑、制造、采矿、交通运输等对人力需求较大的产业，同时东道国也期望我国企业能够帮助脱贫致富、促进就业。这意味着，在京央企投资共建国家可能面临劳工雇用方面的复杂性和风险。一方面，共建国家民族众多、宗教信仰和社会习俗各异，这意味着劳工管理方面需要考虑这些复杂性，例如考虑伊斯兰劳工的饮食禁忌等。另一方面，东道国的劳工权益保障制度差异大，不了解东道国的劳动法律法规可能导致投资企业面临合规风险和经济赔偿。

从劳工质量的角度来看，金融业一直是在京央企投资共建"一带一路"国家的重点产业，2017年以来，信息技术行业也逐渐成为投资热点。通常来说，金融和信息技术这两个行业对劳工的技术素质要求较高（其他行业的技术岗位也不例外），然而，普遍而言，共建"一带一路"国家在金融和信息技术等现代服务业方面发展水平不高，相应人才储备可能不够丰富。这导致投资这些行业的在京央企面临人才结构需求与当地技术人才供应不匹配的问题。

5. 国际结算风险

由于我国在共建"一带一路"国家的投资以及新签的对外承包工程体量不断扩大，且人民币跨境结算业务覆盖范围仍然较窄，国际结算风险也随之增加。涉及的主要国际结算风险包括汇兑限制风险和合同结算条款签订问题。就汇兑限制风险来说，例如，东盟除国际金融发展水平较高的新加坡、文莱等国家外，其他国家都存在不同程度的汇兑限制，包括泰国的汇兑税、越南的汇兑机构限制、缅甸和柬埔寨等的汇兑限额等，这可能导致中国投资企业（包括央企）蒙受汇兑损失。就合同结算条款签订问题来说，由于在京央企在共建"一带一路"国家投资的项目可能带有一定的使命，某些发展中国家可能会利用此而设定对在京央企不利的履约条款，例如履约义务与结算期限不匹配导致我国企业出现资金占用等问题。

6. 主权债务违约风险

根据陈智华和梁海剑的统计，1970~2010年，全球发生的主权债务违约数达75次，其中，共建"一带一路"国家发生的主权债务违约数占较大份额。此外，整体来看，许多共建"一带一路"国家的政治稳定性以及政府能力、经济实力和金融实力均落后于全球平均水平。由此可见，在共建"一带一路"国家的投资往往面临不同程度的主权债务违约风险。尤其，央企承担了共建"一带一路"项目数的60%，合同投资额超过80%，这意味着一旦共建国家出现主权债务违约风险，央企（主要为在京央企）将是最大的违约风险暴露企业。

此外，值得注意的是，"一带一路"建设背景下，部分西方势力宣扬所谓"债务陷阱论"，认为在"一带一路"倡议下，向共建国家提供的贷款将导致共建国家的主权债务持续下降。陈智华和梁海剑通过双重差分建模研究发现，自"一带一路"倡议提出以来，共建国家的主权债务水平并未显著增加，而主权债务违约风险显著下降，表明"一带一路"建设在东道国主权债务方面起到了积极作用。① 尽管如此，投资共建国家的央企仍需警惕可能出现的主权债务违约风险。

（二）机遇因素

尽管在共建"一带一路"国家的投资面临诸多风险，但是也应当看到"危险"中孕育的"机会"。事实上，在当前中美贸易摩擦导致欧美国家对华贸易壁垒和技术封锁升级、新冠肺炎疫情蔓延导致全球经济下行和社会矛盾加剧的新形势下，在京央企出海投资面临更为严苛的国际环境，而以发展中国家为主的共建"一带一路"国家为央企出海提供了广阔的回旋和深耕空间。本部分将从在京央企本身、共建"一带一路"国家本身、外部国际环境三个方面来分析在京央企投资共建"一带一路"国家面临的机遇因素。

1. 共建"一带一路"国家资源禀赋与发展需求

共建"一带一路"国家具有重要的战略特点。第一，横跨亚欧非，人

---

① 陈智华、梁海剑：《"一带一路"倡议与主权债务违约风险研究》，《亚太经济》2020年第4期。

口众多，消费需求潜力大，对于我国"构建以国内大循环为主体、国内国际双循环相互促进的新发展格局"中的"国际循环"具有重要意义。第二，自然资源储量丰富，尤其在石油、天然气、矿石等战略资源方面，有利于保障我国自然资源和能源安全。第三，共建国家多为发展中经济体，自身的贸易和投资市场空间巨大。无论是在传统基础设施建设，如铁路、公路、房地产，还是现代服务业，如金融、互联网、信息技术、智能制造等领域，许多共建国家仍处于相对落后状态，这对于我国企业开辟新的投资以及贸易市场、实现自身产业结构升级具有重要战略意义。

2. 在京央企投资共建"一带一路"国家的优势

我国央企是"一带一路"建设的先行者和主力军。截至2020年1月，我国共有81家央企在共建"一带一路"国家或地区承担了超过3400个项目。我国在京央企在共建"一带一路"国家投资具有以下竞争优势。

在京央企实力雄厚。央企通常为大型集团企业，成立年限较长，在财力、物力和人力方面具有充分的调配能力和先进的管理能力，能够承担共建"一带一路"国家诸如基础设施、矿产开采等领域大型长周期项目的投资风险。例如，中交集团投资建设的柬埔寨金港高速公路项目，全长共计190千米，双向四车道。如此复杂和重大的工程通常要求投资企业具备足够的实力。

在京央企经验丰富。就在京央企而言，其主要领域为金融（27家）、能源（18家，包括石油、煤炭、电力、核能等）、交通运输（10家，包括铁路、传播、航空航天）、军工（8家）、地产建筑（7家）、通信与信息（6家）、有色金属（6家）等，这些产业与共建"一带一路"国家的资源禀赋和经济发展需求相匹配。在我国现代化建设过程中，央企已在这些领域具备了长足和丰富的经验。例如，中国电力建设集团在老挝投资建设的老挝南欧江水情自动测报系统，是目前老挝建设规模最大、覆盖面积最广的水情测报系统，该系统不仅可以对老挝南欧江流域内的水文、气象等信息自动进行实时采集、传输和处理，还可以进行水文预报以及发布预警信息。而该项目的顺利实施要求投资企业具备硬核技术攻坚能力和成熟的水利工程建设经验。

在京央企技术能力卓越。"一带一路"建设正从中国产品输出、产业资本输出逐步走向中国技术输出和中国标准的输出。在京央企在研发和技术上也走在前列。例如，中国电力建设集团有限公司拥有9个国家级研发机构、8个院士工作站以及8个博士后工作站，获得112项国家科学技术奖、2722项省部级科技进步奖，同时拥有的专利数量也高达14841项；2020年，该集团在ENR全球工程设计公司150强中位列第1。又如，中国交通建设股份有限公司在孟加拉国承建的卡纳普里河河底隧道项目，全长9000多米，该项目全部采用中国技术以及中国标准进行建造。

在京央企政治关联风险少。作为国家使命的"排头兵"，央企投资共建"一带一路"国家往往体现了国家间在政治关系、经济发展、外交关系方面的权衡。在京央企特有的这种政治关联性有助于它们克服东道国较高的政治风险。

3. 外部国际环境便利

尽管当前国家政治经济格局日益复杂、中国与美国等大国间的冲突和平衡不断，但正如习近平主席在多个重要会议、重要场合所强调的："放眼世界，我们面对的是百年未有之大变局。"我国央企（及其他企业）投资共建"一带一路"国家，总体上仍处于这一"百年未有之大变局"的外部机遇中。

从共建"一带一路"国家本身来看。当今世界，新兴国家正在群体性崛起，新兴经济体占全球经济的比重显著提升。根据2018年7月在南非约翰内斯堡召开的金砖国家工商论坛发布的数据：新兴市场国家以及发展中国家对全球经济增长的贡献率已达80%。就"一带一路"倡议而言：一方面，共建国家主要属于新兴经济体或发展中国家，为我国企业进入这些海外市场，推动互利共赢合作提供了大量机会。另一方面，相关新兴经济体和发展中国家也欢迎中国资本进入，以促进当地经济发展和就业增长。例如，中乌两国的双边合作日渐紧密，中国已成为乌克兰最大的贸易伙伴；尼泊尔则称近年来的中尼关系为双边的"黄金之年"。

从欧美西方国家来看。近年来，美国大搞单边主义和贸易保护主义，使其与盟国的关系发生巨大变化。这为我国继续践行"走出去"战略，通过

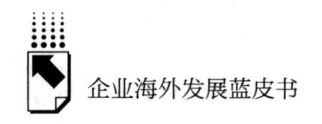

"一带一路"建设促进共同发展、实现共同繁荣,进而树立大国形象、增强国际话语权提供了机会,在京央企(及其他企业)可以从中大有作为。

五 在京央企在共建"一带一路"国家投资的风险应对与制度保障

自"一带一路"倡议实施与推广以来,在京央企已与多个共建国家签订了合作协议。这表明我国坚持对外开放政策,并着力将"一带一路"的红利惠及各个国家和地区。结合在京央企在共建"一带一路"国家直接投资中面临的风险因素和机遇因素,本部分围绕政府和企业自身两个层面分别提出如下政策建议。

(一)政府层面

1. 改善政治关系和舆论环境

正如前文所述,我国央企投资共建"一带一路"国家更多体现的是国家间在政治关系、经济发展、外交关系方面的权衡,因此,与东道国一起打造良好的双边政治关系、在国际上营造健康的舆论环境至关重要。

一方面,就双边关系而言,应当增进双方的政治互信。"一带一路"建设始终秉承"共商、共享、共建"的原则,以及和平合作、开放包容、互学互鉴、互利共赢的理念,通过全方位推进务实合作,积极致力于与共建国家一起打造政治互信、经济融合、文化包容的利益、命运和责任共同体。在与东道国的交往中,要大力倡导"丝路精神",用魅力打动人,用理念感化人,用倡议吸引人,从而为我国在京央企投资共建"一带一路"国家降低政治和政策风险,打造良好的政治互信环境。

另一方面,就国际舆论而言,中国应当讲好"一带一路"故事。部分西方势力鼓吹"中国威胁论"等,极力抹黑"一带一路"倡议的愿景。面对这些不利的国际舆论环境,中国应当讲好"一带一路"故事,做好"民心工程",从而凝聚起更多的共识和信心。这可从三个方面入手,第一,善用恰当话语体系，讲好各方共建、共享的故事。第二，动员中外各方力量，充实讲故事的队伍。例如，充分发挥新闻媒体、民间机构和团体、华侨华人的作用，主动瞄准共建国家的政坛领袖、智库专家、青年精英等重点群体，争取他们的理解和支持。第三，做好精准传播，讲有差别性的故事。例如，针对俄罗斯、印度、东南亚、阿拉伯地区等，应采取各有侧重的传播策略。

2. 构建风险预警和防范机制

风险防范机制是"一带一路"倡议的重要内容。由于共建国家大多属于发展中国家，当地政府打造的营商环境存在诸多缺陷。因此，在推动"一带一路"建设走深走实的过程中，在京央企应当加强境外投资的风险防范，完善自身的安全风险防范机制，大力提高企业海外资产的安全保障以及海外风险的应对能力。因此，为建立境外资产的风险防范机制应做到以下两个方面。一方面，及时提供和更新境外投资环境以及投资政策方面的信息。相关政府部门要及时发布和更新投资项目等相关国外投资的基本信息，以便对外投资企业及时了解和掌握国外投资形势，选择合适的投资项目和投资时机。另一方面，构建国外投资风险预警体系。相关部门应根据目前国际局势和东道国政治、经济的发展形势，建立各国的预警体系，随时关注和跟踪国外投资环境的变化，以便及时有效地帮助对外投资企业分析国外投资形势和风险。

3. 加强海外投资保护与服务

在规避国家风险方面，政府需要建立对外投资保护与服务体系，以保护我国企业在共建"一带一路"国家投资的利益。第一，政府应积极构建服务平台，优化企业在共建"一带一路"国家投资的环境，这包括两个方面。其一，加强公共信息服务平台建设，例如，商务部"走出去公共服务平台"为对外投资企业提供跨境投资信息。其二，拓宽在京央企对外投融资的渠道。例如，建立对外经济贸易担保服务平台并成立对外经济贸易发展引导基金。2016年，北京市商务局设立外经贸担保服务平台，成立外经贸发展引导基金，支持企业加快"走出去"，形成了很好的示范作用。

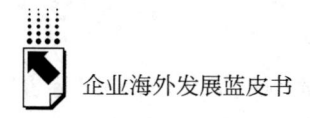

第二，需为我国企业建立对外投资保险制度。要借鉴西方发达国家在立法方面的经验，总结出符合我国当下实际国情的对外投资保险制度，从而推动海外投资保险法的立法。同时要协助相关保险机构发展，通过开展对外投资保险业务，让其为在京央企在共建"一带一路"国家的投资发挥保障作用。第三，需要促进相关中介服务机构的发展，如国家风险评估机构、律师事务所等，使其在对外投资风险评估、防范、控制和维权服务方面发挥有效作用。

4. 推动人民币国际化进程

为规避汇兑管制引发的国际结算风险，我国政府应逐步扩大跨境贸易人民币结算的试点范围，持续推进人民币的国际化进程。根据中国人民银行《2020年人民币国际化报告》，目前，人民币已经成为全球第五大支付货币，仅次于美元、欧元、英镑和日元。同时，人民币在国际货币基金组织成员国持有的储备资产币种构成中居前五位。在京央企中有27家金融类企业，金融业也是我国央企投资共建"一带一路"国家的重要产业。加强共建"一带一路"国家或地区的金融市场建设，进一步完善离岸人民币的市场产品体系，加快人民币的国际化进程，有助于规避在京央企在共建国家投资中面临的汇率波动以及东道国汇兑管制风险。

（二）在京央企层面

1. 建立海外投资风险防控体系

正如前文所述，在京央企投资的"一带一路"项目面临来自社会文化、政策变动、营商环境、劳工雇佣、国际结算以及主权债务违约等多方面的风险。因此，有必要针对各种具体投资项目实施有针对性的投资风险防范管理，构建各类风险预警与应对机制，从而形成以事前防范为主、事中控制以及事后补救为辅的体系。

央企应对东道国进行详细的尽职调查，充分了解投资所涉及的相关法律信息，如东道国的土地制度、税务体制、劳动法律制度、环保要求、外汇管制、投资优惠、投资路径等内容。在调查中，企业除了利用好自身资源外，还应善于利用外交资源、咨询公司、研究机构、投资协会等第三方力量获取投资项目信息，进行法律风险预判。在开展风险评估时，对可能出现的各类风险进行识别和预警，有针对性地提出防范或规避措施，用于权衡东道国投资产业政策的未来变动趋势。在投资项目开展过程中，将法律事务管理与企业投资经营管理相结合，完善企业法人治理结构，推进重大事务的决策程序、内部审计、合同管理、行政监察、知识产权保护等各个方面的制度建设，促进企业规范化管理，有效降低企业的法律风险。

2. 尊重东道国文化和民族信仰

在京央企在共建国家投资时应尊重东道国的风土人情，降低由于文化差异带来的社会文化风险。一方面，在京央企在东道国投资时应充分尊重东道国的风俗，包括当地的宗教信仰、生活习惯、社会文化等，以免与当地群众产生冲突。另一方面，在京央企在共建国家进行投资时可以通过积极吸纳当地人才、积极融入当地文化等形式，与东道国企业形成战略联盟，打造"一带一路"投资利益共同体，从而共同建立防范风险以及解决争端的机制。不仅如此，在京企业在共建国家投资时应努力争取东道国政府的配合与支持，建立良好的合作关系，并借助当地政府的支持加强对在京央企投资项目的积极宣传，以便取得东道国民众对在京央企投资的信任与支持。

3. 妥善应对"外资本土化"问题

由于在京央企投资多为涉及国家基础设施、战略资源及国家安全的重大产业和项目，加之部分共建国家政权更迭较快，在京央企很有可能面临东道国"外资本土化"的问题。为保障投资者利益，在京央企应当注重与当地企业建立共享经济模式。具体可从以下三个方面考虑。

首先，在投资的方式上尽量不要"单打独斗"，而应多用股份制的方式，使本企业的利益和当地的利益（包括当地政府的利益和当地企业的利益）损荣共担。其次，在公司治理方面，对一些重要的高科技项目投资，我国企业要有话语权。最后，尽可能利用当地的资本市场融资，以保护投资退出机制的畅通。

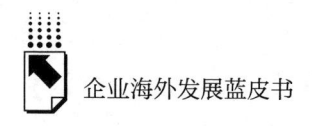

4. 塑造央企品牌和大国形象

中共十九大报告要求应"加强中外人文交流，以我为主、兼收并蓄。推进国际传播能力建设，讲好中国故事，展现真实、立体、全面的中国，提高国家文化软实力"。央企是我国国家形象的一张重要名片，而"一带一路"为重新塑造在京央企的国际形象，以及中国的国家形象提供了一个新场所。在京央企在"一带一路"建设过程中已经向世界展示了中国的实力，然而，面对国际舆论，尤其是部分西方势力就"一带一路"倡议提出的各种"中国威胁论"，在"一带一路"建设过程中必须使"软实力"建设并重而行。根据人民网《"一带一路"央企品牌形象建设的新思考》，在"软实力"走出去方面，央企可从三个方面着手。

第一，在京央企在"软实力"建设过程中应准确把握三个战略制高点，构建品牌建设的"势能"。首先，在京央企应把握舆论制高点，立足于受众的实际需求，谋定而先动。其次，在京央企应把握理论制高点，向当地民众讲清楚、道明白，从而筑牢自身的安身立命之本。最后，在京央企应占据道德制高点，积极履行企业的社会责任，与东道国实现互利共赢。第二，在京央企在"软实力"建设过程中还应找准两个沟通的切入点，激发企业品牌建设的"潜能"。其一是通过"说人话"，实现企业与当地民众同频共振。其二是通过建立对话机制，实现与当地民众的共情共鸣。第三，在京央企在"软实力"建设过程中应用好六个传播方式，累积企业品牌建设的"动能"。包括分众化接触点传播、人格化切片式传播、互动式新叙事传播、一站式技术流传播、本土化国际范围传播和场景化短视频传播。

参考文献

陈砺:《"一带一路"倡议下中国对沿线国家投资特点及政策建议》，《对外经贸》2017 年第 10 期。

《推动共建丝绸之路经济带和 21 世纪海上丝绸之路的愿景与行动》，新华网，http：//www.xinhuanet.com/world/2015-03/28/c_127631962.htm。

李锋：《"一带一路"沿线国家的投资风险与应对策略》，《中国流通经济》2016 年第 30 期。

吕越、陆毅、吴嵩博、王勇：《"一带一路"倡议的对外投资促进效应——基于 2005~2016 年中国企业绿地投资的双重差分检验》，《经济研究》2019 年第 54 期。

王禧冉：《中央企业在"一带一路"建设中的问题及对策研究》，《科教导刊》（上旬刊）2018 年第 1 期。

闫永：《"一带一路"央企品牌形象建设的新思考》，《中国记者》2019 年第 5 期。

赵青：《"一带一路"上的央企角色》，《法人》2017 年第 6 期。

朱明侠、左思明：《提升"一带一路"沿线国家投资便利化水平应对贸易保护主义研究》，《理论探讨》2019 年第 1 期。

B.12
2019年北京企业在共建"一带一路"国家投资分析

赵文卓 刘思义*

摘　要： 北京是我国对外开放的重要窗口和"一带一路"建设的重要引擎，北京企业利用自身在科技创新、特色产业、品牌认同等方面的比较优势，不断扩大对外开放，在"一带一路"建设中成绩斐然。基于此，本报告聚焦于北京企业，首先对北京企业投资共建"一带一路"国家的总体思路和投资现状进行梳理，并选取典型的北京企业，分析其在"一带一路"投资过程中的思路和经验。基于以上分析，本报告进一步对北京企业投资共建"一带一路"国家的风险因素和机遇因素进行分析，并从政府和企业两个层面提出政策建议。

关键词： 北京企业　"一带一路"　海外投资

一　北京企业在共建"一带一路"国家投资总体思路

自"一带一路"倡议提出以来，为贯彻落实党中央、国务院的决策部署，强化北京的首都核心功能，充分发挥北京在开放引领、辐射带动、交流互鉴、

---

* 赵文卓，对外经济贸易大学国际商学院博士研究生，主要研究方向为会计信息与资本市场；刘思义，管理学博士，对外经济贸易大学国际商学院讲师，主要研究方向为内部控制与公司财务、审计与公司治理、资本市场会计问题。

保障有力的服务平台方面的积极作用，使其做好"一带一路"建设的"排头兵"，引领并带动"一带一路"建设的高水平发展，2018年10月北京市推进"一带一路"建设工作领导小组出台了《北京市推进共建"一带一路"三年行动计划（2018—2020年）》（以下简称《行动计划》）。在《行动计划》的总体框架下，北京市致力于打造"四个平台"，为共建"一带一路"提供全方位服务；完善"三大机制"，充分发挥北京市的国际交往中心功能；落实"四项重点"，加强与共建"一带一路"国家的科技合作；聚焦"五个领域"，积极开展与共建国家的人文交流合作；推进"四区建设"，落实与共建国家的投资经贸合作；提升"四大服务"，争取营造一流的营商环境。

（一）总体布局

近年来，北京的"一带一路"建设已取得具有里程碑意义的成功，推进了一批重大项目建设，在经贸、科技、人文等方面取得了阶段性成效。一方面，在"引进来"方面，北京市利用外资规模累计达989亿美元，其中，2019年利用外资142.1亿美元，占全国外资的比重由2013年的7.3%上升到10.29%，2017年占比高达18.57%。在北京市利用外资规模不断上升的同时，利用外资的结构也不断优化，这一趋势与北京市积极推动发展高精尖产业的目标一致。统计显示，目前北京市实际利用外资排名前三的行业分别是信息传输、软件和信息技术服务业，科学研究和技术服务业以及金融业。

另一方面，"一带一路"建设以来，北京市在"走出去"方面也不断取得新突破。据统计，北京市对外投资规模累计达到578亿美元，年均增长8%，科技、信息、商务、文化等领域投资占比超过50%；2019年对外直接投资72.63亿美元。特别是对共建"一带一路"国家的投资增长较快，其中，北京市企业对30多个共建国家的直接投资累计高达21亿美元，年均增速保持在两位数以上。首先，从投资主体来看，参与共建"一带一路"国家投资的北京市企业依旧以在京央企为主，但民营企业凭借自身在机制、体制方面的优势，通过"借船出海"等形式，与在京央企在共建"一带一路"国家投资方面互相促进，在共建国家的投资中发挥着越来越重要的作用。其次，从投资行业来看，北京企业在共建国家的投资主要集中于能源、交通运输、制造业、信息技术和房地产这五大行业。再次，从投资区域来看，北京企业在共建国家的投资主要集中于东南亚和东北亚地区；从投资国别来看，北京企业在共建国家的投资主要集中于新加坡、俄罗斯、印度尼西亚等国家。最后，从投资方式来看，北京企业在共建国家的投资主要通过在东道国投资设厂的方式进行。

除了在国际经济贸易合作方面持续活跃外，北京市全方位扩展自身的对外开放格局。目前，北京市已经和51个国家的56个城市缔结了友好城市关系（见表1），并进一步扩大在国际科技、人才教育、人文交流、文化旅游等多领域的交流合作。其中，共建"一带一路"国家包括塞尔维亚首都贝尔格莱德、匈牙利首都布达佩斯、土耳其首都安卡拉、埃及首都开罗、印度尼西亚首都雅加达、巴基斯坦首都伊斯兰堡、泰国首都曼谷、乌克兰首都基辅、越南首都河内、俄罗斯首都莫斯科、希腊首都雅典、罗马尼亚首都布加勒斯特、菲律宾首都马尼拉、哈萨克斯坦首都努尔苏丹、阿尔巴尼亚首都地拉那、卡塔尔首都多哈、哥斯达黎加首都圣何塞、伊朗首都德黑兰、蒙古国首都乌兰巴托、老挝首都万象、捷克首都布拉格、白俄罗斯首都明斯克、拉脱维亚首都里加、柬埔寨首都金边等。

表1 北京市友好城市

城市	所在国家	所属洲
东京都	日本	亚洲
纽约市	美国	北美洲
贝尔格莱德市	塞尔维亚	欧洲
利马市	秘鲁	南美洲
华盛顿特区	美国	北美洲
马德里市	西班牙	欧洲
里约热内卢市	巴西	南美洲
巴黎大区	法国	欧洲
科隆市	德国	欧洲
安卡拉市	土耳其	亚洲

续表

城市	所在国家	所属洲
开罗省	埃及	非洲
雅加达省	印度尼西亚	亚洲
伊斯兰堡市	巴基斯坦	亚洲
曼谷市	泰国	亚洲
布宜诺斯艾利斯市	阿根廷	南美洲
首尔特别市	韩国	亚洲
基辅市	乌克兰	欧洲
柏林市	德国	欧洲
布鲁塞尔首都大区	比利时	欧洲
河内市	越南	亚洲
阿姆斯特丹市	荷兰	欧洲
莫斯科市	俄罗斯	欧洲
巴黎市	法国	欧洲
罗马市	意大利	欧洲
豪登省	南非	非洲
渥太华市	加拿大	北美洲
澳大利亚首都领地	澳大利亚	大洋洲
马德里自治区	西班牙	欧洲
雅典市	希腊	欧洲
布达佩斯市	匈牙利	欧洲
布加勒斯特市	罗马尼亚	欧洲
哈瓦那市	古巴	北美洲
马尼拉市	菲律宾	亚洲
伦敦市	英国	欧洲
亚的斯亚贝巴市	埃塞俄比亚	非洲
惠灵顿市	新西兰	大洋洲
赫尔辛基市	芬兰	欧洲
努尔苏丹市	哈萨克斯坦	亚洲
特拉维夫－雅法市	以色列	亚洲
圣地亚哥首都大区	智利	南美洲
里斯本市	葡萄牙	欧洲
地拉那市	阿尔巴尼亚	欧洲

续表

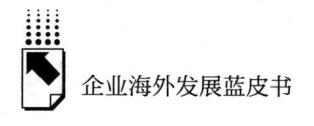

城市	所在国家	所属洲
多哈市	卡塔尔	亚洲
圣何塞市	哥斯达黎加	北美洲
墨西哥城	墨西哥	北美洲
都柏林市	爱尔兰	欧洲
哥本哈根市	丹麦	欧洲
新南威尔士州	澳大利亚	大洋洲
德里邦	印度	亚洲
德黑兰市	伊朗	亚洲
乌兰巴托市	蒙古国	亚洲
万象市	老挝	亚洲
布拉格市	捷克	欧洲
明斯克市	白俄罗斯	欧洲
里加市	拉脱维亚	欧洲
金边市	柬埔寨	亚洲

资料来源：北京市人民政府外事办公室网站。

根据《行动计划》，在"一带一路"建设的下一阶段，北京市将牢牢把握国家鼓励对外开放的机遇，积极实行服务业对外开放试点，推动北京实现更高水平的开放型经济。具体表现为，首先，有序制定落实北京推动服务业全面对外开放的政策，注重对高水平服务业的国际化布局，树立"北京服务"的品牌，积极使城市的副中心成功成为北京服务业对外开放的先导区，同时侧重商务、金融、文化、科技等核心领域，从而有效加快国际资源在北京的集聚。进一步推进北京与港澳地区的交流合作，鼓励知名服务业企业、国际金融总部等入驻北京，最终实现城市副中心与雄安新区的两翼联动。其次，北京市应立足于自身航空枢纽的定位，通过出台各项优惠政策，将北京市的临空经济区以及综合保税区打造成对外开放发展的示范区。再次，北京市应积极推动本市服务贸易的创新发展，通过建立跨境电商产业园，打造新的经贸合作增长点。最后，北京市应加强对境外重点项目的投资建设。在共建"一带一路"国家加强中国与其在基础设施、国际产能等领域的合作，最大限度发挥北京在基础设施建设、运营等环节的优势。同时，积极支持中国企业与东道国企业开展合作，从而实现北京企业在境外投资的集群化；扎实推进中国与共建国家的产业园区建设，如南非汽车工业园、中柬金边经济特区、中白工业园。

（二）北京企业定位

北京市不仅是我国央企总部的主要集中地，还是众多民营总部的集中地。因此，在"一带一路"建设过程中，北京市应充分调动不同企业在共建国家投资的主观能动性，鼓励企业积极参与"一带一路"建设，树立企业的主人翁意识。

从定位要求来看。北京企业作为北京市市场经济的主体，可以依托总部经济优势，积极参与"一带一路"投资；同时发挥公司总部在公司战略实施过程中的引领性功能，以点带面，从而鼓励、指导自身下属公司参与"一带一路"的建设。从外部因素来看，北京企业可以依托北京市在"一带一路"建设过程中的"排头兵"区位优势，积极参与共建国家的投资建设，从而最终实现北京市在共建"一带一路"国家投资中的引领和示范作用。

具体而言，相较于在京央企，北京企业主要由国有企业和民营企业构成。首先，对于国有企业来说，其可以扮演"跟投者"的角色。国有企业可以凭借自身在资产规模、境外投资经验、专业技术等方面的优势，通过"参股"或"跟投"等形式，与央企一同参与共建国家基础设施的投资建设。同时，国有企业在共建国家投资时可以通过战略性的企业并购和产业转移，疏解北京的非首都功能并实现北京向"高精尖"产业结构的转型升级。其次，对于民营企业来说，其可以以"生力军"的身份进行对接。北京市凭借自身的区位优势，吸引了大批民营企业，尤其是企业总部，其中，不少企业特别是总部企业不仅财力雄厚，而且在技术领域也处于行业领先地位。因此，北京市在"一带一路"建设过程中应大力支持部分民营企业加入"一带一路"建设队伍。如通过国企混改等形式，民营企业可以融入国有企业，间接进行"一带一路"投资；或民营企业可以结合企业发展的战略需要，通过直接投资的形式参与"一带一路"建设。

从实施效果来看。在行业分布方面，北京企业与在京央企在共建国家投资中相互补充，相互促进，从而使我国在"一带一路"投资中行业布局更加均衡。具体来看，相较于在京央企主要集中于石油、天然气等传统能源行业以及公路、铁路等基础交通运输建设，北京企业结合自身优势主要集中在太阳能等清洁能源以及依托互联网而形成的新型交通出行方式上。从投资规模来看，自"一带一路"倡议提出以来，北京企业在共建国家的累计投资不断增加，尤其是2017年投资流量同比增长60.24%。从受益主体来看，对于北京企业来说，随着"一带一路"建设的进一步深化推进，共建国家相互扩大自身的市场和资源规模，从而大大加深了中国企业的国际化程度，加快推动企业的国际化布局；对于东道国来说，北京企业在共建"一带一路"国家的投资，不仅为东道国提供了大量的就业机会，而且中国企业还通过"技术出海"的形式推动东道国实现自身产业结构的转型升级。

二 北京企业在共建"一带一路"国家投资现状分析

（一）投资规模

"一带一路"倡议提出七年以来，北京市一直坚持"引进来"和"走出去"并重。图1显示，2015～2019年，北京企业在共建国家的投资额呈现先升后降的趋势，2017年投资额高达133亿元，2018年锐减，2019年出现小幅回升的态势。其中，2018～2019年北京企业在共建国家的投资额上升幅度不大，原因可能在于北京民营企业受到中美贸易摩擦的负面影响，"走出去"步调有所放缓。

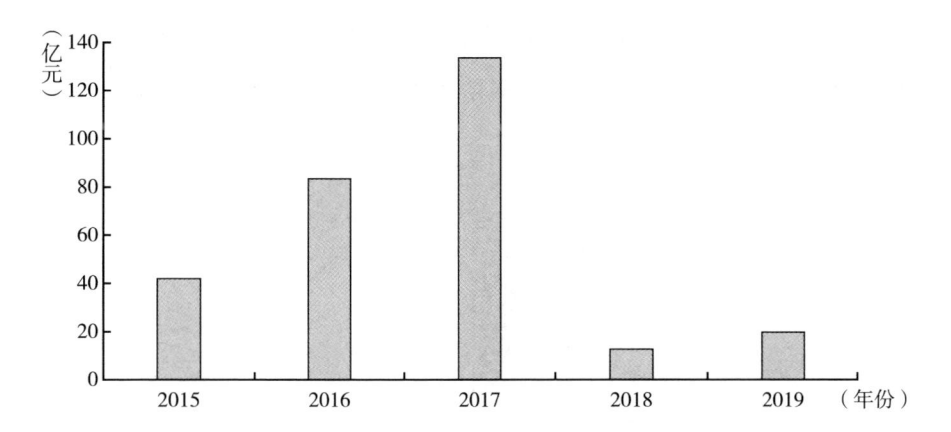

图 1　2015～2019 年北京企业在共建"一带一路"国家的投资额

资料来源：Wind 数据库、CSMAR 数据库以及 China Global Investment Tracker。

（二）投资区域

1. 区域分析

从投资区域来看，2015～2019 年北京企业在共建"一带一路"国家的投资主要集中于东南亚和东北亚地区。其中，对东南亚地区的投资占 54.73%，位居北京企业在共建"一带一路"国家投资的第一位（见图 2），主要原因是，首先，我国和东南亚国家海陆联通，同时东南亚国家的华人华侨数量众多。其次，常年来我国与东南亚国家（新加坡除外）形成垂直分工的体系，具体表现在东南亚国家的农产品与矿产品一直是我国重要的进口商品；同时，我国的工业产品也是东南亚国家需要进口的物资。不仅如此，改革开放以来，我国在市场化进程中所积累的技术和管理优势也是东南亚国家所欠缺的。最后，东南亚国家在对外政策上的优惠鼓励中国企业到东南亚国家投资设厂。

紧随其后的是东北亚地区，占 31.66%，主要原因在于，一方面，东北亚地区面积辽阔，资源丰富，经济联系十分紧密，交流合作空间巨大，是世界上最具发展潜力、最富经济活力的区域之一。另一方面，东北亚各国经济处于不同的发展阶段，资源禀赋也不相同，具有极强的互补性，在经济合作方面有巨大的发展潜力。此外，中俄蒙经济走廊，中日韩自贸区，中韩、中蒙的双边自贸区建设为北京企业投资东北亚营造了良好的投资环境。

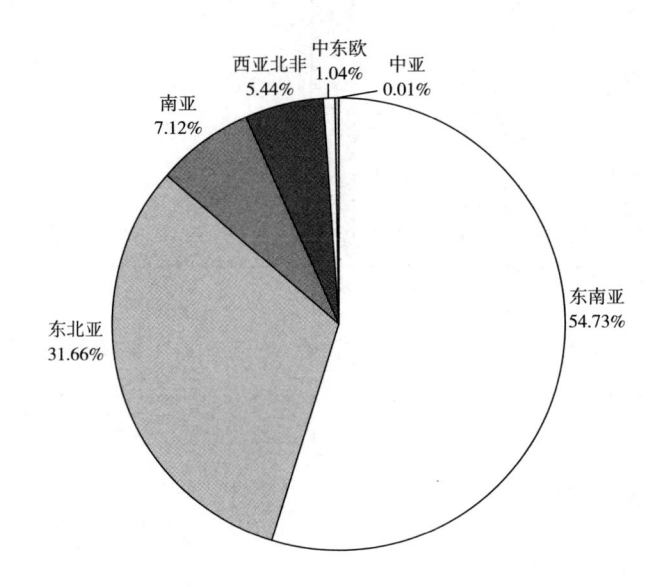

图2　2015～2019年北京企业在共建"一带一路"国家投资的区域分布

资料来源：Wind数据库、CSMAR数据库以及China Global Investment Tracker。

2. 国别分析

从投资国别来看，2015～2019年北京企业在共建国家的投资主要集中于新加坡、俄罗斯、印度尼西亚、印度、泰国、阿联酋、以色列、越南、保加利亚和伊朗这十个国家（见表2）。其中，2015～2019年，北京企业对新加坡的投资流量累计达99亿元。主要原因在于，其一，从地理位置来看，位于东盟核心地带的新加坡，在地理分布上毗邻印度尼西亚、马来西亚等东南亚大国，区位优势显著，其不仅联通东盟各国，且与中国、日本、韩国、美国等亚洲及西方主要国家有密切的商贸往来，成为连接整个东南亚乃至亚太市场的商业中心。其二，从投资环境来看，新加坡基础设施完善、经济发达、社会稳定，加上当地拥有发达的商业网络、良好的法治环境、廉洁高效的政府系统。《全球营商环境报告2020》显示，新加坡在全球营商环境排名中位居第二。其三，从产业结构来看，作为东南亚乃至整个亚太地区最具有创新力的国家之一,新加坡还位列全球十大创新国家,在电子商务、金融科技等高新科技产业领域发展迅速,从而吸引大批北京企业到新加坡投资。

紧随其后的是俄罗斯,2015~2019年累计投资流量达92亿元。主要原因是俄罗斯资源丰富,交通便利,工业基础较好,同时俄罗斯政府为吸引中国企业,还出台了一系列政策支持。不仅如此,"一带一路"以及"中蒙俄经济走廊"的提出,进一步加强了北京企业在俄罗斯投资设厂的信心。如2016年,俄罗斯经济低迷,在俄罗斯汽车市场整体萎靡的情况下,基于对俄罗斯汽车市场的长期看好,福田汽车积极拓展在俄罗斯的汽车市场业务。

此外,2015~2019年,北京企业向印度尼西亚的累计投资流量达到39亿元,位居第三。主要原因在于:印度尼西亚拥有2.65亿人口,是世界第四大消费市场,它的中产阶级逾7000万人,是东盟最大内需市场与人口数最大的国家。以电商市场为例,Google和Temasek联合报告显示,东南亚电商规模2015年仅为5.4亿美元,截至2025年底,东南亚的电商规模将达到87.8亿美元,增长1526%。其中,印度尼西亚将成为东南亚最大的电子商务市场,市场规模占比将高达52%。

表2 2015~2019年北京企业在共建"一带一路"国家投资排名前十的国家

单位:亿元

国家	区域	投资流量
新加坡	东南亚	99
俄罗斯	东北亚	92
印度尼西亚	东南亚	39
印度	南亚	21
泰国	东南亚	16
阿联酋	西亚北非	8
以色列	西亚北非	7
越南	东南亚	5
保加利亚	中东欧	2
伊朗	西亚北非	1

资料来源:Wind数据库、CSMAR数据库以及China Global Investment Tracker。

（三）投资行业

图 3 列出了 2015～2019 年北京企业在共建"一带一路"国家投资的行业分布。其中，北京企业投资排名前五的行业为能源、交通运输、制造业、信息技术和房地产，主要聚焦的行业为能源和交通运输。

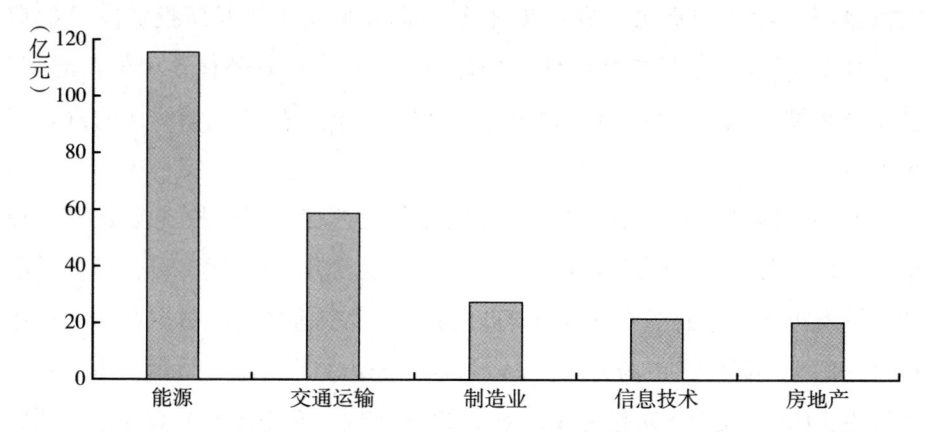

图 3　2015～2019 年北京企业在共建"一带一路"国家投资的行业分布

资料来源：Wind 数据库、CSMAR 数据库以及 China Global Investment Tracker。

北京企业投资集中在能源行业的原因在于，一方面，多数共建国家能源资源丰富，例如俄罗斯、伊拉克、伊朗等。目前，依托自身丰富的石油、天然气等自然资源，俄罗斯已成为世界能源最大的出口国之一。北京企业也在俄罗斯投资了诸多能源项目，例如北京燃气集团与俄罗斯石油公司就西伯利亚东部地区的上乔油气田开发公司进行的收购合作。另一方面，部分共建国家虽不具备资源禀赋，但依托自身的地理区位优势，在新能源开发上具有明显的技术优势。例如，新加坡石油、天然气、煤炭等资源严重匮乏，但是该国利用自身的地理优势，走上了一条以原油加工为核心、生产和销售双轨并重的外向型能源富国之路。目前，新加坡已成为亚洲领先的清洁能源枢纽，拥有强大的研发能力，吸引了北京企业在"一带一路"新能源方面开展积极合作，例如，2017 年，中投与 GIP 等公司以 37 亿美元的价格收购总部位于新加坡的再生能源生产商 Equis Energy。

北京企业投资集中在交通运输行业的原因在于,从投资需求方来看,区别于传统交通运输行业,北京企业在交通运输行业的投资主要集中于Go-Jek、Grab Taxi这类新型交通出行方式,其中Go-Jek除了基本的打车业务外,其业务范围还涵盖物流、支付以及其他预约服务,Grab Taxi与滴滴的线路类似。从投资供给方来看,滴滴、京东等企业发展国际化道路的需求推动企业在共建国家积极进行投资。

(四)投资主体

从投资主体的产权性质来看,2015~2019年参与共建"一带一路"国家投资的北京企业以民营企业为主(见图4)。其中,2015~2019年,向共建国家投资的民营企业数量呈现先增后降的趋势;除2019年外,向共建国家投资的国有企业数量相对比较平稳。

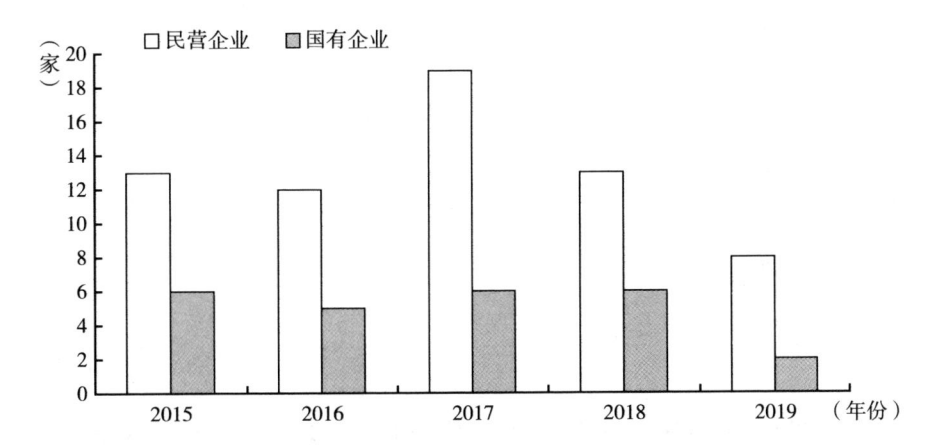

图4 2015~2019年参与共建"一带一路"国家投资的北京企业数量

资料来源:Wind数据库、CSMAR数据库以及China Global Investment Tracker。

从投资主体的行业分布来看,2015~2019年,参与共建"一带一路"国家投资的北京企业主要来自制造业和信息技术行业。其中,2015~2018年来自制造业的企业数量始终居于首位,来自信息技术行业的企业位居第二;而2019年,来自信息技术行业的企业数量跃居首位(见图5)。2015~

2019年，来自建筑业以及租赁和商务服务业的企业数量排名出现小幅度的波动。近年来，新一代信息技术类北京企业积极参与"一带一路"建设，助力北京企业海外投资结构的多元化发展。例如，2017年京东向印度尼西亚打车应用Go-Jek投资1亿美元，2019年京东继续与Go-Jek加深合作，以进一步拓宽印度尼西亚市场。2015年滴滴快的、中投与寇图资本促使东南亚打车应用Grab Taxi完成3.5亿美元的融资，这有助于迅速拓宽东南亚国家的出行市场。

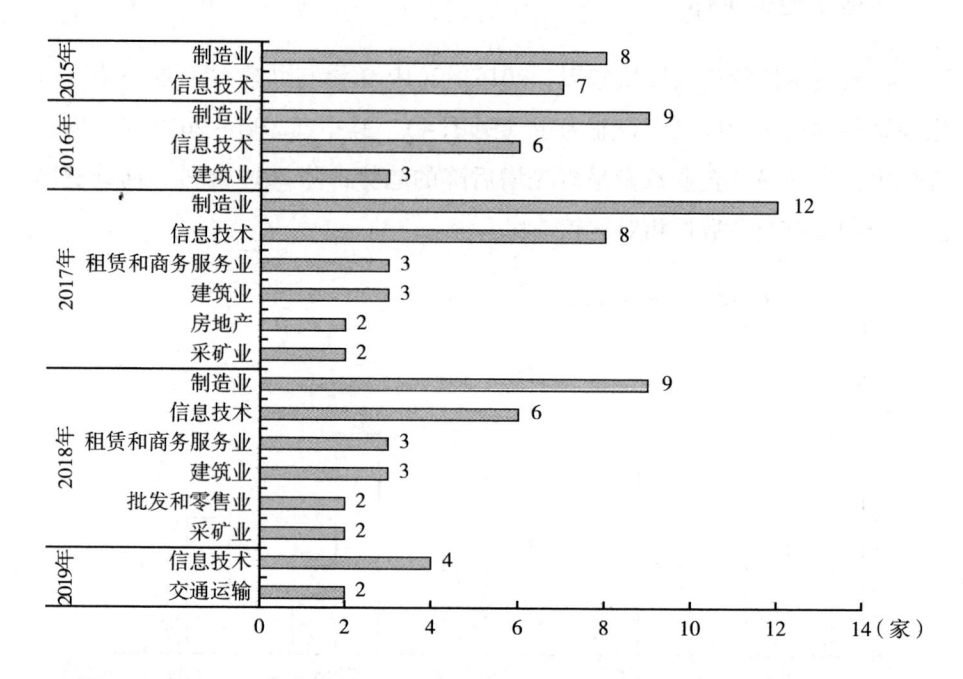

图5 2015~2019年参与共建"一带一路"国家投资的北京企业主要行业分布

资料来源：Wind数据库、CSMAR数据库以及China Global Investment Tracker。

（五）投资方式

中国企业进行海外投资的方式主要包括绿地投资和跨国并购。CSMAR的统计数据显示，2015~2019年，北京企业对共建"一带一路"国家的投资以绿地投资为主（尽管2019年对共建国家进行投资的北京企业数量显著下降）（见图6）。对于共建"一带一路"国家的投资而言，绿地投资更具有现实可行性。一方面，共建"一带一路"国家基础设施发展相对薄弱，产业结构不合理，绿地投资有助于直接促进东道国生产能力的提升、产出和就业的增长，更受东道国欢迎；另一方面，北京企业对共建"一带一路"国家的投资主要集中于能源、交通运输等涉及战略资源和国家安全的行业，容易受到当地国家法律与政策等方面的制约，而通过绿地投资的模式有助于外资企业顺利获得当地的市场准入资格。

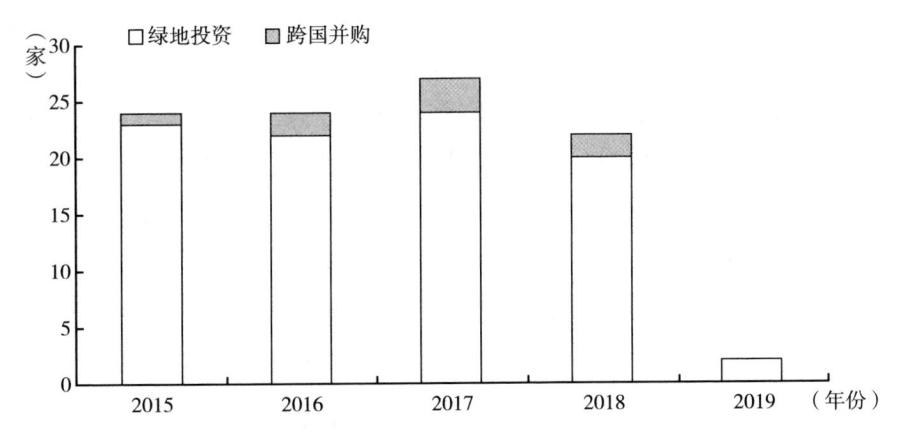

图6 2015～2019年北京企业对共建"一带一路"国家的投资方式

资料来源：CSMAR数据库。

三 北京企业在共建"一带一路"国家投资的典型案例研究

自习近平主席提出"一带一路"倡议以来，北京企业积极参与共建国家的投资建设，并在此过程中积累了大量宝贵经验，为其他企业参与共建国家投资建设提供了参考。本部分选择京东、福田汽车、博彦科技这三个代表性企业进行分析。

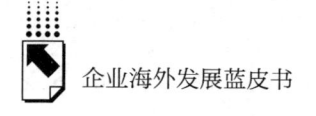

（一）京东

作为中国自营式电商企业，京东旗下设有京东商城、京东智能、京东金融、O2O以及海外事业部等。京东对外披露的资料显示，京东海外布局始终跟随国家"一带一路"倡议，并在共建"一带一路"国家或地区积极开展投资合作，促进中外品牌双向流动。具体来看，京东的国际化主要包括准备阶段、"引进来"阶段和"走出去"阶段。在准备阶段，京东进行机构设置和人才储备；在"引进来"阶段，京东通过京东全球购吸引海外高质量商品进入我国本地市场；京东的"走出去"阶段是在我国"一带一路"倡议提出的背景下相应展开的。其中，京东"走出去"阶段的首个目标国家是俄罗斯，随后逐步拓展至东南亚国家。印度尼西亚与泰国是京东实施国际化布局的两个重要海外市场，同时为获得海外市场份额，京东在印度尼西亚与泰国两国分别建立多个物流配送中心；此外，京东不断开拓澳大利亚以及法、英、德等欧洲国家。基于此，京东凭借自身在"走出去"阶段积累的海外发展经验，于2017年推出"售全球"计划。根据京东平台进出口消费大数据，在"一带一路"倡议的号召下，其全球线上业务迅猛发展。

京东成功的原因在于，从政治因素来看，京东在"走出去"阶段紧跟国家"一带一路"倡议，依托我国综合国力和国际地位的不断提升以及中国与共建"一带一路"国家良好的外交关系，京东在"走出去"过程中享有大量政策优惠。从经济因素来看，共建"一带一路"国家人民消费水平的提高，为京东在共建国家进行投资提供了良好的市场基础。从社会因素来看，共建"一带一路"国家基础设施的不断完善，为京东的海外投资提供了便利条件。同时，京东良好的社会知名度使其更容易被东道国民众接受。从技术因素来看，京东拥有人工智能、智能物流、智能供应链、大数据、云计算驱动的高效智能商业体，全面优化了零售行业的成本、效率与用户体验。京东凭借自身在国内以及国际市场长期积累的先进供应链管理技术以及在电子商务方面的成功运营经验，不断扩展自身的销售渠道，实现我国本土品牌的成功出海。

（二）福田汽车

作为商用车第一品牌，福田汽车积极践行"一带一路"倡议。近年来，福田汽车结合东道国自身的比较优势，加快实现在泰国、巴西、印度、阿尔及利亚等国的投资建厂，同时积极开拓非洲市场等，其积极响应我国的"一带一路"倡议，成为我国企业"走出去"的先行者。截至目前，福田汽车先后进入了东南亚、西亚北非、中东欧、非洲以及中南美等市场，并成功进入韩国、澳大利亚以及土耳其等次发达市场。以非洲市场为例，福田汽车通过独资或与东道国企业合资的形式，先后在阿尔及利亚、尼日利亚、埃及以及肯尼亚投资设厂，并积极开展多业务的融合。

福田汽车成功的原因在于，从政治因素来看，"一带一路"倡议的提出为福田汽车"走出去"提供了良好的政策支撑。从经济因素来看，在世界经济增速趋缓、全球竞争加剧的背景下，福田汽车凭借自身的产品创新与模式创新，无论是从汽车销量、营业收入还是企业利润来看，福田汽车的海外业务均实现了稳步增长，从而为进一步海外投资提供了资金支持。从社会因素来看，福田汽车24年来积累了雄厚的品牌资产，品牌形象逐渐丰富，品牌溢价能力持续提升，在2019年"中国500最具价值品牌排行榜"中，福田汽车居商用车行业的第一位以及汽车行业的第四位。从技术因素来看，福田汽车拥有深厚的技术研发积累和资源整合功力，福田汽车2019年的年报显示，2019年福田汽车研发支出17.18亿元，公司研究院承担开发项目达142项，其中实现科技成果转化的项目达到58项。

（三）博彦科技

作为国内较早一批成立的软件类企业，博彦科技成立于1995年，总部位于中国北京，并在中国、美国、新加坡、西班牙、日本、印度和马来西亚等7个国家设有40余家分支机构、研发基地或交付中心。此外，该公司先后在上海、日本、美国、印度成立四大研发中心，并于2016年成立博彦科技全球科创总部。全球科创总部将充分引进国外的先进技术，整合国内的创新力量，跟随"一带一路"倡议，推动中国软件出海，拓展全球市场。具体来看，作为新一代信息技术领域的领先者，随着国家"一带一路"倡议的提出，博彦科技近年来逐渐加大在新加坡、马来西亚等"一带一路"东南亚市场的布局，并先后于2015年和2019年在新加坡和马来西亚投资设厂。

博彦科技成功的原因在于，从政治因素来看，中国长期以来与马来西亚和新加坡维持良好的外交关系和经贸关系，"一带一路"倡议的提出又进一步增强了中国与马来西亚和新加坡之间的合作。从经济因素来看，马来西亚位于东盟的中心，与周边各国联系紧密。同时受益于当地政府的大力支持以及完善的基础设施建设和成熟的劳动力市场，马来西亚投资潜力巨大。从社会因素来看，在对共建"一带一路"国家的投资过程中，博彦科技积极履行企业自身的社会责任，树立了良好的社会形象。如在共建国家投资时注重培养本地技术人员，为东道国提供了大量的就业机会。从技术因素来看，博彦科技经过多年的IT服务实践和积累，拥有了行业经验丰富、技术储备深厚的团队。同时，公司积极通过投资并购的方式整合优质资源，拥有了丰富的并购经验。

四 北京企业在共建"一带一路"国家投资面临的风险与机遇

（一）风险因素

1. 政治风险突出

其一，共建"一带一路"国家遍布东南亚、南亚、西亚以及中东欧地区，具有独特的地缘政治地位，对国际政治、国家与地区安全以及国际能源格局都具有重要影响，较多国家的地缘政治风险明显，如乌克兰、叙利亚、伊朗等国家的地缘政治关系紧张，区域与国家风险突出。其二，政治因素的不稳定将使企业面临巨额财产损失。共建"一带一路"国家中有些国家的社会冲突激烈，这对北京企业的海外并购事业带来了一定的挑战。

其三，从共建"一带一路"国家情况来看，独联体区域，尤其是中亚五国中，其政策管控力度相对较大，在金融市场、贸易及投资领域的限制性规定较多。

2. 法律问题复杂

其一，共建"一带一路"国家的法律分属大陆法系、海洋法系、宗教法系和具有当地特色的混合法系等，在国家安全、环境保护、行业限制、反垄断以及劳工等诸多方面均有不同要求，对当地法律不熟悉的企业往往会面临法律费用和经营成本增加的挑战。其二，有些共建"一带一路"国家在立法、执法方面不规范，如部分法律对境外投资者设置法律壁垒，对跨境投资实施反垄断审查，这给对外直接投资造成了较大阻力。在此背景下，容易导致企业由于不了解当地一些特殊的法律法规而面临投资损失，如劳资关系纠纷、知识产权纠纷和生态环境破坏纠纷。其三，即便是在澳大利亚、新加坡等法律制度健全的国家，文化的差异也进一步阻碍了中国企业"走出去"。如2014年，同仁堂与澳洲西悉尼大学签署合作备忘录，以携手开展对中药成分安全性的科学研究，从而推动中药现代化、国际化和普及化。但中药与西药完全是两种体系，难以兼容，这使得中医药在推广过程中面临标准化的法律问题。

3. 经济发展不均

相较于绿地投资，跨国并购可以快速进入目标市场，弥补投资主体对新行业、新市场及目标国经验不足的缺陷，减少投资不确定性。但由于共建国家大多属于发展中国家或新兴经济体，经济基础较为薄弱，各地区的基础设施建设也相对不均衡。如东南亚地区大多数国家的经济结构单一，自身的抗风险能力也较弱。以京东为例，在京东国际化的过程中，无论是向印度尼西亚Tokopedia的投资还是进军俄罗斯市场，均折戟沉沙。原因在于：一方面，对京东来说，B2C模式意味着从零开始打造出一套电商解决方案，需要大量的资金支撑；另一方面，在新兴市场自建电商平台面临诸多挑战，应采取与本土电商企业合作的模式，但这些地区的电商平台不仅缺乏资金，更重要的是需要更多的经验和基础设施建设。

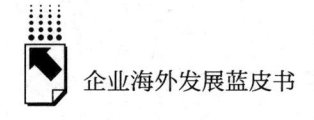

4. 社会文化存异

共建国家的社会文化差异较大。从外部因素来看，共建国家中四种文明以及上百种语言并存，而文化差异又极易产生误解与摩擦。从内部因素来看，相较于对欧美国家的认知，对共建"一带一路"国家的语言、宗教和其他文化特性的认知相对偏少，从而影响我国企业对不同国家的文化甚至潜在风险的了解。因此，企业在海外并购过程中，有可能会忽视或者不理解当地的宗教与文化，这为中国企业在相关国家地区的发展带来了很大挑战。

（二）机遇因素

与在京央企一致，北京企业投资也面临共建"一带一路"国家资源禀赋优异和发展需求强烈、外部国际环境便利等机遇因素。相较于在京央企，北京企业也拥有自身独特的优势，能为其投资共建"一带一路"国家创造机会。本部分从政治、经济、文化、地理等四个方面展开优势分析。

1. 政治：首都中心地位

作为我国首都，北京在国际交往中的"外交角色"突出；同时，作为兼具政治中心、文化中心、国际交往中心、科技创新中心多重身份的国际大都市，北京在国际交往中的"示范作用"明显。这在一定程度上为北京企业"走出去""背书"。

就"一带一路"建设而言，一方面，北京可以发挥城市外交作用，积极参与"一带一路"建设国际规则的构建，为北京企业投资共建"一带一路"国家提供更多机会。根据表1，北京市已与56个国际城市建立友好关系，其中共建"一带一路"国家城市有24个。通过城市友好建交，双方可更加便利地开展经贸合作。例如，2018年5月，北京与柬埔寨金边市正式结为国际友好城市，伴随着两市结好，北控集团控股的中柬金边经济特区公司正式成立，在北京市国企的投资建设下，这个地处金边以北60千米、远期规划面积达50平方千米的综合性经济特区将进入建设发展快车道。

另一方面，作为国际性大都市，北京在城市发展和治理方面的经验可以与共建"一带一路"国家的城市共享,并拓宽投资渠道。例如,根据北京市发展和改革委员会介绍,北京中关村集聚了将近30%的国家级重点实验室以及大量创新型企业,根据《行动计划》,北京市将充分发挥中关村的品牌优势以及自身的辐射功能,在共建"一带一路"相关国家有针对性地建设科技园。此外,在新一代人工智能技术的推动下,"智慧北京"建设已在信息基础设施、公共服务方面有了突破式进展。以上城市发展和治理经验均为共建"一带一路"国家不断兴起的城市建设提供了示范引领价值,这也为北京市技术类企业出海创造了机会。

2.经济:产业鲜明突出

金融产业。作为国家金融管理中心,北京市的金融业发展迅速,已成功成为北京市的第一支柱产业。目前,北京已形成金融街合作发展理事会、金融街服务局、金融街服务中心有限公司、金融街论坛四位一体的服务支持体系。金融业是新一轮对外开放的关键领域,北京市作为国际交往中心以及全国唯一的服务业综合试点城市,北京市的金融业应当成为国家金融全面开放的前沿领域。

就"一带一路"建设而言,第一,许多共建"一带一路"国家的金融业相对落后,需要通过对外合作推动当地金融业的发展。第二,资金融通是"一带一路"建设的关键环节,北京市的金融机构可以积极参与共建国家的金融项目建设。第三,"一带一路"倡议的提出为人民币的国际化提供了重要机遇。在此背景下,北京市的金融企业可充分利用自身经验和优势,在共建国家建设中充分发挥先锋作用。

高新技术产业。根据普华永道与北京市商务局公布的《2020北京市外资发展报告》,北京市的高新技术产业成长迅速,2019年的经济增加值同比增长7.9%。截至2019年底,在北京市注册的国家级高科技企业超过2.5万家,占全国高科技企业的比重为14%,在全国排名中位列第一。不仅如此,北京还是全球十大科创中心之一。其人工智能企业的数量以及专利数量均长期稳居全国首位。同时,北京市还不断追求自身产业结构的转型升级,目前,北京已从传统产业成功转向"高精尖"产业,从而有力支撑首都经济

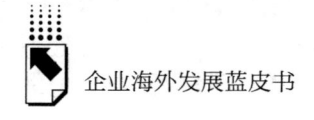

的高水平发展。

2017年5月,习近平总书记提出启动"一带一路"科技创新行动计划。根据2019年中科院发布的《"一带一路"沿线国家科技竞争力报告》,共建"一带一路"国家在科研能力、科研水平以及投资规模等方面均存在很大差异,国家间发展不均衡。其中"2016年研发强度"一项,中国位居第一(2.108%),东南亚地区次之(2.067%),而东欧(0.978%)、西亚(0.833%)、南亚(0.547%)和中亚(0.162%)地区远低于前两者。因此,在参与共建国家科技创新行动方面,北京企业拥有广阔的施展空间以及显著的竞争优势。

总部经济。对于中心城市而言,总部经济能够为中心城市带来社会资本、消费带动、税收贡献、劳动就业机会以及产业乘数效应等,而对于欠发达地区而言,若能跻身总部经济价值链的制造基地环节,总部经济将对当地的产业发展、就业、税收以及消费等领域产生显著的积极影响。

总部经济是北京经济发展的重要基础,根据中国商务新闻网,世界500强总部位于北京的企业数量已经连续6年位列全球第一,北京总部经济在引领创新、辐射带动、扩大开放等方面发挥了重要支撑作用。对共建国家而言,北京企业可以借鉴已有经验,积极参与共建国家总部经济的生态圈建设。例如,2016年,在由工业和信息化部带头的"一带一路"新电商总部经济生态圈建设工程中,已有77个国家的驻华使节宣布将合作加盟,真正遵循习近平主席提出的"一带一路","走出去、引进来"的指导方向。

众多老字号。老字号是北京城市发展的"金名片",为推动北京老字号的传承与发展,2018年,北京市政府出台了《关于推动北京老字号传承发展的意见》,致力于推动老字号企业固本强基、改革增效、品牌保护、创新发展以及文化弘扬五大改革项目。

北京作为拥有众多老字号品牌企业的地区,其企业的出海可通过打造特色产业全球价值链来辅助。具体来看,一方面,北京企业在传统食品类、文化创意类以及中医药类等老字号品牌建设和制作工艺上处于产业的核心环节，这为北京企业在共建国家的食品、文化创意以及中医药产业的投资中占据高端价值链环节提供了可能。另一方面，目前北京企业在共建国家的投资主要集中在能源、交通运输、制造业等行业，而共建国家是潜力巨大的消费市场。老字号搭车"一带一路""走出去"，不仅能弘扬我国传统文化，也有助于扩大外需，推动构建以国内大循环为主体、国内国际双循环相互促进的新发展格局。事实上，王致和腐乳、龙徽葡萄酒已在多个国家和地区注册商标，广受共建"一带一路"国家的欢迎。

3. 文化：文化弥久包容

作为全国的文化中心，北京拥有3000多年的建城史以及800多年的建都史，是一座古代文明和现代文明相互交融的国际化大都市。依托北京市的文化底蕴，北京企业可以利用北京的文化名片，通过文化交流，加深与共建"一带一路"国家之间的文化认同和互信，这也为北京企业在相关国家投资设厂创造了更加和谐的投资环境，并提供了更加多元的投资机会。

一方面，北京高校和科研院所众多，中国顶尖的实验室和大学学科一半都在北京。"一带一路"倡议提出以来，北京市谨慎挑选40所院校作为人才培养基地，资助相关国家1300多名高级人才到北京留学，其间累计支持了32所院校近500名留学生到北京学习。这一举措不仅有助于向东道国积极传播"一带一路"倡议的理念，还大大加深了东道国民众对北京企业在当地投资的理解与认同。另一方面，打造一些文旅活动，例如"欢乐春节"、"北京文化周"、北京国际电影节、图书节期间的"一带一路"专题活动等，有助于推动北京文创企业参与共建"一带一路"国家的文旅产业投资，拓宽"一带一路"建设的领域范围。

4. 地理：区域交通枢纽

"一带一路"建设中，基础设施互联互通应当先行，其中一个重要方面是水陆空交通运输的互联互通。北京市地理位置优越，就陆路而言，北京已成为贯通东北、华北、西北、华东地区国内铁路以及周边国际铁路运输的总枢纽，全国高铁运输网不断发展并向国外延伸。就航空而言，北京是"一带一路"建设的重要国际航空客运枢纽（见表3）。

表3　中国面向"一带一路"的国际航空客运枢纽

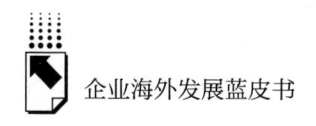

地区	枢纽	次级枢纽
"一带一路"	上海、北京、广州	昆明、成都、乌鲁木齐、杭州、武汉
东南亚	上海、广州、北京	昆明、成都、深圳、杭州、厦门
蒙俄	北京、哈尔滨	上海、广州、满洲里
南亚	北京、上海、广州	昆明、成都
西亚/中东	北京、上海、广州	乌鲁木齐
中亚	乌鲁木齐	—
中东欧	—	—

资料来源：王姣娥、王涵、焦敬娟：《"一带一路"与中国对外航空运输联系》，《地理科学进展》2015年第5期。

地理上的优越区位和便捷的交通，使北京及其周边地区拥有物流集中的优势。这些都给北京企业服务"一带一路"建设提供了更大的发展空间。

五　北京企业在共建"一带一路"国家投资的风险应对策略与制度保障

结合北京企业在共建"一带一路"国家投资可能面临的风险因素和机遇因素，本部分将围绕政府和企业自身两个层面分别提出政策建议。

（一）政府层面

与在京央企投资共建"一带一路"国家所需的政府层面支持一致，北京市政府应当加强风险预警和防范机制构架，加强对北京企业海外投资的保护与服务等，同时，立足于首都北京的特殊地位以及北京企业本身的特点，北京市政府还应当结合城市发展规划来推动北京企业在共建"一带一路"国家的投资。

1. 加强四个中心建设，谋取投资先机和话语

2017年，党中央和国务院批复了《北京城市总体规划（2016年—

2035年)》，明确提出北京的一切工作均应围绕坚持全国政治、文化、国际交往以及科技创新中心的城市战略定位展开。从前述机遇因素分析可以看出，北京的"四个中心"城市定位对于北京企业投资共建"一带一路"国家具有重要的战略和支撑意义。北京市政府应当围绕文件精神，从政治、文化、国际交往和科技创新四个方面提升北京市在全球价值链创造中的地位，为北京企业在"一带一路"建设中谋得先机和增强话语权创造条件。

首先，从政治中心建设来看，疏解北京市的非首都功能，推动北京与共建"一带一路"国家的城市建立紧密联系，为北京企业创造友好的投资环境。其次，从文化中心建设来看，精心保护北京传统历史文化，推动公共文化服务体系示范区和文化创意产业引领区建设，让北京的文化自信与多元包容魅力辐射共建"一带一路"国家乃至全世界，增强其对北京企业投资的认同。再次，从国际交往中心建设来看，继续扩大开放，将北京打造成为重大外事活动区、国际会议会展区、国际体育文化交流区、国际交通枢纽等九类国际化场所，促进投资机会发现和商业信息流通。最后，从科技创新中心来看，大力发展八大高精尖产业，包括新一代信息技术、智能装备、新材料、人工智能等，使北京企业成为"一带一路"创新网络的新引擎。

2. 对接京津冀协同发展，带动区域整体"走出去"

"十三五"规划纲要阐述了我国在区域发展战略中的整体布局，作为三大引领性发展战略或倡议中的一部分，京津冀协同发展战略是以点的方式将国内相邻区域串联起来，而"一带一路"倡议是以线的形式将相关国家联系起来。在构建以国内大循环为主体、国内国际双循环相互促进的发展新格局的背景下，实现两大战略的对接具有现实意义。一方面，"一带一路"倡议的提出对于京津冀地区来说是一个良好的发展机会，有助于推动京津冀地区的企业"走出去"，学习海外先进的生产和管理技术，获得更广阔的海外市场；另一方面，作为我国经济发展的重地，京津冀地区的发展能更好地支撑"一带一路"倡议的顺利实施。

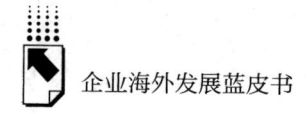

北京企业是对接京津冀协同发展战略和"一带一路"倡议的引领与中坚力量。政府可以从政策层面鼓励北京企业与京津冀其他区域企业协同投资共建"一带一路"国家。例如，自北京四个中心建设以来，部分低端制造业从北京转移至雄安新区等地，可以鼓励这些位于同一供应链上下游的企业集群式"走出去"，实现"一带一路"产业投资的集约化、互补性发展。

3. 推动企业价值重构，促进海外投资多元化

目前，北京企业投资共建"一带一路"国家的主要产业为能源、交通运输和制造业，这与相关国家特有的资源禀赋和经济发展水平相关联。然而，近年来，诸如金融、文创、科技等产业已上升为北京市的支柱产业。根据比较优势理论，北京企业投资共建"一带一路"国家可以发挥自身产业优势，着力高精尖支柱产业的出海，从而重塑北京企业在"一带一路"及至全球价值链中的地位，也推动北京海外投资结构的多元化和质量提升。

在政府层面，需要从政策上支持北京高精尖产业的发展和引导北京企业的产业投资流向。从支持发展来看，例如，2017年12月，北京市政府公布了《加快科技创新发展新一代信息技术等十个高精尖产业的指导意见》，该意见选取十个产业作为重点发展产业。从引导流向来看，2019年1月，北京市政府工作报告提出，要实施"一带一路"科技创新北京行动计划，应大力支持企业深度参与国际标准的制定，不断增强北京企业在全球竞争中的影响力。

（二）企业层面

1. 发挥比较优势，寻找差异定位

央企在"一带一路"建设中发挥着主力作用，截至2019年底，央企在"一带一路"建设中承担的项目超过60%，合同投资额超过80%，且这些项目与合同多集中在能源、交通运输、基础设施等第一、第二产业。而北京企业，尤其是北京民营企业，在第三产业（尤其是现代服务业）方面的发展尤为突出。在此背景下，北京企业要在"一带一路"建设中有所作为，

应当发挥自身比较优势，谋求差异化定位。

总体而言，北京企业特点鲜明、优势突出，例如金融业、高科技行业在全国具有领先地位，总部经济在全球范围内形成了集聚效应，百年老字号产业不断向外输出文化魅力等。部分北京企业也在此方面形成了良好的示例。例如，2018年，京东物流开始在泰国、印度尼西亚深入布局，将自身先进的智能仓储系统和智能履约系统推向泰国、印度尼西亚，并进行本地化开发，为这些基础设施相对匮乏的国家带来了"210限时达""当日达"等极速物流体验，也推动了当地消费、物流、仓储等产业的智能化发展；又如，2018年，升哲科技将自主研发的城市级物联网技术应用于柬埔寨的城市智慧消防安全预警，为当地古建筑保护和居民财产安全提供保障；2013年以来，北京同仁堂在波兰、捷克、黑山等共建"一带一路"国家开设门店，让中医药文化更好地服务全世界人民的健康；2016年，北京龙徽酿酒有限公司将唯一原产于我国的桂花味葡萄酒推向东欧市场，该产品备受当地市场青睐；等等。

2. 借力在京央企，谋求共同发展

北京企业可以与在京央企展开合作，从而共同拓展"一带一路"发展的商机。在投资共建"一带一路"国家方面，在京央企具有实力雄厚、经验丰富、技术能力卓越、政治关联风险较少等优势。通过与在京央企优势互补，一方面，北京企业，尤其是北京民营企业，可以借助央企拥有的国际渠道、平台和市场，避开部分市场准入壁垒和政治政策风险，获得更多资金支持；另一方面，在京央企也可以获得来自地方企业、民营企业独特的科技创新能力支持，以及更加灵活的投资方式安排。

事实上，北京企业与在京央企合作投资共建"一带一路"国家的模式已有成功先例。例如，2015年8月，中石油、中石化、中铁建等40多家知名央企和北京城建、中软国际等50多家北京品牌企业开展对接交流会，聚焦承包工程、设备采购、汽车制造、能源电力、机械电子五大合作领域，显示出了巨大的建设优势。中国出口信用保险公司与北京建工集团有限责任公司签署刚果（布）布拉柴维尔商务中心建设项目，项目金额为4.49亿美元。这些项目的合作签约，反映了在京央企与北京地方企业都有合作愿望和需求，地方企业也找到了开拓国际市场的新路径。北京市政府应积极鼓励北京企业与在京央企一同参与"一带一路"建设，从而加快形成具有核心竞争力的跨国企业集团。

3. 依托北京名片，打造自身品牌

一方面，北京是我国首都，作为全国甚至亚太区域的文化中心、国际交往中心和科技创新中心，相较于其他城市，北京已在"一带一路"区域及至整个国际社会形成了闪耀的城市名片。这对北京企业在投资共建"一带一路"国家的过程中获得东道国认同形成了强大的支持，北京企业也成为共建"一带一路"国家访京寻求合作的重点合作对象。另一方面，北京近年来也着力疏解非首都功能，发力打造四个中心，从引导性、支持性和保障性措施方面，为北京企业海外投资提供便利。例如培育对外投资合作联合体，京港企业"拼船出海"；市级财政出资，建立外经贸担保服务平台；推进简政放权，完善和简化境外投资备案流程等。相较于其他城市或地区的企业，北京企业应当充分利用这些"软性"和"硬性"优势，积极参与"一带一路"建设，在国际竞争中打造自身品牌、赢得市场份额。

参考文献

《中共北京市委、北京市人民政府关于印发加快科技创新构建高精尖经济结构系列文件的通知》，北京市投资促进服务中心网站，http：//invest.beijing.gov.cn/tzbj/tzzctzbj/gjjbjs/bjgjjcyzc/201912/t20191207_958217.html，2019年12月。

《解读北京市推进共建"一带一路"三年行动计划（2018—2020年）》，北京市通州区人民政府网站，http：//www.bjtzh.gov.cn/zfxxgk/tzq11LA15/gfxwj/2019-04/18/content_2394e29941944bff913bd95d9a0bc705.shtml，2019年4月。

李原、汪红驹：《"一带一路"沿线国家投资风险研究》，《河北经贸大学学报》2018年第4期。

吕越、陆毅、吴嵩博、王勇：《"一带一路"倡议的对外投资促进效应——基于2005—2016年中国企业绿地投资的双重差分检验》，《经济研究》2019年第9期。

王桂军、卢潇潇：《"一带一路"倡议与中国企业升级》，《中国工业经济》2019年第3期。

文洋、蔺顺锋：《对"一带一路"沿线国家投资障碍的评估及对策研究》，《国际商务》2019年第4期。

于国庆：《北京对接"一带一路"的定位和路径》，《投资北京》2016年第11期。

张双双：《电商企业国际化发展战略研究——以京东集团为例》，《商场现代化》2019年第9期。

案例篇
Case Studies

B.13
"一带一路"倡议下的中石化国际化发展

郭瞳瞳 刘思义[*]

摘 要： 本报告以中石化为研究对象，梳理了其国内外发展历程及在"一带一路"倡议下的国际化发展现状，重点分析了中石化国际化发展动因及"一带一路"倡议下的中石化国际化关键因素，并在此基础上得出了一些发现与启示，为我国企业在"一带一路"倡议下开拓国际化市场、探索国际化发展道路提供了几点建议。研究认为，"一带一路"倡议的提出，为中石化的国际化发展提供了政策保障和良好平台；国家对能源安全领域的重要部署，则推动了中石化加速探索国际化发

---

[*] 郭瞳瞳，对外经济贸易大学国际商学院博士研究生，主要研究方向为会计信息与资本市场；刘思义，管理学博士，对外经济贸易大学国际商学院讲师，主要研究方向为内部控制与公司财务、审计与公司治理、资本市场会计问题。

展进程；上下游产业链的系统优化能够帮助中石化显著提升国际竞争力，是其国际化发展的重要动因之一。

关键词： 中石化 "一带一路"倡议 化工行业

一 公司概况

（一）中石化简介

中国石油化工集团有限公司（以下简称"中石化集团"）成立于1983年，总部设在北京，由"中国石油化工总公司"历经我国对石油化工行业的战略性重组部署与公司制改革发展而来。中石化集团是石油化工领域的特大型一体化企业集团，注册资本为3265亿元。通过多年国际化探索，中石化集团目前已基本实现了资本与业务的国际化发展。截至2019年底，中石化集团拥有四家上市公司，分别在不同国家和地区的证券交易所上市。其中，中国石油化工股份有限公司是中石化集团于2000年以独家发起方式设立的股份制公司，集中了集团公司的核心业务板块与优质经营资源，并且同时在上海、香港、伦敦、纽约四地的证券交易所上市，成为我国第一家在境内外四地证券交易所上市的企业。图1为2019年底中石化集团主要组织结构。

中石化集团作为一家上下游产业链一体化的特大型能源化工公司，主营业务涵盖范围广泛，涉及上游油气勘探与开发产业、中游炼化生产与经营产业、下游产品营销与服务产业，以及石油化工工程建设服务业务与国际化经营业务。表1为中石化集团核心事业部的主要业务范围，可以看到已基本涵盖油气产业链绝大多数业务。通过逐步实施"走出去""走进去""走上去"的"三步走"国际化发展战略，积极响应"一带一路"倡议，截至2019年底，中石化集团核心经营业务已遍布全球范围内的60多个国家与地区，成功进入俄罗斯-中亚、亚太、中东、非洲、南美、北美等六大油气富

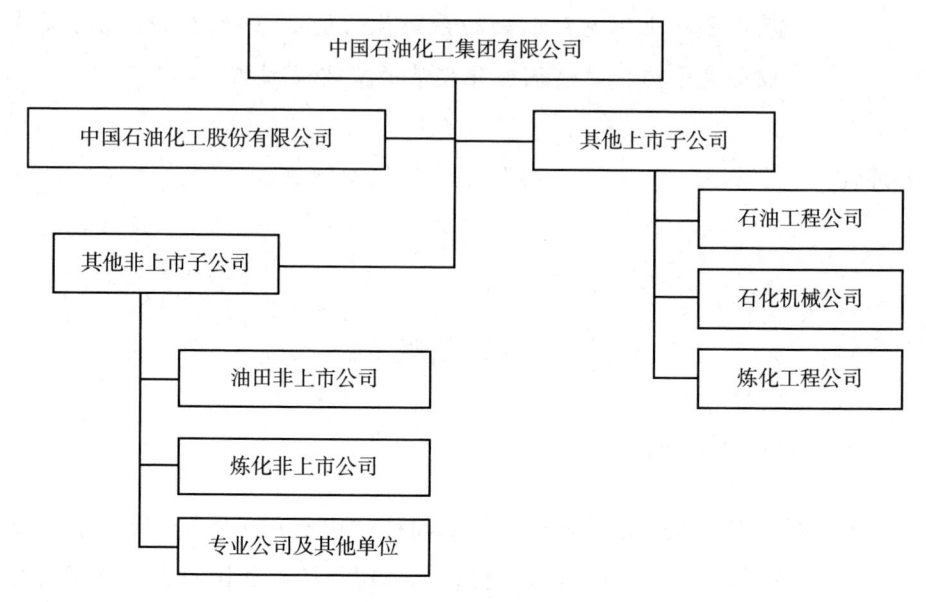

```
                    ┌─────────────────────────────┐
                    │    中国石油化工集团有限公司    │
                    └──────────────┬──────────────┘
                  ┌────────────────┴────────────────┐
        ┌─────────┴─────────┐              ┌────────┴────────┐
        │ 中国石油化工股份有限公司 │              │   其他上市子公司  │
        └─────────┬─────────┘              └────────┬────────┘
                  │                                  ├──── 石油工程公司
        ┌─────────┴─────────┐                        ├──── 石化机械公司
        │   其他非上市子公司  │                        └──── 炼化工程公司
        └─────────┬─────────┘
                  ├──── 油田非上市公司
                  ├──── 炼化非上市公司
                  └──── 专业公司及其他单位
```

图1　2019年底中石化集团主要组织结构

资料来源：2019年中国石化年度报告。

集区的主要国际市场，并在国际能源领域取得了一定地位、影响力与话语权，成为一家国际化的大型能源化工集团企业。

表1　中石化集团核心事业部主要业务

主要事业部	业务范围或主要产品
油气勘探开发	石油的勘探与开发，以及常规气、煤层气、页岩气的勘探与开发
炼油生产经营	原油加工、成品油提炼、汽油提炼、化工轻油提炼以及航煤等
化工生产经营	乙烯、二甲苯、合成树脂、合成橡胶等
产品营销服务	成品油和天然气的销售与服务，以及相关化工产品的销售与服务等
石油工程服务	地球物理研究、钻井工程服务、测录井工程服务，以及井下特种作业等
炼化工程服务	各类炼化工程的设计、咨询、EPC、施工等
国际经营业务	境外油气勘探开发与炼油化工生产经营、境外石油工程服务与炼化工程服务，以及国际贸易等

资料来源：2019年中国石化年度报告。

中石化集团的企业未来发展愿景是建设世界一流能源化工公司。目前，集团作为我国能源化工领域的特大型一体化企业，是国内石油化工市场中的第一大成品油和石化产品供应商、第二大油气生产商,是国际石油化工市场中的第一大炼油公司、第三大化工公司,与此同时,中石化加油站总数位居世界第二。2019年,中石化集团在《财富》世界500强企业中排名第二,在全球石油和天然气企业品牌价值50强榜单中排名第三,品牌价值同比增长23.3%。在中国品牌价值评价榜单能源化工领域蝉联第一,品牌价值达到2818亿元,包括易捷、易派客、长城润滑油和东海牌沥青等在内的旗下业务子品牌,品牌价值均有显著提升。

近年来,中石化以全面实现可持续发展为主要战略目标。中石化2019年集团年报的相关数据显示,截至2019年底,中石化集团资产总额为22117亿元。全年实现营业收入30034亿元,同比增长2.3%,创历史新高。利润总额为1009亿元,同比增长4.3%;净利润为791亿元,同比增长9.1%。2019年上缴税费达3122亿元。与成立之初相比,中石化集团资产总额、营业收入和上缴税费已突破增长100倍。中石化集团2015~2018年总资产、营业总收入、海外资产与海外收入趋势(2016~2019年中国100大跨国公司榜单分别对应着2015~2018年中石化集团公司海外相关数据),如图2所示。其中,海外资产占总资产比例从2015年的24%上升至2018年

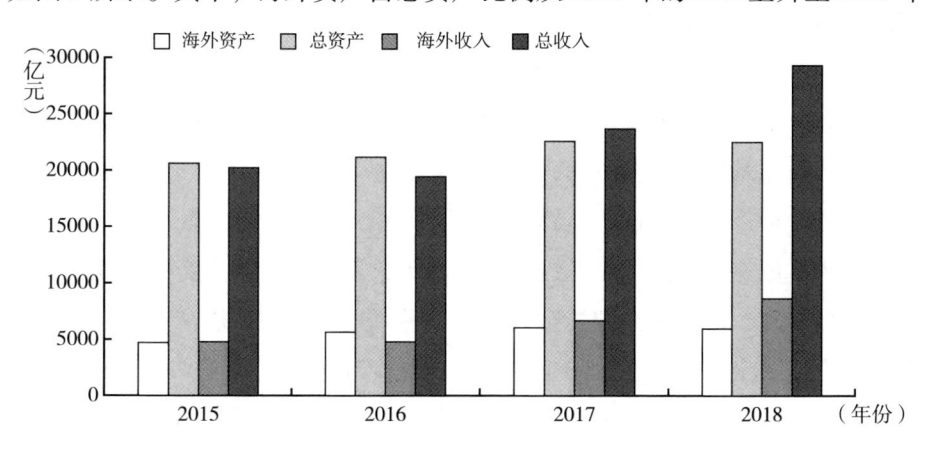

图2 2015~2018年中石化集团海外资产与海外收入基本情况

资料来源:2015~2018年中国石化年度报告与2016~2019年中国100大跨国公司榜单。

的27%，海外收入占营业总收入比例从2015年的26%上升至2018年的30%。可以看到，中石化集团近年来总体业务和海外业务的发展稳中有进，海外业务不断壮大。

（二）中石化国内外发展历程

1. 国内发展历程

1983年，中共中央、国务院发出通知，决定筹建中国石油化工总公司。1998年，原中国石油化工总公司按照党中央关于实施石油石化行业的战略性重组部署，重组为中国石油化工集团公司。1999年，中石化集团首次成为《财富》500强企业。2000年中石化股份公司在香港、纽约、伦敦、上海四地证券交易所正式挂牌交易，迈向国际资本市场。2004~2007年，中石化在国内陆续发现多处大型油气田，包括中国最大的古生界海相碳酸盐岩整装油田——塔河油气田、千亿立方米气田——元坝气田以及特大型整装海相气田——普光气田。2011年，中石化集团国内加油站总数突破并持续稳定在3万座，建立了我国第一大成品油的经营与销售网络。2016年，中石化集团正式将易派客投入商业运营，并向社会各行各业开放。易派客作为我国最大的工业品电子商务平台，迅速成为具有国际领先潜力的电商平台。2018年，中石化集团在成立35周年之际，正式完成了公司制改革。

表2为中石化集团2015~2019年主要经营指标。可以看到，无论是公司财务方面还是生产经营方面，中石化集团基本保持稳中有进的发展态势，具有一定的可持续发展能力。截至2019年底，中石化集团累计生产原油总量达到8.8亿吨，天然气业务也实现了跨越式发展。产品生产和营销能力都位居世界前列：炼油能力位居全球第一，芳烃生产能力位居全球第一，合成橡胶能力位居全球第二，乙烯生产能力位居全球第四。在营加油站保持在3万座以上。易捷便利店作为我国零售业板块的优秀品牌，位列零售品牌榜单第一位，在营门店总数达到2.7万家，每天提供超过2000万人次的加油加气零售服务，成品油管道遍布全国各地，形成了完整的营销网络系统。根据中石化国内发展历程和当前发展现状，可以看到中石化重大改革与国家政策

息息相关。通过产业链全方位发展、不断提高生产营销能力、深化供给侧结构性改革、持续推动创新能力，中石化基本实现了可持续发展，国内发展前景良好。

表2　2015~2019年中石化集团主要经营指标

指标	2019年	2018年	2017年	2016年	2015年
财务指标（亿元）					
营业收入	30034	29368	24002	19692	20472
利润总额	1008	967	582	529	621
油气产量					
原油产量（万吨）	3513	3506	3505	3565	4173
天然气产量（亿立方米）	296	275	257	215	206
炼油生产					
加工原油（亿吨）	2.5	2.46	2.40	2.37	2.38
生产成品油（亿吨）	1.6	1.55	1.51	1.50	1.49
化工生产					
乙烯（万吨）	1249	1151	1160	1105	1111
合成树脂（万吨）	1755	1624	1621	1546	1547
产品营销服务					
天然气（亿立方米）	513	404	340	267	210
成品油（亿吨）	1.84	1.80	1.78	1.73	1.71

资料来源：2015~2019年中国石化年度报告。

2. 国外发展历程

随着国际石油行业供需结构的不断变化，中石化集团国际化发展主要经历了三个阶段，包括起步阶段（1983~2000年）、成长阶段（2001~2007年）和国际化阶段（2008年至今）。在此期间，为了迈向国际化发展道路，实现全球资源整合的目标，中石化集团逐步实施了多项战略性并购和境外合资合作项目。表3列示了1992~2019年中石化集团海外发展大事件。可以看到，通过陆续实施海外并购、收购与合资合作，中石化集团已成功进入六大油气富集区的国际核心市场，主要经营业务遍布全球范围内的60多个国家和地区，对重构世界油气资源开发格局、提高我国在国际石油贸易中的话

347

语权、保障我国油气资源的持续供应和稳定进口、推动我国石油行业的国际化发展进程起到了至关重要的作用。

表3 中石化集团海外发展大事件

年份	事件	意义
1992	中标科威特阿哈迈迪炼厂修复项目	中石化集团实现炼化工程承包业务国际化发展的第一步
2004	收购美国第一国际石油公司	进入哈萨克斯坦油气勘探市场
2006	与俄罗斯石油公司联合收购UDM公司	我国企业在俄罗斯石油领域获得的最大收购项目
2008	与加拿大Tanganyika公司正式签署收购协议	以19.6亿美元收购叙利亚资产100%权益
2009	收购瑞士Addax石油公司	此前中国最大一笔海外并购
2011	收购葡萄牙GALP公司巴西深水资源	当年最大并购事件
2012	收购加拿大塔利斯曼公司子公司的49%股份	首次开拓北海地区油气业务
2013	收购美国阿帕奇石油公司埃及资产1/3权益	中石化集团通过该收购成功进入埃及的油气领域市场
2014	中石化集团休斯敦研究开发中心正式举办揭牌仪式	中石化集团在境外设立的第一个研究开发机构
2019	中石化集团与法国液化空气集团签署合作备忘录	探讨加强氢能领域合作

资料来源：中石化集团官方网站。

截至2019年底，中石化集团海外权益原油达到3379万吨，海外权益天然气达到107亿立方米。与全球范围内的25个国家合作开展51个海外油气勘探与开发项目；与43个国家签订执行507个石油工程服务项目合同，合同金额达到199.46亿美元；与此同时，在境外5个国家投资多项炼化仓储重点项目，累计初始投资金额达到47亿美元。在国际贸易业务方面，2019年中石化集团进口原油数量达到2.21亿吨，相比2018年增加了185万吨，增幅基本保持稳定。成品油的出口总量和品种结构经过严密计算与设计，在确保国内市场供应充足的前提下，出口成品油数量达到 2650 万吨，相比 2018 年增加了 408 万吨。目前，中石化集团拥有员工 64.1 万人，其中境外员工 3.88 万人，近年来有精简员工队伍的趋势。根据中石化集团海外发展历程和当前发展现状可以看到，通过海外战略性并购以及与境外企业的合资合作，中石化已达到较高的国际化发展水平，海外业务发展势头良好，海外知名度不断提升。

（三）"一带一路"倡议下的国际化发展现状

作为我国能源化工领域的特大型企业集团，中石化积极响应国家"一带一路"倡议，推动"一带一路"建设进程。通过对接共建"一带一路"国家，充分发挥了共建国家的资源地理优势、企业自身技术优势、人才与一体化优势。在"一带一路"倡议的引领下，中石化集团逐步推进与共建国家相关企业的深层次合资合作，深化自身国际化发展水平的同时，助力共建国家经济转型升级。近年来，中石化集团努力实现从"走出去"到"走进去""走上去"的战略转变，与共建"一带一路"国家形成了技术与资源优势互补的良好局面。截至 2019 年底，中石化集团已与 30 多个共建"一带一路"国家在多领域全方位展开合资合作，主要涉及石油与天然气投资、炼化仓储投资、石油化工工程技术与建设服务、油品化工品贸易及相关设备材料贸易等，并且与共建"一带一路"国家相关企业共同打造了一批国家精品项目，主要包括俄罗斯西布尔炼厂、沙特延布炼厂、科威特阿祖尔炼厂、哈萨克斯坦阿特劳炼厂等，构建了互利共赢、普惠民众和可持续发展的合作模式。2011~2018 年，中石化集团在共建"一带一路"国家累计投资达到 250 亿美元，向共建国家累计缴纳税费达到 160 亿美元，年均提供工作岗位超过 1.6 万个，为共建国家的社会经济发展做出了一定贡献。表 4 列示了中石化集团与共建"一带一路"国家在不同业务板块的基本合作情况。可以看到，中石化集团通过多业务领域的全方位合资合作，积极响应"一带一路"倡议，是推进"一带一路"倡议建设的领头者。

表4　中石化集团与共建"一带一路"国家基本合作情况

业务领域	基本合作情况
油气勘探开发	截至2018年底,中石化集团在境外开展的油气勘探开发业务涉及10个共建"一带一路"国家,项目总数达到17个。累计完成权益投资金额达到206.5亿美元,累计权益油产量总额达到1.3亿吨
石油工程服务	截至2018年底,中石化集团在境外开展的石油工程服务业务涉及22个共建"一带一路"国家,提供业务主要包括测井、钻井、物探地面工程等,并向沿线国家出口设备与材料。2011~2018年,与共建"一带一路"国家累计签订工程技术与建设服务项目合同共计683个,合同金额达到130.8亿美元,累计完成合同金额达到96.3亿美元
炼化工程服务	2011~2018年,中石化集团在境外新签订的炼化工程服务国际业务合同涉及18个共建"一带一路"国家,主要包括马来西亚、沙特、印度、哈萨克斯坦、阿联酋等国家,合同项目数量达到223个,合同项目金额达到117.4亿美元,累计完成合同金额达到89.0亿美元
国际贸易	2011~2018年,中石化集团原油进口涉及18个共建"一带一路"国家,原油量达到8.75亿吨。化工产品进口涉及18个共建"一带一路"国家,金额达到143亿美元。化工产品出口涉及64个共建国家,金额达到41亿美元
炼化仓储	截至2018年底,中石化集团在境外开展的炼化仓储项目涉及5个共建"一带一路"国家

资料来源：中石化集团官方网站。

综上所述，中石化通过开拓资本和产品海外市场，在国际能源行业占据一席之地，并具有重要的影响力与竞争力。无论是在国内市场还是在国际市场，中石化的发展得益于国家政策的引导与支持，也得益于企业自身不断的探索与创新。在"一带一路"倡议的引领下，中石化集团与共建国家的合资合作也推动了企业自身的国际化发展水平。因此，本报告将进一步分析中石化集团国际化发展的具体动因，剖析在"一带一路"倡议的政策保障下，国际化发展进程取得当前成绩的关键因素，以期为我国其他企业迈向国际化发展道路、提高国际化发展水平、进一步推动"一带一路"倡议建设提供一定的借鉴与启发。

二 中石化国际化发展动因分析

(一)"一带一路"框架下的政策保障

2013年,习近平总书记向世界提出"共建丝绸之路经济带"和"21世纪海上丝绸之路"倡议,即"一带一路"倡议。"一带一路"倡议的建设与推进,为我国诸多行业的相关企业在共建"一带一路"国家的国际化发展方面提供了政策保障与支持,包括设立政府基金、放松外汇管制、提供财政支持等,同时为企业的海外拓展构建了互利共赢、公平合作、和谐包容与互学互鉴的国际交流合作平台。与此同时,企业在拓展海外市场的过程中,国家之间良好的外交关系与稳定的合作意图,可以帮助企业避免各种贸易壁垒、行业限制与不良竞争,为企业之间的谈判、合作与竞争提供良好的大环境和好格局,促进企业之间达成友好合作与互帮互惠的双赢局面。"一带一路"倡议,为我国企业与共建"一带一路"国家企业之间的交流合作提供了新渠道,从而有助于我国相关企业深化国际化发展水平、提高国际竞争力。

能源领域合作是推动建设"一带一路"倡议的先行官和重头戏。虽然全球各个国家在积极探索开发新型能源,但石油和天然气目前仍是大多数国家能源来源的重要组成部分,是我国一直高度关注的重要领域。中石化集团作为能源领域的特大型一体化企业集团,积极响应和融入"一带一路"倡议,在"一带一路"倡议的政策保障和红利下,积极开发共建"一带一路"国家能源市场,作为企业海外业务拓展的重要切入点,持续深化与共建国家企业之间的合资合作。早在"一带一路"倡议提出之前,中石化集团已进行了一系列国外市场的开发与探索,并取得了一定的阶段性成果。"一带一路"倡议的提出,为中石化集团与共建国家企业之间的跨国能源合作创建了更为稳定、高效与开放的合作交流平台,营造了更为良好、和谐与包容的合作交流环境。目前,共建"一带一路"国家的石油天然气市场已经成为中石化集团海外布局当中的核心战略区与合作区。通过积极探索合资合作模式，全方位展开对话沟通，不断深化海外合作水平的广度与深度，近年来中石化集团在国际化发展方面取得了重要进展。表5梳理了自"一带一路"倡议提出以来，中石化集团与共建国家的重大合作项目。

表5 "一带一路"倡议下中石化集团与共建"一带一路"国家重大合作项目

年份	项目
2013	中石化集团与委内瑞拉国家石油公司展开合作，签署了一系列合作文件
2014	中石化集团与俄罗斯西尔公司展开合资合作，建立了合资公司
2015	中石化集团与俄罗斯石油公司展开油气业务合作，正式签订《共同开发鲁斯科耶油气田和尤鲁勃切诺－托霍姆油气田合作框架协议》
2016	中石化集团在沙特阿美建成延布炼厂，并正式投产使用
2016	中石化集团与俄罗斯石油公司展开天然气化工业务合作，签订了《东西伯利亚天然气化工项目框架协议》
2017	中石化集团与沙特基础工业公司展开战略合作，以推进"一带一路"倡议建设、实现沙特"2030愿景"
2018	中石化集团与俄罗斯诺瓦泰克公司展开合资合作，在我国境内设立了天然气贸易相关的合资公司。另外，中石化集团与西布尔控股有限公司展开天然气业务合作，签订了《阿穆尔天然气化工项目框架协议》

资料来源：中石化集团官方网站。

共建"一带一路"国家是中石化集团开拓海外市场、加速海外发展、整合海外布局的重点。2017年，中石化集团为在核心业务领域全方位融入"一带一路"倡议，提出了国际化发展的"4322"合作构想，即"打造四大业务链条、构建三大战略合作区、做强两大贸易平台、打造两个创新中心"。中石化集团希望通过积极实施和落实"引进来"与"走出去"战略，实现四大核心业务链条的一体化协同发展，包括油气业务、炼化业务、工程服务业务与国际贸易业务；做大中亚各国—俄罗斯—东欧战略合作区、提升中东—北非战略合作区、拓展东南亚—南亚战略合作区，积极配合和响应共建国家在能源领域的相关调整，实现双赢的良好局面；两大贸易平台包括传统进出口贸易平台与易派客电子商务平台，通过两个平台的共同推进，促进与共建国家全方位、多领域、深层次合资合作，提升全球资源的整合统筹与管理调度能力；两个创新中心包括北美和中东创新中心，通过加强科学技术方面的重视与投入，构建研发水平和管理水平与国际接轨的境外科技创新基地，与共建国家相关企业共同提升科技水平和技术优势。可以看到，在"一带一路"框架的政策保障下，中石化集团的国际化发展水平得到了显著提升，与此同时，中石化集团积极配合国家发展动态、响应国家号召、勇于承担历史职责，提出了有效的"一带一路"倡议下的海外发展战略，提高了可持续发展能力，未来国际化发展前景良好。

（二）国家能源安全部署

近年来，油气资源的广泛应用导致的能源危机和环境问题引发了各国重视，并展开了激烈的能源竞争。受原油供需矛盾、地缘政治、贸易壁垒及全球环境不稳定等多种因素影响，我国能源安全面临以下三方面主要挑战。首先，近年来我国社会经济发展迅猛，对石油的需求量与日俱增，石油消费量占全球消费量的比重不断攀升。同时，部分国家限制对我国的石油出口。虽然我国近年来陆续在境内发现一些大型油田，但供应量仍然不足以应对需求的增长。以上这些因素都导致我国石油供给面临紧张和不足的整体局面。其次，目前我国战略和商业原油储备量的可支撑天数大约为80天，距离国际能源署要求的90天安全天数仍有一定距离，储备能力仍亟待提高。最后，我国石油和天然气等资源对国外依存高，导致外购风险大。图3为2010～2019年我国原油和天然气对外依存度的发展趋势。其中，2019年，中国石油进口量高达近5亿吨，是全球石油进口量最高的国家。石油对外依赖度上升至70.8%，天然气对外依存度上升至43%。

与国内油气资源紧张的局面不同，共建"一带一路"国家的石油与天然气储量十分丰富，全球约60%的石油资源和约80%的天然气资源分布在共建国家，是全球石油与天然气的资源供应中心。与此同时，共建"一带

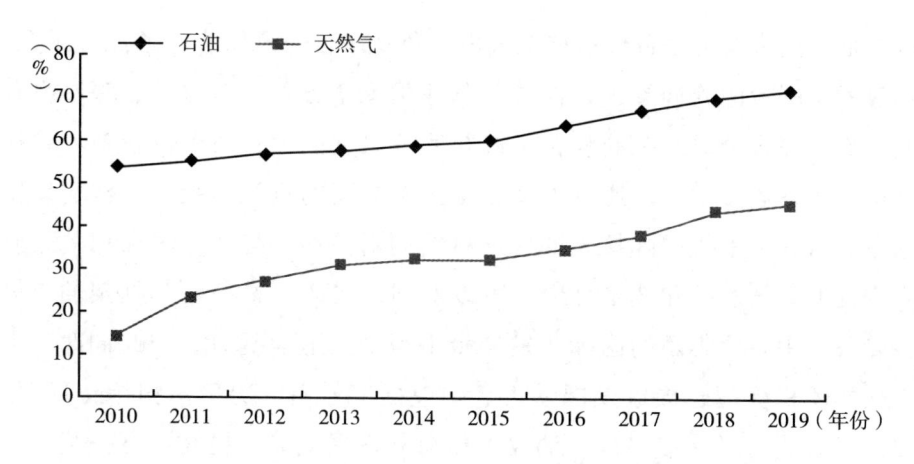

图3　2010～2019年我国原油与天然气对外依存度的发展趋势

资料来源：历年《中国油气产业发展分析与展望报告蓝皮书》。

一路"国家处于整个欧亚大陆中心地域，是海上运输和陆路运输的必经之地。自然储备充足、勘探开采成本较低以及全球运输便利等一系列因素，促使共建"一带一路"国家成为全球能源领域的稳定出口地区。

考虑到我国能源领域安全以及石油供应紧张的客观局面与严峻挑战，以及共建"一带一路"国家天然的资源优势与经济转变的现实探索，我国政府和企业进行了一系列相应的规划与部署。其中，"一带一路"倡议为我国能源企业与沿线国家能源企业的合资合作提供了稳定、良好、公平的交流平台。中石化集团作为我国能源领域的特大型一体化公司，与相关企业建立起了持久稳定的合作关系，承担起了保障国内供给稳定、提高国家能源多元化能力、维护国家能源安全的重任。通过积极探索能源合作渠道和模式，中石化集团提高了海外发展能力，提高了海外市场的声誉与竞争力，展现了大国企业的综合能力和责任感，为进一步实现企业发展愿景、完成阶段性战略任务提供了保障与支持。

（三）上下游产业链系统优化

石油行业产业链的上游、中游与下游之间，联系非常紧密。上游主要包括原油勘探与开发，中游涉及炼油与化工生产，下游包括产品营销及分销。随着上游业务逐步延伸至中游乃至下游业务，产业链的一体化发展对于从事石油行业的公司而言，是合理统筹分配资源、降低成本、产生协同效应、提高行业竞争力的最佳选择，对于企业的可持续发展至关重要。国际化发展能够帮助石油企业掌握更多境外资源，实现全球资源整合，提高风险管控和应对能力，从而系统优化产业链，推动一体化的实现。

中石化集团为系统优化上下游产业链，对海外扩张与合资合作进行了一系列部署。2014年，中石化集团与俄罗斯最大的一体化石化公司西布尔集团公司展开合资合作，签订了共同建立合资公司的战略合作伙伴关系。2016年，中石化集团与俄罗斯石油公司开展天然气业务合作，签订了《东西伯利亚天然气化工项目框架协议》，进一步开拓了海外的上游业务市场。通过逐步实施国际化发展战略，中石化集团目前已基本实现上游、中游与下游的产业链一体化。产业链的系统优化使中石化在国际石油行业的地位、竞争力与话语权得到显著提升。

于2016年正式投入商业运营的易派客，是中石化国际化发展与一体化优势的集中体现。易派客作为电子商务平台，拥有集采购、销售、售后服务于一体的强大功能，纵向产业链涵盖了石油天然气领域的上中下游企业，横向供应链则向企业之间的互融互通提供了通畅便捷的渠道，构建了"互联网+供应链"的新型工业品电子商务运营模式。截至2019年底，易派客国际业务平台已拥有大量且稳定的供应商和采购商，其中供应商达到1521家，采购企业达到1.2万家，成交额超过288亿美元，且这些数字仍在不断上升。目前，易派客平台的业务范围已涉及全球104个国家和地区，其中包括印度、俄罗斯、美国、德国等，涉及多个相关专业领域，其中包括原料、材料、化工、设备等。包括中石化集团在内的中国企业通过易派客平台，与59个共建"一带一路"国家展开合作，其中包括125家供应商和154家采购商，实现的工业品进出口贸易额达到112亿美元。近年来，易派客品牌价值不断提升，在为全球工业企业搭建起贸易融通桥梁的同时，提升了中石化集团的品牌国际影响力。

三 "一带一路"倡议下的中石化国际化关键因素分析

(一)技术优势推动"一带一路"建设

共建"一带一路"国家作为至关重要的全球石油和天然气的聚集区和供应区,油气资源充足优质,开采潜力巨大,开采成本较低,并且具有国际运输方面的显著优势。在这样的优势下,共建"一带一路"国家长期以来的经济发展在很大程度上依赖于甚至取决于油气等重要能源资源的出口。近年来,为了改变资源出口国的长期现状,共建国家不断探索向资源深加工国的转变。然而,共建国家普遍面临基础工业设施薄弱,缺少勘探、开采、炼化、工程建设等方面的关键技术,并且在短期内无法迅速弥补这些短板的现状。共建国家所面临的困境,严重制约了向资源深加工国的转变,限制了能源行业的进一步发展,并且无法提高在国际能源领域的谈判能力,从而使国家经济的进一步发展面临瓶颈。相比之下,中石化集团具有世界领先的炼油化工关键技术、一流的施工装备和成熟的工程建设服务能力,与共建"一带一路"国家企业在石油和天然气领域形成了显著的优势互补局面。中石化集团通过向共建国家提供关键技术和服务,开展深层次国际合作,一方面帮助沿线国家实现经济转型,另一方面提高中石化国际化发展水平,形成了互利共赢的良好局面。目前,中石化集团已与共建国家相关企业共同打造了一系列国家精品项目,包括俄罗斯西布尔炼厂、沙特延布炼厂、哈萨克斯坦阿特劳炼厂等项目。其中,科威特是典型案例之一。

科威特石油和天然气资源储量丰富,蕴藏着全球10%的石油储量,位居全球第四。长期以来,石油和天然气出口是科威特国民经济的重要支柱。为保障国家社会发展和推进国家经济转型,科威特制定了石油产出量的长期发展规划,计划从2009年每天220万桶的产出量提升至2020年每天400万桶的产出量。为实现提升石油产出量的计划,科威特需要大量具有专业知识，并能够提供关键技术和优质服务的石油工程队伍。然而科威特基础工业和基础设施十分薄弱，难以在本国市场寻找到数量充足、具有专业技术知识，同时能够提供优势服务的钻井承包商，因此难以推进计划，无法依靠本国力量顺利提升原油日产量。中石化集团在"一带一路"倡议的支持下，利用自身关键技术优势，向科威特提供了专业的施工设备、一流的技术支持与安全高效的工程建设服务，一方面帮助科威特提前完成了2020年原油生产任务，另一方面在一定程度上稳定了我国油气资源进口形势，提高了中石化集团展开国际合作能力，积累了国际合作经验，实现了双赢的可持续发展的合作模式。

中石化为获得和保持国际一流的技术优势，坚持实施创新驱动发展战略，持续深化科技改革，加快突破关键核心技术，强化前沿引领技术研究，不断为集团公司可持续发展提供新的优势和动能。图4为中石化集团2016~2019年研发费用与专利趋势图。表6为中石化集团2019年度荣获的国家科学技术奖一览表。其中，2019年中石化集团在研究开发方面的投入达到了136.9亿元，全年境内外申请专利达到7439件，获授权专利达到4843件，专利综合优势评价在中央企业排名第一。可以看到，中石化集团始终保持着加大科技研发支出的态势，每年都有大量的专利产出，注重不同产业领域关键技术的全面发展，科技创新能力不断提高。通过持续加大对科学研究的重视和投入，落实科技创新战略，中石化集团目前已经形成了相对完善的科学研究机制，科研队伍具有十分雄厚的专业实力，企业也为科研队伍提供了专业齐全的系列设备和良好环境。中石化集团构建了油气勘探开发、石油炼制、石油化工、战略新兴四大技术平台，通过全面发展各领域关键技术，目前整体技术已实现世界一流水平，部分技术已实现世界领先水平，技术优势不断得到提升和凸显。雄厚的研发能力是中石化集团技术优势的有力保障，技术优势则是中石化集团服务"一带一路"倡议、与沿线国家展开能源合作的有力保障。

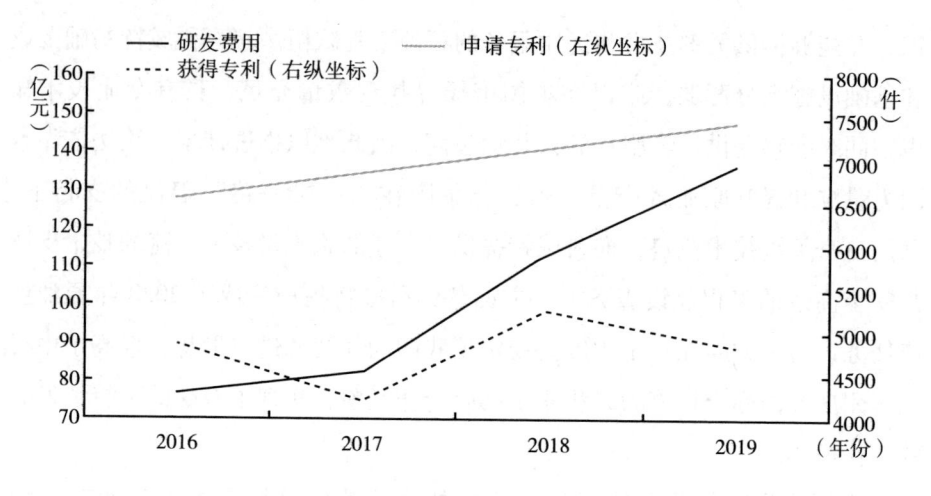

图 4　2016～2019 年中石化集团研发费用与专利趋势

资料来源：2016～2019 年中国石化年度报告。

表 6　2019 年度中石化国家科学技术奖一览

序号	项目名称	奖项
1	柴油高效清洁化关键技术	国家技术发明二等奖
2	薄储层超稠油高效开发关键技术及应用	国家科技进步二等奖
3	炼化含硫废气超低硫排放及资源化利用成套技术开发与应用	国家科技进步二等奖
4	多类型复杂油气藏叠前地震直接反演技术及基础软件工业化	国家科技进步二等奖
5	中国西部海相碳酸盐岩层系构造——沉积分异与大规模油气聚集	国家科技进步二等奖
6	乙烯装置效益最大化的优化控制技术	国家科技进步二等奖
7	近浅海新型构筑物设计、施工与安全保障关键技术	国家科技进步二等奖

资料来源：2019 年中国石化年度报告。

（二）培养适应"一带一路"的国际化团队

共建"一带一路"国家与我国存在诸多显著不同，涉及基本国情、行业政策、自然环境、传统文化、社会生活等方方面面。随着中石化集团在

"一带一路"倡议的引领下，持续加大对共建国家能源市场的开拓力度，对海外工作团队的专业素质、适应多元文化的能力以及在境外艰苦环境中展开作业的能力提出了更高要求。中石化集团通过设立分区域、分专业的人才培养原则，持续追踪海外新业务与新市场，积极实施高质量、高效率、高反馈的人才培训，培养了一批能够适应"一带一路"海外发展的国际化优秀人才。2019年中石化全年培训国际化人才600人，2350名境外业务骨干参加境外实时在线课程培训。与此同时，中石化结合共建"一带一路"国家具体情况，有针对性地实施具体政策措施，帮助员工适应海外环境，提升在共建国家开展工作所需基本能力。其中，中石化在沙特阿拉伯实施的海外人才培养管理措施是典型案例之一。

沙特阿拉伯是"一带一路"上的能源明珠。长期以来，中石化与沙特阿拉伯石油石化企业建立了良好的能源合作关系。为帮助企业员工融入多元文化环境，以顺利展开境外合作，中石化从推动本地就业、激励员工成长、多元文化融合与保障员工权益四个方面对国际化员工队伍进行了培养与管理。

员工本地化是中石化集团在开拓共建"一带一路"国家市场，对共建国家国际化团队进行人力资源管理时不可避免的重要组成部分。能源行业境外作业需要大量的一线员工，沙特政府也明确提出进一步提高人力资源本土化的要求。基于此，中石化按照"人才国际化，用工本地化"原则，遵守沙特政府就业政策制度，加强社区雇佣人员数量，持续提高本地员工比例，部分项目高峰时期员工本地化用工率达65%以上。为进一步吸收高端人才，中石化与当地大学建立用人关系，面试录用沙特籍大学毕业生，并为多家学院学生提供实习岗位和就业机会。通过推动员工本地化，中石化解决了海外发展用工问题，节约了人力资源成本，同时帮助共建"一带一路"国家培养和储备了一大批高端专业人才，实现了互利互惠的双赢局面。

为激励外籍员工成长，中石化集团畅通外籍员工成长通道，开展多项实战技能比武活动，激发不同国籍员工工作热情，培养了一支结构合理、配套齐全、专业扎实、优秀卓越的海外人才队伍。外籍员工可以参与到钻探一线、炼厂、工程、安全等关键技术岗位的各个环节，充分发挥本地员工所拥有的地域优势，在沙特政府事务、财税、审计、综合管理等领域承担重要工作职责。通过激励外籍员工成长，发挥外籍员工独特优势，中石化在服务"一带一路"倡议过程中，培养了一批优秀的外籍员工队伍，是"一带一路"倡议在互学互鉴中共同发展、共同进步、共同提高的具体体现。

适应和顺利融入多元文化，是"一带一路"倡议下的国际化团队必须面对和妥善解决的关键问题。中石化集团在尊重外籍员工成长经历与文化习俗的基础上，开展跨文化沟通与管理，创造融洽的工作环境，努力培育多文化并存的团队文化。通过举办丰富多样的文化体育类活动，提高海外员工队伍对组织的认同感，通过深入了解和尊重当地文化，提高海外员工队伍对国家和企业的自豪感，通过让员工队伍了解中石化集团发展历史和"一带一路"倡议，提高海外员工队伍的责任感。此外，中石化集团十分重视对员工权益的保障。中石化集团始终严格遵守共建"一带一路"国家有关劳动劳务等方面的法律法规，构建了合理健全的海外劳动用工制度。通过积极保障员工合法权益，加强组织内部民主管理，为国际化员工创造了公平和谐、友好平等、互帮互助的工作环境。

通过推动共建"一带一路"国家员工本地化、激励员工成长、融入多元文化、保障员工权益以及一系列海外培训项目，中石化帮助国际化员工提升了在海外展开工作所需的各项能力、工作效率与工作满意度，在海外实现了自我人生价值。随着一批"一带一路"相关项目的执行与完成，涌现出大量国际化优秀人才，一方面为中石化提高国际化水平和推动"一带一路"建设做出贡献，另一方面为企业未来国际化发展储备了优秀人才。

（三）积极承接国家整体布局下的重点项目建设

当前，共建"一带一路"国家积极调整国家战略和多边机制，以应对油气地缘政治和市场格局发生的深刻变化。共建国家对油气资源的战略调整对于中石化集团而言，既是发展机遇也是重要挑战。通过对接共建"一带一路"国家，加强合作水平，推进投资力度，中石化集团正在助力共建国家实现资源输出国向资源深加工国的重要转变，共建之路得到了更深层次的发展，与此同时，中石化集团也显著提高了自身的国际化发展水平。沙特、哈萨克斯坦、俄罗斯和科威特是中石化集团所对接的重要共建"一带一路"国家。

沙特作为"一带一路"倡议的关键支点国家，长期以来都是中国在西亚、非洲地区的第一大贸易往来合作伙伴。延布炼厂是"一带一路"倡议与"沙特2030年愿景"有机结合的典型项目。2012年，中石化集团与沙特国家石油公司签订合资合作协议，共同成立延布炼厂，总投资金额达到86亿美元。延布炼厂是全球市场范围内规模最大的炼厂之一，也是中国在沙特乃至中东和海湾地区投资金额最高的合资项目之一。2016年，中国国家主席习近平与沙特国王萨勒曼共同出席了该项目的启动仪式，宣布了延布炼厂的正式投产。中石化集团通过提供现代化炼油工艺，以沙特重质原油为原料，生产出销往欧洲和亚太地区的高附加值清洁产品，推动了沙特从资源型经济向多元化经济的转变，为"沙特2030年愿景"的实现贡献智慧与力量。与此同时，中石化还为沙特经济做出了一定贡献。2018年，中石化集团向沙特政府上缴的税金总额达到近5700万美元，并向当地提供了大量的工作岗位，带动了当地的社会经济发展。

哈萨克斯坦是"共建丝绸之路经济带"倡议的提出地，是中石化集团对接的重要国家之一。2014年，哈萨克斯坦制订了"光明之路"计划，旨在推动本国的基础设施建设。在这样的大背景下，中石化集团下属炼化工程公司按照EPCC合同模式，在哈萨克斯坦开展了阿特劳炼油厂芳烃项目。该项目投入生产后，对哈萨克斯坦国内成品油供应不充足、严重依赖进口的局面产生了极大的缓解作用。中石化通过优质产能合作，对接"光明之路"计划，促进哈萨克斯坦产业发展及经济结构调整，为当地经济社会发展做出了一定贡献。

俄罗斯是"一带一路"倡议关键合作伙伴之一，也是中石化集团的重要合作伙伴之一。为对接俄罗斯"2035年前能源战略草案"，中石化集团先后与俄罗斯能源公司签订了一系列合资合作协议。共同收购和管理UDM公司，是中石化集团在俄罗斯获得的第一个重要的在产油田项目。2006年项目收购时，油田年产量597万吨。经过中俄双方共同努力，开展分布研究，优化井位设计，加强油田开发治理，产量逐年上升。自收购以来，UDM累计产油达7800万余吨。无论是在储量、产量，还是在成本、效益与技术方面，中石化集团与俄罗斯能源公司都实现了良好的合作，并取得了十分重要的成果，得到了两国领导人的肯定，是近年来"中俄油气合作典范"。

科威特是"一带一路"倡议在中东地区的重要合作伙伴。为对接科威特"2035国家愿景"，中石化承建了中东地区最大炼厂——阿祖尔炼厂，成为中科合作又一典范。阿祖尔炼厂目前仍是全球市场范围内一次性建设的规模最大的炼油厂，项目总投资金额达到139亿美元。该项目投入运营后，将帮助科威特成为中东地区范围内最大的清洁油品生产国，实现向全球能源市场提供高品质、高价值、高性价比清洁燃料的战略目标，从而能够推动科威特实现国家经济转型，具有非常重要的标志性意义。

根据上述中石化集团与共建"一带一路"国家对接的典型项目可以看到，中石化在与共建国家对接的过程中，充分利用自身技术人才优势，推动实现共建国家资源优势最大化，帮助共建"一带一路"国家从资源输出国转型为资源深加工国，推动共建国家经济转型进程，助力共建国家发展愿景实现。与此同时，通过与共建国家对接，中石化提高了国际合作能力与国际影响力，提升了在国际能源行业的地位和话语权，基本实现了从"走出去"到"走进去"的战略转变。

（四）积极履行共建国家当地社会责任

中石化作为国内大型能源化工企业，在服务"一带一路"倡议进行国际化合作时，代表着中国企业的品牌与形象。中石化国际化发展坚持服务当地社会的原则，积极履行海外社会责任，为带动当地经济社会发展，保护当地自然环境发挥了关键作用，体现出了大国企业应有的使命感、道德感和责任感。

具体而言，中石化集团坚持依照共建国家相关法律法规缴纳税费，为推动共建国家社会经济发展做出了重要贡献。2011~2018年，中石化集团在共建"一带一路"国家累积缴纳的税费超过160亿美元；在本地化用工方面，中石化集团持续提升本地化员工比例，为共建国家的员工提供了更多的就业机会和职业选择。2011~2018年，中石化集团在共建"一带一路"国家每年平均提供的工作岗位达到约1.6万个；在生产安全方面，中石化集团坚持国际安全、健康与环保标准，多次荣获共建"一带一路"国家相关项目业主颁发的各类安全证书；在保护环境方面，中石化集团坚持绿色低碳的发展理念，降低污染物排放水平，积极维护和保护当地自然生态环境。通过严密制定和严格落实环境管理体系，中石化集团已基本实现了绿色发展、循环发展、低碳发展的生产经营模式，大大降低了对共建"一带一路"国家自然生态环境的负面影响；在社会公益方面，中石化集团致力于改善共建国家的医疗卫生基础条件。通过开展一系列医疗机构翻修项目，向共建国家医院免费提供高质量的配套医疗设施，提高了共建国家的医疗水平；在教育方面，中石化集团持续关注弱势群体教育，目前已在摩洛哥、赞比亚、坦桑尼亚等发展中国家设立了一系列农村儿童早教公益项目；在传统文化保护方面，中石化集团非常重视对传统文化和历史遗迹的传承和保护，一系列保护措施赢得了共建国家政府和人民的高度认可和赞赏。

近年来，我国大部分企业，特别是上市公司陆续发布企业社会责任报告、可持续发展报告，以向利益相关者展示企业对经济责任、环境责任、安全责任和其他相关责任的履行状况。随着中石化集团加快了"走出去"的稳健步伐，也逐渐加强了对海外社会责任报告和可持续发展报告的定期发布。2019年8月，中石化集团在沙特阿拉伯首次发布了《中国石化服务"一带一路"可持续发展报告——中国石化在沙特阿拉伯》，向社会公众展示了中石化集团在沙特运营的19年期间，对沙特当地社会经济推动情况，以及对员工安全保障、自然环境保护和其他方面的履责情况。

通过积极履行海外社会责任和定期发布相关报告，中石化集团得到了共建"一带一路"国家政府和人民的高度认可与信任，不仅帮助共建国家保护自然环境、推动经济社会发展、实现可持续发展，还树立了大国企业的品

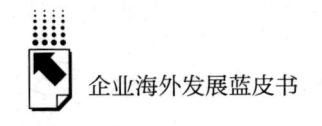

牌与形象，符合"一带一路"倡议提出的互利共赢的合作目标。通过提高企业在海外市场的品牌形象，也间接推动了企业的进一步国际化发展。

四 发现与启示

"一带一路"倡议，为我国企业的国际化发展提供了一定的政策保障，也为我国企业的合资合作提供了良好的机遇和公平的平台。在"一带一路"倡议的引领下，积极探索海外市场和促进国际化发展是我国企业实现可持续发展目标的最佳选择。国家政策的大力支持、行业发展的客观要求以及进一步提高企业海外竞争力的愿景，都是推动中国企业走出国门，探索国际化发展的动力及原因。中石化集团作为我国石油石化领域的特大型一体化企业，国际化发展已取得了一定的阶段性成果。通过分析中石化如何在"一带一路"倡议引领下，坚持创新驱动战略、培养国际化优秀人才、与共建国家展开良好合作、树立大国企业形象，可以得出一定的发现与启示，对我国企业在"一带一路"倡议下开拓海外市场、探索国际化发展具有一定借鉴意义。

（一）加强技术攻关

中石化实现国际化发展的重要动因之一是拥有过硬的关键技术、顶尖的施工设备和成熟的建设服务能力，与"一带一路"倡议下的大多数共建国家形成了技术优势和资源优势互补的双赢局面。关键技术优势来源于对创新驱动战略的坚持落实以及对科学研究的持续投入。中石化在国际化发展进程中，每年投入巨大的研发费用，鼓励科研人员创新，培养员工创新意识。通过多年的坚持与努力，形成了相对完善的科技体制机制，拥有了世界一流水平的专业技术和雄厚的研发能力。这是中石化集团与共建"一带一路"国家对接，提高国际化发展水平，保持行业领先地位的前提条件和敲门砖。

对于任何一家企业而言，创新与研发能力是企业实现可持续发展必不可少的能力。部分共建"一带一路"国家在能源资源方面具备的优势以及在关键技术方面的缺失，决定了我国相关企业想要与沿线国家展开国际合作，必须能够提供相关领域的关键技术。因此，"一带一路"倡议下的国际化发展，需要企业始终重视对创新驱动战略和科学研究发展的落实和投入，吸引和留住具有较高水平科研能力的人才，持续深化科技改革，加快掌握关键核心技术。关键技术优势是企业提高产品质量与服务质量的重要决定机制之一，不仅能帮助相关企业获得与共建"一带一路"国家展开合资合作的关键机会，还能帮助企业提升国际市场的竞争力与话语权，引领科学技术研究发展方向，不断为公司的国际化发展带来新的优势和动能。

（二）培养国际化人才

中石化能够在海外顺利开展合资合作业务，与共建"一带一路"国家展开对接，得益于一批优秀的国际化人才团队。中石化的国际化团队中不仅包括外派人员，还包括大量共建"一带一路"国家的外籍人员。中石化秉持尊重文化、公平合作与互利共赢的原则，不仅对外派人员实施了有效管理，也吸纳和培养了一批优秀的外籍人才。根据行业特性和共建"一带一路"国家的实际情况，中石化通过员工本地化、激励员工成长、融入多元文化、保障员工权益以及一系列培训，帮助海外员工适应当地工作和生活环境，提高在海外开展工作的能力和效率，显著提升了海外员工的工作满意度和生活幸福感。

"一带一路"倡议下的企业国际化探索，离不开具有国际视野、全球心智、沟通能力和渊博知识的海外优秀人才队伍。我国企业在对国际化人才培养的过程中，不仅要重视对专业技术的培训，还应积极考虑共建"一带一路"国家的实际情况，结合当地历史背景、人文自然环境与文化传承，帮助海外员工适应多元文化环境，克服在海外开展工作的困难，提高与不同国家员工合作沟通的技能。与此同时，应当平等公正地对待共建"一带一路"国家的每一位海外员工，尊重每位员工的民族信仰、生活环境与文化差异，创造和谐相处的工作条件，使每位员工能够发挥出自身独特的优势，更好地

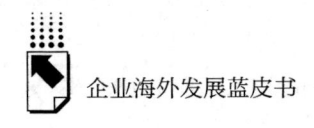

为"一带一路"倡议和相关国家愿景服务，提高团队整体工作效率与工作满意度，从而为企业在沿线国家的国际化发展做出应有贡献。

（三）坚持互利共赢原则

"一带一路"是一条合作之路，更是一条共赢之路。近年来，以沙特、科威特为代表的共建"一带一路"国家积极调整国家战略，提出相关发展愿景，实施经济转型升级。中石化集团通过在"一带一路"倡议的引领下，积极对接沿线国家，提供关键技术、优秀人才及工程建设服务等与共建国家相关企业开展合资合作，一方面帮助共建国家实现经济转型升级，另一方面稳定了我国油气资源进口形势，实现了互利共赢的良好局面。与此同时，中石化也在"一带一路"倡议下深化国际化发展，树立了品牌形象，提升了国际影响力。

共建"一带一路"国家正在积极探索经济转型，并对诸多领域的发展战略进行了调整。对于我国企业的国际化发展道路而言，这样的大环境既提供了合作机遇也带来了重大挑战。我国企业必须始终坚持互利共赢的基本原则，才能够实现与共建"一带一路"国家相关企业范围广泛、时间长远的跨国合作。因此，我国企业只有积极关注和深刻把握共建国家的政策动态与变化、制定和调整企业海外发展布局、配合共建国家发展战略，才能够把握住关键机遇。这需要企业积极探索"走出去"向"走进去"的转变途径，深入调查和了解相关国家政府、经济、政治、文化等各方面制度与环境，与共建"一带一路"国家相关企业展开全方位、深层次的公平合作，从而在当今世界高度不确定的外部大环境下，实现可持续的国际化发展。

（四）关注当地社会责任

在"一带一路"倡议下的国际化发展过程中，积极履行海外社会责任，是大国企业展现大国风范、树立品牌形象、实现可持续发展的最佳选择。通过关注和履行各方面的海外社会责任，中石化集团切实保障了包括股东、员工、社区、政府等各方面海外利益相关者的合法权益。在共建"一带一路"

国家开拓国际市场、开展国际化业务、进行深层次的合资合作项目时，中石化集团通过在社会责任方面的优异表现，获得了共建国家当地社会的广泛认可与良好信任。与此同时，中石化集团近年来主动定期发布企业社会责任与可持续发展报告，体现出了良好的大国企业形象。

对于想要在"一带一路"倡议下开拓海外市场、展开国际化发展的我国企业而言，关注和加强海外社会责任的履行是督促企业实现长远可持续发展的前提条件。首先，合法合规运营、保护沿线国家生态环境、保障外籍员工权益等是企业应当承担的海外社会责任。其次，积极履行和定期发布相关报告，可以让共建"一带一路"国家更好地理解"一带一路"倡议的内涵以及中国企业在当地的履责情况。最后，一国企业代表着一国形象。通过提高共建国家社会经济发展水平、关爱海外员工队伍、积极保护生态环境，中国企业可以在海外探索的过程中向世界展示我国企业的责任与担当，更好地向世界传达"一带一路"倡议所提倡的共商、共建、共享原则。

参考文献

陈启德：《中国石化联合会会长李寿生：抓住"一带一路"高质量发展机遇》，《中国石油和化工》2019 年第 7 期。

李祖荣：《中国石化："一带一路"的排头兵》，《企业文明》2017 年第 5 期。

刘江波：《致力开放合作，共建美好家园——中国石化主题论坛嘉宾发言摘要》，《中国石化报》2019 年第 2 期。

庞广廉：《中国石化行业"一带一路"区域合作案例分析》，《中国石油和化工经济分析》2018 年第 6 期。

田源、雷丽、窦豆、王维东：《强化高端引领，打造优秀人才队伍》，《中国石化》2019 年第 6 期。

王金照：《"一带一路"能源合作的思路和政策》，《国家治理》2016 年第 26 期。

邢梦玥：《"一带一路"倡议下加强中沙石油合作的探索》，《山东工商学院学报》2020 年第 1 期。

B.14 中国中车的国际化发展

喻博雍 刘思义*

摘　要： 中国中车是全球范围内最大的轨道交通制造企业，也是中国在国际市场中的一张"金名片"，是中国基建行业国际化发展的典范。本报告以中国中车为研究对象，对其国际化发展历程及现状进行了阐述，重点分析了中国中车国际化发展的动因，以及国际化成功的关键因素，给"一带一路"倡议下走出国门的企业提供了一些启示。研究认为，国内经济增速放缓、市场收缩、国家政策开放，外来企业进入导致了竞争日趋激烈、"一带一路"倡议的稳步推进、同时南北车合并提供了优秀的技术创新与国内地位等原因共同推进了中国中车拓展海外市场业务、深化国际化发展的脚步。而国家层面的倡议、中国中车领先的技术优势、重视文化融合与社会责任的履行也为中国中车铺设了一条平坦的国际化之路。其对于国家政策倡议的积极响应、持续落实的创新战略、促进海外文化融合与积极履行海外社会责任的做法值得国内企业参考和借鉴。

关键词： 中国中车　"一带一路"倡议　文化融合

---

* 喻博雍，对外经济贸易大学国际商学院，主要研究方向为内部控制与公司财务；刘思义，管理学博士，对外经济贸易大学国际商学院讲师，主要研究方向为内部控制与公司财务、审计与公司治理、资本市场会计问题。

一 公司概况

(一) 中国中车简介

中国中车股份有限公司（以下简称"中国中车"）成立于2015年，总部位于北京。2014年12月30日，经国务院同意、国务院国资委批准，中国北车股份有限公司和中国南车股份有限公司正式宣布双方以"南车换股吸收北车"的方式进行合并，合并为中国中车股份有限公司。新成立的中国中车承接了原有南北车的全部业务和资产，同时在A股和港股上市。合并后，中国中车以"连接世界、造福人类"为企业使命，并提出"成为以轨道交通装备为核心、全球领先、跨国经营的一流企业集团"的企业愿景。2019年，中国中车位居《财富》世界500强第359位，品牌价值超过千亿元，荣获"2019中国品牌强国盛典"十大年度榜样品牌。

中国中车是一家全球规模领先、品种齐全、技术一流的轨道交通装备供应商，轨道交通装备业务为其核心业务，销售规模连续多年位居全球首位。表1为2019年中国中车各产业基本情况。可以看到，截至2019年底，中国中车在轨道交通装备产业的发展稳中有进，行业地位稳固。与此同时，中国中车积极践行交通强国战略，主动适应外部环境变化，抢抓市场机遇，加快结构改革和转型升级，在市场拓展、国际化经营、技术创新等方面协同发展，在稳固轨道交通装备产业领先地位的同时，积极探索发展新型产业和现代服务，为企业可持续发展提供了动力来源。

表1 2019年中国中车各产业基本情况

单位：亿元，%

产业	营业收入	营业成本	毛利率	业务	营收增长率
铁路装备	1232	924	25	机车、动车组、客车、货车等业务及轨道工程机械业务	2.17
城轨与城市基础设施	439	362	18	城市轨道车辆、城轨工程总包及其他工程总包	26.39

续表

产业	营业收入	营业成本	毛利率	业务	营收增长率
新产业	536	409	24	通用机电及新兴产业业务	7.79
现代服务	83	67	19	金融类、物流类、贸易类业务及其他业务	-40.84

资料来源：中国中车2019年年度报告。

2019年中国中车经营状况整体良好。图1为中国中车2019年营业收入占比图。可以看到，铁路装备产业的营业收入占总营业收入的50%以上，同时也是毛利水平最高、企业附加价值最高的产业板块，是中国中车的核心产业。新产业营业收入占比为23%，同比增长约8%，根据公司年报，增长主要来源于风电业务。城轨与城市基础设施产业营收增长率约为26%，主要来源于2019年度城市轨道车辆交付产生的收入增加。现代服务营业收入同比减少约40%，原因是中国中车在当期缩减了物流贸易业务规模。中国中车以铁路装备为核心业务，由轨道交通装备产业的子产业或相关研发产品

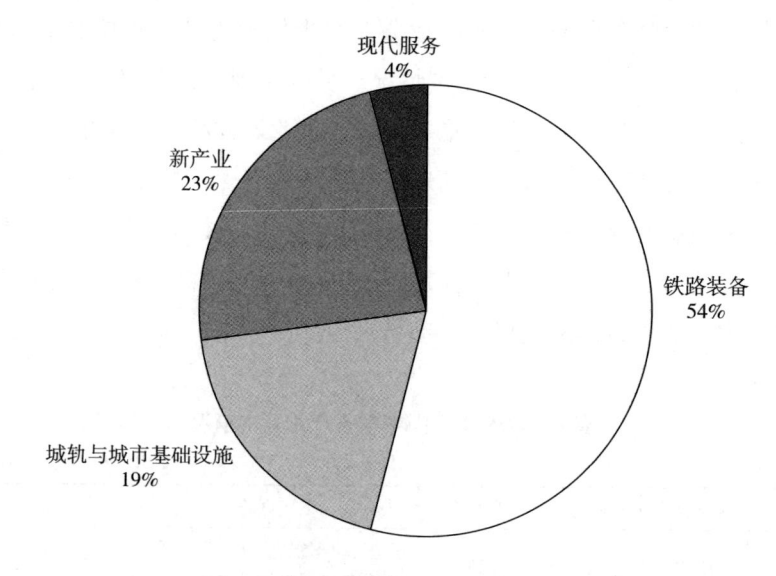

图1 中国中车2019年营业收入占比

资料来源：中国中车2019年年度报告。

构成其他辐射业务，比如高分子材料、新能源客车、大型机械设备等。中国中车依托自己在研发领域的优势，将技术领先转化为产业领先，其中新产业的发展取得一定成果，成为中国中车第二大核心产业。

中国中车坚持自主创新战略，持续完善技术研发体系，不断提升产品更新能力，建设世界领先的轨道交通装备产品技术平台和制造基地。以高速动车组、大功率机车、铁路货车、城市轨道车辆为代表的系列产品，已达到世界先进水平，能够适应各种复杂的地理环境，满足多样化的市场需求。目前，公司产品已出口全球六大洲近百个国家和地区，并逐步从产品出口向技术输出、资本输出和全球化经营转变。其中，高速动车组系列产品，已成为中国向世界展示国家发展成就的重要名片。表2为中国中车2011～2019年国际市场收入占比情况。可以看到，中国中车海外业务收入占比在9%左右浮动，保持基本稳定的发展状态。

表2 中国中车2011～2019年国际市场收入占比情况

单位：亿元，%

指标	2011年	2012年	2013年	2014年	2015年	2016年	2017年	2018年	2019年
营业收入	1701	1829	1951	2240	2419	2297	2110	2191	2290
国际市场收入	124	182	140	159	266	191	192	194	199
国际市场收入占比	7.3	9.9	7.2	7.1	10.9	8.3	9.1	8.8	8.7

资料来源：中国中车2011～2019年年度报告。

（二）中国中车国内外发展历程

1. 国内发展历程

1881年，中国第一台机车"龙号机车"诞生，宣告着中国轨道交通装备产业的开端。2000年，为了缓解轨道交通装备行业的垄断和竞争缺失的现状，中国铁路机车车辆总公司与原铁道部脱离，分立为中国北车和中国南车。拆分后，实现了破除垄断的目标，促进了中国北车和中国南车之间的良性竞争和共同发展，两家公司分别于2008年、2009年在上交所挂牌上市。

随着科技不断进步，中国进入高速发展阶段，地理界限对于轨道交通的限制迅速消失，两家公司核心业务的地域区分度逐步减弱，随之带来一系列新问题。一方面，国内市场轨道交通装备发展速度与更新速度迅速，中国北车和中国南车仅以地理划分展开各自业务规划，导致重复性建设，国内产能过剩。另一方面，两家公司在国际化发展过程中，存在一定程度的恶性竞争和互相压价，损害了公司利润和国际化发展步伐。在此时代背景下，经国务院同意、国务院国资委审批，中国南车与中国北车两家公司合并，于2015年6月注册成为中国中车股份有限公司，并在上海证券交易所和香港证券交易所成功上市。

南北车的合并，对其国际化发展产生了显著影响。图2列示了2011～2019年中国中车基本财务情况，包括营业收入、总资产、国内市场收入以及国际市场收入。其中，为与中国中车在体量、业务上可比，2011～2014年数据为中国南车和中国北车相应数据的简单求和。通过合并前后对比的财务数据可以看到：在经历了南北车合并后，中国中车的营业收入和资产规模均有了显著提升；净利润始终维持在较高水平，并且稳步攀升。国内收入与海外收入保持基本稳定的状态，说明合并未给企业带来显著负面影响，资产规模的增长还在一定程度上为企业未来可持续发展奠定了基础。

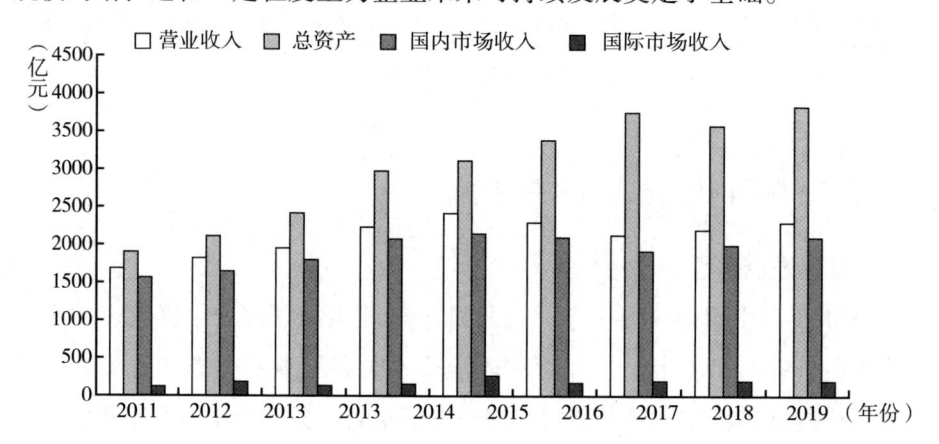

图2 2011～2019年中国中车基本财务情况

资料来源：中国中车2011～2019年年度报告。

表3列示了中国中车2012～2019年利润和资产增长率,在一定程度上反映出中国中车的发展能力。可以看到,南北车合并后其增长速度有所放缓,主要原因在于:一方面,经历了2014年前后国内轨道交通基建快速发展的红利后,政府在基础设施建设的投入有所放缓;另一方面,全球经济上行动力不足也导致海外市场扩张出现瓶颈。此外,这也反映出中国中车在深化落实供给侧结构性改革上,控制传统产品新增产能,调整产业结构,优化企业产能。

表3 2012～2019年中国中车发展能力

单位:%

指标	2012年	2013年	2014年	2015年	2016年	2017年	2018年	2019年
营业收入增长率	7.5	6.7	14.8	8.0	-5.0	-8.1	3.8	4.5
营业利润增长率	5.4	15.2	37.1	17.5	-4.5	-3.0	-0.1	7.4
净利润增长率	6.9	10.9	32.5	14.4	-1.3	-6.5	-0.1	6.3
总资产增长率	11.4	14.0	24.2	4.0	8.5	10.9	-4.7	7.3

资料来源:中国中车2012～2019年年度报告。

2. 国外发展历程

近年来,中国中车的国际化程度不断加深,积极参与国际市场竞争,与多个国家的相关企业签订了一系列重要合同。表4为中国中车2016～2019年海外重大合同签订情况一览。可以看到,中国中车的海外业务遍布全球六大洲近百个国家和地区,主要包括美国、德国、意大利、澳大利亚、印度等。2016～2019年每年订单平均金额为469亿元,销售收入平均金额为194亿元。

表4 中国中车2016～2019年海外重大合同签订情况一览

年份	海外重大合同签订情况
2016	中标芝加哥7000系地铁车辆采购项目,项目标的数量846辆车,标的金额13.09亿美元;与澳大利亚公司组成的联合体与澳大利亚公共交通运输部签署澳大利亚多利亚州政府高运量地铁车项目合同,合同总金额约合101亿元人民币;与曼谷捷运有限公司签订了约12.2亿元人民币的地铁车辆销售合同;与中国铁路国际有限公司和北方国际合作股份有限公司两家公司组成的联合体签订了约9.7亿元人民币的巴基斯坦拉合尔轨道交通橙线项目地铁车辆销售合同;与印度德里地铁有限公司签订约7.2亿元人民币的地铁车辆销售合同

续表

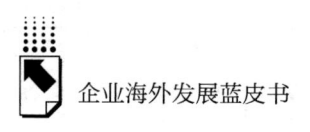

年份	海外重大合同签订情况
2017	与美国 Los Angeles County Metropolitan 签订约 12.3 亿元人民币的地铁车辆销售合同;与美国 Massachusetts Bay Transportation Authority 签订 17.4 亿元人民币的地铁车辆销售合同;与马来西亚交通部签订约 13.2 亿元人民币动车组销售合同;参与的中印尼高铁承包商联合体与中印尼高铁公司签订印尼雅万高铁项目总承包合同,合同总金额约 324 亿元人民币;与美国 Los Angeles County Metropolitan TransportationAuthority 签订约 44.6 亿元人民币地铁车辆销售合同;与美国东南宾夕法尼亚交通局(SEPTA)签订约 11.1 亿元人民币客车采购项目
2018	与德国 DBCargoAG 签订了总计约 6.5 亿元人民币的货车销售合同;与印度尼西亚 PTMegaGunaGandaSemesta 公司签订总计约 13.9 亿元人民币货车销售合同;与印度尼西亚美嘉公司签订约 6.8 亿元人民币机车、客车销售合同;与智利国家铁路公司签订总计约 5.9 亿元人民币动车组销售合同;与孟加拉铁道部签订总计约 5.8 亿元人民币客车销售合同
2019	与意大利 Grandi Treni Espressi SPA 公司签订约 6.3 亿元人民币客车销售合同;与澳大利亚 North West Rail Pty Ltd.,Aurizon Operations Limited 和 The Pilbara Infrastructure Pty Ltd. 公司签订约 5 亿元人民币货车销售合同;与墨西哥蒙特雷地铁局签订约 5.9 亿元人民币轻轨车辆销售合同

资料来源：中国中车官方网站。

图 3 为 2013~2019 年中国中车国际市场收入与新增海外订单趋势。可以看到，虽然国际市场的收入占比在 2016 年以后有所下滑，但主要源于全

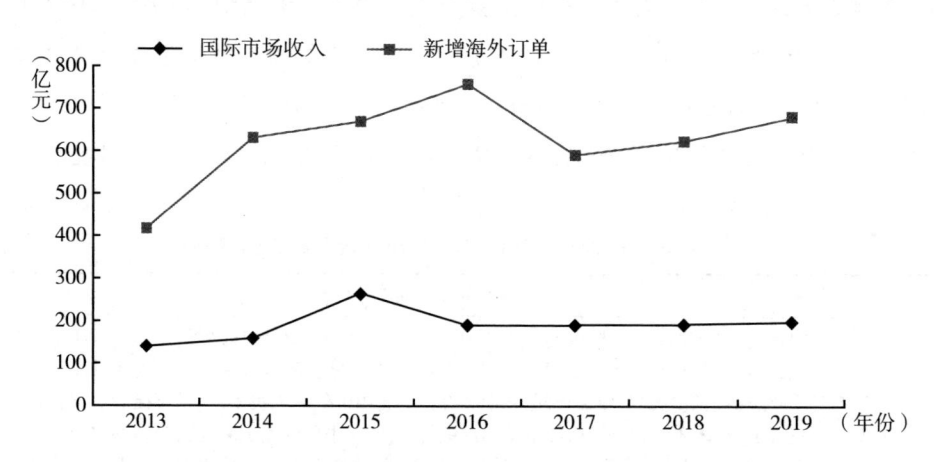

图 3 2013~2019 年中国中车国际市场收入与新增海外订单趋势

资料来源：中国中车 2013~2019 年年度报告。

球经济上的行动力不足，以及海外订单的交付周期。从整体来看，中国中车在国际市场的收入相比于南北车时期，增长份额十分可观。从 2015 年南北车合并之后，即使是处于全球经济发展速度放缓的大环境下，中国中车海外市场的订单金额相比于之前依然能够维持在一个较高的水平。可见，中国中车的确通过合并有效促进整体国际化发展。

（三）中国中车国际化发展现状

中国中车以向全世界提供高质量的铁路轨道设备为企业发展使命。近年来，中国中车通过技术引进、合资合作、产品出口以及国际交流，与海外其他企业建立了互利共赢的友好关系。高质量与多元化的产品出口，帮助中国中车实现从产品输出到技术输出、资本输出和服务输出的跨越式转变。公司出口战略逐步从产品的"走出去"，向产能的"走进去"与品牌的"走上去"方向发展。目前，中国中车的产品出口遍布全世界 100 多个国家和地区，海外重点目标市场由发展中国家逐步转移至发达国家。为进一步实现全球资源整合的目标，应对全球激烈竞争，中国中车持续深化国际化经营，不断探索和开拓国际化市场，加快从出口公司向全球化公司转变的步伐。

通过近年的国际化发展，中国中车取得了一定成果，在行业中达到世界一流水平，并在一些细分领域实现赶超。最具标志性的为中国中车在高铁领域的发展成果。目前，中国中车在高铁领域的市场占有率达到 65% 以上，"复兴号"已成为新时代中国制造业国际化发展的代表，在轨道交通装备领域的市场占有率也超过了 30%。中国中车在相关领域的高市场占有率来源于其关键技术优势。其中，高速动车组的生产需要十一大关键技术，包括车体、转向架、牵引系统、制动系统、门系统、车轴、连接器、刹车片、受电弓、空调、减震降噪元件零部件生产关键技术。表 5 列示了高铁动车组核心零部件的国产化情况。可以看到，绝大部分核心技术都已实现国产化，摆脱了对国外技术的依赖。与此同时，中国中车不仅掌握了核心零部件的相关关键技术，整车制造能力也已经达到世界领先水平。

表5 高速动车组核心零部件国产化情况

名称	国产化程度
车体	国内车体生产企业包括中国中车集团下的长春轨道客车股份有限公司、青岛四方机车车辆股份有限公司、唐山机车车辆有限公司、株洲电力机车有限公司等
转向架	2016年8月时代新材自主设计开发的时速350公里速度级动车组牵引节点、定位节点通过国产化试装车考核评审,打破国外企业的技术垄断
牵引系统	牵引系统包括主辅一体牵引变流器、网络控制系统、转向架失稳监测装置等八大子系统,当前标准动车组八大子系统均由中国中车时代电气提供
制动系统	青岛四方于2014年开发出国内首个自主化动车组制动系统
门系统	动车组内门市场上康尼机电已取代外资占据80%的份额。外门市场上康尼机电在2014年取得关键技术突破,市场占有率取得明显提升
车轴	时速350公里动车轴目前已获得CRCC认证,具备量产能力。其中,试制生产的动车轴装入时速350公里的中国标准动车组,成功首次载客运行
连接器	永贵电器于2009年正式向CRH1型、CRH5型动车组提供连接器组件和零部件,同时提供独立成功研发的216芯大型连接器YGC-216型产品
刹车片	天宜上佳于2013年9月拿到动车组7个车型5种型号刹车片CRCC铁路产品认证证书。博深工具研制的刹车片先后获得CRCC、IRIS认证,未来有望实现量产
受电弓	万高科技为全国首家通过进口动车组碳滑板产品CRCC认证的企业,永贵电器2016年11月以3000万元增资,获得其20%股权
空调	动车空调供应商主要有国外品牌克诺尔、法维莱等以及国内品牌石家庄国祥、鼎汉技术等。鼎汉技术的车辆空调从2015年开始陆续开展上道试验以及相关资质认证程序,目前已实现小规模销售
减振降噪弹性单元	时代新材产品目前取得一定市场份额,2015年动车减振降噪产品收入达到1亿元,在非进口产品市场中占据近80%的份额

资料来源:Wind数据库与光大证券研究所。

目前,中国中车拥有78家境外企业、29家境外机构和17个海外研发中心。海外资产达到340亿元,欧美等外籍员工近6000人,产品已服务105个国家和地区。2019年,中国中车公司在境外约76个国家和地区展开经营业务并获得营业收入。图4为2019年中国中车境外收入分布情况。其中,欧洲地区营业收入为81.96亿元,占境外收入的41%,主要销售产品包括汽车零部件、深海机器人等;亚洲地区营业收入为51.51亿元,占境外收入的26%,主要销售产品包括城轨地铁和高端零部件等;大洋洲地区营业收入为27.45亿元,占境外收入的14%,主要销售产品包括货车、双层客车、城轨地铁等；非洲地区营业收入为 19.43 亿元，占境外收入的 10%，主要销售产品包括机车和货车等；美洲等其他地区营业收入为 18.32 亿元，占境外收入的 9%，主要销售产品包括城轨地铁、货车及高端零部件等。可以看到，中国中车的国际化发展辐射地区广泛，几乎覆盖企业所有主营业务和核心产能品，在欧美高端市场的订单量实现稳步增长，提供的产品和后续运营服务获得了高端市场的认可，说明中国中车的产品和技术已达到国际一流水平，具有一定的国际影响力和行业话语权，国际化程度不断增强。

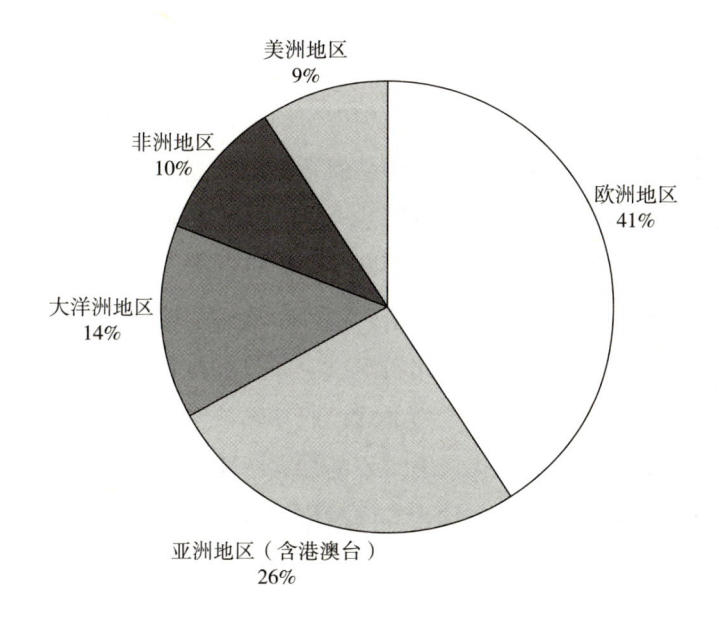

图 4　2019 年中国中车境外收入分布

资料来源：中国中车 2019 年年度报告。

二　中国中车国际化发展动因分析

（一）供需双方诉求

2019 年，中国中车全球轨道交通装备的市场占有率超过 30%，海外市

377

场占有率仅有6%。中国中车在国内市场处于垄断地位,但在国际化发展方面仍有较大空间。迈向国际化发展是中国中车在新时代背景下的必然选择。一方面,中国中车的经营情况在很大程度上取决于国家对轨道交通的规划,国内铁路政策的变化会对中国中车整体经营成果产生巨大影响。近年来,随着国内轨道交通装备市场、干线铁路建设和铁路运营权的全面放开,以及外资准入门槛的进一步降低,国内外诸多企业选择进入我国轨道交通装备领域,国内市场竞争日趋激烈,对中国中车的可持续发展提出了一定挑战。另一方面,国际轨道交通行业变革持续深化,全球行业巨头进行深度整合,行业竞争格局不断变化,无论是发展中国家还是发达国家,都在大力推行轨道交通装备制造业方面的政策和计划。国内市场的激烈竞争和国外市场的巨大潜力,都是中国中车深化海外发展的动力来源。

市场供给和需求层面的基本现状也是中国中车国际化发展的动因之一。从供给端层面可以看到,国内市场不断有新竞争者进入,并且行业发展已渡过快速成长阶段,正在进入饱和阶段。国外市场,特别是部分正在大力推进基础建设的发展中国家,本地铁路轨道供应商数量和资质都存在欠缺,中国中车可以凭借高质量的产品和成熟的建设服务弥补这些国家的市场空缺。从需求端层面可以看到,国际市场需求不断加大,欧美市场对中国中车的产品和品牌认可度也在不断提高。国内和国际市场供需双方的不断变化,对于中国中车的国际化发展而言,既是机遇也是挑战。中国中车应当把握机遇,探索和开拓更为广阔的国际市场,通过降低国内客户集中度和结构化产能过程等一系列问题,帮助中国中车降低对国内市场变化的依赖程度,提高应对风险能力和可持续发展能力。与此同时,国际化发展也能够帮助中国中车进一步提高品牌的海外知名度,实现"连接世界、造福人类"的企业愿景。

(二)国家政策支持

我国提出了"一带一路"倡议,为我国企业的国际化发展提供了许多政策方面的支持。基础建设领域是对接共建"一带一路"国家的关键领域,中国中车作为行业领先的铁路轨道企业,在服务"一带一路"倡议的过程中得到了诸多政策红利。与此同时，部分共建"一带一路"国家为推动国家发展大力开展基础建设，然而本地供应商资质和能力的不足限制了基础建设的推进，为中国中车提供了良好的发展机遇。中国中车作为铁路轨道行业的高端装备企业，在"一带一路"倡议下，对接共建"一带一路"国家，服务共建国家开展基础建设，一方面可以帮助共建国家实现经济转型，体现人类命运共同体的理念，另一方面可以促进中国中车自身的国际化发展，加快由"走出去"向"走进去"的战略转变，形成互利共赢的良好局面。

（三）良好的内部环境

目前，我国经济保持着稳中向好的基本态势，经济发展增速维持在中高水平，供给侧结构性改革持续深化，创新驱动等成为经济增长的核心动力。良好的经济环境和政策方面的支持，为中国中车继续以提高发展质量和效益为中心，以改革、创新、融合为动力，深化供给侧结构性改革，实现可持续发展提供了良好的基础条件和发展机遇。综观国际领先的轨道交通公司，大部分都在本国行业中占据主导地位。2015年以前，中国北车和中国南车的竞争阻碍了两家公司在国内市场和海外市场的发展。中国中车的成立，实现了国内资源的整合，解决了重复研发建设等相关问题，为中国中车的国际化发展提供了良好的内部环境。中国中车通过融合中国北车在生产能够适应高寒环境的高铁方面的技术优势和中国南车在动车组生产经营方面的关键优势，迅速占领国内行业高地，提高针对客户所属地理环境、气候条件以及需求提供个性化和高质量产品的能力，为中国中车的国际化发展奠定坚实基础。

三 中国中车国际化关键因素分析

（一）制定国际化发展战略

在国际化发展过程中，中国中车通过制定共建"一带一路"国家市场开拓的相关专项发展规划，积极参与"一带一路"倡议建设，并通过制定其他海外市场的开拓计划，构建"走出去"的海外发展总体布局。中国中车国际化发展的总体战略为：整机带动零部件、制造业带动服务业、总承包带动产业链、轨道交通装备带动非轨道交通装备。通过实施这样的海外发展战略，中国中车可以在海外合资合作和业务建设的过程中，以点带面，从单一产品输出转变为"产品、技术、服务、资本与管理"全要素组合输出，带动整个产业链上下游同步实现"走出去"的目标。"轻资产、重效益、可持续"的发展理念，也帮助中国中车树立了绿色发展和可持续发展的总体基调。

与此同时，中国中车加大对国际业务的资源投入和整合力度，组建国际业务平台公司。通过构建面向全球、集中管理、统筹协调的营销管理体系，加强海外研发中心建设，中国中车的国际影响力和行业竞争力逐步提升，系列产品和企业品牌得到了国际市场的认可，实现了向全球化企业的转变。

（二）取得技术领先优势

轨道交通设备行业属于高技术、高研发与高壁垒行业。中国中车作为以提供高端装备为企业发展目标的轨道交通设备企业，将科技研发和持续创新作为推动企业高质量发展的第一动力。通过坚持企业创新战略，中国中车的关键技术取得国际领先地位，技术领先优势推动中国中车持续提供高质量的产品和高水平的服务，逐步进入国际轨道交通装备制造行业的前列。其中，"复兴号"被誉为新时代国家名片，是中国中车最具代表的核心产品之一。与此同时，中国中车积极研发风电装备、工业数字、高分子复合材料、环保产业、工程机械与矿山机械、船舶与海工装备、光伏等新兴业务板块的相关关键技术，取得了一定突破。中车株洲是中国中车旗下核心子公司，开展半导体技术的研发与产业化等业务，拥有新型功率半导体器件国家重点实验室和国家能源大功率电力电子器件研发中心。目前，中车株洲已成为国际市场上少数同时掌握大功率晶闸管、IGCT、IGBT、SIC器件及其组件技术的企业，拥有完整产业链。

中国中车为获得关键技术领先优势，实施了兼并知识技术战略。我国轨道交通行业发展较晚，在发展初期与世界一流企业存在显著差距。为提高我国轨道交通企业对核心技术的了解和掌握，我国铁道部发布了一系列措施，要求国外企业进入中国市场必须采取与中国企业合作的形式，同时附加知识技术转让条款。大批动车组招标标的吸引了当时全球轨道交通领域内拥有最高技术水平的四家海外公司，分别为日本高铁、加拿大庞巴迪、德国西门子、法国阿尔斯通。通过与国际领先企业合作，中国中车引进了当时的国际优秀技术，实现了知识技术兼并效果。在国际领先技术的基础之上，中国中车结合我国具体地理情况和气候条件，不断对相关技术进行改进和创新，目前已在多个领域实现赶超。

中国中车为保持关键技术领先优势，持续加大在研发方面的投入。图5为中国中车2015~2019年研发投入情况。可以看到，2015~2019年，中国中车研发投入占营业收入比重呈现稳步增长态势，发展到2019年，中国中车研发投入达到122.65亿元，占营业收入的比例达到5.36%。中国中车在研发方面的投入体现了其对科技创新的重视，与此同时，中国中车研发人员的数量也逐年增长，占公司总人数的比例持续提高。在核心技术的推动下，中国中车正由传统大型制造型企业向国际化高端技术企业转型，核心业务从价值创造能力较低的中端整车拼装和基建建设，逐步向前端的设计研发领域转移。

中国中车注重创新成果和关键技术的转化，加强科技成果的推广应用，推动知识产权管理和新品研发，为企业高质量发展提供了持续动力。2019年，中国中车发布国际标准12项、国家标准22项、行业标准58项，在国内和国际行业具有一定话语权和影响力。同年，中国中车申请专利5189项，荣获第21届中国专利奖金奖2项、银奖1项、优秀奖7项，金奖获奖总数排名为央企首位。中国中车在保持专利技术稳步增长的基础上，加大重点目标市场的专利申请力度，同时对相关核心技术实施全球范围内的同步保护。

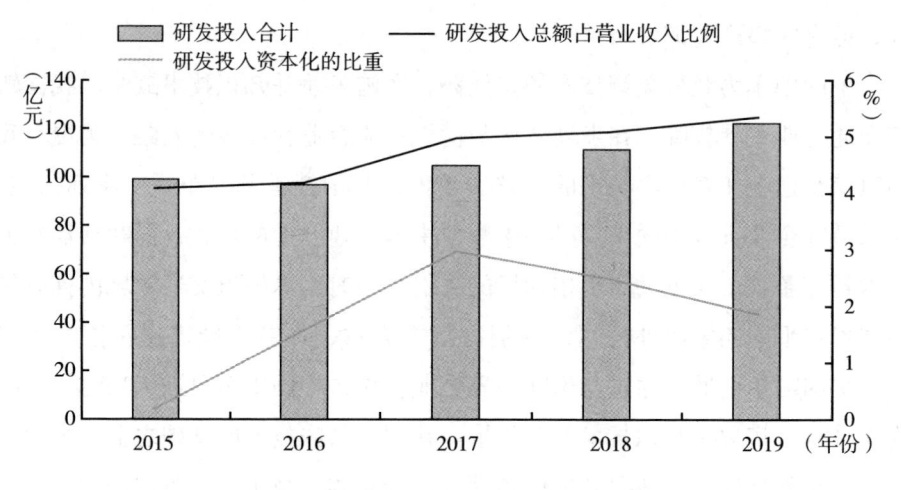

图5　2015～2019年中国中车研发投入

资料来源：中国中车2015～2019年年度报告。

（三）重视文化融合

文化差异是企业国际化发展道路上不可避免的问题。文化差异主要来源于历史发展、宗教信仰、传统风俗等方面的差异，这些差异可能导致对外来企业和人员的排斥。因此，为了实现文化融合，推动国际化业务的顺利开展，不仅要实施本土化运营，尊重当地文化，还要理解当地人民的思维习惯和行为方式，按照能够被当地人民接纳的方式开展业务，获得当地政府和人民的认可与信任。海外业务的顺利开展，是国际化发展的有力保障。

中国中车为实现文化融合，实施了"五本模式"的海外发展策略，即"本土化采购、本土化用工、本土化制造、本土化运维以及本土化管理"。中国中车在印度的国际化发展是实施五本模式的典型案例之一。通过与当地企业成立合资公司——印度中车先锋电气有限公司，中国中车帮助培育本土供应商，促进印度本土轨道交通产业链的完善。通过在印度市场实现产品、技术、资本与服务的多维度输出，帮助当地创造了就业岗位，提高了税收收入，拉动了经济增长。与此同时，尊重当地文化与宗教信仰，借由当地员工和本土媒体对中国中车的品牌进行宣传，得到了广泛的认可和信任，为中国中车在印度顺利开展业务提供了相对稳定的外部环境。

中国中车为落实海外发展策略，进一步提出做好"四个角色"的国际化发展倡议，即做"文化的传译者、人才的孵化器、产业的推进器、社区的好邻居"。中国中车在马来西亚的国际化发展是落实四个角色的典型案例之一。马来西亚是联通中东、澳大利亚与新西兰的桥梁，在马来西亚市场的国际化探索可以帮助中国中车辐射周边市场。马来西亚面临轨道交通产业链缺失、基础薄弱、人才稀缺与当地供应商资质不足等一系列问题。中国中车作为一家海外企业，通过实施做好"四个角色"的发展倡议，推动了当地社会的经济发展，为当地居民带来了切实福利。作为"文化的传译者"，中国中车在产品的设计上融合了诸多当地文化元素，比如在动车组车头上添加马来西亚国兽马来虎的形象，并在列车车厢中加入伊斯兰教民众的祷告室与女士专用车厢。作为"人才的孵化器"，中国中车实施本土化用工，本土员工超过95%，并对当地员工展开培训。此外，中国中车与国内高校同济大学合力推行国外人才孵化计划，培养马来西亚籍硕士生，作为当地市场高端管理和研发人员的人才储备。作为"产业的推进器"，中国中车从产品的单一输出转变为整个产业链的组合输出，在当地成立了东盟地区第一家轨道交通装备制造企业，建立多处工厂和研发中心，促进了马来西亚相关产业的引进和发展，同时带动了周围餐饮、水果与服务等马来西亚传统产业的发展。作为"社区的好邻居"，中国中车在日常经营中积极开展工厂开放日等一系列活动，让本地学生与居民能够走进车间，了解车辆制造与生产，感受中国中车的企业文化。

（四）关注社会责任

社会责任是一家企业树立品牌形象，维持可持续发展必须履行的企业责任。无论是国内还是海外市场发展，中国中车全面落实生态文明思想，正确把握能源节约与生态环境保护工作的方向与发展趋势，积极践行绿色发展理念，打造绿色工厂标杆企业。为持续推动国际化发展，中国中车在海外市场推进业务的同时，积极履行当地社会责任，维护当地利益相关者的合法权

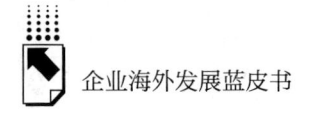

益,实现了与当地政府和企业的共商、共建、共享与共赢。

在生产经营方面,中国中车严格遵守海外当地法律法规与风俗习惯,尊重当地文化、聘用当地人才,全力做到与当地社会经济与社区发展的深度融合,使中国石化的海外经营能够立足当地市场、反馈当地市场。在环境治理方面,中国中车积极落实海外国家相关的节能环保政策,实施污染整治专项工作,从分流、节流、调蓄、治理等方面制定科学合理的有效措施,建立和运行污水管线和处理设施,落实全面责任管控体系。中国中车在生产过程中会产生大量废水,主要污染物为COD。通过积极推动污水专项整治,污水处理设施的质量得到显著提升,COD污染物的排放量持续降低。在海外扶贫方面,中国中车在海外多个国家地区积极推行"五帮行动",帮助妇女、儿童、警察、社区和工人,聚焦当地社会需要支持的弱势群体,一方面促进了当地社会的和谐发展,另一方面也树立了中国中车的大国企业形象。

四 发现与启示

(一)积极开拓全球市场

世界政治经济格局错综复杂,全球秩序正在经历大发展大变革时期,对企业的国际化发展带来一定冲击,是企业探索国际市场不可避免的挑战。面临一系列挑战,企业仍应坚持开拓全球市场,将挑战转化为机遇,实现可持续发展。中国中车作为一家轨道交通装备制造企业,积极制定国际化发展战略,实施了一系列海外市场开拓策略,目前已与全球100多个国家地区展开合资合作,国际化发展取得一定成果。与此同时,中国中车积极响应"一带一路"倡议,通过向共建"一带一路"国家提供基础设施建设服务,深化企业国际化发展。

在当今的全球环境下,企业的国际化发展依赖相关战略的方向指导和具体策略的有力落实。海外发展战略的制定应当考虑整个产业链的整体发展趋势,并具体结合海外市场的差异化特征。相关策略的实施也应当注重对全球资源的整合，充分利用企业优势，带动相关产业的持续发展。与此同时，中国企业在国际化发展的道路上应当关注国家政策，积极响应国家倡议。通过制定可持续发展的战略，帮助产业链上下游共同发展，紧跟国家政策引导，企业可以在海外发展中持续获得新的增长点，提高产品质量和服务能力，获得国际市场影响力和行业话语权。

（二）落实持续创新战略

中国中车在早期通过知识兼并策略迅速掌握当时的国际领先技术，后续通过持续研发创新，结合产品市场的差异化特征，提供更高质量的产品和服务，在国际市场取得了一定发展成果。对于行业壁垒高的产业而言，迅速掌握关键技术的路径之一就是通过与领先企业的合资合作，逐步了解和掌握核心技术，从而实现关键技术上的突破。为了实现可持续发展，中国中车坚持落实创新战略，持续加大研发投入，吸引和留住优秀的研发人员。通过多年对关键技术的探索，中国中车已经摆脱了对国外技术的依赖，并在一些技术领域实现了赶超，提供的产品和服务质量不断改善，提高了中国中车在行业中的地位。

任何企业实现国际化发展都离不开技术的支持。在国际化探索的过程中，打破后进入者的行业壁垒，掌握核心技术至关重要。目前，中国许多行业的国际化发展仍在技术方面存在欠缺，需要依赖国外技术的引进，制约了海外市场的开拓，积极学习国外先进技术是必经之路。通过学习国际先进技术，融合以企业本身的创新，从而实现技术方面的超越，是中国企业在行业取得领先地位的可取道路。坚持技术创新和科技研发，是企业可持续发展的动力来源，也是国际化发展的坚实基础。关注整个产业链的国际化，优秀产业链管理合作案例，与跨产业的国际化，也是中国企业国际化所应当关注的。中国企业可以充分发挥我国市场优势，通过与相关海外企业合资合作，获得相关关键技术。与此同时，持续落实研发创新战略，从对海外技术的依赖，转变为核心技术的研发，从而引导相关技术的未来发展方向，掌握行业话语权，提高企业应对风险的能力和核心竞争力。

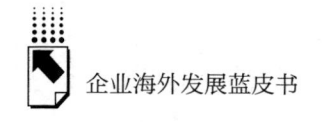

（三）关注海外文化融合

文化差异是企业国际化发展道路上不可避免的问题。中国中车在国际化发展过程中，为实现文化融合，实施了五本模式的海外发展策略，包括本土化采购、本土化用工、本土化制造、本土化运维以及本土化管理。中国中车在海外的业务链和服务链较长，本土化是其必然选择，本土化的实施也推动了当地社会经济的发展。为进一步落实海外发展策略，中国中车提出做好"四个角色"的国际化发展倡议，包括文化的传译者、人才的孵化器、产业的推进器、社区的好邻居。通过积极融入海外文化，中国中车顺利在海外市场开展相关业务，获得了当地社区的认可和信任。

中国企业在迈向国际化发展的道路中，应当关注海外文化，培养企业的国际化发展思路。与此同时，企业可以重点培养具有全球心智的海外员工。具有全球心智的海外员工，能够深刻理解全球市场的发展趋势，拥有与不同文化背景员工进行沟通和交流的能力，从而能够领导和激励海外员工，提高团队的工作效率和工作满意度，进而帮助企业海外业务的顺利开展，推动企业深化国际化发展。

（四）积极履行海外社会责任

中国企业迈向国际化发展不仅需要优秀的产品和卓越的服务，还需要积极履行海外社会责任，获得当地政府和人民的认可。中国中车通过严格遵守海外当地法律法规与风俗习惯，尊重当地文化聘用当地人才，全力做到与当地社会经济与社区发展的深度融合，积极落实海外国家相关的节能环保政策，实施污染整治专项工作，并在海外多个国家地区积极推行"五帮行动"，聚焦当地社会需要支持的弱势群体。通过积极履行海外社会责任，中国中车一方面保护了当地利益相关者的合法权益，另一方面促进了企业在海外市场的可持续发展。

中国企业在国际化发展中应当积极履行海外社会责任。合法合规经营是企业在海外市场持续开展业务的基础，保障海外员工权益是企业本地化经营的重要基石，保护当地生态环境是中国企业履行保护地球责任的重要体现，关注当地弱势群体权益可以帮助企业树立大国企业形象，提升品牌影响力。

参考文献

林晓言、王梓利：《中国高铁全球价值链治理位势提升的理论与举措》，《当代经济管理》2020年第5期。

温源：《中国中车：从中国制造走向中国创造》，《中国品牌》2015年第2期。

王娟、张勇、张景云：《中国品牌国际化：中国中车如何融入印度市场》，《公关世界》2017年第1期。

谢泽锋：《中国中车 五化提速》，《英才》2020年第1期。

岳尧：《中国中车并购财务战略评价研究》，《中国管理信息化》2019年第2期。

张景云、夏晓雅：《中国中车"一带一路"国际市场拓展及其对我国制造业的启示》，《对外经贸实务》2019年第8期。

B.15 字节跳动的国际化发展

孙佳欢 刘思义[*]

摘 要： 字节跳动是我国近年来迅速成长的互联网巨头企业，也是我国互联网公司海外经营发展的典范。本报告以字节跳动为研究对象，梳理了字节跳动国内外发展历程及现状，重点分析了字节跳动的国际化发展思路以及国际化的关键因素，在此基础上得出中国企业尤其是高科技企业在国际化发展方面的一些启示。研究认为，字节跳动国际化的迅速发展，得益于公司较早地进行布局、注重本土化经营和技术输出，同时让文化成为沟通的纽带，使各地的联系更为紧密。字节跳动丰富的人才储备、扎实的科学技术以及超强的变现能力，为公司的海外发展与经营提供了源源不断的动力，公司在人才储备、技术研发与变现能力方面的努力都值得国内的企业参考和借鉴。

关键词： 字节跳动 中国互联网企业 企业国际化

一 公司概况

（一）字节跳动简介

北京字节跳动科技有限公司（以下简称"字节跳动"）成立于2012年3

---

[*] 孙佳欢，对外经济贸易大学国际商学院，主要研究方向为内部控制与公司财务；刘思义，管理学博士，对外经济贸易大学国际商学院讲师，主要研究方向为内部控制与公司财务、审计与公司治理、资本市场会计问题。

月，是最早将人工智能应用于移动互联网场景的科技企业之一，总部位于北京。截至2019年底，字节跳动共有240个全球办公室、15个研发中心，公司业务覆盖75个语种、150个国家和地区，公司产品受到世界各地人民的广泛喜爱和欢迎。

近年来，字节跳动在海内外陆续推出众多具有影响力的产品，主要包括今日头条、抖音短视频、火山小视频、Tik Tok、Vigo Video、Top Buzz等，这些软件在40多个国家和地区的应用商店排行榜位居前列。2019年初，字节跳动定下1000亿元的营收目标，年中又将该目标提升至1200亿元。有媒体指出，字节跳动可能已经完成这一营收目标，甚至可能达到1400亿元，比肩乃至超过百度。在2019年度"胡润全球独角兽榜"中，字节跳动以5000亿元人民币的估值排名第二，仅次于蚂蚁金服。图1为字节跳动股权结构。可以看到，字节跳动创始人兼全球CEO张一鸣持股98.81%，是公司第一大股东。

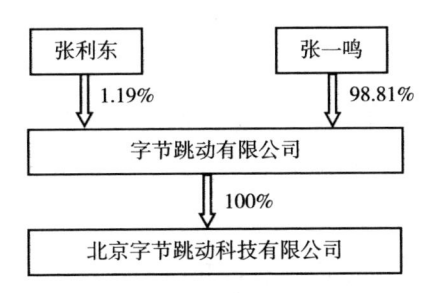

图1 北京字节跳动股权结构

资料来源：企查查。

（二）字节跳动国内外发展历程

1.国内发展历程

字节跳动成立于2012年，是一家非常年轻的企业。字节跳动能够在短短几年内得到迅速发展，取得当前经营成果，离不开创始人张一鸣对字节跳动的企业规划和发展布局，这些与其个人发展经历息息相关。1983年出生的张一鸣毕业于南开大学软件工程专业，在创办字节跳动以前曾有过四次创业经历，包括开发企业协同办公系统，加入酷讯网、饭否网、九九房等。这些创业经历帮助张一鸣积累了移动互联网运营和管理方面的相关经验，为其后来成功创建字节跳动奠定了坚实基础。2011年底，张一鸣察觉到移动互联网正在迅速发展，不仅改变了各行各业的经营方式，也对人们的日常生活产生了巨大影响。张一鸣认为在移动互联网迅猛发展的大环境下，运用大数据和云计算，收集互联网用户偏好，并向用户推送其感兴趣和有价值的信息，具有非常巨大的商业价值和发展潜力。因此，在辞去九九房CEO一职之后，张一鸣创立字节跳动公司，开始了第五次创业。

2012年3月，在北京市海淀区的一间民房中，字节跳动正式成立。2012年8月，短短五个月内，字节跳动就成功推出并正式上线个性化新闻推荐App"今日头条"。今日头条从上线到拥有1000万用户只用了90天，成为当时国内增速最快的新闻客户端。今日头条的成功上线和短期内用户的迅速积累，证明了字节跳动对产品与用户的精准把握。自此，张一鸣与其团队加大了企业发展步伐，陆续推出一系列移动互联网App。表1为字节跳动推出产品时间线，产品涉及的领域不断扩大，从新闻推荐类软件到短视频制作类软件，涵盖了手机软件中娱乐类App的绝大多数细分类型。2014年，字节跳动推出了头条视频。随后推出的抖音短视频和西瓜视频，相继成为视频类App中下载量和用户量位居前列的软件，字节跳动也因此迎来高速发展时期。

表1　字节跳动推出产品时间线

时间	产品发布	时间	产品发布
2012年3月	字节跳动公司注册成立	2017年6月	火山小视频上线
2012年8月	首款产品今日头条上线	2017年6月	头条视频升级为西瓜视频
2014年12月	头条视频上线	2017年6月	头条问答升级为悟空问答
2016年9月	抖音短视频上线	2019年1月	社交应用"多闪"上线
2017年4月	微头条上线	2019年8月	办公套件"飞书"上线

资料来源：字节跳动官方网站。

随着公司在国内手机软件市场的良好发展，字节跳动迅速吸引诸多投资者的投资意向，其中包括一些海外知名投资企业。表2为字节跳动融资概览。可以看到，公司创立之初就获得海纳亚洲的天使轮投资，随后各路资本相继加入，其中不乏红杉资本、软银、美国泛大西洋投资集团（General Atlantic）等知名投资机构的大力投资。2020年，在得到老虎基金投资以后，字节跳动公司估值已接近1000亿美元，成为全球最具价值的"独角兽"企业。

表2 字节跳动融资概览

融资轮次	时间	主要投资企业	投后估值(美元)	投资金额(美元)
天使轮	2012年4月	海纳亚洲	未披露	300万
A轮	2012年7月	SIG/海纳亚洲	未披露	100万
B轮	2013年9月	DST/海纳亚洲	6000万	1000万
C轮	2014年6月	红杉资本/新浪微博基金	5亿	1亿
D轮	2016年12月	红杉资本/建银国际	110亿	10亿
E轮	2017年8月	General Atlantic	220亿	20亿
F轮	2018年10月	软银中国/春华资本/KKR	750亿	25亿
G轮	2020年3月	老虎基金	1000亿	未披露

资料来源：中信建投研究发展部。

与此同时，字节跳动的产品布局朝着多元化的方向高速发展。除了传统的资讯业务和视频业务，字节跳动在国内陆续推出了汽车媒体服务平台懂车帝、拍照和社交软件激萌、百科问答软件悟空问答、教育软件Go Go Kid、智能炒股软件钠镁股票等使用人数众多的软件，从资讯分发到内容生产再到社区化运营，字节跳动均有涉足，引领了国内手机软件的潮流和发展趋势。

2. 国外发展历程

字节跳动在创立之初，就定下迈向国际化发展道路、服务全球用户的企业愿景。在公司成立之初商讨公司名称时，初创团队考虑到移动互联网发展空间巨大，未来会向着全球化方向发展，公司名称既要能够凸显科技行业的企业本质，也要能够表达国际化发展的企业愿景。因此，公司先有了"Byte

Dance"英文名,后有了"字节跳动"中文名,由此可以看到字节跳动迈向国际化发展的坚定信心。在张一鸣看来,移动互联网时代不同于以往传统工业时代。移动互联网作为一个新兴产业,每个国家都站在相同的起跑线上,中国公司不再落后也不甘落后于美国等发达国家企业,创造出的产品在国际社会上具有显著的竞争力和影响力。因此,国内互联网企业注定迈向国际化发展。与此同时,国内移动互联网市场竞争日趋激烈、市场日益饱和,选择迈向国际化发展有利于开拓海外广阔市场、吸引更多海外用户,是中国互联网企业最佳选择。

中国互联网公司迈向国际化发展的思路主要有两个:其一,通过自主研发的方式,直接开辟海外市场,在当地构建一个新的业态;其二,通过并购或者收购的方式,获得被合并方原有的产品及市场份额。字节跳动选择了自主研发和海外收购相结合的国际化发展方式,表3为字节跳动海外产品一览。可以看到,公司的海外布局广阔,主攻印度、北美、欧洲国际市场,瞄准全球,在新闻、视频、社交、教育等领域均有不同程度的涉足。

表3 字节跳动海外产品一览

投资公司/产品	时间	地区	行业	轮次	投资额(美元)
Top Buzz	2015年8月	全球	新闻	自研	NA
Top Buzz Vedio	2016年9月	全球	短视频	自研	NA
Dailyhunt	2016年10月	印度	新闻	D轮	2500万
BABE	2016年12月	印尼	新闻	并购	NA
Flipagram	2017年2月	北美	短视频	并购	5000万
Tik Tok	2017年5月	全球	短视频	自研	NA
Vigo Video	2017年7月	全球	短视频	自研	NA
Musical.ly	2017年11月	北美	短视频	并购	10亿
Live.me	2017年11月	欧洲	直播	收购	5000万
News Republic	2017年11月	欧洲	新闻	收购	8600万
Helo	2018年6月	印度	社交媒体	自研	NA
Minerva Project	2018年8月	北美	教育	C轮	NA
Lark	2019年3月	全球	办公协同	自研	NA
Minerva Project	2019年7月	北美	教育	C+轮	5700万

资料来源:中信建投证券研究发展部。

在新闻资讯类手机软件方面，今日头条是字节跳动在此领域的代表产品。今日头条国内总用户人数于2015年突破2亿，日活用户超过2000万。在国内市场经营趋于稳定的大环境下，字节跳动加紧开拓海外市场的步伐。2015年8月，今日头条海外版Top Buzz在美国市场正式上线。由于其特殊的推荐机制可以精准计算出用户偏好，满足用户的差异化需求，Top Buzz在短期内获得大量海外使用者，海外用户数量迅速增长。Top Buzz不仅是新闻资讯阅读平台，还是视频发布平台。字节跳动对原创视频的激励措施和视频发布的低门槛，吸引了大批视频原创者入驻平台。各行各业的人都可在该平台上发布任何类型的视频，形成每位用户皆可成为创作者发布原创视频的良好环境，推动了平台上视频类型的广泛涉猎、视频内容的持续创新和视频数量的爆发式增长。在此基础上，Top Buzz很快获得美国各年龄段用户的青睐。随后，Top Buzz相继进军巴西、日本等海外市场，都受到了广泛欢迎。在这些地区的手机软件商城中，Top Buzz应用下载量均位居排行榜前列，并荣获美国和巴西等地的"最受欢迎手机应用"称号。Top Buzz探索国际市场的成功经验推动了字节跳动在新闻资讯类软件方面的表现。2016年10月，字节跳动投资了印度最大的新闻聚合平台——Dailyhunt；同年12月，字节跳动投资了印尼的新闻推荐系统BABE，这是目前印度尼西亚最受欢迎的新闻整合平台。2017年11月，字节跳动收购欧洲的新闻服务运营商News Republic。字节跳动依靠其独特的算法推荐机制、精准化的推送，留住了大量用户，通过对这一模式进行复制，在多个国际化市场获得成功。

短视频类软件是字节跳动核心产品的重要组成部分。在Top Buzz获得成功以后，字节跳动顺势推出西瓜视频海外版Top Buzz Vedio，在这之后便开始了短视频类软件在海外市场的开拓。2017年2月，字节跳动收购短视频应用Flipagram，同年5月，Tik Tok在中国大陆以外的地区发行，7月火山小视频海外版Vigo Video上线，11月字节跳动以10亿美元的价格收购北美音乐短视频社交平台Musical.ly，并将两个品牌整合为新的Tik Tok。2018年6月，字节跳动在印度上线本地方言版短视频应用Helo。字节跳动在海外市场的短视频类应用布局，其中最耀眼的是Tik Tok的业绩。图2为Tik Tok

全球单季度首次下载用户规模。根据市场应用机构 Sensor Tower 发布的数据，2018 年 10 月，Tik Tok 在美国的下载量超过 Facebook、Instagram、Snapchat 和 YouTube，成为美国月度下载量最高的应用。2020 年第一季度，Tik Tok 成为全球单季度下载量最大的应用，美国市场累计下载量超过 1.65 亿次，全球累计下载量超过 20 亿次。根据中信建投证券的估算，2019 年度仅抖音（含海外版 Tik Tok）的广告业务给字节跳动带来的收入，就超过 450 亿元。

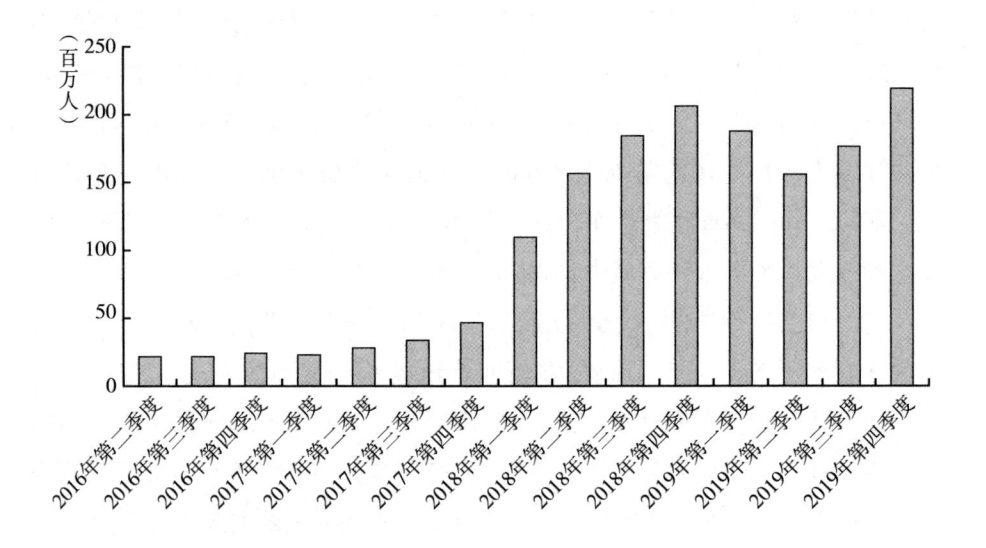

图 2　Tik Tok 全球单季度首次下载用户规模

资料来源：Sensor Tower 公司。

音乐类和短视频类软件相辅相成。抖音和 Tik Tok 等短视频应用的流行也为音乐的流行提供了平台和支持，使大量音乐迅速被人们熟知。在音乐类软件领域中，字节跳动瞄准印度、印尼等国际化市场，认为这些市场具有巨大的商业价值和发展潜力，在这些地区加紧了音乐类互联网软件的布局。字节跳动于 2020 年 3 月正式上线一款音乐流媒体服务应用 Resso，主打音乐社交，并且与 Sony Music Entertainment，Warner Music Group，Merlin，Beggars Group 以及专门在印度市场发行的大型发行商达成合作。Resso 的推出一方面帮助字节跳动分担版权方面的成本，另一方面完善了字节跳动在海外的产业布局，巩固了其在音乐类互联网软件方面的优势。

游戏类互联网软件是字节跳动较晚进行布局的产业。2018年6月，今日头条低调上线"今日游戏"，标志其正式迈入游戏领域，自此字节跳动不断加码其在游戏业务的布局。在海外市场中，随着Tik Tok知名度不断提高，越来越多的游戏公司借由这一平台进行广告推广。字节跳动也于2019年12月在日本市场顺势推出了自己研发的首款游戏——《我功夫特别牛》。这款手机游戏软件仅仅用了三个月就成功登顶日本应用下载榜首，并在中国港澳台地区、英美等国家和地区的应用排行榜中占领前列位置。《我功夫特别牛》作为字节跳动在游戏方面初次尝试推出的作品，在短期内获得的卓越成果表现出字节跳动在游戏方面的巨大商业潜力和发展能力，也让整个互联网软件市场看到字节跳动在多元化领域布局和国际化发展的决心。

除了上述四大领域，字节跳动也对其他相关领域迅速展开海外布局。2019年3月，字节跳动率先在日本推出协同办公软件Lark，后续推广到全球市场。该软件将即时沟通、智能日历、音视频会议、OKR等功能深度整合，助力智能办公。与此同时，字节跳动在海外市场加紧了教育领域的布局，投资了北美著名教育机构"密涅瓦计划"（Minerva Project）。密涅瓦计划成立于2012年，主打沉浸式的教学体验，学生在学习生涯中会分期到世界不同城市进行生活和学习，了解和融入当地文化，掌握当地语言，并展开与自身专业相关的实践活动。"密涅瓦计划"真正具备了无地域限制、无歧视及低学费的招生优势，为大学教育带来全新体验。

（三）字节跳动国际化发展现状

纵观字节跳动的国内外发展历程，今日头条和抖音这两款现象级产品在海内外市场的巨大成功，以及字节跳动在国内和国外市场的全面布局，推动其迅速成长为互联网行业领军企业。截至2019年底，字节跳动旗下产品的全球日活跃用户超过7亿人，月活跃用户超过15亿人，其中抖音

(Tik Tok)的月活跃用户超过5亿人,今日头条的月活跃用户接近3亿人,两大产品对活跃用户的贡献超过一半。Tik Tok 在日本、泰国、越南、印尼、柬埔寨和马来西亚的手机软件商城中多次登顶下载和喜爱度排行榜;Musical.ly 在美国、德国、法国和俄罗斯多次登顶当地 App Store 或 Google Play 总榜;火山视频海外版在印度和巴西多次登顶当地手机商城排行榜。

2018年以来,字节跳动在大量用户的基础之上开启新兴业务,相继参与教育、电商、手机、游戏、社交、软件服务、搜索等细分市场领域,尝试在新闻资讯、短视频类手机软件之外寻求新的收入增长点。一方面,字节跳动加速内部产品的孵化,依托今日头条和抖音的巨大流量优势,直接对公司旗下孵化的产品进行导流,力争完善国内的产业布局;另一方面,依托并购和收购等方式,加速公司在国际化市场的扩张。图3为字节跳动2015~2019年营业收入。可以看到,字节跳动仅成立8年,已成功实现了收入从零到千亿元的突破,推动了在国内和海外市场的成功布局,在新兴的互联网公司中具有举足轻重的地位,深刻地影响了互联网行业的格局。

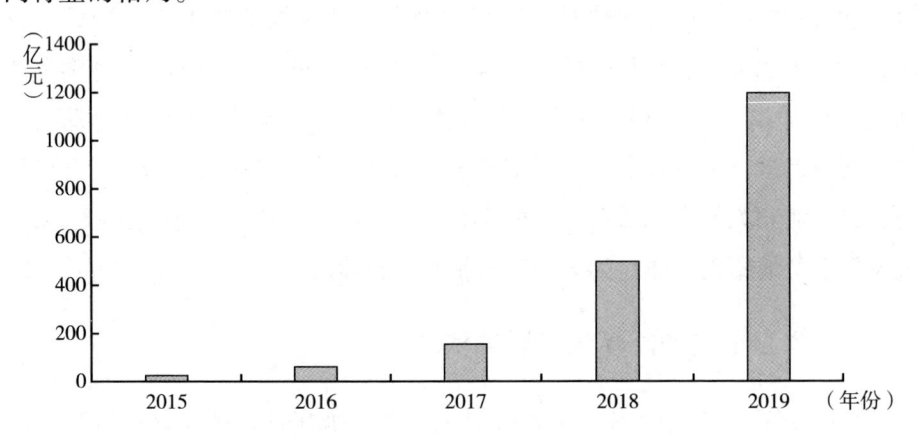

图3 2015~2019年字节跳动收入

资料来源:国盛证券。

二 字节跳动国际化发展思路分析

字节跳动成立8年以来，之所以能够在短期内取得重大进展，顺利迈向国际化发展，离不开其国际化发展思路和布局。字节跳动较早实施了国际化发展布局、注重技术输出与本土化运营。与此同时，字节跳动致力于构建不同文化之间的互联互通，让文化成为沟通的纽带。

（一）较早开展国际化布局

随着社会经济的不断发展和综合国力的显著提高，中国逐渐成为全球资源配置的中心，中国企业也在不断向价值链两端延展。在这个过程中，对于中国企业，特别是边际成本降低很快的互联网企业而言，如果能够充分应用全球资源配置的优势，迅速占领全球化市场，形成规模效应，那么就能够深化企业国际化发展、提高企业国际竞争力、实现可持续发展。字节跳动很早就意识到海外布局的重要性，并迅速参与到全球化浪潮。2013年3月，字节跳动宣布今日头条App会登陆海外市场。2015年8月，公司成立两年后，字节跳动就推出了今日头条的海外版Top Buzz。由于当时海外市场上没有出现过类似的产品，Twitter和Facebook等行业巨头企业也没有注意到刚刚兴起的字节跳动，因此Top Buzz迅速在海外市场站稳脚跟，顺利掌握先机，获得先发优势。尽管后来不断有企业模仿字节跳动的产品，Facebook等行业领军企业也相继入局，但是字节跳动的精算技术、数据积淀和个性化推荐成为字节跳动占领市场主导的核心竞争力，帮助字节跳动在激烈的市场竞争中始终保持竞争优势。2016年底，通过自主研发或收购并购方式，字节跳动在不到两年的时间内迅速完成了海外内容资讯类互联网软件的布局。字节跳动在内容资讯类互联网软件的海外布局中，选择地域上的全面铺开，涵盖亚洲、美洲、欧洲、非洲与大洋洲等海外市场。通过扩大覆盖面的形式，一方面扩大影响力积累用户，另一方面降低业务集中的风险，从而构建庞大的海外投资版图。2017年以后，字节跳动国际化发展重心拓展到了短视频领域。

当时国内短视频行业竞争激烈，短视频市场规模达57.3亿，同比增长达183.9%，用户规模的增长和广告主的关注带动整体市场规模提升。字节跳动在开拓国内市场的同时，积极探索广阔的海外市场，率先开展海外布局，在产业上下游陆续开展投资并购等一系列项目。

字节跳动围绕新闻资讯类和短视频类两大产品展开布局，同时加紧对其他领域的布局。自2014年底开始，字节跳动相继投资并购了图虫网、财新世界说、30秒懂车、每天读点故事、极客公园、快看漫画等内容产品，微聚信息、今日互联、今日新媒体等广告营销服务商，还投资了AI Kid、晓羊教育等教育培训企业，目前已涉猎游戏、动漫、教育、广告等诸多领域，并有涉足医疗领域的打算。字节跳动在国内相关领域积累产品经营的相关经验，通过结合海外市场的特定环境，将相关经验运用于海外业务发展，形成了产业聚集优势。与此同时，国外业务的成功经验反过来促进了中国市场的进一步发展。在日本市场推出的Lark软件"回流"至国内市场是典型代表之一。字节跳动通过较早开展海外市场布局，将公司业务和产品推广至全球多个国家和地区，并利用全球资源优势反哺中国市场，促使中国相关产业与国际化接轨。

（二）注重技术输出

2018年4月23日，张一鸣在首届数字中国建设峰会期间发表题为"技术出海，建设全球创作与交流平台"的主题演讲，首次对外披露了字节跳动全球化的战略细节：注重技术出海，为全球用户提供统一的产品体验，针对不同市场采取符合当地需求的本土化运营策略，建设全球创作与交流平台。技术出海，是字节跳动全球化发展的核心战略，指的是企业在国际化发展的过程中，找到一套可规模化复制到全球的方法论，从而实现对海外市场的开拓。无论是新闻资讯类的Top Buzz、News Republic，还是短视频类的Tik Tok、Vigo Video、Top Buzz Video，都依赖智能算法的推荐，为客户提供个性化服务。因此，字节跳动海外产品的内核，都是独特的技术。强技术输出帮助降低了用户操作产品的门槛，并且在一定程度上可以淡化文化差异。Tik Tok泰国负责人曾表示,"Tik Tok 无论是在泰国、印尼还是日本市场,操作设计和技术机制具有一致性"。其中,技术机制指的是内容创作、分发互动与管理等一系列技术,包括字节跳动最擅长的推荐机制,以及视频分析与检索技术、封面图自动选取技术、人脸关键点检测技术、人体关键点检测技术等,这些技术在国内市场的应用获得巨大成功,可以直接复制到海外市场继续使用。

尽管各地市场具体环境存在一定差异,但是在关键技术与运营逻辑类似的情况下,各个市场之间能够通过技术的规模化复制方式实现规模效益,从而显著降低边际成本。典型案例之一是,字节跳动在泰国市场的运营中,未设立固定办公室,泰国区域负责人仅需要每月去泰国出差,完成相关工作业务,但不需要定居泰国,其他几位泰籍员工则在字节跳动北京总部工作。

(三)海外运营本土化

本土化运营是中国互联网企业迈向国际化发展的关键所在,无法实现本土化,就无法持续深入拓展海外当地的市场。字节跳动国际化发展的本土化运营分为两个层面,一方面是在公司运营层面的本土化,另一方面是产品内容产出的本土化。

公司运营层面的本土化,指的是字节跳动直接在海外设立公司和运营团队,并招募海外的员工负责当地的业务。目前,字节跳动在 30 多个国家 180 多个城市设立办公室,拥有超过 6 万名员工,这一数据还在持续增长。其中,美国洛杉矶是 Tik Tok 在海外最大的办事处之一,Tik Tok 在洛杉矶的办事处拥有接近 400 名美国员工。截至 2019 年底,字节跳动印度公司雇用了 1000 余名印度籍员工。尽管 2019 年 4 月 Tik Tok 在印度经历了短暂下架,但字节跳动仍承诺增加在印度的投资,未来三年将在印度投资 10 亿美元。同时,根据印度 Economic Times 报道,字节跳动计划在印度成立第二家公司。除了招聘普通员工以外,字节跳动还积极招募本土高管,以加强对本地市场的理解和把握。以印度市场为例,Tik Tok 目前已经有超过六位印度高管,负责在印度市场的具体运营和管理工作。

产品内容产出方面的本土化,指的是结合海外当地市场的特色开发个性化产品和开展差异化活动。长期以来，内容型产品的国际化发展难题在于解决跨文化背景下的文化差异。技术是统一的，运营是因地制宜的，如果仅仅对国内的运营模式进行复制，那么在海外市场的产品营销和日常经营就无法获得当地市场用户的认可和喜爱。基于此，字节跳动依据各个国家和地区的流行趋势、风俗习惯和文化特点，设置不同的活动来吸引用户。由于活动目标精准、定位清晰，常常能够成为下载量和浏览量最高的手机软件，吸引全球众多用户参与其中。以 Tik Tok 为例，在 2018 年泰国泼水节期间，为泰国用户专门设计了三款节日贴纸，仅在泼水节前后三周内可使用，该贴纸使用量超过 4 万次；在印尼，技术流和手势舞类的短视频最受欢迎，Tik Tok 邀请了许多印尼达人，结合当地歌曲编手势舞，带动用户挑战拍摄；在日本，为了尊重共性的社会心理现象，Tik Tok 发布一些适合团体挑战的玩法，同时发布了相关绘画挑战，以响应日本作为漫画大国的国家特点。这些结合当地文化的特色活动不仅提高了 Tik Tok 的知名度，也为公司带来了更多的用户。字节跳动的 Tik Tok 在海外市场本土化方面的成果显著，加上主题挑战、明星代言、与著名 IP 合作等方式，不仅为平台增加了优质内容，还为用户提供了更好的体验，增强了用户黏性。

（四）积极构建文化交流平台

习近平总书记指出，"一带一路"建设的核心内涵就是促进基础设施建设和互联互通。[①] 字节跳动的全球化布局，为实现"互联互通"提供了可能。全球化是不可逆转的时代潮流，全球化重新定义了基础设施的内涵和范围。字节跳动通过技术输出，实现了全球业务的国际化发展，也助力了文化的互联互通。以建设"全球创作与交流平台"为企业愿景的字节跳动，正在参与促进世界互联互通的信息基础设施建设。字节跳动通过一系列产品实现了"让人们看见更大的世界"的企业发展目标。

---

① 《推动共建"一带一路"走深走实》，人民网，2019 年 2 月 18 日，http：//theory. people. com. cn/n1/2019/0218/C40531_ 30759907. html。

在洛杉矶，Tik Tok用户自发推广中国美食文化；日本的"Tik Toker"使用字节跳动软件记录中国书法的学习过程；伊斯坦布尔的用户通过Musical.ly能看到《霸王别姬》沙画；四万多Musical.ly用户点赞糖人蜘蛛侠，这样的例子不胜枚举。字节跳动的产品成为文化沟通的桥梁，世界人民可以通过字节跳动的产品了解中国，了解中国文化；而中国的用户也能通过字节跳动的窗口，了解世界各地的社会文化、风土人情和生活趣事。作为一款国际化产品，除了承担"工具"的角色，更应该承担文化沟通交流的职能，将产品与技术有机融合，争取为产品外部的世界多做贡献。字节跳动在国际化发展的过程中，除了在内容运营上充分调研、深刻了解本土用户的需求爱好、有针对性地进行产品和运营系统优化外，还注重传达自己的价值导向，通过运营手段来构建业态内的良好氛围，把美好的感受传递给用户。

三　字节跳动国际化关键因素分析

（一）丰富的人才储备

字节跳动不仅拥有雄厚技术实力，还拥有丰富的人才储备。2018~2019年，字节跳动全球员工规模增长55%，被领英评为"中国最具人才吸引力的热门企业"。公司成立初期，张一鸣进行人力资源规划的主要逻辑在于：补齐业务短板，同时像投资一个早期创业者一样进行人力资源管理。字节跳动能够迅速发展，得益于张一鸣在成立初期招募了一群能力远超公司发展阶段的相关人才，直接构成了字节跳动的未来核心高管团队——包括字节跳动现任中国董事长张利东、人力资源负责人华巍和技术负责人杨震原等。2014年，字节跳动为应对企业发展，招收了一批在百度等企业核心部门从业的机器学习算法工程师。目前，字节跳动单位面积内的算法工程师数量，位居全球最高位。

为帮助公司面向多元化的国际化市场，字节跳动注重对国际化人才的吸引和培养。2015年，张一鸣发布招聘顶级机器学习人才的信息，年薪100万美元。当时互联网还正处于招聘移动端与iOS相关技术的人员阶段，字节跳动估值也尚未达到 10 亿美元，高薪招人的行为得到了市场的广泛关注。同时，字节跳动还在海外各地招聘高管，协助公司国际化业务的开展。公司当前的全球高管团队中，海外高管的核心成员大多来自知名巨头企业，包括 Tik Tok 的全球 CEO 凯文·梅耶尔（Kevin Mayer），曾被誉为迪士尼帝国的候选人；Tik Tok 全球总法律顾问 Erich Andersen，曾是微软首席知识产权顾问；首位首席信息安全官 Roland Cloutier，曾为美国空军和国防部工作的网络安全专家。这些商业精英的加入，不仅增强了字节跳动的综合实力，也成了字节跳动在海外发展的得力助手。

表 4　字节跳动部分海外高管

姓名	原公司	原职务	跳槽时间	现任职务
Ole bernann	华纳	高管	2019 年 10 月	字节跳动音乐总监
Theo Bertram	谷歌	资深员工	2019 年 12 月	欧洲政府关系公共政策总监
Erich Andersen	微软	首席知识产权顾问	2020 年 1 月	字节跳动法务副总裁
Nick Tran	Hulu	高管	2020 年 4 月	Tik Tok 北美市场营销主管
Rohan Mishra	万事达	高管	2020 年 4 月	Helo 印度市场负责人
Chhandita Nambiar	索尼	助理副总裁	未知	Helo 具体职务未公开
Kevin Mayer	迪士尼	消费者与国际业务董事长	2020 年 5 月	Tik Tok 全球 CEO

资料来源：红星资本局。

（二）注重技术研发

纵观字节跳动创始人张一鸣的过往工作经历不难发现，其所从事的工作都与人工智能领域相关。无论是在酷讯网从事搜索引擎开发业务，还是在饭否网、九九房从事搜索业务，都是当时人工智能领域的前沿。因此，字节跳动在创立之初就深深根植了人工智能的基因。截至 2019 年底，字节跳动在全球设立了 15 个研发中心，负责技术研发任务。领先的技术保证了良好的产品体验，公司独特的算法有利于保持用户黏性，为公司持续增长提供了强有力的保障。

在全球范围内的资讯分发领域，内容采编与审核都是各大公司重点关注的对象。字节跳动没有设立专门的内容采编岗位，而是凭借其强大的大数据抓取和分析能力来收集全网最新、最热门的内容。通过运用人工智能技术进行分析，将不同的内容呈现给不同的用户，彻底改变了以往媒介批量汇总、机械派发的模式。随着数据量的不断扩大，用户特征和用户画像越来越清晰，新的内容推荐和广告推送便能更加匹配用户需求，做到精准定位、精准推送和精准营销。总体来说，人工智能构筑了字节跳动的底层逻辑。与此同时，由于海外用户的使用特征、习性等与国内用户存在相似特性，这套人工智能应用逻辑不仅适用于国内市场，同样适用于各大海外市场。

在技术研发层面，字节跳动聚焦人工智能领域，力争利用人工智能来服务广大的海内外用户。字节跳动人工智能的主要研究方向为机器学习、自然语言理解、计算机视觉和人机交互与机器人，并于2016年成立了人工智能实验室（Byte Dance Al Lab），为开发内容平台服务的创新技术提供了保障。人工智能实验室的定位是：直接负责关键产品的服务，并参与寻找解决方案，帮助公司应对一切挑战。人工智能实验室依托字节跳动海内外的海量数据及丰富的应用场景，不断地改进现有模型、研发新的应用程序，提高用户体验。同时，人工智能技术应用的良性循环，也使字节跳动能够勇于探索机器智能的更多未知领域。根据字节跳动人工智能实验室官方网站的信息，当前公司的人工智能研究领域主要集中在自然语言处理、计算机视觉、机器学习、数据挖掘、计算机图形、虚拟现实、网络系统、安全与隐私等方面，几乎涵盖了旗下海内外所有产品以及新兴业务。

在技术应用层面，字节跳动力求精益求精，满足海内外不同用户的需要。以抖音和Tik Tok为例，为了向用户提供具有高清、美化、特效滤镜等丰富内容的拍摄体验，字节跳动持续推动产品的更新换代，寻求优化和突破。为了使用户能够一打开相关软件就看到极具视觉冲击力的高清全屏，字节跳动在前期重金投入内容分发网络（CDN，Content Delivery Network），满足用户不断变化的产品需求和体验。在视频美化技术的应用方面，字节跳动丰富拍摄玩法，推出了符合各地特色文化的贴纸，还基于人脸关键点检测等的人工智能技术，推出了能够适用于海内外不同脸型人的滤镜，使产品功能的呈现效果更加生动。在拍摄技术的应用方面，为了满足用户体验，抖音设立了"随手拍摄"按钮，这个拍摄按钮不再具有固定位置，用户按住后可以在屏幕上随意滑动，方便用户在拍摄过程中切换和缩放镜头。字节跳动以客户体验为导向的精心设计和技术应用，使其在海内外获得了广泛的好评，收获了众多的忠实用户。

（三）依托流量进行变现

对于一家企业经营而言，盈利是最终目的。字节跳动拥有全球7亿日活的巨大流量，如何将巨大流量转化为收入，从中获取源源不断的收益，为公司的进一步国内外发展提供资金支持，成为重要课题。根据QuestMobile的消息，2019年字节跳动的广告收入占比超过85%，接近1000亿元，已经超越百度、腾讯，在量级上接近Facebook的30%、谷歌的15%，成为全球重要的互联网数字广告商之一。字节跳动主要依赖提供广告的方式获得营业收入，因此依托流量进行变现的诉求显得更为迫切。根据中信证券的测算，字节跳动的流量与每用户平均收入（ARPU）位居国内互联网行业第一梯队。2019年，字节跳动全球广告的ARPU接近10美元，国内ARPU达到20美元，超越百度，达到Facebook的70%、谷歌的50%，直追海外科技巨头。相比国内流量变现能力，字节跳动的海外流量变现能力仍具有相当大的提升空间。

2019年1月，字节跳动正式推出商业化营销服务品牌"巨量引擎"，旨在整合旗下核心产品营销能力。在巨量引擎推出之前，广告商在字节跳动的产品中投放广告需要单独联系各个产品。巨量引擎的推出，整合了旗下所有产品的广告体系，广告商可以直接通过巨量引擎来统一投放广告，快捷高效。一方面，客户投放广告更为便利，有利于广告曝光，引流到深度转化；另一方面，字节跳动通过巨量引擎整合了旗下的广告体系，统一协调了产品广告变现，进一步提高了流量变现能力。当前，字节跳动依靠Tik Tok已经逐步建立起完整的社交媒体产品矩阵，广告库存充足。2019年，海外地区Tik Tok使用时长超过15亿小时，为Tik Tok广告变现提供了广阔的流量空间。通过图4可以看到，字节跳动在国内广告市场的份额占比从2016年的

3%跃升到了2019年的22%。国内的广告市场份额在短时间内得到了大规模增长，为字节跳动在海外市场的运营提供了成功经验。因此，字节跳动以获取海外巨大流量为目标，坚定地迈向国际化发展道路。

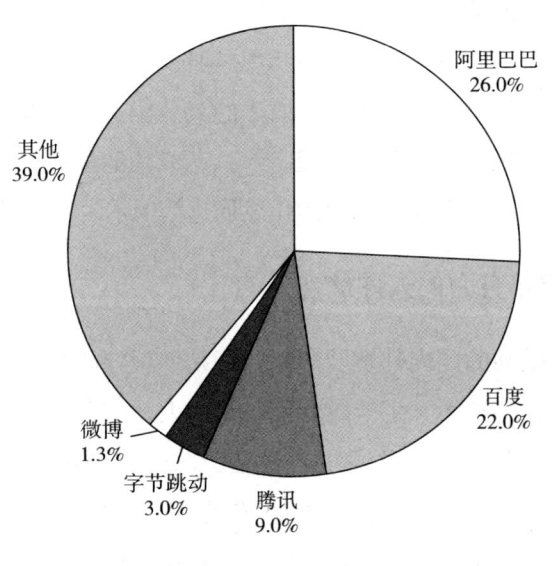

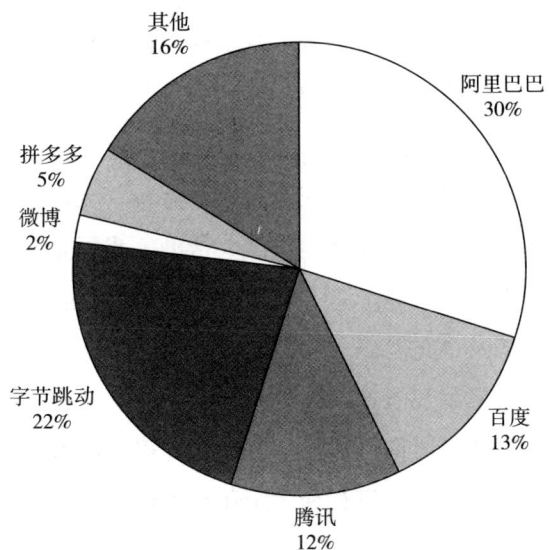

图4 2016年和2019年字节跳动的中国广告市场份额

资料来源：国金证券。

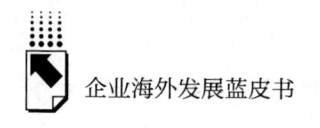

四 发现与启示

作为互联网行业的后起之秀,字节跳动凭借扎实的大数据技术基础和规模庞大的人才储备,实现了用户数量和用户时长的快速增长。同时,字节跳动依托海内外巨大流量,实现了变现效率的节节攀升,企业收入在成立8年内实现了从零到千亿元的突破。梳理字节跳动成功的经验,可以得到一些发现与启示,对我国科技企业深化国际化发展进程具有一定的借鉴意义。

(一)构建强有力的人才储备

无论是字节跳动的国内外发展历程,还是各项核心技术的攻关以及人工智能领域的拓展,都离不开字节跳动强有力的人才储备。公司创立之初,张一鸣和各大互联网公司员工共同组建初始团队,为公司发展奠定了坚实基础;在公司快速发展阶段,通过高薪方式吸引了诸多专业化人才的陆续加入,为公司发展注入了新鲜动力;在公司国际化发展的过程中,将聘请全球高管与聘请当地员工相结合,深化本土化发展策略。目前,字节跳动员工人数接近10万人,单位面积内算法工程师的数量位居全世界最高,构成了这家"独角兽"企业的坚实底色。

企业的发展与国际化,离不开充足的人才储备。无论是管理型人才还是技术型人才,都能够为企业的发展提供巨大帮助。我国企业应当拓宽人才聘用渠道,发现并尊重人才价值,吸引和留住具有独特能力和优势的专业人才。尤其是在国际化发展的历程中,应当积极考虑聘用多元化和全球化人才。与此同时,还要注重在海外公司聘任本土化员工,由于本土化员工更了解当地社会的风土人情与风俗习惯,具备独特优势,能够为公司提供更加适合在当地发展的策略或建议,更有利于企业在当地的发展。

(二)加强技术研发

对于字节跳动这样的高科技企业而言,技术是公司的核心竞争力。字节跳动借助大数据和人工智能为用户提供个性化服务，通过算法和内容聚拢起大量的流量和数据，通过进行精准推荐和精准营销，大幅提升了用户黏性和广告转化率。这些成果都离不开公司对于技术，尤其是人工智能技术持续不断的研发投入。人工智能技术不仅适用于中国市场，也适用于海外市场。与此同时，尽管国内外市场不断有模仿字节跳动的产品出现，但字节跳动的行业地位依旧十分稳固，其中核心就在于字节跳动拥有独特的技术、精准的算法和成熟的推荐机制。在核心技术的推动下，字节跳动发展成为在国内外市场具有核心竞争力和国际影响力的高科技企业。

在企业国际化的过程中，掌握核心技术至关重要。独特的科技是坚实的核心竞争力来源，能够保证企业在国际化的过程中具有辨识度与差异性，为顺利实现国际化打下基础。字节跳动为互联网企业展开持续的研发提供了新思路。长久以来，字节跳动都聚焦于计算机科学的前沿领域，不论是早期张一鸣从事的搜索业务，还是字节跳动集中精力研究的人工智能，都是当时科学研究的前沿。因此，中国企业尤其是高科技企业只有培养对科技的灵敏度，把握科技发展的方向，加强技术研发、更新技术观念，争取站在行业技术发展的前沿，才能掌握行业发展的先机，掌握核心技术。

（三）增强企业变现能力

无论是企业经营还是迈向国际化发展道路，最终目的都是创造利润。字节跳动依托其强大的变现能力为公司创造了源源不断的营业收入，为企业在海外市场的不断探索和开拓提供了充足的资金支持。字节跳动不仅拥有着全球范围内巨大的流量入口，还拥有着行业内超高的变现效率，字节跳动通过产品吸引广告的方式，成功实现了把流量转变为现金流量的目标。

对于国内企业而言，增强变现能力，需要企业探索和创造自身的盈利模式，找到企业发展的利润增长点。企业在国际化的进程中，不能盲目开拓海外市场，要注重开发一套适合企业核心经营业务的海外盈利模式，使海外业务为公司创造利润。与此同时，企业应当积极拓展其他盈利途径，为企业收入的可持续发展提供新思路，从而实现企业价值最大化。在海外经营过程

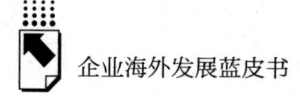

中，企业还应当关注经营风险，合法合规地在海外市场开展业务，适应当地经营环境，与当地政府、员工等利益相关者和谐相处，为可持续地创造利润提供良好的空间。

参考文献

方子洁、米芯漪：《"超级独角兽"字节跳动的非研发创新探秘》，《企业改革与管理》2019年第9期。

郭全中：《短视频的发展、本质及变现方式研究》，《南方传媒研究》2018年第6期。

李凌：《字节跳动BAT的重度异见者》，《经理人》2020年第6期。

卫丽红：《张一鸣：裂变无声》，《互联网经济》2018年第5期。

王润珏、王夕冉：《中国社交媒体的国际化探索与可持续发展——从抖音海外版TikTok谈起》，《对外传播》2019年第10期。

杨幸、侯雪：《字节跳动是如何成为全球最有价值的独角兽企业的》，《科技中国》2019年第9期。

邹奕萍：《张一鸣：内容生态全局的把控者》，《通信信息报》2018年11月28日，第A16版。

左雨晴：《字节跳动：为移动互联网而生》，《新产经》2020年第3期。

粥左罗：《张一鸣：立乎其大，延迟满足》，《企业研究》2018年第3期。

B.16 爱奇艺的国际化发展

白雨石 刘思义*

摘 要： 爱奇艺是一家创新型在线娱乐服务公司，并已成功于纳斯达克上市。本报告以爱奇艺为研究对象，对其国际化发展历程以及发展现状特征进行阐述，重点分析了爱奇艺国际化发展的思路，以及国际化发展至今的关键因素，并在此基础上得出中国企业尤其是国内在线娱乐服务企业国际化发展的一些启示。研究认为，内容与技术同步输出并将视野着眼于东南亚地区是当下爱奇艺国际化发展的思路，而正是优质的原创作品、在行业中占据的技术优势和用户较高的忠诚度这三大关键要素的发挥，促使爱奇艺在国际化发展道路上前进，其以优质作品塑造品牌、注重技术创新以及提升用户忠诚度等做法为国内企业提供参考。

关键词： 爱奇艺 原创作品 中国企业

一 公司概况

（一）爱奇艺简介

奇艺网于2010年4月成立，并于2011年11月更名为爱奇艺。作为中

---

* 白雨石，对外经济贸易大学国际商学院，主要研究方向为内部控制与公司财务；刘思义，管理学博士，对外经济贸易大学国际商学院讲师，主要研究方向为内部控制与公司财务、审计与公司治理、资本市场会计问题。

国互联网视频流媒体服务商,爱奇艺是中国领先的创新型在线娱乐服务公司。在公司发展过程中,爱奇艺坚持"悦享品质"的公司理念,以"用户体验"为公司愿景,通过持续不断的技术投入、产品创新,为用户提供清晰、流畅、界面友好的观影体验。2013年5月7日,百度收购PPS视频业务并与爱奇艺进行合并,爱奇艺成为百度公司旗下平台,由此获得百度提供的诸多技术、流量支持。2018年,爱奇艺在纳斯达克上市,正式迈向国际资本市场。表1列示了爱奇艺主要子公司。截至2019年底,爱奇艺在中国大陆、中国香港、英属维尔京群岛以及开曼群岛设有多家子公司及可变利益实体。

表1 爱奇艺主要子公司一览

公司名称	公司注册地	成立/收购时间	持有比例(%)
北京奇艺世纪科技有限公司	中国	2010年3月	100
重庆奇艺天下科技有限公司	中国	2010年11月	100
Qiyi.com HK Limited("QIYI HK")	中国香港	2011年4月	100
iQIYI Film Group Limited	开曼群岛	2017年5月	100
iQIYI Media Limited	开曼群岛	2017年5月	100
爱奇艺电影集团香港有限公司	中国香港	2017年6月	100
北京爱奇艺新媒体科技有限公司	中国	2017年7月	100
Skymoons Inc.	开曼群岛	2018年7月	100
Magic Prime Group Limited	英属维尔京群岛	2018年7月	80
Special(Hong Kong)Co.,Ltd.	中国香港	2018年7月	80

资料来源:2019年爱奇艺公司年报。

爱奇艺是中国领先的创新型在线娱乐服务公司,也是当下互联网视频流媒体服务商行业的代表。平台拥众多流行的原创内容,以及制作内容和用户生成内容综合库。通过策划优质内容,爱奇艺吸引了大量用户群,取得了较高的用户参与度与忠诚度,为公司带来了可观的收入。图1为爱奇艺2018~2019年部分用户数据。可以看到,2018与2019年度,爱奇艺单个用户每日在移动应用程序上观看视频内容的时间约为1.6小时,反映出爱奇艺用户数和观看量的稳定性。2019年，爱奇艺平均移动月活跃用户和日活跃用户为4.76亿人和1.40亿人，相较于2018年的4.54亿人和1.35亿人有了明显上升。活跃用户数量的上涨是爱奇艺在不断扩张和发展的具体体现。

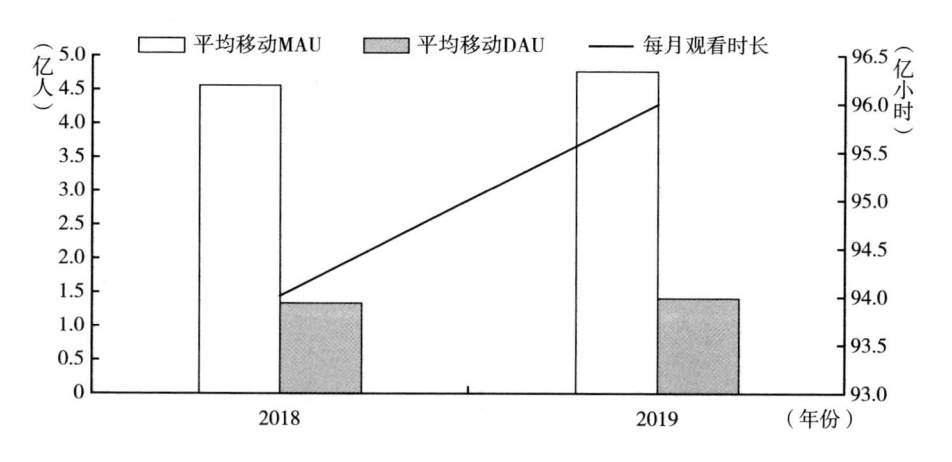

图1 2018~2019年爱奇艺部分用户数据

资料来源：2018~2019年爱奇艺公司年报。

目前，爱奇艺已制作了一系列国内知名原创内容，包括《盗墓笔记》《老九门》《无证之罪》《延禧攻略》等，并荣获多项奖项。其中，《盗墓笔记》于2015年上映，是中国首部高预算原创网剧系列之一。与此同时，爱奇艺还首创并制作了一系列颇受欢迎的网络综艺节目，包括《中国新说唱》《偶像练习生》《乐队的夏天》《奇葩说》。其中，《中国新说唱》第二季上线24小时总播放量就突破3亿，创造了国内网络综艺单集播放量排行榜的新历史；《偶像练习生》总播放量达到28亿；《乐队的夏天》在猫眼全网历史最高热度指数达到了9058.23；《奇葩说》截至2019年底已播出六季。这些备受欢迎的原创内容和网络综艺，帮助爱奇艺在国内互联网视频流媒体中确立了领先的行业地位。

为抓住中国在线娱乐业快速增长所带来的多种机遇，爱奇艺开发了一种多元化的货币化模式，即通过会员服务、在线广告服务和一系列其他货币化方法创造收入。在会员服务方面，爱奇艺开创了大规模付费内容订阅业务。广告商方面，爱奇艺通过广泛和稳定的用户范围，以及创新和有效的广告产品吸引广告商。图2为2017~2019年爱奇艺收入情况。可以看到，2019年爱奇艺总收入为289.94亿元，其中会员服务收入总额为144.36亿元，在线广告服务收入总额为82.71亿元，内容分销收入总额为25.44亿元，其余收入为37.43亿元。爱奇艺近年收入不断增长，处于持续发展的良好成长阶段。

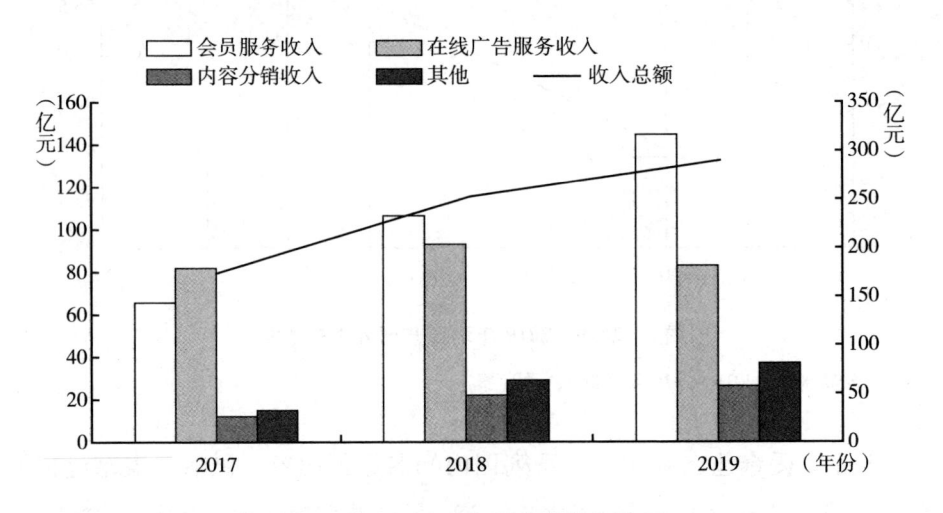

图2 2017~2019年爱奇艺收入情况

资料来源：2017~2019年爱奇艺公司年报。

（二）爱奇艺国内外发展历程

1. 国内发展历程

表2为爱奇艺公司国内发展大事件时间线。可以看到，爱奇艺为迅速扩大公司业务和产品覆盖范围，进行了一系列收购并购，并与行业内竞争对手展开合作，实现共同发展。与此同时，爱奇艺通过提高产品服务质量，获得了大批用户群，用户量、会员量和播放量位居国内前列。在此基础上，通过会员业务和广告业务获得的营业收入，为企业进一步发展提供资金支持。目前，爱奇艺与众多高校开展战略合作，进行人才储备，并承接了多项国内重

大晚会的直播任务,具有一定的行业地位。通过在美国纳斯达克上市,正式迈入国际资本市场。为了实现平台多元化和综合化的目标,爱奇艺逐步上线多款产品,以丰富企业结构和产品结构,系统优化企业发展体系。

表2 爱奇艺国内发展大事件时间线

年份	发展大事件
2010	4月奇艺正式上线
2011	5月奇艺推出会员专区和App专区;7月奇艺PC客户端奇艺影音正式上线;11月更名为爱奇艺
2012	4月爱奇艺、搜狐视频、腾讯视频三大视频平台首推"视频内容合作组织"
2013	5月百度宣布以3.7亿美元收购PPS视频业务,并将PPS视频业务与爱奇艺进行合并,作为爱奇艺的子品牌运营;7月大数据落地,爱奇艺视频推全个性化首页播;9月爱奇艺移动端推个性化首页,专注个人视频兴趣挖掘
2014	4月爱奇艺工作室战略启动,马东、刘春、高晓松三大工作室亮相;7月爱奇艺PPS占据日用户、月用户和月时长继续稳居冠军
2015	2月爱奇艺与中科大达成视频深度学习战略合作,全球独家直播2015央视羊年春晚;4月爱奇艺商城正式上线;6月爱奇艺VIP会员数超500万;6月爱奇艺与京东6·18独家合作开放云平台深化视频电商布局
2016	2月百度宣布公司董事会接到公司董事长兼CEO李彦宏和爱奇艺CEO龚宇初步达成非约束性收购提议,计划收爱奇艺100%的股份,该交易为爱奇艺估值28亿美元;7月百度董事长兼首席执行官李彦宏和爱奇艺首席执行官龚宇代表买方财团致信百度董事会,宣布撤回2016年2月提出的爱奇艺私有化要约
2017	2月百度宣布旗下控股子公司爱奇艺完成一笔15.3亿美元可转债认购,其中百度认购3亿美元
2018	3月爱奇艺在美国纳斯达克挂牌上市,股票代码:IQ;4月爱奇艺与京东集团(京东)正式达成在线娱乐与电商网站会员权益互通的独家战略合作;7月爱奇艺正式宣布已经完成收购Skymoons和成都天象互动数字娱乐有限公司的100%股权;9月爱奇艺发布声明,宣布正式关闭显示全站前台播放量,以综合用户讨论度、互动量、多维度播放类指标的内容热度,代替原有播放量显示

资料来源:爱奇艺官方网站公告。

表3列示了爱奇艺上线的主要产品。可以看到,爱奇艺为了创建多元化和综合化的平台,陆续推出了覆盖范围广泛的一系列产品。目前,爱奇艺产品涉及视频、儿童、影视剧、远程会议、网络直播、体育赛事、电子书、知

识学习等一系列细分领域，涵盖了日常生活经常使用的App类型。通过覆盖范围广泛的产品和合理的盈利模式，爱奇艺获得了稳定的用户量和流量，营业收入稳中有进，在国内的发展取得了一定成果，具备了一定的行业竞争力和影响力，为其探索海外市场、进行国际化发展奠定了基础。

表3 爱奇艺上线产品一览

年份	上线产品
2010	"奇艺"——视频网站，并推出App
2012	"银河奇异果TV"——互联网电视应用
2014	"奇巴布"——儿童应用
2015	"爱奇艺商城"——影视剧周边网站
2016	"爱奇艺VR"；"爱奇艺纳豆"——影视剧短视频App；"奇秀"——小视频直播交友平台；"奇聚会议"——远程会议App
2017	"爱奇艺播播机"——直播App；"爱奇艺奇遇4KVR一体机"
2018	"爱奇艺体育"——体育直播App；"姜饼"——短视频App；"爱奇艺电视果"及配套App——AI投屏智能硬件；"爱奇艺泡泡"——粉丝社区；"爱奇艺阅读"——电子书；"叭嗒"——二次元互动娱乐平台；"爱奇艺票务"——票务平台
2019	"好多视频"短视频App；"爱奇艺知识"知识学习平台；"爱奇艺友趣"小游戏社交App；"爱奇艺随刻"原创VLOG平台；"饭饭星球"粉丝电商平台；"有饼"求知求学社区App；"Verb智能耳机"及配套App"iQIYI Smart"

资料来源：天风证券研究所。

2. 国外发展历程

（1）积极与海外高科技公司实现技术合作

爱奇艺在视频系统升级领域与英特尔公司形成联盟。2015年，爱奇艺与美国英特尔公司达成战略联盟，研发高效视频服务系统。在当时大环境下，英特尔全新开发的套件可以助力实时视频通信的全面升级。这项合作的达成不仅帮助爱奇艺实现系统升级，也帮助其在社交服务领域有所突破，以最短的时间和最少的研发投资解决在视频聊天环节所面临的问题。

爱奇艺在数字娱乐方面与NVDIA公司达成合作。2015年，爱奇艺与美国NVIDIA公司宣布建立视频深度学习联合实验，并于2016年达成战略合作关系，携手向中国市场推出家庭娱乐终端 SHIELD。这是一次双赢互补的合作，两家公司在游戏和娱乐方面具有较强优势，致力于为中国用户带来更多更好的数字娱乐消费体验。

（2）大力推进优质内容"引进来"和"走出去"

2015 年 10 月，爱奇艺与英国媒体 BBC-Worldwide 达成深度战略合作，获得了 BBC 地球频道新节目的独家版权。该合作使爱奇艺获得 BBC 地球频道未来 3 年所有新节目的独家版权，意味着爱奇艺 VIP 会员将有权利在线收看 BBC 地球频道总时长超过 1000 小时的节目。这是爱奇艺走向国际化道路，推进优质内容"引进来"的重要表现。在这项合作中，爱奇艺 VIP 会员不仅可以观看 BBC-Earth 频道的最新内容，还可以观看一系列经典节目，包括《丛林王纪实》系列、《自然最奇怪的事迹》系列、《非凡的动物》系列等以及一系列纪录片，涉及教育、人文、科技、历史、文化等方面。这项合作为更多中国用户接触国际级别的电视节目提供了一个渠道，也为中国进一步引进此类电视节目提供了契机。爱奇艺在 2019 年也引进了一批海外优秀作品，其中包括印度热门电影《无痛侠》，在中国大陆地区以付费分账模式同步上线爱奇艺，还包括全球发行的中外合拍片《三重威胁之跨国大营救》，以同样方式上线爱奇艺并与国内院线同步上映。这些节目是爱奇艺国际化发展的部分体现。

与此同时，爱奇艺将自制作品推向国际，大力推进优质内容"走出去"。与 BBC 的合作不仅引进了国外电视节目，爱奇艺也将自制大型时尚综艺节目《爱上超模》第二季推向国际视野。与第一季的显著区别在于，《爱上超模》第二季无论是在服装设计还是环境背景，处处展现英国文化，促进了英国观众对节目的喜爱。节目以中英音混语、全英文字幕方式与英国观众见面，是当时唯一在中英两国同步播出的综艺节目，为中国综艺的国际化发展提供一个良好的发展方向。

（3）加强海外市场本土化运营

2019 年 6 月，爱奇艺正式推出服务全球用户的产品 iQIYI App。截至 2019 年底，爱奇艺国际版 App 支持六种语言，可以从全球主要的 iOS 和

Android 应用程序商店下载。爱奇艺通过 iQIYI App 提供全球化运营支持，同时在海外部署多套数据中心和内容分发网络。通过深度机器学习智能匹配不同市场环境，保证高质量播放体验。爱奇艺与当地合作伙伴积极展开合作推广应用程序，扩大用户群。2019 年 11 月，爱奇艺宣布与马来西亚第一媒体品牌 Astro 达成战略合作，Astro 成为爱奇艺娱乐服务海外首位国际应用合作伙伴。合作达成后，爱奇艺将在其国际版 App 全球化运营的基础上，与 Astro 结合马来西亚地区的市场环境和用户需求，展开更多匹配当地的本土化运营与营销活动。马来西亚用户可直接使用 Astro 账户登录 iQIYI App，也可通过邮箱或 Facebook、Google 账户注册新账号享受爱奇艺娱乐服务。这是爱奇艺积极结合本地化运营，传播中国作品的良好体现。除了与马来西亚东南亚的深度合作之外，全球用户也可通过 App Store、Google Play 等主要的 iOS 和 Android 应用商店下载使用爱奇艺国际服务。

（三）爱奇艺国际化发展现状

2018 年 3 月，爱奇艺正式在美国纳斯达克挂牌上市，发行股票代码为 IQ。爱奇艺 IPO 定价为 18 美元/股，按照此前计划发行 1.25 亿股 ADS 计算，爱奇艺共计融资 22.5 亿美元，远远超出计划募资 15 亿美元。截至 2019 年底，爱奇艺已成功进入 14 个国家和地区。这是爱奇艺正在进行的国际化尝试和国际化进程的重大进步，也是爱奇艺将本土化与各个不同背景的国家和地区结合的初步试探。

目前，爱奇艺与多个海外知名平台媒体合作洽谈。其中包括 Netflix 和 Film Nation 等大型国际媒体公司。Netflix 是一家美国互联网随选流媒体公司，在美国、加拿大等市场提供互联网随选流媒体播放、定制 DVD、蓝光光碟在线出租等业务。2016 年，Netflix 公司 CEO 里德·哈斯廷斯表示希望在中国市场推出其流媒体视频服务，并与中国监管部门取得了重大谈判进展。但受制于严格的数据存储法规，以及监管部门对国外内容的审查，Netflix 迟迟未能进入中国市场。2017 年 4 月，通过爱奇艺的积极磋商和协调，最终 Netflix 与爱奇艺签订了中国地区首个内容授权协议。这项协议签订的成功意味着中国地区用户可以在爱奇艺上观看部分 Netflix 平台原创内容，是爱奇艺在国际化的道路上正式与国际行业龙头达成合作的开端。与此同时，爱奇艺优质内容通过 Netflix 平台进行海外发行，《河神》《无证之罪》是典型代表。目前，《河神》在海外多个国家地区的播放权归 Netflix 所有。《无证之罪》在东南亚地区的流媒体播放权归 Netflix 所有。截至 2019 年 5 月，爱奇艺与 Netflix 公司的合作已经中止，但此次合作帮助爱奇艺打开了国际化增长空间，也是爱奇艺打入国际市场的初期探索。

2018 年 5 月，爱奇艺宣布与美国知名独立制片发行公司 Film Nation 达成独家合作。Film Nation 自 2008 年创立以来专注于发行、投资与制作独立电影，是美国独立电影界的领头者之一。其参与的影片品质与商业性并重，不仅在戛纳及奥斯卡等重要奖项上多有斩获，而且其影片经由亚马逊、索尼、派拉蒙等公司发行也获得了较大商业成功。这是 Film Nation 首次与中国公司达成此类合作，意味着爱奇艺将优先获得 Film Nation 制作或代理影片在中国大陆的独家线上版权。同时，爱奇艺也将拥有众多耳熟能详的影片在中国地区的优先获取权，包括《蓝色茉莉》《房间》《大病》《降临》等。此外，爱奇艺也获得了 Film Nation 许多即将推出的影片的优先获取权，包括《痛苦与荣耀》《接球手间谍》《纽约的一个雨天》等。

二 爱奇艺国际化发展思路分析

（一）内容与技术同步输出

1. 自制内容输出海外市场

随着科技发展、交通便利，沟通时间缩短，互联网已成为文化输出的重要路径。互联网的繁荣发展促进了各国文化交流，但也导致用户审美疲劳，对娱乐类型和内容的要求越来越高，许多作品已经无法满足用户的普遍诉求。因此，爱奇艺通过构建自制体系、提供差异化的节目类型和不断更新的娱乐内容，顺利进入国际市场。

创作高度流行的原创内容是爱奇艺平台优势之一。近年来，爱奇艺原创网剧在国际上享有一定的知名度，引起了各国人民的关注，这不仅是爱奇艺品牌大量投入的证明，也是中国文化受到广泛关注的表现。其中，《河神》和《无证之罪》是首批成功出海的网剧代表均属于符合当下流行题材的网剧。《河神》的特点在于充满了许多民间元素，将科学和江湖放在一起，透过一系列怪力乱神的事件揭露真相，剪辑充满趣味，场景设置别具一格，剧情扣人心弦，吸引了国内国外众多观众的追捧。同样，《无证之罪》在早期宣传中提出对标美剧的目标，整个剧集长度适中，剧情紧凑，将网剧质量提升至了电影品质呈现给观众，受到广泛好评，被广大国内国外观众评为"一部12小时的超长电影"。《河神》与《无证之罪》能够成功走向海外观众市场，一方面是结合当下潮流，另一方面也是由于其体量比较小，画风贴近美剧，更容易被海外的用户所接受。

爱奇艺在国际化发展的过程中，将中国元素融入作品，将作品推向世界。《河神》和《无证之罪》就是富有中国元素的原创作品。中国网剧之所以可以走出国门，成功迈向国际市场，和自身优质品质有关。上述知名影视作品从不同角度体现中国文化，在内容产品走出国门的同时，改变了此前观众对网剧粗糙低质的刻板印象，网剧内容和质量正在被全球观众认可。爱奇艺2019年度独播剧《延禧攻略》也充分吸引了海内外观众的视线。海外不少媒体纷纷购买《延禧攻略》海外播出版权。《延禧攻略》在海内外相继成为热播节目，为爱奇艺提供了一个新的原创方向——古装元素励志剧。在剧集制作精良的基础上，古装作品能够展现出中国文化的独特性，精美的服装设计、细心研究的饰品以及丰富的朝代背景，吸引了海外观众的视线，满足了海外观众对于中国千年历史与文化的好奇心。

2. 技术随内容同步输出

近年来，国内在线视频平台发展迅猛，涌现出大量优秀作品，丰富了国内在线视频市场，部分优秀作品也走出国门。但是进入海外市场的作品普遍仅表现出短期影响力，并没有对整体格局产生较大影响。关键原因在于这些作品或者内容发行到海外需要寻找当地渠道，否则很有可能面临与当地文化等方面的不适配,除此之外还可能受到当地政策、经济等影响。在这样的国际化发展困境下,爱奇艺通过将技术与内容共同输出,探索国际化发展道路。与大部分平台侧重内容不同,爱奇艺着重强调其技术产品和内容中的系统能力在国际化发展中的重要作用。

爱奇艺的国际化发展强调创新技术的应用,这是爱奇艺迈向国际市场的核心竞争力。互联网无线技术、存储技术、大数据运算技术等相关技术都在助力全球内容的交流与传播。爱奇艺通过自身的研发成果、数据存储和运算能力,为全球用户提供优质娱乐服务。自制体系的构建以及完善都离不开技术的支持,爱奇艺在成立之初受到百度系的技术之后,后续通过持续不断的技术研发,为企业发展注入了创新能力。2019年,爱奇艺向全球用户提供了支持中文、英语、马来语、泰语、印尼语、越南语多种语言和智能搜索的iQIYI App。爱奇艺通过中台系统为 iQIYI App 提供全球化运营支持,同时在海外部署多套数据中心和内容分发网络,运用深度机器学习智能匹配不同市场环境,保证高质量播放体验。除了保证自身良好运营之外,爱奇艺也与许多合作伙伴进行技术上的交流,包括媒体资源库管理和内容智能生产、分发、运营方面,为全球用户提供更加优质的体验。在海外运营方面,爱奇艺积极和本土团队合作,进行本土化合作模式的创新,共性中保留个性,保证高效运营。

(二)国际化发展着眼于东南亚地区

大部分国家或地区在互联网媒体方面的发展过程是先经历 PC 端的发展磨合,再慢慢步入移动时代,然而东南亚地区几乎没有经历 PC 时代,一下子就迈入了移动互联网时代。这说明东南亚地区的用户更加依赖于移动端,为爱奇艺在东南亚的发展提供了契机。根据谷歌和淡马锡发布的《2019 东南亚互联网经济报告》,视频 App 在占据东南亚人民网络时间的分类中位列第二。与 2016 年相比,2019 年视频 App 占用户上网的时间增长了一倍。这意味着视频 App 已经成为东南亚互联网用户娱乐活动以外的首选。另外,马来西亚有近 3300 万人口,互联网人口从 2015 年的 2100

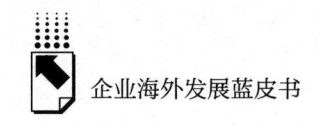

万人增长到 2019 年的 2600 万人。因此，爱奇艺将国际化发展立足于东南亚地区，迎合了当地发展趋势，更有助于扩展业务，为移动端的推广提供了优势条件。

Astro 是马来西亚在电视、OTT、广播等数字媒体领域领先的平台，提供的娱乐内容覆盖了马来西亚 570 万家庭，约占该国总数的 75%，且具备较为领先的营销服务和媒体能力。Astro GO 是马来西亚最受欢迎的付费 OTT 视频服务，这一点是爱奇艺与 Astro 合作的重要原因。爱奇艺与 Astro 的合作可以说是全方位的：爱奇艺通过技术平台向马来西亚分发视频内容，而 Astro 则凭借强大的营销网络为爱奇艺的内容进行货币化。2017 年，爱奇艺在 Astro 推出了品牌频道，自制的《破冰行动》《中国新说唱》《奇葩说》等众多原创内容成为马来西亚的收视热点。为促进与 Astro 合作的顺利进行，爱奇艺通过授权 Astro 用户可以直接使用其账户登录 iQIYI App，并向这些用户赠送 iQIYI App 两个月的 VIP 服务，实现了吸引海外用户打开国际市场的目标。爱奇艺也向 Astro 提供技术产品和中台运营系统，便于内容精准地向用户推荐和搜索，以及提供一些定制化服务。爱奇艺在提高全球服务能力的基础上，探索不同市场的个性化运营模式。

三 爱奇艺国际化关键因素分析

（一）原创驱动品牌发展

2019 年，爱奇艺自制内容投入增长幅度超过 100%，数量增加达到 70%，仅第一季度，爱奇艺新剧就占到全网的 57%。表 4 列示了爱奇艺 2019 年上线的自制综艺节目。其中，被誉为 S + 级的华语青年说唱音乐节目《中国新说唱》已经成功在多个国家和地区发行，并在中国香港 Now TV Now Jelli 紫金国际台、马来西亚 Astro 全佳 HD 台实现同步播出，后续节目登陆了覆盖北美及多国的亚洲内容主流视频平台 Rakuten Viki、新加坡 StarHub 星和视界。《奇葩说》节目伴随爱奇艺国际版 App 出口至马来西亚，也成为当地的收视热点。由此可见，爱奇艺超级网综自制能力受到更广泛的国际市场的认可和喜爱。与此同时，爱奇艺原创剧集的制作成本不断提高，由行业内优秀主创团队参与，保证了原创节目的制作质量。

表4 爱奇艺2019年上线自制综艺节目

节目名称	类型	节目名称	类型
《我是唱作人》	音乐类	《奇葩说》第六季	语言辩论类
《中国新说唱》	说唱类	《做家务的男人》	生活类慢综艺
《国潮合伙人》	潮流竞技节目	《从地球出发》	首档科幻类综艺
《青春有你》第二季	偶像养成	《宝藏般的乡村》	乡村漫游指南综艺
《演员的品格》第二季	表演类	《光阴的旅程》	首档年代体验真人秀
《身体的榜样》	运动健身	《慢游全世界》	旅行类
《限定的记忆》	怀旧体验	《国风美少年》	小众文化表演类
《乐队的夏天》	小众音乐类	《夏日青春漾》	明星团综运动会

资料来源：爱奇艺世界大会。

原创作品通常可以开发为多种类型的产品。优质IP可以从小说拓展到电影、电视剧、游戏、动漫等形式，形成一系列高质量的原创内容。用户一旦被某一种类的内容吸引，就会持续关注其他内容。爱奇艺十分注重IP联动效应，通过将流行的内容标题改编成各种娱乐产品，创建多个渠道，放大了原始IP的受欢迎程度和货币价值。爱奇艺成熟的货币化模式为平台上的高质量内容生产和分发提供了良好的环境，反过来又扩大了其用户基础，增加了用户参与度，形成了良性循环。这样的货币化模式意味着爱奇艺可以根据当红IP发展诸多衍生增值业务，这些业务以IP为基础，不断孵化出新兴的视频作品，丰富上游，继续产生大量IP，与此同时下游的商品、服务、授权等可以继续扩大利益，丰富自身商业价值。爱奇艺的IP制作，不仅要求广度，更要求深度。将IP进行深度挖掘，将内容发挥到极致，使其价值最大化，形成以IP为中心的产业链条。爱奇艺阅读是爱奇艺旗下的电子书产品，将平台上受到欢迎的小说影视化，改编成动漫、电影、电视剧或游

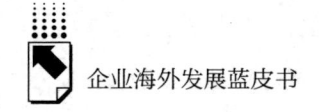

戏，形成一个良好的生态链条。爱奇艺充分利用综合平台这一优势，努力构建生态闭环，有利于IP的整体迈向国际化发展。

（二）以技术优势促进市场增量

爱奇艺坚持实施将创新与技术相结合的发展战略，旨在不断创新以制作高质量的产品和内容。爱奇艺凭借较为领先的技术平台，在在线娱乐行业位于前列，以先进的人工智能、大数据分析和其他核心专有技术为动力，在国际化发展的过程中拥有众多的技术优势。爱奇艺拥有其自主研发的DRM系统，即数字版权管理系统。爱奇艺的DRM系统获中国权威广播影视数字版权组织ChinaDRM实验室的认证，成为中国首个获得此认证的互联网视频平台。与此同格式，ChinaDRM技术标准和方案已获得好莱坞六大电影公司、好莱坞MovieLabs、美国电影协会的认可，说明爱奇艺自主研发的DRM系统拥有国际水准。这是爱奇艺相较于同行业公司迈向国际化道路的优势所在。

通常情况下，版权受到损害一般是在制作、传递、送审等环节遭到泄露，从而使片源扩散损害公司利益。早在20世纪80年代，好莱坞就重视对自己IP的保护，加强了版权保护意识，对DRM系统进行投资。图3列示了爱奇艺DRM系统发展时间节点。可以看到，爱奇艺积极与国际领先的DRM厂商建立合作，对标国际水准，努力打造国际一流水平的DRM系统。国际高水平的DRM系统，在爱奇艺国际化发展阶段对爱奇艺海外版权的保护也颇有助益，助力爱奇艺达到成功迈向国际市场的战略目标。

表5为爱奇艺基于AI研发的关键系统，其中爱创媒资技术，帮助爱奇艺节省了大量的人力和时间。在《青春有你》节目中，爱奇艺的合版工作需要40个机位的素材以及5位员工12小时的合版，利用AI则只需1小时即可完成合版。同时，AI技术也可以对作品进行语音识别，自动生成字幕。在制作时对某个人物的表情特写，运用人脸识别技术、表情识别技术以及景别识别技术就可以完成。爱奇艺AI技术的应用不仅节省了制作时间，提高了创作效率，更是帮助爱奇艺抢占了市场先机。AI技术的应用也可以智能识别出长视频中的一些精彩部分，并推送给用户，吸引用户关注。除了

爱奇艺开始对DRM技术进行战略布局，并开始自主研发DRM系统
2013年

爱奇艺成为ChinaDRM的成员单位
2017年

2016年
经中国国家新闻出版广电总局科技司批准，ChinaDRM实验室正式成立

图3　爱奇艺 DRM 系统发展时间节点

资料来源：爱奇艺官方网站。

AIWorks 智能制作的系统，爱奇艺还打造了 ZoomAI 视频增强系统，帮助修复经典剧集。2018 年，爱奇艺利用 ZoomAI 参与了"国剧修复"工程，修复了《大宅门》《士兵突击》《四世同堂》等十几部观众耳熟能详并广受喜爱的优秀国产剧。利用 ZoomAI 技术能够大大节省修复时间，一部 1 小时的影片，利用人工智能修复只需要 5 小时，与手工逐帧修复相比，效率提高了500 倍。爱奇艺 AI 技术的应用为爱奇艺生产制作提供了便利条件，帮助其在国际市场中取得领先的行业地位。

表5　爱奇艺基于 AI 研发的关键系统

名称	介绍
爱创媒资	基于 AI 用于后期制作的辅助系统，可以帮助爱奇艺工作人员快速地从海量的素材中找到想要的画面素材，同时具有语音识别功能
AIWorks	基于 AI 的智能创作平台。通过 AI 对大量视频进行分析、理解和标注，借助 AIWorks 所提供的模板，可以自助生成短视频，提供给产品矩阵进行分发，同时方便二次创作
ZoomAI	基于 AI 的智能工具集，包含去锐化、色彩增强、去除划痕等功能

资料来源：爱奇艺官方网站。

爱奇艺运用 AI 技术实施对广告的精准投放。由于中国和东南亚地区的文化背景以及用户种类不尽相同，AI 可以通过对视频类型展开分析，匹配出适合投放广告的场景,提高了广告投放的精准度,增强了广告投放效果,达到了吸引海内外广告主的目的。爱奇艺运用AI技术投放广告的一个最好体现就是"创可贴广告"。通过AI系统的识别,根据出现的台词、行为或者明星等因素,自动投放广告,既像一条实时弹幕,又达到了广告传播的效果。"创可贴广告"的优势在于可以根据不同用户进行广告定制,在面向国际用户时可以根据当地用户情况精准推广。AI系统提升了用户的观看品质。除了广告以外,爱奇艺在面向国际用户获取用户数据后,通过AI算法将用户的行为喜好与娱乐相连接,进行智能匹配。与此同时,根据国际用户的数据针对不同用户的兴趣生成个性海报,使用户关注到自己想要了解的内容,提高了平台的点击率。即使在文化差异很大的国际市场中,爱奇艺也可以通过AI技术为国际用户提供定制服务。

爱奇艺构建了以科技为支撑的运营体系。与传统制作和播出分离不同的是,爱奇艺通过自身体系的搭建,实现了制作和播出的统一。爱奇艺多年的经营使其本身拥有强大的用户群,大量的用户数据便于获取更为良好的资源。自制体系搭建完成可以减少各个环节所带来的成本,以更低的价格完成同质量的作品,占据市场优势。爱奇艺通过不断提供原创优质作品,以保证用户的黏性,自制内容的成功推广无疑是提升了品牌影响力,自制体系的构建可以保证稳定用户群,形成良性循环。这一系列循环来自爱奇艺背后先进的技术支持和逐步完善的体系,是引领企业继续加深国际化脚步的关键条件。

(三)稳固忠诚用户

爱奇艺通过多年发展已经积累了诸多忠实用户,拥有较高的用户参与度。爱奇艺正是以巨大的用户数量,开发了多元化的盈利模式,包括会员服务、在线广告服务、内容分发、网络游戏、直播、IP授权、网络文学、人才代理、电子商务等一系列服务。爱奇艺充分开发原创作品,为大型IP提供更为广阔的平台,同时用科技赋能,让企业更好发展,稳固忠诚使用者。爱奇艺公司也在深刻开发会员的权益,通过率先推出"会员看全集"等多种模式，获得了营业收入的提升。爱奇艺率先代表行业突破了历史上会员数据的原有高度。截至2019年底，爱奇艺会员规模突破1亿，中国视频付费市场正式进入"亿级"会员时代。爱奇艺原有依靠广告增加收入的模式被打破，进入了依靠会员发展的时代。

图4为爱奇艺2018～2019年各季度收入结构变化情况。从爱奇艺营业收入占比看，爱奇艺营收的增长主要来自于会员业务和广告收入的增长。其中，从近年发展来看，会员规模的增长与会员服务的提升是主要的基础，也是爱奇艺这类企业重点关注的方向。表6为爱奇艺2017～2019年营业收入、会员服务收入和会员人数的基本情况。从整体上来看，爱奇艺会员数量有明显的上升，说明爱奇艺对于稳固用户方面颇有成效。爱奇艺在国际化的路上，对海外用户的吸引和巩固是必不可少的。目前，爱奇艺的国际化尝试已经进入了14个国家和地区。在进入不同国家和地区的过程中必然面临许多问题，如何吸引更多用户成为爱奇艺始终聚焦的重点领域之一。

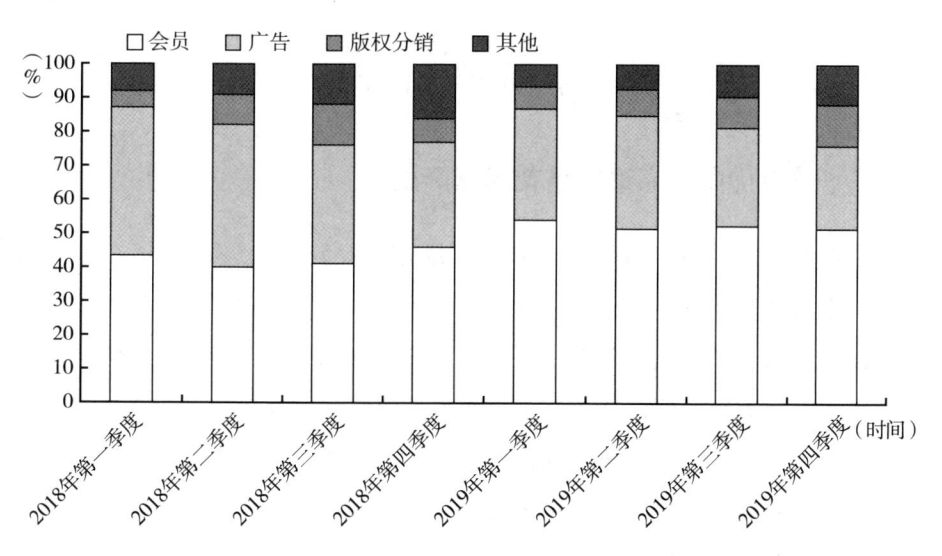

图4 2018～2019年各季度爱奇艺收入结构变化情况

资料来源：2018～2019年爱奇艺季度报告。

表6 2017～2019年爱奇艺营业收入与会员服务情况

年份	营业收入(亿元)	会员服务收入(亿元)	订阅会员人数(百万人)
2017	173.78	65.36	50.8
2018	249.89	106.23	87.4
2019	289.94	144.35	107

资料来源：2017～2019年爱奇艺年度报告。

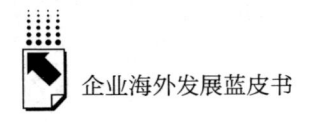

目前，iQIYI App在马来西亚的金牌与钻石会员每月收费折合人民币分别约22元和40元。除此之外，爱奇艺为了方便全球用户的使用，爱奇艺国际版App也支持中文、英语、马来语、泰语、印尼语、越南语多种语言。爱奇艺国际版不只面向海外华人用户，也面向全球用户。在内容方面，爱奇艺结合自身优势，与当地团队共同打造符合当地用户审美和需求并且保有爱奇艺特色的本土化优质内容。同时，爱奇艺在技术落地后的运营过程中也更为强调本土化和个性化。

四 发现与启示

（一）以优质作品塑造品牌国际形象

爱奇艺通过打造自身作品，获得了原创作品红利。爱奇艺正在用"爱奇艺，悦享品质"这一标语打造品牌形象，形成自身独特的IP体系。爱奇艺通过将中国元素注入多种类作品中，使诸多综艺作品具有开创性和吸引力，成为引领潮流的佼佼者，受到大家的广泛关注和喜爱，也为爱奇艺的品牌形象注入了独特的中国传统元素。持续不断地推出优质作品，帮助爱奇艺塑造了品牌的国际形象，推动了爱奇艺的国际化发展。

我国企业在迈向国际化发展道路中，也应该注重塑造自身的品牌形象，坚定不移地开发优质作品。由于各个国家所处政治、经济、文化背景的不同，平台在国内外的发展环境也尤为不同。将中国文化融入作品，不仅可以帮助打开海外市场窗口，也可以帮助企业塑造与国外其他平台显著不同的产品优势和品牌形象。通过提供差异化和多元化的高质量产品，注入与众不同的品牌元素，可以帮助中国企业在国际化发展过程中弘扬中国文化、塑造品牌形象、深化国际化发展。

（二）注重技术创新

为了进一步开拓市场，走向国际化发展，爱奇艺已不是作品的单一输出，而是将技术与内容同步输出。目前爱奇艺已经拥有了数字版权管理系统，即DRM系统，有效地保护了自己的版权。同时爱奇艺的AI技术贯穿了制作、广告投放以及用户等多个维度，为品牌发展提供了良好的动力来源。加上5G技术的快速发展，爱奇艺已和多个运营商达成初步合作并占领市场优势。在爱奇艺成功迈向国际化的过程中，带着技术"出海"赋予了爱奇艺较大的优势，有助于爱奇艺进入行业发展潜力有待进一步挖掘的国家市场。目前，爱奇艺已成功进入东南亚市场，并且与马来西亚的Astro建立良好合作关系。

视频平台在国际市场上取得行业领先地位，仅依靠高质量的内容是不够的。如何让技术跟上时代发展进行持续创新，是企业在国际上进步的先决条件。关键技术的掌握在国际化拓展中占有重要地位。从公司发展的角度来看，拥有行业领先的技术不仅可以让企业先行享受技术红利，还可以帮助企业在成功迈向国际化的过程中得到动力支持。因此，各大平台要积极落实持续创新战略，将科技赋予原创，使技术与原创作品并行，是爱奇艺为其他企业走向国际化提供的良好经验。

（三）提升海外用户忠诚度

爱奇艺在国内市场已经拥有了稳定的用户数量、观看流量和用户忠诚度，为爱奇艺的营业收入和企业发展提供了动力来源。爱奇艺已于2019年成功发布国际版App，并实施了一系列措施以巩固海外的用户数量和忠诚度。通过提供差异化和个性化的产品服务，逐步获得了海外用户的认可和喜

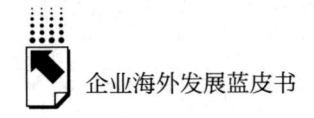

爱，成功迈向国际化市场并取得了一定成果。

无论是爱奇艺还是国内同行业其他企业，国际化进程只是进入初步试探的阶段。国际用户的忠诚度对于企业迈向国际化来说是一个重要条件。根据爱奇艺已有经验来看，企业提高用户忠诚度离不开本土化，满足当地用户的个性化需求，与当地企业积极合作，为当地用户谋福利，从而达到企业巩固并扩大海外用户的战略目标。因此，企业在迈向国际化发展道路之初，应当向海外消费者提供高质量的产品与服务，才能够对客户忠诚度和满意度进行持续积累，实现可持续的国际化发展。

参考文献

储萌：《爱奇艺：原创和科技赋能营销创新》，《中国广告》2020年第2期。

葛田雨、李姿莹：《爱奇艺成长历程探究》，《纳税》2018年第11期。

《爱奇艺龚宇：把握5G发展新红利，开创网络视听新时代》，《电视指南》2019年第24期。

龚宇：《爱奇艺：守正创新 优化新时代网络视听产业环境》，《传媒》2019年第14期。

姜奇平：《科技创新驱动"新娱乐"——爱奇艺九周年印象》，《互联网周刊》2019年第7期。

杨玉洁、王海平、肖红江：《大视频时代的创新与变革》，《影视制作》2015年第11期。

Abstract

Since the Chinese economy entered the new situation, the pressure of transformation and development has put Chinese enterprises to focus more on overseas markets, and the total outward investment has shown a clear upward trend. Enterprises of China are facing a complex international environment when they develop the oversea markets. On the one hand, the deep-seated contradictions of the international financial crisis triggered by economic globalization and the recovery of the world economy have not yet been resolved, which has intensified competition in the global market, making trade protectionism rise in some countries, and the trend of "reverse globalization" surging. So all of these bring many new and thorny issues to the internationalization strategy of Enterprises of China. On the other hand, with the rise of a new round of technology and industrial revolution, the international division of labor system has accelerated and the global value chain has been deeply reshaped, giving new meaning to economic globalization. These have given Chinese enterprises the resources and promotion on a global scale, and provide a rare strategic opportunity to China's enterprises "going out" strategy and promoting international regional economic cooperation. Under the new international situation, in order to accelerate the national economic restructuring and transformation and upgrading strategies, it is more important to seize opportunities, seek advantages and avoid disadvantages, occupy new foreign markets and new resources, and implement the effective overseas strategy of Chinese enterprises.

In 2019, China's foreign trade achieved growth against the trend and the quality showed steady improvement; service trade rose steadily, and the trade structure was further optimized; the flow of foreign direct investment declined slightly, the investment structure continued to be optimized, and cross-border mergers and acquisitions fell sharply. In 2019, the numbers of Chinese companies listed in the *Fortune 500* and *BrandZ Top 100 Global Brands 2019* are both more than last year. For the foreign investment of Chinese listed companies, the flow declined slightly, and the flow of Internet companies' foreign investment also declined slightly. The export of film and television products decreased slightly. Sino-US trade frictions affected Sino-US bilateral trade, and also had a huge impact on Chinese foreign investment. The "third-party market cooperation" has become a joint construction of the "Belt and Road" initiative. It is important to re-examine the investment layout of Chinese enterprises in Southeast Asia. Due to the continuous evolution of the overseas investment promotion system, Beijing has made great progress in overseas investment in recent years. There is a clear trend of diversification of overseas investment methods, investment regions, investment objectives, and investment entities, showing rapid growth, a wide range of regions and fields. Beijing's enterprises play an important leading role in investment in countries along the "Belt and Road", and made remarkable achievements. By systematically analyzing the growth and key influencing factors of typical Beijing companies such as Sinopec, CRRC, ByteDance and iQiyi in overseas markets, it has important guiding value for Chinese companies to explore overseas markets.

Keywords: Overseas Development of Chinese Enterprises; Infernational Trade; The Belt and Road Initiative

Contents

I General Report

B. 1 General Analysis and Evaluation of Chinese Enterprises'
Internationalization in 2019   *Zhang Xinmin, Wang Fenmian* / 001

Abstract: In 2019, due to the weakening of the global economic growth momentum, consumer demand in the international market has gradually declined, and trade protectionism in European and American countries has continued to rise and heat up, further exacerbating the risks of complexity and uncertainty in the global market. However, under the background of many difficulties and challenges, China's foreign trade still achieved growth against the trend. Not only did the scale of foreign trade hit a record high, but the structure of foreign trade was optimized, and the quality of foreign trade showed a steady improvement. The quality of trade has laid a good foundation. In 2019, the overall development of China's service trade has been steadily rising, the trade deficit has shown a significant decline, the trade structure has been further optimized, and the service trade has gradually demonstrated the effects of high-quality development. Affected by the slowdown in global economic growth and intensified trade frictions, global foreign direct investment remained stagnant in 2019. The flow of Chinese foreign direct investment declined slightly, and the structure of foreign investment was further optimized. However, the cross-border mergers and acquisitions of Chinese enterprises have fallen sharply. The industries of cross-border mergers and acquisitions are mainly concentrated in high-tech and high-value-added emerging industries. The Asia-Pacific region has become the region with the most cross-border mergers and acquisitions activities. In addition, countries along the "Belt and Road" have become important markets for Chinese enterprises' FDI.

Keywords: International Trade; International Trade of Service; FDI

Ⅱ Topical Reports

B.2 Evaluation and Analysis of Chinese Enterprises Listed in the "Fortune Global 500 in 2019"　　*Ge Chao, Yang Daoguang* / 042

Abstract: This report makes a quantitative analysis of The Chinese enterprises listed in the world top 500 in 2019 from the three dimensions of regional distribution, industry distribution and ownership structure, and makes a qualitative analysis and summary combining with the typical cases of typical enterprises. Overall, the number and revenue of China's shortlisted companies in 2019 showed a slight increase compared with 2018. From the perspective of geographical distribution, most of the listed enterprises are still from the eastern region, but the number of enterprises from the central and western regions increased compared with the previous year. From the perspective of industry distribution, the top three industries are manufacturing industry, comprehensive industry and financial industry respectively, while the proportion of transportation, warehousing and postal information transmission, software and information technology services in the construction industry is slightly decreased. From the perspective of ownership structure, the proportion of finalists is the largest stateowned enterprises. Based on the specific cases of typical enterprises, this report believes that in the context of the trend of globalization in the future, Chinese enterprises should seize opportunities, keep innovating, keep focusing on the "going out" strategy, and devote themselves to improving the international brand influence of Chinese enterprises.

Keywords: Chinese Enterprises; Fortune Global 500; Industry Structure; Ownership Structure

B. 3 Evaluation and Analysis of Chinese Enterprises in the "Top 100 Most Valuable Global Brands in 2019"

Ge Chao, Yang Daoguang / 076

Abstract: This report analyzes the Chinese enterprises listed in the top 100 most Valuable Global brands in 2019 from the three dimensions of geographical distribution, industry distribution and ownership structure distribution, and analyzes and summarizes the typical cases of typical enterprises. Overall, the number of Chinese companies shortlisted in 2019 increased slightly compared with last year, but the brand value decreased compared with last year. In terms of geographical distribution, except for only one enterprise in the western region, all the other enterprises are from the eastern region. From the perspective of industry distribution, the shortlisted enterprises are mainly from the financial industry, wholesale and retail industry, information transmission, software and information technology service industry and manufacturing industry, and the distribution is relatively balanced. From the perspective of ownership structure, the proportion of finalists is the highest private enterprises. Based on the specific cases of typical enterprises, it is concluded that under the background of the continuous emergence of new technologies and increasingly close global cooperation in the future, Chinese enterprises should have the courage to innovate, adhere to the cooperation between domestic and foreign enterprises, and strive to build enterprises with international brand influence.

Keywords: Chinese Enterprises; Brand Value; Geographical Distribution; Ownership Structure

B. 4 Analysis of Overseas Investment of Chinese Listed Companies in 2019

Chen Shuai, Yang Daoguang / 101

Abstract: Foreign investment is an important part of "going global" strategy for Chinese enterprises. This report makes a quantitative analysis of overseas investment enterprises from five dimensions including investment mode, investment region, regional distribution, industry distribution and ownership structure, and then, we make a qualitative analysis and summary combining with typical enterprises. As a whole, the total amount of overseas investment of Chinese listed companies shows a slight contraction trend in 2019. Firstly, from the perspective of investment mode, foreign investment mode of listed companies mainly focuses on independent investment, M&A and capital increase. Secondly, from the perspective of investment regions, the investment areas still focus on developed countries. Thirdly, from the perspective of geographical distribution, the eastern coastal area is still an important source of foreign investment enterprises, while the foreign investment enterprises from the central and western regions have their overseas investment power. Fourthly, from the perspective of industry distribution, foreign investment is diversified and mainly concentrated in the fields of energy, electricity, construction and infrastructure. Fifthly, from the perspective of ownership structure, the overall strength of foreign investment of state-owned enterprises is stronger than that of private enterprises. Combined with the specific case analysis of typical enterprises, the report suggest that, in order to promote the overseas development of listed companies effectively, government and enterprises should not only actively build a multilateral cooperation mechanism to realize the diversification of overseas investment, but also pay attention to cultivate the core advantages of enterprises and enhance the competitiveness of overseas investment.

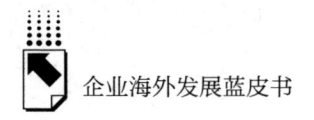

Keywords: Overseas Investment; Investment Layout; The Listed Company

B.5 Analysis of Overseas Investment of Chinese Internet Companies in 2019　　　　　　　　　　　*Qing Chen, Yang Daoguang* / 127

Abstract: This report takes Chinese Internet listed companies in 2019 as the research object, making quantitative analysis of their oversea investments from three dimensions: overall analysis, investment regions analysis and investment modes analysis. According to the results of quantitative analysis, this section also makes qualitative analysis and provides conclusions and suggestions. From the perspective of the overall analysis, the total amount of overseas investment of Chinese Internet listed companies has decreased slightly in 2019. From the perspective of investment regions, the United States, Europe and Southeast Asia occupy the most quota of overseas investment. From the perspective of overseas investment modes, mergers and acquisitions are more popular investment mode for internet companies. At the end of 2019, the oversea investment of Chinese Internet listed companies faced with several challenges, such as the outbreak of the epidemic, the economy of most countries in the world fell into a downturn, the increased risks of political instability and political changes in the target countries and regions. Especially the government of the United States and India issue some policy and take malicious suppression against Chinese Internet companies. Due to these issues, the overseas development strategies of Chinese Internet companies are temporarily blocked. In order to fighting with these challenges, Chinese Internet companies should develop the technical power and strengthen the economic base.

Keywords: Internet Companies; Overseas Investment; Investment Region

B. 6 Analysis of "Going Overseas" of Chinese Film and Television Companies in 2019   *Qing Chen, Yang Daoguang* / 152

Abstract: This report takes Chinese film and television listed companies in 2019 as the research object, making quantitative analysis of their "going oversea" performance from three dimensions: overall analysis, "oversea trading" performance analysis and "oversea investment" performance analysis. According to the results of quantitative analysis, this chapter also makes qualitative analysis and provides conclusions and suggestions. From the perspective of the overall analysis, compared to 2018, the total amount of commodity exports of Chinese film and television listed companies has drop slightly in 2019. From the perspective of "oversea trading" performance, the mainly export commodities are films and TV series, which is relatively more popular in Asia, such as Vietnam, Thailand, Laos etc. From the perspective of "oversea investment" performance, the listed companies of film and television industry prefer to cooperate film and television projects with local companies in target countries. Overall, Chinese listed companies of film and television industry have positive performance in 2019, and also face lots of opportunities and challenges in future. These companies are expected to continuously increasing films exports, expanding overseas markets, and building film and television cultural brands over the world.

Keywords: Film and Television Companies; Oversea Trading; Oversea Investment

Ⅲ Specific Topics

B.7 Research on the Influence of Sino-US Trade Friction on Chinese Enterprises' Overseas Investment and Countermeasures　　　　　　　　　*Jin Ying, Liu Siyi* / 174

Abstract: As a means of strategic containment unilaterally provoked by the US against China's rapid rise, the Sino-US trade friction not only affects bilateral trade, but also has a heavy impact on Chinese enterprises' overseas investment. Based on this, this section firstly analyzes the influence mechanism of the trade friction on the overseas investment of Chinese enterprises on the basis of sorting out the event context of Sino-Us trade friction, and evaluates the specific influence of the trade friction on the overseas investment of Chinese enterprises. To go further, this section also summarizes the status quo of overseas investment of Chinese enterprises. Finally, the section puts forward the overall plan and key layout of Chinese enterprises' overseas investment under the context of Sino-US trade friction. The study is of certain reference significance for Chinese enterprises to continue to execute the "Go Global" strategy, to respond to the "The Belt and Road" initiative, to actively participate in the global value chain competition, and to seek new breakthroughs in overseas markets across trade barriers under the new situation of Sino-US trade friction.

Keywords: Sino-US Trade Friction; Overseas Investment; Global Cross-border

B.8 The New Mode of International Cooperation in the "Third-party Market Cooperation" under the Background of The Belt and Road Initiative *Chen Shuai, Yang Daoguang* / 204

Abstract: The Belt and Road Initiative has been widely supported by the international community in recent years, and has provided new opportunities for economic cooperation and development of all countries. The Belt and Road Initiative is the first important international cooperation mode in China, and the third-party markets cooperation has been written into the government work report for the first time in 2019. This section mainly takes the Belt and Road initiatives, and the new mode of international cooperation in the third-party market cooperation as the research object. On the basis of introducing the back ground of the third-party market cooperation, this paper firstly selects the Typical models of the third-party market cooperation represented by the countries among France, Japan, the United Kingdom and China for special analysis. Secondly, it makes an overview of the development of the third-party market cooperation from four dimensions: partners and platforms, cooperation fields and models, and cooperation development prospects and challenges. Finally, in order to help Chinese enterprises go abroad and push the third-party market cooperation to a higher level, relevant suggestions are put forward from the national level, industry level and enterprise level.

Keywords: The Belt and Road Initiative; The Third-party Market Cooperation; International Cooperation

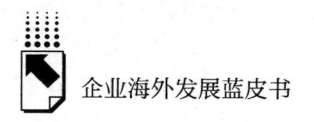

B. 9 The Layout of Chinese Enterprises' Investment in Southeast Asia *Yang Qinghe*, *Liu Siyi* / 221

Abstract: With the periodic adjustment of international economic globalization and the increasing trade friction between China and the United States, Chinese enterprises' investment in Southeast Asia is facing new opportunities and challenges. Therefore, it is of great significance to re-examine the layout of Chinese enterprises' investment in Southeast Asia. This section analyzes the policy background, external environment, current status and problems of Chinese enterprises' investment in Southeast Asia, and put forward corresponding suggestions from the country and enterprise levels. Overall, Southeast Asian countries have rich resources, great market development potential and sound business environment. However, most Southeast Asian countries are at medium to high risk and some lack thorough rules of law and/or mature market system. On average, the scale of Chinese enterprises' investment in Southeast Asia is small and unevenly distributed, but the scale is increasing and the investment is more diversified. Although China has taken plenty of actions to support enterprises to invest in Southeast Asia, bilateral trade and overseas investment insurance system need to be improved, complementary advantages need to be better developed, and cultural exchanges need be strengthened. Meanwhile, enterprises should also conduct in-depth investigation of the investment environment, understand local laws, and strengthen localization tactics.

Keywords: Southeast Asia; Foreign Investment; Investment Layout

IV Regional Reports

B. 10 Research on the Evolution of Beijing's Policy System for Promoting Outbound Investment of Enterprises

Han Zixuan, Yang Daoguang / 259

Abstract: This report is a systematic and comprehensive summary of the evolution of Beijing's policy on promoting outbound investment of enterprises. Firstly, the overall evolution of Beijing's policy on promoting outbound investment is divided into five stages: exploration, initial development, adjustment and improvement, rapid development, and healthy standard development. Secondly, the transformation process of foreign exchange management system, investment approval procedures, financial and insurance policies, guarantee government service system and other specific policies for outbound investment from scratch is discussed. This report analyzes that although Beijing has made significant achievements in the scale of outbound investment, investment regions, and investment industries in recent years, there are still a series of problems in the outbound investment promotion policy system under the new international situation, which to some extent restrict the strategy of Beijing enterprises to "go out". Beijing should further improve the outbound investment promotion policy system in terms of optimizing the investment environment, strengthening international coordination, improving the support system and strengthening supervision.

Keywords: Beijing; Outbound Investment; Institutional Evolution

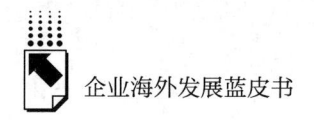

B. 11 Investment Analysis of Central Enterprises in Beijing in Countries along The Belt and Road in 2019

Zhao Wenzhuo, Jin Ying and Liu Siyi / 280

Abstract: As a state-level top-level cooperation initiative, the construction of The Belt and Road Initiative is of far-reaching strategic significance for promoting China to form a new pattern of comprehensive opening up and maintaining the global free trade system and an open world economy. As the "leader" and "main force" in the construction of The Belt and Road, the central enterprises in Beijing play an important leading and demonstration role in the investment of countries along The Belt and Road. This section takes the central enterprises in Beijing as the research object, first analyzes the overall thinking and status quo of investment in countries along The Belt and Road by central enterprises in Beijing, and selects three typical enterprises in the fields of energy, finance and science and technology for case study. Based on the above analysis, this section further studies the risk factors and opportunity factors faced by central enterprises in Beijing when investing in countries along The Belt and Road, and puts forward risk response and institutional safeguard measures at the government level and the central enterprise level. This section is of some reference significance for the central enterprises in Beijing to continue to respond to The Belt and Road initiative and lead Chinese enterprises to implement the "going out" strategy.

Keywords: Central Enterprises in Beijing; The Belt and Road; Overseas Investment

B. 12 Investment Analysis of Beijing Enterprises in Countries along The Belt and Road in 2019

Zhao Wenzhuo, Liu Siyi / 314

Abstract: Beijing is an important window of China's opening to the outside world and an important engine of the construction of The Belt and Road, and

Beijing enterprises have made great achievements in the construction of The Belt and Road by taking advantage of their comparative advantages in scientific and technological innovation, characteristic industries and brand identity. Based on this, this section focuses on Beijing enterprises. Firstly, it summarizes the overall thinking and investment status of Beijing enterprises investing in countries along The Belt and Road, and selects typical Beijing enterprises to analyze their thinking and experience in the process of The Belt and Road investment. Based on the above analysis, this section further analyzes the risk factors and opportunity factors of Beijing enterprises investing in countries along the Belt and Road, and puts forward policy recommendations from both the government and enterprises. This section has certain reference significance for Beijing enterprises to continue to respond to the Belt and Road initiative, actively participate in and lead the construction of the Belt and Road.

Keywords: Beijing Enterprises; The Belt and Road; Overseas Investment

V Case Studies

B.13 Sinopec's Internationalization Development under The Belt and Road Initiative

Guo Tongtong, Liu Siyi / 342

Abstract: This report takes Sinopec as the research object, summarizes its development history at home and abroad as well as the current status of its internationalization development under The Belt and Road. This section focuses on the analysis of Sinopec's internationalization development motivation and the key factors of Sinopec's internationalization under The Belt and Road initiative. On this basis, some findings and inspirations are obtained, and some Suggestions are provided for Chinese enterprises to explore the international market and the road of internationalization development under The Belt and Road initiative. This research believes that The Belt and Road initiative provides a policy guarantee and a good platform for Sinopec's international development; China's important deployment in the field of energy security has promoted Sinopec to accelerate the process of international exploration and development; The systematic optimization of the upstream and downstream industrial chain can help Sinopec significantly improve its international competitiveness, which is one of the important motivations for its international development.

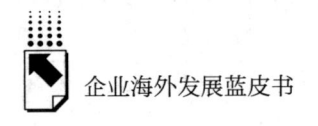

Keywords: Sinopec; The Belt and Road Initiative; Chemical Industry

B.14 CRRC's International Development   *Yu Boyong, Liu Siyi* / 368

Abstract: CRRC is the largest rail transit manufacturing enterprise in the world. It is also China's "golden card" in the international market, and a model for the international development of China's infrastructure industry. This section takes CRRC as the research object, expounds its internationalization development process and current situation, analyzes the motivation of internationalization of CRRC and the key factors of its internationalization success, and provides some suggestions for enterprises to go abroad under the "The Belt and Road" initiative. Research believes that the slowed down of the domestic economic growth, the shrunken market, and the opened up policies, the excellent technological innovation and domestic status have pushed CRRC to expand its overseas market and deepen its international development. Meanwhile, the national level initiative, the leading technical advantages of CRRC, the emphasis on cultural integration and the fulfillment of social responsibility also pave a smooth international path for CRRC. Its positive response to national policy initiatives, continuous implementation of innovation strategy, promoting overseas cultural integration and actively fulfilling overseas social responsibility are worthy of reference for domestic enterprises.

Keywords: CRRC; The Belt and Road Initiative; Cultural Integration

Contents

B. 15　ByteDance's International Development

Sun Jiahuan, Liu Siyi / 388

Abstract: ByteDance is a rapidly growing Internet giant in recent years in China, and it is also a representative for the development of overseas operations of Chinese Internet companies. This section takes ByteDance as an example, combs the development history and current situation of ByteDance at home and abroad, focuses on the analysis of ByteDance's international development ideas and key factors of internationalization. On this basis, we draw some enlightenments for Chinese enterprises, especially high-tech enterprises, in terms of international development. This section believes that the rapid development of Bytedance's internationalization has benefited from the company's early deployment, localization of operations and technology output, while at the same time allowing culture to become a link of communication, making connections between different regions closer. Moreover, Bytedance's talent pool, technology, and liquidity capabilities provide impetus for the company's overseas development and operation. The company's efforts in talent pool, technology and liquidity are all worthy of reference for domestic enterprises.

Keywords: ByteDance; Chinese Internet Enterprises; Enterprise Internationalization

B. 16　IQIYI's International Development　*Bai Yushi, Liu Siyi / 409*

Abstract: iQIYI is an innovative online entertainment service company, which has been listed on Nasdaq successfully. This paper takes iQIYI as the research object, elaborates its international development process and current development characteristics and focuses on the analysis of iQIYI international development ideas as well as the key factors of international development so far. And on this basis, the paper gets some enlightenment for Chinese enterprises, especially for domestic online entertainment service enterprises. The research shows that the synchronous

443

output of content and technology and focusing on Southeast Asia are the current idea of iQIYI's international development. It is the role of three key factors, namely, high-quality original works, technical advantages in the industry and high user loyalty, which promote iQIYI to be on the road of international development. It shapes its brand with high-quality works, focuses on technological innovation and improves customer loyalty, etc. These practices provide reference for domestic enterprises.

Keywords: iQIYI; Original Works; Chinese Enterprises

权威报告·一手数据·特色资源

皮书数据库
ANNUAL REPORT(YEARBOOK) DATABASE

分析解读当下中国发展变迁的高端智库平台

所获荣誉

- 2019年，入围国家新闻出版署数字出版精品遴选推荐计划项目
- 2016年，入选"'十三五'国家重点电子出版物出版规划骨干工程"
- 2015年，荣获"搜索中国正能量 点赞2015""创新中国科技创新奖"
- 2013年，荣获"中国出版政府奖·网络出版物奖"提名奖
- 连续多年荣获中国数字出版博览会"数字出版·优秀品牌"奖

成为会员

通过网址www.pishu.com.cn访问皮书数据库网站或下载皮书数据库APP，进行手机号码验证或邮箱验证即可成为皮书数据库会员。

会员福利

- 已注册用户购书后可免费获赠100元皮书数据库充值卡。刮开充值卡涂层获取充值密码，登录并进入"会员中心"—"在线充值"—"充值卡充值"，充值成功即可购买和查看数据库内容。
- 会员福利最终解释权归社会科学文献出版社所有。

数据库服务热线：400-008-6695
数据库服务QQ：2475522410
数据库服务邮箱：database@ssap.cn
图书销售热线：010-59367070/7028
图书服务QQ：1265056568
图书服务邮箱：duzhe@ssap.cn

卡号：738316516481

S 基本子库
SUB DATABASE

中国社会发展数据库（下设 12 个子库）

整合国内外中国社会发展研究成果，汇聚独家统计数据、深度分析报告，涉及社会、人口、政治、教育、法律等 12 个领域，为了解中国社会发展动态、跟踪社会核心热点、分析社会发展趋势提供一站式资源搜索和数据服务。

中国经济发展数据库（下设 12 个子库）

围绕国内外中国经济发展主题研究报告、学术资讯、基础数据等资料构建，内容涵盖宏观经济、农业经济、工业经济、产业经济等 12 个重点经济领域，为实时掌控经济运行态势、把握经济发展规律、洞察经济形势、进行经济决策提供参考和依据。

中国行业发展数据库（下设 17 个子库）

以中国国民经济行业分类为依据，覆盖金融业、旅游、医疗卫生、交通运输、能源矿产等 100 多个行业，跟踪分析国民经济相关行业市场运行状况和政策导向，汇集行业发展前沿资讯，为投资、从业及各种经济决策提供理论基础和实践指导。

中国区域发展数据库（下设 6 个子库）

对中国特定区域内的经济、社会、文化等领域现状与发展情况进行深度分析和预测，研究层级至县及县以下行政区，涉及地区、区域经济体、城市、农村等不同维度，为地方经济社会宏观态势研究、发展经验研究、案例分析提供数据服务。

中国文化传媒数据库（下设 18 个子库）

汇聚文化传媒领域专家观点、热点资讯，梳理国内外中国文化发展相关学术研究成果、一手统计数据，涵盖文化产业、新闻传播、电影娱乐、文学艺术、群众文化等 18 个重点研究领域。为文化传媒研究提供相关数据、研究报告和综合分析服务。

世界经济与国际关系数据库（下设 6 个子库）

立足"皮书系列"世界经济、国际关系相关学术资源，整合世界经济、国际政治、世界文化与科技、全球性问题、国际组织与国际法、区域研究 6 大领域研究成果，为世界经济与国际关系研究提供全方位数据分析，为决策和形势研判提供参考。

法律声明

"皮书系列"（含蓝皮书、绿皮书、黄皮书）之品牌由社会科学文献出版社最早使用并持续至今，现已被中国图书市场所熟知。"皮书系列"的相关商标已在中华人民共和国国家工商行政管理总局商标局注册，如 LOGO（ ）、皮书、Pishu、经济蓝皮书、社会蓝皮书等。"皮书系列"图书的注册商标专用权及封面设计、版式设计的著作权均为社会科学文献出版社所有。未经社会科学文献出版社书面授权许可，任何使用与"皮书系列"图书注册商标、封面设计、版式设计相同或者近似的文字、图形或其组合的行为均系侵权行为。

经作者授权，本书的专有出版权及信息网络传播权等为社会科学文献出版社享有。未经社会科学文献出版社书面授权许可，任何就本书内容的复制、发行或以数字形式进行网络传播的行为均系侵权行为。

社会科学文献出版社将通过法律途径追究上述侵权行为的法律责任，维护自身合法权益。

欢迎社会各界人士对侵犯社会科学文献出版社上述权利的侵权行为进行举报。电话：010-59367121，电子邮箱：fawubu@ssap.cn。

社会科学文献出版社